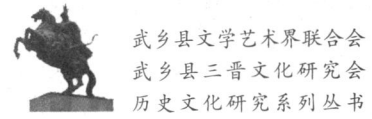

武乡县文学艺术界联合会
武乡县三晋文化研究会
历史文化研究系列丛书

涅水悠悠

郝雪廷 李丽萍 主编

山西出版传媒集团

三晋出版社

武乡历史文化研究系列丛书
编纂委员会

主　任：韩炳祥
副主任：李绍君　郝雪廷　白国清　王　刚
委　员：史志锋　刘东萍　孙俊堂　杜　煜
　　　　李采荷　张兴田　张红伟　武承周
　　　　苗长青　温海明　籍建军

本书编委会

顾　问：杜秀文　李立平
主　编：郝雪廷　李丽萍
编　辑：孙俊堂　李丽琴　李虎山　李绍君　张红伟
　　　　梁红玉　蒋亚平　程春虎　温海明

目 录

古史概述

涅水悠悠忆古史	郝雪廷	3
远古之来有臯方		4
蔡地臯狼非传说		10
三国分晋因臯狼		18
涅水河畔筑涅城		24
从汉至晋三拆分		31
悲壮古县终谢幕		38
青山险关依旧在		47
武西抗战写辉煌		54

史籍摘录

宣公十六年	孔 丘	63
晋荀林父败赤狄	左丘明	63
智伯请蔡臯狼	韩 非	63
管蔡世家（节选）	司马迁	66
初封臯狼	司马迁	67
同人之萃	焦延寿	67
知伯帅赵韩魏而伐范中行氏	刘 向	67
涅水（节选）	班 固	70
田邑（节选）	刘 珍	70
鲍永（节选）	刘 珍	71
宣公（节选）	范 宁	71
张舒诱降涅城（节选）	范 晔	72

·1·

浊漳水（节选）……………………………………… 郦道元 72
乡郡 ………………………………………………… 魏　收 73
氏叔琮经石会关攻太原 ……………………………… 刘　昫 73
石雄（节选）………………………………………… 刘　昫 74
北出石会关 ………………………………………… 薛居正 74
氏叔琮军出石会 …………………………………… 薛居正 75
向中令徙义（节选）………………………………… 张齐贤 76
晋灭甲氏 …………………………………………… 邵　雍 77
赤狄 ………………………………………………… 叶梦得 78
狄 …………………………………………………… 李　琪 78
晋士会献狄俘于王 ………………………………… 马端临 78
梁侯（节选）………………………………………… 马端临 79
蔡皋狼故城 …………………………………………………… 79

诗词咏涅

南关二首 …………………………………………… 元好问 83
护甲山 ……………………………………………… 谢　肃 83
南关驿古松八九株可爱 ……………………………… 祁　顺 83
南关五十里至权店 …………………………………… 祁　顺 84
权店道中 …………………………………………… 崔　哲 84
南关道 ……………………………………………… 窦　明 84
净果寺晚眺 ………………………………………… 陆　深 84
晓发权店行两山间流泉耕牧渐触见闻 ……………… 陆　深 85
过南关 ……………………………………………… 陆　深 85
权店楼 ……………………………………………… 韩邦奇 85
书南关壁 …………………………………………… 韩邦奇 86
寄书京中故人 ……………………………………… 孙承恩 86
秋雨宿权店驿有感 ………………………………… 谢　榛 86
权店晚行 …………………………………………… 高叔嗣 87

再次权店	高叔嗣 87
南关晚行	高叔嗣 87
归次南关驿	高叔嗣 88
皋狼城	魏国模 88
烂柯山	王致中 88
次韵韩侍御邦奇权店驿	乔璧星 89
次韵韩侍御邦奇权店驿	承山子 89
皋狼牧雨	程启南 89
烂柯山	张柱石 89
南关西上小店山	李人龙 90
故城	程嘉绩 90
过阴辿	魏廷望 90
游勋欢寺	陈待聘 91
武乡县杂诗十四首（选二）	李芳莎 91
乙酉夏日游武乡烂柯山	李芳莎 92
过江村	李芳莎 92
驻权店驿攒饷夜坐对月	李名芳 93
权店道中	魏弥大 93
权店道中遇雪	李贞茂 93
故城都会	陈日可 93
南关	陈日喜 94
沁园春·怀程昆仑	陈维崧 94
风雪中过烂柯山	李之任 94
分水岭	陈廷敬 95
咏烂柯山	宋苍霖 95
南关	吴 琪 96
循环铺	吴 琪 96
谒白马山狐太傅庙次壁间韵	魏惟五 96
过上巅山	李 端 97
早发坡底过上巅山	李 端 97

· 3 ·

白马山杂咏	李　端	98
南北关大风	程之珩	98
南关	程林宗	99
故城	范士熊	99
权店驿中即事呈刘明府彤卿先生	范士熊	99
过烂柯山	范士熊	100
皋狼牧雨	范士熊	100
故城都会	范士熊	100
南关道中（六首选三）	范士熊	101
南关	赵昌业	101
皋狼牧雨	魏守经	102
故城都会	魏守经	102
题烂柯山	王梦聘	102
南关道中	王梦聘	103
南关道中	陈祝彭	103
皋狼牧雨	程步堂	104
故城都会	程步堂	104
南关驿晚行	管廷鹗	104
权店驿	管廷鹗	105
夜宿南关镇杂感诗	程先民	105
权店道中	郝镜堂	106
南关早行	郝镜堂	107
拾金不昧歌	郝镜堂	107
烂柯山	魏锡钧	108
游权店北寺	魏锡钧	108
登烂柯山	秦肇凯	109
分水岭道中遇雪	赵丕廉	109
忆秦娥·贺李老逸三九十大寿	程　容	109
故城行（五首）	赵红英	109
文联作协故城采风记行	王俊利	111

西乡行……………………………………… 王俊利 112
喜赴岩庄杏花节…………………………… 白国清 113
己亥春岩庄杏花节有感…………………… 王　刚 113
江神子·岩庄杏花节……………………… 赵红英 113
岩庄杏花节不至遥寄相思………………… 安志伟 114
岩庄杏花节四首…………………………… 张红伟 114
寄语岩庄杏花节…………………………… 白　露 115
故城翻身谣………………………………… 冈　夫 115
岩庄杏花开………………………………… 郝雪廷 126
分水岭的传说……………………………… 王俊利 129
涅河，涅河………………………………… 张三明 130
泉之头东山记……………………………… 陈祝彭 132
寨上赋……………………………………… 郝雪廷 132
分水岭小赋………………………………… 李　左 133

碑刻集录

广福院记…………………………………… 刘引济 139
信义里重修利应侯庙碑记………………… 宋世昌 140
重修大云寺记……………………………… 马天牧 141
昊天观张本碑……………………………… 陈　嘉 143
全道庵元迹碑记…………………………… 呼延伯起 145
重修洪济院碑记…………………………… 刘建功 146
楼则峪新建阁碑记………………………… 赵玉山 147
重修洪院记………………………………… 郭金三 147
重修烂柯山白衣大士祠序………………… 石蔚文 148
重修权店勋欢泛路碑记…………………… 魏亮生 149
重修文昌奎星阁碑记……………………… 郭可守 150
重修府君庙并移建龙王庙碑序…………… 郝汝洋 151
诔词………………………………………… 殷士肤 152

蚂蚁讪碑刻	张向华 史恒秀	152
重修金仙寺碑记	郝雪廷	154
重修清凉寺碑记	郝书宏	156

考察研究

涅方足布	王稚纯	159
洪济院壁画艺术价值之管见	韩炳祥	163
研探西周"蔡州城"	李驰骋	172
故城古城墙	武保秀	177
蔡州城与皋狼国	刘建新	181
考察石窑会石窟	胡 哥	188
蓬莱山探奇	赵兰舟	191
南北对峙说雄关	王 芳	194
说良侯	赵建斌	202
龙泉古庙群	武保秀	206
会同村寻踪	赵兰舟 崔 明	209
明代廉臣庞清	武保秀	214
"天下廉吏第一"程启南	李驰骋	220
天下四大家文豪之一程康庄	程春虎	226
武乡地方党组织创始人李逸三	李 江	228
走进国家级传统村落——泉之头村	胡海涛	239
千年岩庄村	李 彬	247

神话传说

周公与桃花女	常志军	255
武乡烂柯山传说	韩炳祥	258
信义村的五谷神	李虎山	261
文曲星下凡	李丽萍	265

涅水风情

高山仰止，静水流深	李立平	271
故城镇的骄傲	孙俊堂	275
抱愧白马山	温海明	288
结缘分水岭	刘东萍	298
在北良侯村	李文英	301
煮一盏时光在北良	张慧萍	305
历史碰撞的美	白　露	309
慈悲的里庄	宋　玲	312
鼓声	李丽萍	315
"我是故城的"	李丽萍	321
烂柯山下	温海明	326
微雨甘霖润人心	李国清	330
三景齐秀　武西探幽	李　左	336

抗战烽火

八路军总部在寨上	郝雪廷	345
"打虎掏心"破"囚笼"	郑国仲	351
劈开枷锁战南关	马忠全	357
南关之战	李克坚　克寒	362
奇袭南关敌车站	长　缨	366
分水岭上破袭战	乔　英	370
夜攻南关	孙健秋	378
血染山交岭	武　文	381
孤胆英雄程坦	李志宽	387
不屈的李馥兰	李志宽	397
电线王	李志宽	409

昌源河畔的英雄儿女…………………………………温海明 418
武西独立营简史……范富锦　郭海金　景恩和　赵自由　杜田保　周桂书 422
珍贵的武西抗战《群众》报………………………………白凤鸣 429
打马牧………………………………………………………任广厚 432
涌泉民兵突围记……………………………………………武保秀 437
义门突围战…………………………………………………弓国伟 442
母子杀敌逞英豪……………………………………………高凤英 444
群英会上的武西代表………………………………………魏翠芬 451

皋狼人物

古史概述

古史概述

涅水悠悠忆古史

郝雪廷

在武乡的西部，有一条河叫涅河。

《水经注·卷十·浊漳水》记载："有涅水西出覆甑山，而东流与西汤溪水合，水出涅县西山汤谷，五泉俱会。谓之五会之泉，交东南流，谓之西汤水，又东南流注涅水。涅水又东径涅县故城南，县氏涅水也。东与白鸡水合，水出县之西山，东径其县北，东南流入涅水。涅水又东南，武乡水会焉，水源出武山西南，径武乡县故城西，而南得清谷口。水源出东北长山清谷，西南与鞻鞈、白壁二水合，南入武乡水，又南得黄水口，黄水三源，同注一壑，东南流与隐室水合，水源西北出隐室山，东南注黄水。又东入武乡水。武乡水又东南注于涅水。涅水又东南流，注于漳水。"

涅河是一条母亲河。这里曾经孕育了西周时期的皋狼方国，孕育了春秋时期的甲氏古城，从战国时期史称涅，到后来的涅县、涅氏县、阳城县、甲水县，区域几经变化，名称数度更换。朝代更迭，历史沧桑，设立裁撤，谁主沉浮？设矣撤矣，也说明其在朝纲之上形同鸡肋，存之无用，弃之可惜，直到唐武德九年（626），甲水县被废。终有千余年历史的涅地被分割依附，再也不复存在，但悠悠涅水永存，永远记录着这段曾经的辉煌。正所谓："古今尘世知多少，沧海桑田几变迁。"

历史悠悠，虽已时过境迁，但在这里发生的岸谷之变，可谓波澜壮阔。漫漫长路，究竟在涅水河畔发生了些什么？且听我慢慢道来。

远古之来有枭方

上党地区原来并非是一块高地，而是一片海洋。根据地质学家研究，这里的太行山、太岳山之上层层叠叠的岩层形成于距今5亿年至4亿年的寒武纪—奥陶纪，这些岩石虽然与下部的紫红色石英砂岩都是近于水平的层状，但是，二者都经历了长达10亿年左右的沉积间断。

直到中新世中期的喜马拉雅造山运动，地壳相互碰撞挤压，这里才形成褶皱，隆起山系，形成构造断陷盆地；上新世末这里的盆地大规模断陷，形成大湖，相邻山地则隆起，造就了今天神奇的上党地区。早更新世时期，湖泊广泛发育，武乡一带是浅水湖，遍地森林草原动物群。沧海桑田，岁月流逝，那许多来来往往的古老动物，凝固成一个古脊椎动物群化石遗址。

图为张村出土的三趾马头骨化石

1929年，由于药材贩子贩卖"龙骨"，一颗三趾马头骨化石到了天津港口，正好被懂行的专家发现。这么珍贵的化石出自何方？要刨根问底，就得沿着贩子的路倒查，费尽周折，最后得知原来出自武乡。于是，吸引来了当时最著名的专家，一个是中国古脊椎动物学的开拓者和奠基人杨钟健，一个是法国地质学家皮埃尔·泰亚尔·德·夏尔丹（中文名为德日进）。

他们来到武乡石北、楼则峪、张村、张家沟等地考察，结果真是一声尖叫。早更新世时期，湖泊广泛发育，榆社、武乡、沁县沿浊漳河及其西侧主要支流涅河一带，曾为水深15米以内的浅水湖，到150万年前湖泊消亡，由河流、沼泽和一些暂时性湖泊替代。此时期气候是具有干湿交替的温带森林、草原季风气候，湿润而温凉。这专家不是骗吃骗喝的"砖家"，而是货真价实的，一眼就看出这种动物化石属三叠纪二马营组，开始于约2300万年以前，是典型的中国肯氏兽类为主的动物群化石，老百姓把这些称为"龙骨"，或者叫"刀剑药"出售，可谁知道珍珠卖了个白菜价。这次考察，证明武乡县全境有新第三纪以三趾马为主的哺乳类动物化石，在世界享有盛名。三趾马是马类进化中的一个分支，个体比现在的马小，每蹄均有三趾，现已灭绝。杨钟健在编写关于武乡化石研究的著作后，曾有一首《西江月》为证："四年脑汁绞尽，五种古鳄写完。远古兴亡从头看，初龙系谱可观。亿万年前事迹，初步形于毫端。断牙残骨说难全，提高有待后贤。"

杨钟健以武乡发现的化石复原的山西鳄骨架

我们继续发现历史。1972年冬，当时的石门公社组织民工修县社公路河石线（河不凌至石门段），在石门村西的牛鼻湾开山炸石，炮响之后，一不小心发现了个"宝"，于是村人围观、议论，谁也不知道是何物。那时笔者正在石门七年制学校读书，有幸目睹珍宝之容，可惜这套镇县之宝几年后被省考古研究所的专家带走，成了他们压箱底的宝物，再也不见了天日。但其价值还是公布出来，原来这套出土文物叫石磨盘、石磨棒，是新石器时代的产物，也是国家一级文物，证明了至少在7800年前，这里就有高度文明的人类居住。而且在石磨棒上发现了目前已知的最早的中国粟实物，也是世界上最早的粟，科学测定其年代为距今7800年前左右，证明了近8000年前中国北方地区粟的耕种技术已处于当时领先地位，是新石器时代早期原始农业最为发达地区之一。

2004年2月，在紧锣密鼓施工中的太长高速公路武乡段关河水库西侧，当地人称"坟坡"的一个大山头上又发现了一处300平方米的古代文化遗址，经山西省考古研究所和武乡县文物管理中心联合挖掘，掘出一些破碎的瓦钵、陶瓷片，还有经人打磨过的石头、石器，经鉴定这处新石器时期的文化遗址距今约6000年，属于龙山文化早期，同时，还发现一副完整的远古先民的遗骸。20世纪50年代，武乡县故城镇五峪村也曾发现一处迄今约4000年的新石器文化遗址。

这样，在武乡县的东、中、西部先后发现三处新石器时代文化遗址，距今年代分别约为7800年、6000年、4000年。从武乡县全境的考古学上证明，武乡地区在距今约7800—4000年的这漫长的近4000年岁月中，一直有我们的民族祖先在这块古老而神奇的土地上劳动、耕作、繁衍、生息，并创造了先进的农耕文化。武乡，也是中华文明早期发祥地之一，武乡县中部的贾豁乡古台村西南台地上的磨盘顶古观象台文化遗址的发现，也印证了这一点。

太行山是华夏文明的主要发源地之一，古代神话传说精卫填海、羿射九日、女娲补天等都源于此，特别是炎帝神农氏尝百草的故事，更是为上党留下了传奇色彩。炎帝所处时代为新石器时代，距今约5000年，炎帝部落后来和黄帝部落结盟共同击败蚩尤，建成华夏族。神农氏又曾跋山涉水，尝遍百草，发明五谷农业，找寻治病良药，被尊奉为中华民族人文初祖。

"炎黄"指炎黄二帝，即炎帝和黄帝。黄帝与炎帝是中华民族的祖先，而这里也与炎帝的生活有着关系。《史记·三皇本纪》记载："炎帝神农氏，姜姓。母曰女登。有娲氏之女为少典妃。感神龙而生炎帝。人身牛首。长于姜水。因以为姓。火德王，故曰炎帝。"据史学家考证，姜水即为漳水。炎帝号神农氏，又号魁隗氏、连山氏、列山氏，传说姜姓部落的首领由于懂得用火而得到王位，所以称为炎帝。从神农起姜姓部落共有九代炎帝，神农生帝魁，魁生帝承，承生帝明，明生帝直，直生帝氂，氂生帝哀，哀生帝克，克生帝榆冈，传位530年。炎帝在晋东南地区有广泛的传说，亦有诸多专著研究，在此也不赘述，只从吴卓信补注《汲冢周书》考："昔烈山帝榆冈之后，其国为榆州，曲沃灭榆州，其社存焉，谓之榆社。地次相接者为榆次。"榆社县是隋开皇十六年（596）由武乡析置，而武乡又是在西晋泰始元年（265）从涅县东部分设，由此可见，炎帝当时活动的区域就是在涅。

涅的古老还有许多明证。农耕文明初期，农业生产迫切需要掌握季节变化的规律，也用天象占术来治国理政，这就不得不对日月星辰进行长期观察，其中，最重要的立杆测影仪"圭表"就诞生在武乡县的古台村。这一说法在殷墟甲骨文中找到了印证——《灵台秘苑》记载："临水之台，主晷漏律吕之事"。也就是说，古台村的"临水之台"其实就是测量太阳运行的场所。

到大禹创夏，天下分为九州，武乡属冀州。《尚书·夏书·禹贡》中记载，冀州即"既载壶口，治梁及岐。既修太原，至于岳阳；覃怀底绩，至于衡漳。厥土惟白壤，厥赋惟上上错，厥田惟中中。恒、卫既从，大陆既作。岛夷皮服，夹右碣石入于河。"《禹贡》所称的"衡漳"，即在今武乡一带，衡即"横"也，也就是说漳河横流。《禹贡》"九州"之说，是春秋战国时期学者一种想象的行政区划，实际并无明确的地理概念。西周夏官司马职方氏在《周礼·夏官司马第四》中记载："河内曰冀州，其山镇曰霍山，其泽薮曰杨纡，其川漳，其浸汾、潞，其利松柏，其民五男三女，其畜宜牛羊，其谷宜黍、稷。"

据史料记载，商初这一带最早出现"枭方"的记载。"贞，涉湶。""囗未卜，在湶。"陈梦家先生的《殷墟卜辞综述》及于省吾先生的《甲骨文字释林·释湶》均考证"湶"即汉上党郡涅县，亦即后世之武乡县。林小安先生在《殷武丁臣属征伐与行祭考》中说："于思泊先生谓枭即湶水，《汉书·地理志》上党郡之涅水，在今山西省武乡县西27.5千米处。此地西距石楼县约200千米，北距忻县约200千米，殷军西征，此地是必经之路。"《水经注》曰"涅水西出覆甑山"，清乾隆《沁州志》载"涅水源出武乡胡甲岭"。20世纪70年代，在沁县南涅水出土的一尊北魏石刻造像底座上刻有"湶湶关"字样，所谓湶地湶关，即是护甲山，这里是中原达西北边陲的必经之地，由殷商到北魏持续不断在此设置关隘、驿镇，足见涅水所处的地理位置之重要。

到商代后期，这一带活动的主要部落是鬼方。《诗经·大雅·荡》中这样记载："文王曰咨，咨女殷商。如蜩如螗，如沸如羹。小大近丧，人尚乎由行。内奰于中国，覃及鬼方。"那时候就是一个部落社会，为了生存，免不了相互争战，约在公元前13世纪，商王武丁就发动了大规模讨伐鬼方的战争。《周易·既济卦》载："高宗伐鬼方，三年克之"。《周易·未济卦》载："九四，贞吉，悔亡。震用伐鬼方，三年有赏于大国。"记载的就是高宗武丁用三年时间终于打败了鬼方，这里也被商占领了。

鬼方可以说是北方最早的部落，赤狄氏祖先，考古专家于省吾先生的《甲骨文字诂林》中考证，鬼方部落生活区域即在今天的武乡一带。这里的高宗说的是殷商中兴之主武丁，即商朝第二十二任君主，《竹书纪年》记载，武丁三十二年（前1219）伐鬼方，三年克之。到第二十八任君主文丁分封诸侯，曾为其子胥余封国于箕，大约也是在这一带，箕子国的都城在今太谷县白燕村。《尚书·洪范》中有记载：王访于箕子。注：箕为国名，子爵也。《春秋·僖公三十三年》载：晋人败狄于箕。并注：太原阳邑县南有箕城。

胥余是殷商末期贵族，是商纣王的叔父，文丁的儿子，帝乙的弟弟，官太师，因其封地于箕，故称箕子，他与微子、比干齐名，史称"殷末三贤"。箕子佐政时，见纣王进餐必用象箸，感纣甚奢，叹曰："彼为象箸，必为玉杯，为杯，则必思远方珍怪之物而御之矣，舆马宫室之渐自此始，不可振也。"

果然后来商纣王荒淫无道，残暴成性，宠信奸佞，滥杀无辜，嗜好饮酒，宠爱女人，不理朝政，纣王的叔父箕子见其这般无道，苦心谏阻，但屡谏纣王都不听。

身边的人见箕子惹怒纣王，就劝他离去，箕子曰："为人臣，谏不听而去，是彰君之恶而自悦于民，吾不忍也"。箕子担心成汤所创六百年江山即将断送在纣王手中，内心痛苦至极，于是割发装疯，披发佯狂，每日里只管弹唱"箕子操"曲，以发泄心中悲愤。纣王见他这个样子，以为箕子真的疯了，就将他囚禁起来，贬为奴隶，箕子只得在箕山隐居。

武王灭商建周后，曾访道于太行，找到箕子求治国之道。箕子将夏禹传下的《洪范九畴》陈述给武王听，史称"箕子明夷"。武王听后钦佩箕子，请箕子出山治理国事，但箕子早对微子说过："商其沦丧，我罔为臣仆。"(《尚书·微子》)他不愿做周的顺民，因此不肯再出山，武王无奈而走。武王走后，箕子恐其再来，便速领弟子与遗故远徙胶州湾渡海，在朝鲜创立了箕氏侯国。

蔡地皋狼非传说

周武王十一年(前1046)，商朝灭亡，武王建立周朝政权，史称西周。

周族是长期在陕甘一带活动的古老部族，后以岐山之南的周原为主要根据地。经过多年征战至公元前11世纪初，周部族力量日益强大。它相继征伐附近小国，扩充实力，后又把都邑从周原迁到今长安区沣水西岸，建成丰京。它不断向东扩充，商王帝辛（商纣王）非常愤怒，听信谗臣崇侯虎之言，将西伯侯姬昌囚于羑里。为营救姬昌，周臣用美女、珍宝进献商王，帝辛才放了西伯昌。被囚禁了七年的西伯侯姬昌回到国内后，对纣王恨之入骨，进一步加紧伐商准备。此时，商王朝政治腐败，内外矛盾空前尖锐。周文王（姬昌）的长子伯邑考被纣王烹杀，先于文王而死，文王立姬发为太子。纣王的昏乱暴虐，以至比干被杀，箕子被囚，微子流放，文王认为伐商条件已成熟，临终前嘱太子发积极准备伐商。武王姬发即位以后，趁商朝主力征战在外之际，率军东征，武王九年，大会诸侯于盟津。前来参加大会的各路诸侯和部落首领，据说有八百之多。在大会上，周武王举行了誓师仪式，这就是历史上有名的"盟津之誓"。

这是一次"诸侯所由用命"的重要会盟。讨伐商纣是人心所向,此刻进军朝歌必所向无敌。于是出兵车300乘、甲士4.5万人、近卫武士3000人,浩浩荡荡地向东进发大有直捣朝歌之势。庸、蜀、羌、髳、微、卢、彭、濮等许多小国也率兵配合,汇合在围剿朝歌的大军之中。

公元前1046年2月底,姜太公与周武王率军伐纣攻占朝歌,商军战败,血流漂杵。武王亲手杀死纣王帝辛,报了囚父之恨。战争结束后,周武王宣布周朝建立。周天子分封天下,将土地连同人民,分别授予王族、功臣和贵族,让他们建立自己的领地,拱卫王室。《荀子》记载:"兼制天下,立七十一国,姬姓独居五十三人。"实际上分封的诸侯数量更多,这一分封制度保证了周朝800年江山。

蔡叔度塑像

分封的诸侯有上古圣贤的后代,即黄帝、炎帝、尧、舜、夏朝和商朝王室的后代;有王室成员,即周太王之少子季历的兄弟后人、周文王的兄弟、周武王的兄弟;有重要功臣,即异姓功臣如姜尚等,同姓功臣如召公等;有重要方国,如夏商时候已经存在的方国,分封加以承认,如楚国、蜀国等。嘉封神农的后代于焦,黄帝的后代于祝,帝尧的后代于蓟,帝舜的后代于陈,大禹的后代于杞。接着又封功臣谋士,姜尚被封于营丘，为齐；封周公旦于曲阜，为鲁；封召公奭于燕；封叔鲜于管；封叔度于蔡；其他人也都依次受封。

封于蔡的叔度，姓姬名度，因封于蔡世称蔡叔度，乃周文王姬昌与太姒所生第五子，周武王姬发同母兄弟。武王伐纣时，蔡叔度战功显赫，因此地位很高。蔡在何方？就在今天的武乡，其治所设于蔡州城，即今涌泉乡祁村，城墙遗迹尚存。蔡叔度君临封地，建设城池，动工不到三年，蔡州城初见规模，但因朝廷形势发生变化，城池的建设也被迫停工。直到现在祁村还保留着许多村关地名，如城墙岭、大监沟、小监沟等，也有百姓在耕种时发现近乎石化的尸骨和武器残迹。

因天下初定，尚未和睦，商朝故土上还有大批潜在的反对势力。但按照当时的规矩，对商朝的后裔不能杀光斩尽，武王把纣王的儿子武庚封到朝歌（今河南淇县）为国君。给他们一块封地，保存商朝的香火。但为了防止殷商后人叛乱，周武王把蔡叔度、管叔鲜、霍叔处三个他最信赖、最有能力的兄弟封为"三监"，也称"三叔"，让他们监视纣王的儿子武庚。

公元前1043年，武王有疾而逝。周武王去世，他的儿子姬诵接任天子，是为周成王。当时周成王还是个孩子，管理不了国家，于是，周武王的另外一个亲兄弟姬旦（周文王姬昌第四子、后人奉为周公）主动站出来帮助侄儿管理国家，代替周天子发号施令。

《史记·周本纪》曰："成王少，周初定天下，周公恐诸侯畔周，公乃摄行政当国。管叔、蔡叔群弟疑周公，与武庚作乱，畔周。"周公辅助成王，却引起了蔡叔度、管叔鲜、霍叔处"三监"坚决反对。蔡叔度等人认为周公旦是想篡权，就散布流言蜚语，说周公打算谋害成王篡位，企图起兵造反。

于是，"三叔"大声疾呼，号召诸侯国和朝中大臣一起讨伐周公旦，使周的西土出现了骚动和不安。武庚听说蔡叔度等人要讨伐周公旦，马上起兵响应。朝内大臣勾结起来，联合东夷的徐、奄、薄姑、熊、盈等方国部落，发动了大规模的叛周战争。周公旦随即又以成王的名义向全国发布讨伐公告，出兵东征。姜太公辅助周公，再一次返回牧野，杀向朝歌。武庚亲自带殷商贵族部落疯狂反扑，负隅顽抗。但因殷商之兵精神涣散，终究不能唤起将士的斗志，军心不齐，不战而溃，全部瓦解。就因为周公旦摄政的事，"三叔"和武庚一起发动叛乱，刚刚建立的周王朝又陷入了混乱，这就是所谓的"三监之乱"，也叫"武庚叛乱"。

周公团结召公奭，采取果断措施，亲率大军东征。经过三年的浴血奋战，东征军很快就平定了叛军。《尚书·金縢》记载："周公居东二年，则罪人斯得。"周公首先镇压"三监"，制止了流言，杀了管叔，放逐了蔡叔，霍叔处被废为庶人；还诛杀了武庚，以纣王庶兄微子继承殷祀，在宋（今河南商丘）建国，史称宋国。

在平定"三监之乱"中，周公派马毅将军率领千军万马猛烈进攻蔡州城，终于破城而入，活捉了蔡叔度。马毅攻倒蔡州城的故事，由于几千年的流传，被讹传为"蚂蚁槽倒蔡州城"，并且越传越添上了神话色彩，直到今天，这个故事仍然在武乡一带广为流传。

"漫漫城郭十里亭，阵阵秋风烟雨蒙，杯杯浊酒醇又浓，一切尽在不言中。"蔡叔度被活捉后，运气还算不错，没有像武庚和管叔鲜一样遭到诛杀，只是取消了封国，流放郭邻，身陷囹圄，他的精神备受打击，没过多久，公元前1038年郁愤而死于流放之地。

《史记·管蔡世家》中写道："蔡叔度既迁而死。其子曰胡，胡乃改行，率德驯善。周公闻之，而举胡以为鲁卿士，鲁国治。于是周公言于成王，复封胡于蔡，以奉蔡叔之祀，是为蔡仲。"这就是说：蔡叔度被流放后就死了。他的儿子名叫"胡"，姬胡一改他父亲的错误行径，遵纪守法，积德行善。周公听说后，就推荐"胡"做了鲁国的卿士。"胡"到任后，把鲁国治理好了，于是周公再向成王进言，对"胡"重新册封，恢复了他的"蔡公"爵位，让他奉祀蔡叔度，这就是"蔡仲"。姬胡被重新封于度的流放地郭邻一带，封号仍为蔡国，以奉祀蔡叔度，但分封地却大有变化，蔡，从原来的武乡一带，转到今河南上蔡。所以人们把蔡仲奉为蔡姓始祖。

《辞海》"蔡"字条："古国名。公元前11世纪周分封的诸侯国。姬姓。开国君主是周武王弟叔度，因随同武庚反叛，被周公放逐。后改封其子蔡仲（名胡）于此。建都上蔡（今河南上蔡西南）"。《辞海》的这条解释，明白无误地告诉我们，位于今天河南上蔡的西周"蔡"地，并不是蔡叔度的原封地，而是其儿子蔡仲的改封地。蔡叔度的原封地到底在哪里？毫无疑问，位于今天武乡祁村、西城一带的"蔡州城"，就是蔡叔度的原封地治所，武乡周边的大片土地即是蔡侯国的领地。而此处"西城"村名的来历，也是因其位于原"蔡州城"西部而得名，并一直沿用至今。

蔡国因蔡叔度流放后取消封国，而鬼方部落演变的赤狄氏分支皋狼氏，就成为这一代的主导民族。

赤狄是一个很强盛的部族，相传赤狄是炎帝的后裔，因崇尚红色，身着红衣，故名赤狄，主要居于今山西省东南部的太行山区。而其分支皋狼，亦称郭狼、皋落、东山皋落氏，为赤狄之别种，皋狼、郭狼、光狼、皋牢、皋落等名词，其实是氏族语言音译过来的不同字面表达，实际是同一意思，乃指其氏族聚居地。南宋罗泌所撰的《路史》载："炎帝参卢之后，东山皋落氏，赤狄别种。"皋狼、皋落氏居地在今天的山西遍地都有遗迹，如垣曲、陵川、高平、壶关、长治、武乡、昔阳、离石、方山等地，一个人口众多的民族，绝不可能仅集聚于一城一地，只有遍布各地，才说明这个民族在当时是北方旺盛的一族。

当时在各地带"皋"字或音相近的字的村名有

图为武乡祁村现存的蔡州城古城墙遗址

多处，武乡监漳镇的东皋、南皋均与之有关。有人因为别的地方有皋狼、皋落之说，就否定武乡曾经是皋狼城，这是非常片面的，更是不正确的，其实这一点儿也不矛盾，就和今天的少数民族居住地一样，不能认为宁夏为回族自治区山西就不能有回族了。

《史记·秦本纪》记载："蜚廉复有子曰季胜。季胜生孟增。孟增幸于周成王，是为宅皋狼。皋狼生衡父，衡父生造父"。孟增为商朝纣王大臣蜚廉之孙、季胜之子，孟增被周成王重用，将其封地命名为皋狼。孟增的儿子为衡父，衡父的儿子为造父。古有传说，造父为

· 15 ·

助周穆王平定徐偃王叛乱，驭八匹千里马载周穆王，自中原昆仑丘西王母处返回，一日千里。后造父以此功受封于赵城。

所谓"孟增幸于周成王，是为宅皋狼"，此时的蜚廉后人已经成为周的近臣，对周成王有功，所以成王将蔡叔度的原封地"蔡"转赐予孟增，"宅"即是戍守，"皋狼"是地名，就是让孟增戍守皋狼这片地方。在周代这里正好就是中原与戎狄部族交接的重要区域。

孟增其后有造父、大骆、非子，再之后则有秦。这即是秦人与戎狄部族的起源所在。如果说戎狄部族没有与中原人频繁开战，夏商人乃至周人就不会数代派驻重臣戍守于此；如果不能戍守于此，生活在这里的人们也不会身经百战；如果这里的人们不能身经百战，是周人也好，是秦人也好，也便不能真正地入主中原。戎狄非祸，秦人当自知也。

正是因为周成王的分封，武乡这一带就又成为一个新的诸侯方国——"皋狼国"的属地。都城设于皋狼城，即今故城镇，也给我们留下武乡古八景之一"皋狼牧雨"。

这期间，赤狄各分支间相互争夺，战火不断。晋献公十六年即鲁闵公元年（前661），晋献公派遣太子申生攻打东山皋落氏，次年，皋落氏被击败。方国易主，皋狼国也就演变为甲氏国。为据险而立，甲氏国迁治所到分水岭北建甲氏城，即今天的南关，这一带的山脉也称为护甲山。甲即动物的硬壳，引申出了"士兵的武器装备"之意，后来此地之名为戎州、武乡均与此有关联。

春秋时期（前770—前476）是各诸侯国相互兼并与大国争霸的时代。晋献公十七年（前660），晋献公派太子申生率师伐东山皋落氏，并取得成功。今山西省的方山、盂县、昔阳、武乡、垣曲等县，都有带"皋"的地名，如"皋落""皋狼""皋牢"等，这种现象表明了赤狄部落由陕西入晋后，渐次向山西东部太行山区移动，之后分裂为潞氏、甲氏、留吁、铎辰、廧咎如等部族，其中潞氏一部最盛，这在《晋国通史》上也研究得非常清晰。

晋文公二年（前635），赤狄处于晋国西、南方向的包围之中，所以赤狄与晋的矛盾自然多了起来。是时，赤狄开始分裂为潞氏（今长治市潞城区东北）、甲氏（今武乡县）、留吁（今屯留县）、铎辰（今长治市区）、廧咎如（今壶关、陵川一带）。晋成公四年（前603年）秋，潞氏赤狄攻打晋国，晋成公很生气，后果却不很严重。虽然晋国准备攻打赤狄，但又因晋国正在对付楚国，顾不上出战赤狄，中军佐荀林父劝晋成公先忍耐，等他恶贯满盈时，就可以一举将其消灭。晋成公五年秋，赤狄再次进攻晋国。为缓和双方关系，晋景公的姐姐嫁给潞子婴儿为妻，这是晋国的策略。

潞氏还自鸣得意，打来打去还赚了个美人，于是更加放肆。直到晋景公二年（前598），晋国正卿中军将郤缺向狄人甲氏、留吁、铎辰等各部族发出谋求友好的信息，狄人各部族都憎恶潞氏，愿意听命晋国，晋景公亲临狄地欑函会盟于众狄，这也是著名的"欑函之会"。狄人各部族顺服于晋国。四年后，潞氏等赤狄诸部先后被晋国消灭。

晋国在争霸过程中，不仅灭掉了周围的20多个小方国，还兼并了一部分戎狄部落，极盛时，据有今山西中南部、河北西南部、河南西北小部与陕西一部。晋文公重耳曾被周襄王以天子册命赐为方伯（即诸侯长），晋成为中原霸主，其辉煌延续一个半世纪之久。据《左传》记载，当时晋国辖诸侯国五十余，在长治一带就有黎国（今长治县黎岭）、赤狄所建的潞氏国（今潞城区古城）和甲氏国（今武乡县南关）等诸侯小国，还有艾（今黎城县古县）、曲梁（今潞城区石梁）、垂棘（潞城区中部一带）、铎辰（今长治市区一带）、留吁（今屯留县古城）、余吾（今屯留县余吾镇）、铜鞮邑（今襄垣虒亭）等。

孔子在《春秋·鲁宣公·十六年》记载："十有六年春王正月。晋人灭赤狄甲氏及留吁。"也就是说，甲氏国在鲁宣公十六年即公元前593年被晋国所灭，把这片土地又重新分封为皋狼方国，真正成为晋国的土地，为赵诸侯下属国。

三国分晋因皋狼

作为山西人，大多知道三国分晋的故事。那是在春秋末年，周王朝最大的诸侯国——晋国，被韩、赵、魏三家瓜分，春秋五霸裂变为战国七雄。"三国分晋"成为华夏从春秋到战国的分界点，由此，奴隶社会开始向封建社会过渡，成为中国历史上一个非常重要的节点。也因此，今天人们把"三晋"作为山西的美称。

晋国既然是周王朝最大的诸侯国，又怎么会产生裂变？韩、赵、魏原本是晋国的诸侯属国，又是如何搞掉他们的顶头上司，直接成为周王朝的一级诸侯国呢？考据历史事件的根底，原来事件的导火索居然在皋狼。

晋国原是西周就分封的诸侯国，领地在汾河流域，始封君为周武王之子唐叔虞，后子燮父继位徙治晋水，乃更国号为晋。到公元前677年晋武公去世，其子姬诡诸继位，是为晋献公。晋献公是一位十分有作为的国君，在位26年，他率领晋国军队东征西战，大肆扩张，先后伐灭霍、魏、耿、虢、虞等小的诸侯国，一跃成为周王朝最大的诸侯国，最终形成了包括山西全境、陕西东部与北部、河北中部与南部、河南北部与中西部等广大地区，被列为春秋五霸之一。是春秋时期典型的超级大国，也是称霸时间最长的国家。

晋国兴旺，晋献公的功劳最大，但他的一生也要三七开账。因为他不仅功劳大，过错也十分明显，最大的过错是纳骊戎首领的女儿骊姬为妃，难怪古话说女人是祸水。公元前672年，晋献公攻打骊戎，晋军一战而大胜，骊戎求和将其两个女儿骊姬与少姬献给晋献公。晋献公见骊姬姐妹二人颇有姿色，当然也就笑纳了。问题是不仅收为嫔妃倍加宠爱，而且还立骊姬为夫人。谁知道这骊姬并非善良之辈，成为宠后之后，便想立自己所生的儿子奚齐为太子，于是不择手段使计离间献公与申生、重耳、夷吾父子兄弟之间的关系，还设计谋杀太子申生，制造了"骊姬之乱"。

晋王室出现公族公子争权夺利、相互残杀的局面，晋献公为求妃子之欢逐杀诸公子，结果申生上吊，重耳、夷吾各自逃命。重耳在狐偃和狐毛的辅助下曾流亡十九年，相传流亡途中曾在故城北面的白马山避难月余，也留下许多传说。

晋献公采用士蔿之谋屠戮桓叔、庄伯之族，使势力庞大的晋公族诸公子互相残杀，进而全部消灭。从此，晋国也不再立公子、公孙为贵族，这也就是历史上说的"晋无公族"。表面上看这一招巩固了君权，但正因为这样，晋国的宦卿渐渐代为公族，晋公室的力量由此衰落，异姓卿大夫渐渐得势。十余家卿大夫控制了晋国政局，多少年间相互争夺、激烈兼并，最后剩下赵氏、魏氏、韩氏、范氏、智氏、中行氏六家，史称"晋国六卿"。后来又灭掉中行氏、范氏，赵、魏、韩、智四卿控制了晋国的要害中枢。当然四卿执掌大权，并非晋国以乱求治的结局，反而是乱中灭亡的开始。

且不详细讲晋国历史，还是说与皋狼相关的内容。却说到了晋出公后，智氏率师伐齐，又发动了两次伐郑战争，壮大了智氏的势力，并取代赵氏而掌管晋国政事，成为四卿中最强的势力，居晋国四大卿之首，自称"伯"，这很明显就是自己要当老大，想进一步吞并其他三家以达一家独大。

智伯（前506—前453），姬姓，智氏，名瑶，因智氏源自荀氏，故亦称荀瑶，又称智伯、智伯瑶，是春秋末期晋国执政大臣。智大夫智伯瑶，自认为势力强大，便开始以强欺弱，用蚕食之法侵占其他三家的土地，对三家大夫赵毋恤赵襄子、魏驹魏桓子、韩虎韩康子说："晋国本来是中原霸主，现在被吴、越夺去了霸主地位。咱们作为晋国四卿，应该为晋国兴衰出力流汗，为使晋国重新强大，我主张每家都拿出一百里土地和一万家户口来归给公家。我智家先拿出一个万户邑献给晋公，你们呢？"

这个口号有点"带头大哥"的慷慨，但背后究竟是什么居心？三家大夫都明白，知道智伯瑶存心不良，想以公家的名义来压迫他们交出土地，然后据为己有。三家都担心失去土地后，自家的实力会下降，因而不愿献出封邑。可是三家又各怀鬼胎，韩康子迫于无奈，生怕得罪智氏，首先把土地和一万家户口割让给智家；魏桓子也不敢得罪智伯瑶，推托数月，见胳膊拧不过大腿，最后也不得不把土地、户口乖乖让给智伯瑶。智伯瑶见两家顺从了，便更加肆无忌惮地向赵襄子要土地，并点明要蔡地皋狼。赵襄子不答应，说："土地是上代留下来的产业，到手的东西说什么也不能再交出来。"《资治通鉴·周纪一》中有记载，"智伯又求蔡皋狼之地于赵襄子，襄子弗与。"

这蔡皋狼是哪里？有不少人在翻译这段文字时，往往在蔡皋狼中间加一个顿号，"智伯向赵襄子又索蔡、皋狼之地"，似乎解释为求的是两地。事实上"蔡皋狼"实指一地，无论是"蔡"还是"皋狼"，均指今天的武乡一带，中心在武乡西部的故城镇。关于蔡和皋狼的来历前文已经叙说，这里不再赘述。据康熙三十一年版《武乡县志》载，"武乡，禹贡冀州之域，周春秋时晋蔡皋狼"并有脚注："战国策智伯瑶求蔡皋狼之地于赵襄子即此。"

《战国策·赵策一》记载："又使人之赵，请蔡、皋狼之地，赵襄子弗与。知伯因阴结韩、魏，将以伐赵。"智伯瑶为什么点名要这个地方？因为这一区域是上党盆地的最北端，并有雄关险阻，是历代兵家必争之地，重要之所在。尤其皋狼是赵氏祖先最初的分封地，赵襄子怎么能将祖业拱手相让？这不是明显对整个赵氏家族的严重侮辱吗？他当然不会答应，也就留下了"襄子弗与"的记载。

这下却惹恼了智伯瑶，我要个万户百里地，韩魏两家都顺顺当当地答应了，只有你这个又丑又无能的赵襄子敢违命？难道赵家想当"钉子户"，当然不能这样就算了，否则以后还怎么混？今天是给也得给，不给也得给。谈判桌上得不到的，那只有是兵戎相见了，于是就来硬的，决定通过武力解决。

智伯瑶命令韩、魏两家一起发兵攻打

康熙版《武乡县志》关于皋狼城的记载

赵家。晋出公二十年（前455），智伯瑶亲自率领中军，并指令韩家的军队担任右路，魏家的军队担任左路，三队人马直奔赵家来兴师问罪。

赵襄子一听头炸了一样，自知寡不敌众，忙找谋臣张孟谈商量。张孟谈建议到晋阳去抵抗，以守为攻。到了晋阳，赵襄子发现能够打仗的武器很少。张孟谈劝道："这里的围墙是用一丈多高的楛（hù）木做的，殿柱是用铜铸的，这些都是制造武器的好材料。"于是将造城的精铜拆下来制作兵器。

没有多少日子，智伯瑶率领的三家人马，已经把晋阳城团团围住。赵襄子吩咐将士们坚守城池，不许出战。三家兵士攻城的时候，城头上的弓箭好像飞蝗似的落下来，使三家人马没法前进一步。晋阳城凭着弓箭，硬是死守了两年多。三家兵马始终没能把它攻下来。

智伯瑶率魏、韩两家攻打晋阳，由于赵襄子防守严密，再加上魏、韩不愿为智伯瑶卖命，只是消极应付，出人不出力，智伯瑶无法取胜。

智伯瑶久攻不克，当然不肯罢休。一直这样僵持也不是办法，必须来个快刀斩乱麻。于是就约韩康子、魏桓子一起去察看地形，发现晋阳城东北方有条晋水，忽然想出了一个主意：把晋水引到西南边来，晋阳城不就淹了吗？以水当兵，何愁赵国不灭？他就吩咐兵士在晋水旁边另外挖一条河道，一直通到晋阳，又在上游筑起坝，拦住上游的水。智伯瑶正为自己想出这样一个好主意而洋洋得意时，韩康子和魏桓子一听这话却打了个冷战，心里暗暗吃惊。原来魏都安邑、韩都平阳旁边各有一条河道。智伯瑶的话正好提醒了他们，晋水既能淹晋阳，说不定哪一天安邑和平阳也会遭此命运呢。

晋阳被智伯瑶水淹围困，由于地面积水，老百姓都在树上搭起棚子来居住，城里的粮食也快要吃完，很多人冻饿成病，军心也开始动摇了。眼看着再也扛不过去了，赵襄子十分着急，便传张孟谈求计。张孟谈面见赵襄子，说："魏、韩两家是被迫的，我准备去向他们说明利害，动员他们反戈联赵，共同消灭智伯瑶。"赵襄子听了非常高兴，连连拱手表示感谢。

当天夜晚，张孟谈潜入魏、韩营中，说服魏桓子和韩康子，决定三家联合起来消灭智伯瑶，事成之后平分智氏之领地。韩康子和魏桓子正在踌躇之际，偏偏张孟谈前来约见，并进行了一番游说。张孟谈伶牙俐齿，游说韩、魏之君，曰："臣闻之，唇亡而齿寒，今智伯率二君而伐赵，赵将亡矣，赵亡则君之次矣。"张孟谈的大意是：智伯瑶自封老大，平日里欺侮你我，而今他逼迫你们两家来帮助他攻打我们赵国，或许他对你们也有个小小的承诺，但智伯瑶的人品你们知道，他会把好处给你们吗？看似有利可图，实则助纣为虐。如果你们今天不帮助我们赵国，赵国的今天就是韩、魏的明天。要想不被智氏霸占，唯有我们三家联合起来，将智氏除掉。

张孟谈这一说，正在犹豫的韩、魏两家好像被点中了命门穴。结果一目了然。

到了约定的那一天，韩、魏两家战前反水，赵、魏、韩三家联合进攻，给智氏来了个突然袭击，趁夜将晋水改道智营，真是以其人之道还治其人之身。智伯瑶想出来的妙计，却成了对方的利器。霎时间，智营成了水府泽国。智伯瑶正在惊惶不定，四面八方响起战鼓。赵、韩、魏三家的士兵驾着小船、木筏，一齐冲杀过来，杀得智军四散逃窜，一夜之间，智伯瑶全军覆没，智伯瑶也束手被擒。

张孟谈功高盖世，但他却来向赵襄子告别。赵襄子急忙挽留，张孟谈说：你想的是报答我的功劳，我想的是治国理政的道理，正因为我的功劳大，名声甚至还会超过你，所以才决心离开。在历史上从来没有君臣权势相同而永远和睦相处的。前事之不忘，后事之师。请你让我走吧。

赵襄子只好惋惜地答应了，让张孟谈辞官而去。后人将"前事之不忘，后事之师"改为"前事不忘，后事之师"作成语，提醒人们记住过去的教训，以作后来的借鉴。而很多人不知这个成语的出处却与武乡有关。

三家灭了智伯瑶，智家的土地也由三家平分，韩、赵、魏三家形成了鼎足之势。此刻晋国也成了一个傀儡空壳子，为了不让晋国公室东山再起，于是三家便干脆来个斩草除根，消灭公室，三家分晋，站稳了脚跟。公元前403年，韩、赵、魏三家打发使者上洛邑见周威烈王，要求周天子把他们三家封为诸侯。这时国力贫弱、无力驾驭诸侯的周威烈王心想，看到分晋已是既成事实，不承认也没有用，不如做个顺水人情，把三家正式封为诸侯。

三分晋室的赵、魏、韩依然还是中原大国，可见原来的晋国是多么强大，加上秦、齐、楚、燕四个大国，史称"战国七雄"，从此开启了新的历史篇章。也许此刻，智伯瑶正在九泉之下后悔，不该强行向赵襄子索要皋狼之地，招来这杀身灭门之祸呢。

涅水河畔筑涅城

周威烈王二十三年（前403），韩、赵、魏派使洛邑，周威烈王顺水推舟，封三家为诸侯国。司马光的《资治通鉴》记载："周威烈王二十三年，初命晋大夫魏斯、赵籍、韩虔为诸侯……"

韩、赵、魏受封诸侯，但周威烈王还是没有让晋国彻底消亡，还保留了晋烈公的爵位,也就是说晋国实亡而名存。晋烈公二十七年(前389)烈公死,子孝公颀继位;十二年后,孝公死,子静公俱酒继位。周安王二十六年,也是晋静公二年(前376),赵、韩、魏瓜分了晋公室仅存的土地,并将徒有虚名的晋国国君晋静公废为庶民,晋国最终灭亡。因此韩、赵、魏三国又被合称为"三晋"。

三家分晋是中国历史上具有划时代意义的重大事件,它是中国奴隶社会瓦解、封建社会确立的标志。这件大事,诸侯争夺皋狼也就是今天的武乡成为最重要的导火索,可见历史上的武乡,地理位置多么重要。

在《竹书纪年》中可以查到:"梁惠成王十二年,郑取屯留、尚子、涅。"记载了郑国进攻屯留、尚子(即今长子)和涅(今武乡)的事件,梁惠成王十二年即公元前358年,这个时间在三国分晋十年左右,由此可推断,三国分晋后,此地的名字就有了变化,改皋狼为涅,这也是目前史料所查到最早出现"涅"这个名字的文字记载。

"涅"作为地名,源于该地有涅水。而涅水之名又是源于最早的臬、潦、甲水、甲氏国,在上古音中,臬、潦与甲、涅同音,这样,甲水便演变为涅水,因水名而又成为地名。本文章开篇曾引用过《水经注·卷十·浊漳水》关于涅水的记载。

也有记载称涅为战国魏邑,当时曾归魏国管辖过亦有可能。

接下来,史书上记载战国时的涅先属韩后属赵,依据是《史记正义》上的记载:"秦上党郡,今泽、潞、仪、沁四州之地,兼相州之半,韩总有之。至七国时,赵得仪、沁二州之地,韩犹有潞州及泽州之半,半属赵、魏。赧王五十三年(前262),秦击韩于太行,上党路绝,守冯亭以地归赵。五十五年,秦拔赵上党。"

但这个记载，笔者认为有误。《史记正义》是唐代张守节所著，成书于开元二十四年（736），是在距三国分晋千余年后写的，他也没有经历分晋的历史，写书时不过是参考前人的只言片语，或者是道听途说，写错的概率也是有的。学界关于《史记正义》勘误之处颇多讨论，此处只说关于"涅"的谬误。

如果这里先属韩后属赵，智伯求蔡皋狼之地的记载就不能成立。乾隆恩科举人本县的魏鸾翱在为光绪版县志所作《武乡县建置沿革考》中也有辨别之言，"如张氏所云，则是时此地属韩而未属赵，智氏虽贪，岂应求韩氏之地于赵氏？"雍正年间山西巡抚觉罗石麟主持编纂的《山西通志》中这样记载：交口以北至团柏、子洪谷、子洪镇，大约古蔡皋狼地，智伯瑶求之，将以制晋阳也，故赵襄子不许。所以说，应该是先属赵，后属韩，再后又属赵，赵、韩各置上党郡，涅属赵上党郡。

赵国上党郡实际控制范围大体有涅（今武乡县西北）、屯留（今屯留县南）、长子（今长子县西南）、长平（今高平市西北）、泫氏（今高平市）、端氏（今沁水县东）一线以东地区。这条分界线北起潞州西北涅水上游的涅，自此南行，穿浊漳河上游地区，出潞州过长平关，至高平折而西南行，至沁水中游止。整个战国时期，韩、赵、魏三国在上党地区的争夺战大都发生在这一带。

战国时期三国上党郡设置时间，前论史者皆语焉不详。有学者认为，战国上党郡应当设置于三家分晋之初。郡的缘起具有很强的军事性质，早期的郡都设置在边境地区，其目的就是巩固边防。由于郡担负了防卫边境的责任，所以郡的长官叫守，也尊称太守。根据《韩非子》记载，晋平公时（前557—前532）"解狐举邢伯柳为上党守，柳往谢之，曰：'子释罪，敢不再拜。'曰：'举子，公也，怨子，私也，子往矣，怨子如初也。"解狐推荐邢伯柳为上党守,上党此时为郡当无疑问,故至晚在春秋末年,晋国在上党地区已经设置有上党郡。晋国在上党设郡,说明这一地区具有极其重要的战略地位。

韩、赵、魏三家分晋后,地势险要的上党地区被韩、赵、魏三家瓜分。赵国控制了上党地区的北部,魏国控制了东南角,韩国则控制了上党地区的大部分地区,这一地区遂成为三国对峙的前沿。而三国又都想向东南地区发展,上党则是通向东南地区的交通要道。所以上党被韩、赵、魏瓜分之后,其战略地位非但没有削弱,反而是得到了加强。在这种形势下,设郡置守,以利边防应是情理之中的事。所以,三家分晋之后,并无理由要撤销上党郡,相反应该加强郡的职能。所以此后赵、韩、魏均在此设立过上党郡,三国上党郡设置的时间虽然可能不尽相同,但都应当是在战国初期韩、赵、魏三家分晋,三分上党之后不久。

上党北部地区的争夺战都是在韩、赵两国之间发生的,其地点大都在涅—屯留—长子一线,有些地区的归属亦屡次变更。其实当时的涅,在赵、韩、魏间多次变更,战国时的区域变化太复杂了,此中滋味,谁能解得开?

再说秦国自商鞅变法以后,国力强盛,开始东出。在秦、魏河西之战后,秦国收回了被魏国占据近百年的河西地区。魏国大片土地沦丧,韩国开始直面秦国。而上党高地成为秦国东出必须要得到的一块要地。当时的秦国虽然强大,但在六国合纵的战略下,秦国每次东出,都会受到赵国威胁。

如果能够得到上党高地,秦国就能够占据有利地势,对韩国和赵国形成地缘压制。为此秦昭襄王时期,武安君白起伐韩,直取韩国重镇野王,将上党与韩国分离开来。韩国的上党地区成为孤城,随时可能被吞并。此时的韩王为了让秦国息兵，决定割让上党地区给秦。而当时的上党郡守冯亭，认为将上党给秦国，只会加快韩国的灭亡，为此决定将上党地区给赵国。因为当时赵国是唯一一个能与秦国抗衡的国家。

《史记·赵世家》记载，赵孝成王四年（前262）"韩氏上党守冯亭使者至，曰：'韩不能守上党，入之于秦。其吏民皆安为赵，不欲为秦。有城邑十七，愿再拜入之赵，财王所以赐吏民。'王大喜……赵遂发兵取上党。"

面对韩国送上门的上党地区，赵国其实是不得不取。如果赵国趁着这个机会拿下上党，反而可以占据有利位置，直接阻挡秦军的东进。而正是因为上党地区的归属决定着秦国、赵国、韩国的生死，所以在赵国决定接纳上党后，秦国便发动举国之力也要拿下上党，于是发生了长平之战。秦国见赵国固守不战，便派间谍散布廉颇投降的谣言，并扬言秦国不怕廉颇，怕的是赵奢（曾大败秦国）之子赵括。赵括遵照赵王意图，变更了廉颇的防御部署及军规，更换将吏，组织进攻。秦国暗中任命名将白起为统帅，白起针对赵括急于求胜的弱点，采取了佯败后退、诱敌脱离阵地，进而分割包围、切断赵军粮道，予以歼灭的作战方针，最终获得战争的胜利。

以上只是讲上党地区的重要性，备

韩国的平首布"全涅"　　赵国的平首布"辛全涅"

受各国争夺之事，接下来还是说"涅"。咱们看看这两幅图，这是中国出土资料中最早的货币——平首布。春秋战国时期，黄河流域农耕地区最早出现的具有农具铲形外观的金属铸币，被称为布币。根据布首型状的不同，布币被划分为空首布、平首布两大类型，再细分还有平肩布、弧足布、方足布、尖足布、圆足布等。所谓空首布，即布首中空，有较长的銎可纳木柄，布身硕大，是布钱的原生形态；平首布，即布首由空而实，由銎变平，布身渐小。平首布是在空首布的基础上演变而成，属于布钱的传承演变形态。在空首布、平首布两大类型之下，根据布币在肩、足、裆、首部的差异，不同形态、不同式别，可以分辨出布币的铸行时间、流通区域各不相同。

这两枚平首布，一为韩国铸造，上面有"全涅"字样；一为赵国铸造，上面有"辛全涅"字样。两枚平首布均以"涅"命名，流行于战国中晚期，流通于周王畿与韩、赵、魏、燕等国。这个货币的出土，可以证明两点：一是说明当时涅地先后归属两国；二是说明能以"涅"来命名货币，可见当时"涅"在韩、赵、魏及周的地位有多么重要。

秦庄襄王三年（前247）五月，庄襄王去世。13岁的嬴政被立为秦王。嬴政即位时由于年少，尊吕不韦为仲父，等他亲政时，就掀起了激烈的政治斗争，进而又吞并六国。秦王政二十六年（前221），秦王政认为自己"德兼三皇，功过五帝"，遂采用三皇之"皇"、五帝之"帝"，构成"皇帝"的称号，自称"始皇帝"。同时，在中央实行三公九卿，管理国事，废除分封，新立郡县，天下分为36郡，在晋东南这一带设置上党郡，治所在今长子县，在战国时的涅地设立涅县，归上党郡。

这也是涅县最早设立的时间。当时的涅县区域很大，包括今天的武乡、榆社、左权、和顺四县全部，还有昔阳县南部、沁县北部、平遥县东部、祁县东南部及太谷区南部，面积约9000平方千米。

柳宗元在《封建论》中有这样的描述："秦有天下，裂都会而为之郡邑，废侯卫而为之守宰，据天下之雄图，都六合之上游，摄制四海，运于掌握之内，此其所以为得也。"

嬴政历时十年，横扫六国，统一天下之后，许多人劝他沿用分封制。利用各地贵族，控制当地势力，维持帝国稳定。李斯对此力陈利害，向始皇帝进言，推行郡县制，并诉说分封制下诸侯权力过大，才是祸乱的根源。只有在广阔的土地上，推行郡县制，才能维护帝国的长治久安。

秦始皇推行郡县制，彰显着中国由贵族分封制过渡到郡县制，自此之后郡县制成为两千年来的主流制度。秦始皇运用郡县制，收复岭南及云贵地区，修灵渠、建象郡，奠定了中国南部领土范围。之后，又派蒙恬率军三十万，抗击匈奴，占据河套平原。"胡人不敢南下而牧马"，大秦用自己的虎狼之师捍卫了帝国的尊严。之后修筑长城，奠定了中国长期以来的国土基本范围。郡县制推行之后，中原实现了由乱而治，很快走向统一，当时的涅县也是一片繁华。

康熙三十一年版《武乡县志·建置沿革》记载，"汉为涅氏县，属上党郡"。

到乾隆五十五年版《武乡县志·建置沿革》记载，却成为"秦上党郡地。汉始置涅氏县，属并州上党郡"。问题来了，秦代开始郡县制，其上党郡下辖11县，涅为其一，《志》中只标了"秦上党郡地"，这一个失误，接着又写"汉始置涅氏县"，一个"始"字就把秦代设涅县的历史给割断了。

而到1986年版《武乡县志》中记载，"西汉置涅县，属并州上党郡。

县城在今故城镇"。但这个记载亦有错误，西汉在此设置的县并非"涅县"，而是涅氏县。一是山西古籍出版社出版的由吴锐编著的《历代山西政区通录》中，秦代设上党郡时下辖11县，其中就有涅县，说明涅县建于秦，我没有查到史证，只能在此提出，请读者关注；二是西汉初在此设县不是涅县，而是涅氏县，这个有明确史料，班固在《汉书·地理志》中说：上党郡领县十四，其中就有涅氏。魏鸾翱的文章中也记"汉为涅氏县，属上党郡"。康熙版县志中为"汉为涅氏县，属上党郡"，乾隆版志也明确提出"汉始置涅氏县，属并州上党郡"。魏鸾翱还记载，今之武乡县暨辽州、榆社在汉时皆为涅氏县地。隋唐训诂学家颜师古的《汉书注》曰："涅水出焉，故以名县也。"也就是说涅氏县是因境内有涅水而命名，涅水原为甲水，早期在甲氏国时叫甲水，后讹作为涅，也可能因青石流水发黑而取涅字。前面说过"甲"的来意，在"甲"与"涅"之间的演变，或音或意，我辈也只是推测而已。

所以，准确地说，西汉初期，涅县改称涅氏县，仍属上党郡。

从汉至晋三拆分

西汉初期，在涅县改称涅氏县时，还有一个重要的变化，由于涅县区域过大，人口也非常多，即在涅县东北部析置沾县。沾县城邑在今天的昔阳县西寨乡附近。据民国四年版《昔阳县志》载，"春秋时，为东山皋落氏之国。秦时，属上党郡。"这就和武乡县的历史记载基本吻合了。前面讲过东山皋落氏即为皋狼别称，秦时属上党郡，涅县是上党郡的北沿，这片区域在涅的东北部，是涅县的辖区。西汉初期设立的沾县，是从涅县析置出来的。这也是涅的第一次拆分。

西汉之初，对地方的管理是郡国并行制，结果造成地方势力过大，在景帝时期发生吴楚之乱。汉景帝采用晁错的《削藩策》加以平定，重视农业，劝课农桑；反击匈奴，开疆拓土；昭宣中兴，励精图治；轻徭薄赋，常平建仓。郡国并行制逐步演变为单一郡县制，豪强地主兼并之风盛行，中央集权逐渐削弱，社会危机日益加深，也导致社会动乱，王莽篡汉建立新朝。新莽时期，改变了许多郡县名称，在今山西就改了4个郡名、31个县名，如上党郡谷远县（今沁源县）就改为谷近县；还有5个县降为亭，如襄垣县就降为上党亭。好在涅氏县没有改名，仍然还是涅氏县。

为缓和西汉末年以来日益加剧的社会矛盾，新莽政权采取了一系列新的措施，包括土地改革、币制改革、商业改革和官名县名改革，等等，而这一切改革均以《周礼》为依据。但王莽的改制未能减缓历史前进的车轮，他针对当时社会矛盾所作的尝试，反而使各种矛盾进一步激化，终于导致以赤眉、绿林为主的农民起义反抗。

地皇四年（23）二月，绿林军领导者王匡、王凤等人拥立刘玄为帝，恢复汉朝国号，建立更始政权，自称玄汉王朝。消灭王莽政权后统治天下两年。玄汉更始二年（24），更始皇帝刘玄授绿林军重要首领、汉大臣司隶校尉鲍宣的儿子鲍永任尚书仆射，并行大将军事，持节将兵，安集河东、并州、朔部，得自置偏裨，辄行军法。更始三年（25）九月，赤眉军攻入都城长安，更始帝刘玄投降赤眉军，更始政权结束。不久，便有传言说更始帝随赤眉军到达河东，尚书仆射鲍永相信了这个谣，就去信令其弟鲍升和女婿张舒，前来涅城策动营尉李匡，先反涅城。李匡开门内应，杀死县令冯晏，另立谒者祝回为涅长。李匡响应赤眉起义的行动，出于《东观汉记·鲍永》中，"永遣升及舒等，谋使营尉李匡先反涅城，开门内兵，杀其县长冯晏，立故谒者祝回为涅长。"

这也是最早出现涅氏县令名字的记载。

此事在民国前几个版本的县志中均无载，1986年版《武乡县志·兵事》中有记载，但有一小错："二十四年（汉·更始二年），赤眉起义军分两路进攻长安更始政权。"实际上，赤眉起义军进攻长安是发生在更始三年九月，即公元25年。

西汉末年，社会矛盾空前激化。王莽代汉，颁布新

位于故城镇东寨底村的涅县城东南城墙遗址

政，但未能缓解，反而激化了社会矛盾，爆发了绿林、赤眉起义。刘秀是汉高祖刘邦九世孙，赤眉、绿林起义爆发后，新朝地皇三年（22），刘秀与长兄刘縯起事于舂陵，组成"舂陵军"，次年在昆阳之战中一举摧垮新莽大军。同年，绿林军攻破许昌，王莽死于义军之手，新莽覆灭。更始帝刘玄在绿林军拥戴下即位。刘秀被派往河北地区镇抚州郡，但刘秀拒听更始政权的号令。更始三年（25）六月，赤眉军拥立汉朝后裔刘盆子为帝，史称建世帝。刘秀在鄗县（今河北柏乡县）南千秋亭五成陌即位称帝，国号仍为"汉"，史称东汉，改元建武。

光武帝建立东汉后，重新划分十三州，又将州牧改回了刺史，其职能也有所缩减，但刺史开始有了固定治所，且有风闻奏事之权，以致郡、县官员对其极为畏惧。此后，刺史不仅官位得到了提升（官秩二千石），且权力再度开始扩大。

东汉初，涅氏县又恢复称涅县，县治在今武乡县故城镇，仍属上党郡。《后汉书·郡国志》：上党郡有城十三，其五曰涅，有阏与聚。

关于"涅有阏与聚"的记载，还在诸多史书上出现过。那么"阏与"为何？阏与是个古地名，因发生阏与之战而著称古史，特在此补叙几句。《史记·赵世家》称："惠文王二十九年，秦、韩相攻，而围阏与，赵使赵奢将，击秦，大破秦军阏与下。"

赵惠文王二十九年（前270），秦昭襄王以赵不履行交换城邑的协议为由，派中更胡阳领兵伐赵，围困了阏与。阏与是赵国连通东西部领土的重要通道，战略位置非常紧要，一旦丢失，赵国可能东西不相顾，很快被秦国鲸吞蚕食。赵惠文王非常着急，便四处求计。《史记·廉颇蔺相如列传·赵奢》载，"秦伐韩，军于阏与。王召廉颇而问曰：'可救不？'对曰：'道远险狭，难救。'又召乐乘而问焉，乐乘对如廉颇言。又召问赵奢，奢对曰：'其道远险狭，譬之犹两鼠斗于穴中，将勇者胜。'王乃令赵奢将，救之。"

秦军来攻，赵惠文王命大将赵奢领兵往救。赵奢见秦军势盛，为隐蔽作战意图，即坚壁不进，造成赵军怯弱的假象，秦军以为对方不敢应战而轻敌麻痹。赵奢偃旗息鼓近一个月后，乘秦军不备，突然间率军疾进，两天一夜赶到距阏与城50里处筑垒列阵。秦军久攻阏与不克，突然听到援兵到来的消息，仓促全力迎击。赵奢采纳百夫长许历建议，严阵以待，并派万人抢先占领北山高地。秦军数次进攻，都因对方居高临下，无法取胜，赵奢乘机直扑反击，大败秦军，遂解阏与之围。赵奢因功被封为马服君。

阏与之名来源于阏伯。阏伯，子姓，名契。帝喾之子、帝尧的异母兄。《左传·昭公元年》："昔高辛氏有二子，伯曰阏伯，季曰实沈，居于旷林，不相能也，日寻干戈，以相征讨。后帝不臧，迁阏伯于商丘，主辰。商人是因，故辰为商星。"可见历史上的阏伯，主要负责星辰（天文），这倒和武乡古台发现观星台有所吻合。根据明代马暾的《潞安府志·表》引《帝王世纪》云："颛帝所建九州，帝喾（高辛）受之潞"的记载，说明高辛氏子阏伯族居地范围在潞——浊漳河流域。

关于阏与古战场的具体地点，大抵有山西沁县乌苏、山西和顺与河北武安三说。

关于沁县乌苏说，最早执此说者是三国人孟康。《汉书·韩信传》孟康注："阏与邑名也，在上党涅县"。《史记·秦本纪》集解引孟康，认为阏与"在上党涅县西"。《史记·赵世家》正义引《括地志》作："阏与，聚落，今名乌苏城，在潞州铜鞮县西北二十里"。

关于和顺说，出于北魏郦道元，他的《水经注》卷十《清漳水》称："南水亦出西山，东径文当城北。又东北径梁榆城南，即阏与故城也。秦伐赵阏与，惠文王使赵奢救之，奢纳许历之说，破秦于阏与，谓此也。司马彪、袁山松《郡国志》并言涅县有阏与聚。"《隋书·地理志》称："和顺，旧曰梁榆"。

关于河北武安说，最早见于唐人所修《隋书·地理志》："武安开皇十年分置阳邑县，大业初废入焉。有榆溪，有阏与山，有浸水"。司马彪《史记·正义》亦主张武安说，认为"阏与山在洺州武安县西南五十里，赵奢拒秦军于阏与，即此山也"。

但武安说在唐代即遭到质疑，李泰的《括地志》称："'言拒秦军在此山'，疑其太近洺州。既去邯郸三十里而军，又云趋之二日一夜，至阏与五十里而军垒成，据今洺州去潞州三百里间而隔相州，恐潞州阏与聚城是所拒据处。"因此，后世学者多不以武安说为是。阏与古战场的所在地，游走于和顺与沁县乌苏二说之间，但无论和顺还是沁县乌苏，战国时均为涅地，这一点是确证无疑。

这个历史记载，说明战国赵奢等名将曾在武乡一带征战，也说明这一带是历史上兵家必争之地。

东汉时期，县是郡、国以下的第二级行政区，大县的长官称县令，官秩一千石；小县的长官称县长，官秩三百至四百石。县侯的封地侯国的长官称相，品级同县令、县长。县以下设乡，长官有官秩，领朝廷最低品官秩百石。乡以下设亭，长官为亭长。亭以下设里，长官为里魁，其下更有什长、伍长。整个东汉区划设置较为稳定，变动幅度很小。

东汉末年，从中平元年到建安二十五年（184-220），发生黄巾起义，导致诸侯割据，互相攻伐兼并。再加上朝廷内部政治腐朽黑暗，外戚宦官干政，又无力管辖地方势力，因而造成群雄逐鹿的局面。建安元年，曹操迎汉献帝至许，自为司空，行车骑将军事，后进位丞相，晋爵为魏王。曹操四处征战，经官渡之战、赤壁之战、渭南之战等，基本上统一了北方。

东汉建安二十五年（220）正月，曹操病死；三月，汉献帝下诏改元延康元年；同年十月，继任魏王的曹丕逼汉献帝刘协禅位，是为魏文帝，建元黄初。至此，东汉王朝名实俱亡，历史进入三国时期。

就在这一年，因难以确定月份，应该是建安二十五年，还是延康元年，或是黄初元年呢？总归是在公元220年，在涅县东部分出轑河置县，因战国时为赵轑阳邑而得名，治轑阳故城，属乐平郡。涅县经历了第二次拆分。

据《晋书·地理志》可知，汉献帝建安二十年，始集塞下荒地立新兴郡，后又分上党立乐平郡，辖沾县、上艾县。轑河县设立后，同时将寿阳、辒阳、乐平划入。

三国时期，涅县属魏，《三国会要》中有记载。三国时间并不长，从延康元年曹丕篡汉，到咸熙二年司马炎代魏，也就短短45年，至西晋武帝太康元年（280）晋灭吴，算是60年，这期间涅县区域并无变化。三国开始实行三级政区制度，州为一级政区，相当于今天的省；郡降为二级政区，相当于今天的市；县为三级政区。涅县属曹魏的并州上党郡。

咸熙二年（265），元帝曹奂加封晋王司马昭，戴十二旒冠冕，设天子旌旗，乘天子车舆，出入如天子，享用天子舞乐。曹奂给晋王司马昭的待遇跟献帝给魏王曹操的待遇几乎一模一样。曹操距驾一步之遥而仙逝，曹丕继而亲御；司马昭仅剩一陛登顶而归西，司马炎从容入殿。历史就是这样惊人相似，司马昭加冕之后没几天就离世了，司马炎继承亡父司马昭的权势地位，一举掌控了曹魏政权的军事行政大权。司马炎认为代魏自立的时机已经成熟，便令亲信劝说魏元帝曹奂将皇位禅让，曹奂迫于压力，只好写下传位诏书。司马炎假意谦让推脱了几次，在文武大臣集体再三恭迎劝谏之下才接受了禅让诏书。咸熙二年十二月丙寅，司马炎即位为帝，定国号晋，改元泰始。

司马炎代魏，建立西晋，对于涅县来说震动不小。康熙、乾隆、光绪、民国各个版本的《武乡县志》均记载"晋始置武乡县"，1986年版《武乡县志》记："西晋武帝泰始年间，涅县分为三县，即武乡、辒阳、涅县。从此始有武乡县。"当然这个记载仍然有不准确的地方，前文已说，辒阳于黄初元年（220），就从涅县分出去了，这个显然不准确。不过，泰始年间又从涅县东部分置武乡县这是事实，涅县经历了第三次拆分。

相传在高平陵事件到大军伐蜀的过程中，涅县有历代练武的数千名武士参军，为司马氏完全掌握权力，控制曹魏朝政，逐步消灭支持曹氏的势力立下战功。为表其功绩，故而在此分设一县并取名武乡，意为尚武之乡。

究竟具体是泰始何年？史书记载不太确定，不过泰始的年号也只不足10年，细查历史，仅在泰始元年（265）找到了有区划调整的记载，如分治雍、凉、梁之地设秦州之事，亦有可能分设武乡县就在这一年。从第一次分涅设立沾县在西汉初期，第二次拆分析置𣎴河在黄初元年，都在改朝换代的重要时刻，那么这次分县在泰始元年也有很大可能。推测而已，仅供参考。

西晋仍实行州、郡、县三级政区制度。分设的武乡县域界，大约包括今榆社和武乡东部地区，涅县县城仍在今武乡县故城镇，武乡县县城设在今榆社县北30里的社城，两县均属上党郡；并改𣎴河县为𣎴阳县，属乐平郡。此事在《汉书补注·地理志·第八·上党郡》中可考。至此，东汉时代的涅县经过三次拆分，从原来一个辽阔的大涅县，变成了一个仅辖河两岸的小涅县。面积大规模缩水，减少到仅有约1500平方千米，减了五分之四。

悲壮古县终谢幕

司马炎在位期间，封同姓诸王，以郡为国，置军士，希望互相维系，拱卫中央。采取一系列经济措施以发展生产，屡次责令郡县官劝课农桑，并严禁私募佃客。招募原吴、蜀地区人民北上，充实北方，并废屯田制，使屯田民成为州郡编户，太康年间出现一片繁荣景象。晋武帝司马炎鉴于曹魏末期为政严苛，风俗颓废，生活豪奢，乃"矫以仁俭"，不能自存者赐谷人五斛，免逋债宿负，诏郡国守相巡行属县，并能容纳直言。还重视法律，亲自向百姓讲解贾充等人上所刊修律令，并亲身听讼录囚。百姓大加赞赏，被称之为"太康之治"。

后来，晋武帝推行分封，王室上下都得以分封食邑，并各自有军队。晋武帝司马炎曾就这一制度询问中书监荀勖，荀勖认为：诸王当时大多担任各地都督，若让他们各归封国，将使西晋控制地方的力量削弱；而且分割郡县，充实封国，将使被移徙的百姓怨声载道；王国各自置军，既可能削弱国家军队，又会形成威胁。晋武帝根据荀勖的意见，对都督制作了调整。

但晋武帝大封司马宗室子弟为王，并各自拥兵，导致弊端严重。司马炎为收回兵权，下令削减州郡军队，诸王均不满意。从元康元年（291）开始，西晋王朝内乱频生，其核心人物有汝南王司马亮、楚王司马玮、赵王司马伦、齐王司马冏、长沙王司马乂、成都王司马颖、河间王司马颙、东海王司马越。这次动乱历时16年，史称"八王之乱"。当然西晋皇族中参与这场动乱的王不止八个，但八王为主要参与者，且《晋书》将八王汇为一列传，故称之。

有道是家不和狗也欺，争斗内耗，既然无力拒外，匈奴人也趁机起兵反晋。16年中，参战诸王多相继败亡，人民被杀害者众多，社会经济严重破坏，西晋的力量消耗殆尽，隐伏着的阶级矛盾、民族矛盾爆发。"八王之乱"带来的影响不只是社会经济遭到严重破坏，更导致了西晋亡国，以及近三百年的动乱。

晋惠帝永安元年（304），李雄和刘渊先后建立成汉和汉赵（也称前赵），开启了"五胡十六国"时代。刘渊自称汉王，建年号元熙，追尊刘禅为孝怀皇帝。此后，匈奴、鲜卑、羯、氐、羌等少数民族，先后在北方和西蜀建立割据政权，史称"五胡十六国"或"东晋十六国"。

前赵时期，武乡、涅县均属上党郡。公元329年，前赵被武乡羯族人石勒所灭，使后赵基本统一了中国北半部。后赵共置15州，我们这片土地属并州。

东晋大兴二年（319），石勒称大将军、大单于、领冀州牧、赵王，于襄国即赵王位，正式建立后赵，称赵王元年。石勒是武乡人，出生于武乡北原山脚下的东河沟村，因其幼年在北原山玩耍，耳畔常闻鼙铎之声，故而北原山也叫鼙山，这里是他童年生活过的地方，他对故乡的敬爱可想而知。于是，就将武乡升格为郡治，分上党、乐平二郡置武乡郡，领三县，即：武乡县、沾县、涅县。不过据《中国历史地图集》《山西省历史地图集》载，武乡郡下无武乡县，原来的武乡县变为郡直辖区；康熙三十一年版《武乡县志·沿革》中记"升武乡郡，古榆社、黎城属焉"，也可能当时的武乡郡，除领涅县、沾县之外，郡直辖区域包括今天的榆社、黎城全部和武乡东部。

永宁二年（351）后赵被冉魏所灭。次年，冉魏又被鲜卑人前燕景昭帝慕容儁所灭。太和五年（370），前燕又被氐族人前秦宣昭帝苻坚所灭。前秦建元二十年（384），鲜卑人慕容垂自称"燕王"，废除前秦年号，建立后燕。前秦北地长史慕容泓，自称大将军、济北王，建立西燕。西燕中兴九年（394），后燕灭西燕。慕容熙建始元年（407），后燕被北燕取代。北魏延和二年（433），北燕被北魏攻陷，武乡郡一带成为北魏辖区。这一段看起来是不是很乱呢？无怪乎史书上称之为"五胡乱华"，不过此时武乡的区划还不乱，武乡、涅县同属武乡郡，这个没有变。

此前，武乡、涅县一直属并州武乡郡。《十六国疆域志》记载，前燕和前秦时仍然设有武乡郡，"领县三：武乡、沾、涅"。十六国时期，武乡、涅县先后归属前赵、后赵、冉魏、前燕、前秦、西燕、后燕，县域无变化，只是从石勒置武乡郡后，不再归上党郡所属。也有史学家根据《魏书·地形志》"并州乡郡"条记载，"乡郡，石勒分上党置武乡郡，后罢，延和二年复置"推演，后燕、北燕时，武乡郡曾被裁撤，到北魏太武帝延和二年（433）又重置。但究竟哪年裁撤？又没有其他史料佐证，也只能作为存疑内容写于此处，供史家参考。

公元386年，拓跋珪在牛川召开部落大会，即代王位，正式恢复了代国，不久改国号为魏。因区别于三国的曹魏政权，史称北魏、拓跋魏、元魏。此举结束了中国从"八王之乱"起将近150年的中原混战的局面，进入南北朝对峙时期。

武乡郡一带属北魏，因北魏拓跋改姓元，所以历史上也称"元魏"。延和二年，太武帝拓跋焘改武乡郡为乡郡，武乡县也随之去"武"字，改称乡县。为什么要去"武"字？史书无载。历代更改县名的原因，不外乎是以下几种：一类是因避讳而改名（不只是地名），避讳按缘由又可分为"忌讳""敬讳"和"憎讳"等多种情况，如广都县因避讳杨广之名改为双流县。一类是忌重名而改名，山东无棣县原名海丰，因与广东海丰重名而改。一类是因祈福或纪念而改名，如唐朝改名的唐兴县、延唐县、辅唐县等。但武乡的去"武"，完全可以排除因避讳、避重名等因素。

那么为什么要去掉"武"字？笔者想有这样一种可能。据史料分析，这应该与拓跋焘治国手段有关，他亲率大军灭胡夏、北燕、北凉等诸多政权，北伐柔然，南败刘宋，完成了统一北方的大业，主张改善民生，劝课农桑，大增耕田，减轻赋税，休养生息，偃武修文。据《魏书·世祖纪》记载，神䴥四年（431）太武帝下诏："顷逆命纵逸，方夏未宁，戎车屡驾，不遑休息。今二寇摧殄，士马无为，方将偃武修文，遵太平之化，理废职，举逸民，拔起幽穷，延登俊义。"延和元年（432）亦有诏："修废官，举俊逸，蠲除烦苛，更定科制，务从轻约，除故革新，以正一统。"从诏令中可以看出，太武帝的施政措施由重武轻文转向"偃武修文"。延和二年武乡郡去"武"改称乡郡，武乡县去"武"改称乡县，极有可能是出于这个原因，将郡县名中的"武"字去掉，以迎合朝廷重视文治的施政举措。

延和二年改乡县、乡郡时，还有一个重大变革，就是属县的调整，将原来的乡郡辖三县改为辖四县，除涅县、乡县外，新划上党郡铜鞮、襄垣二县来属，划沾县归太原郡。

北魏孝庄帝永安二年（529），改涅县为阳城县（《魏书·地形志》），治所仍在今武乡县故城镇。关于这个在《竹书纪年》中就有记载的名字"涅"，至今已经近900年历史了，又是何因改为"阳城"？考遍古籍不得而知。有今人撰写的文章讲："北魏末的永安年间，涅县治所东迁至5里外的涅水南岸，同时更名阳城县。"这是没有依据的，因为迁址甲水村，《隋书·地理志》有明确记载，在开皇十八年（598），后文还会讲到。所以改名"阳城县"便成了个千古之谜。

当时的北魏虽然统一了北方，但内部争斗依然很乱。528正月，19岁的孝明帝元诩，计划从母亲手中夺回权力，结果被胡太后毒死。元诩妃子生下一女元姑娘，太后诈称男孩，并将此女婴立为皇帝。因事情败露，胡太后自知无法隐瞒，元姑娘的皇帝幌子只打了14天，只好另立元诩族侄、年仅3岁的元钊为帝。契胡部酋长尔朱荣宣言追查元诩死因，并联合数臣拥立元子攸为帝，改元建义，四个月后又改元永安。一年换了四个皇帝、三个年号，这定是个多事之秋。元子攸虽登基，但权力却掌握在尔朱荣手中，他又将女儿尔朱英娥嫁给元子攸为皇后，直接操控朝政，一手遮天。尔朱荣是契胡一支，亦即与后赵的石勒、石虎同出一源，本与涅县、武乡都有关系。此时他自任侍中、都督中外诸军事、大将军、尚书令、太原王，专断朝政。涅县更名是否与他有关系呢？

接下来的事仍然和尔朱氏有关。

有个鲜卑化汉人军官高欢，参加杜洛周起义，后叛降尔朱荣，成为亲信都督，因曾劝尔朱荣称帝得以信任，后收编六镇余部，任第三镇酋长、晋州刺史。尔朱荣不把年幼的皇帝当回事，虽然手握重兵，反被元子攸乘机杀掉。后尔朱荣堂侄尔朱兆，割据晋阳反叛，带兵攻陷洛阳，又杀掉了孝庄帝元子攸。尔朱氏家族残暴不仁、不得人心，高欢遂产生讨伐尔朱氏家族的想法。于是率兵讨伐尔朱兆于武乡。今天武乡墨镫乡崇城寨仍有高欢避暑亭遗迹，可能是高欢对武乡情有独钟的缘故吧。永熙三年（534），高欢又拥立元善见做了皇帝，即孝静帝，并迁都于邺城，建立东魏政权。这一年，高欢将乡郡升格为州，改乡郡为南垣州。当时的政治制度为州、郡、县三级地方行政，但乡郡升格为州后，实际并没有领郡，仍然领阳城、乡县、铜鞮、襄垣四县。

可以说高欢此举和今天提拔干部有一比，没有实职职数就来个括弧副省级。南垣州的刺史，虽然还是管着原来的几个县，却可以挣州刺史的俸禄，干部级别大大提高了一个台阶。他又将州治所迁到阳城县治之地，也就是今天的武乡县故城镇。三年之后，也就是东魏天平四年（537），南垣州更名为丰州，改名原因史书仍然无载，可能与后赵石勒铸"丰货"钱有关，"丰货"钱素以富钱称谓，藏有"丰货"钱会使人家财丰富。而石勒出生于武乡，借其名称为吉语，也未可知。

代郡平城人、武明皇后娄昭君的侄子娄睿曾经担任丰州刺史，北齐太宁元年（561）以丰州刺史进位为司空。也可能因为地名吉祥吧，娄睿从一个州刺史，直接提拔进位于参议国之大事的三公之一——司空。

娄睿进位司空后，丰州改名为戎州，具体时间不详，史书记载北齐改为戎州。南朝陈光大二年（568），曾在晋安郡置丰州，两个丰州各属北朝与南朝，再者大约是北朝的丰州更名后，才有了南朝的丰州。经此推断，改戎州的时间可能在561年至568年之间。改名原因仍然无载，推测可能有二，一是此地历史上曾为戎狄部落所属，二是与此地民风尚武有关。

关于戎州之名，曾有多处，一是春秋戎，《左传·哀公十七年》有卫庄公"入于戎州己氏"，在今河南省濮阳市西南，后迁至山东曹县东南五十里楚天集；二是南朝梁大同十年（544年）置，治在今四川宜宾市西南；三是元至元二十二年（1285年）升大坝都总管置，治在今四川省兴文县。这些都与武乡古代的戎州无关，戎州存在时间不长，周武帝建德六年（577），北周武帝灭北齐，统一北方，北周宣政元年（578），戎州被废，恢复了乡郡，同时被减一县，将襄垣县划于上党郡，只留乡县、阳城、铜鞮三县。

公元581年，是北周大象三年，也是北周大定元年，还是隋开皇元年。光看这个你就知道这一年非常特别。上年五月二十五日，宣帝驾崩，年仅9岁的静帝继位，静帝服丧，百官都听命于左大丞相杨坚。大象三年正月壬午，北周静帝宇文阐诏曰："朕以不天，夙遭极罚。光阴遄速，遽及此辰。穷慕缠绵，言增号绝。逾祀革号，宪章前典，可改大象三年为大定元年。"这是《周书·帝纪·静帝》的记载，但好景不长，这大定根本定不了天下，仅仅过了一个月，到二月十三日，静帝因众臣威逼只得禅让于丞相杨坚，北周宣告灭亡。

隋文帝杨坚定国号为"隋"，改元开皇。从隋文帝励精图治，到隋炀帝穷奢极欲，一个开创了万国来朝的"盛世"，居然作了上承南北朝、下启唐朝的一个过渡，享国38年。就是这短短的38年中，对于武乡来说，其体制却是经历了一个巨变。隋朝行政区划有两次重大变化。隋以前，地方上分为州、郡、县三级，隋文帝统一天下后，先来一个废郡，改为州县二级制，以州直接统县。隋炀帝继位后不久，将所有的州改为郡，实行郡县二级制。当然仅仅是废郡和州改郡也就罢了，隋朝还对县级区划多次调整，搞得人有点迷糊，所以要看懂这一部分还得认真一点、细心一点。

开皇三年（583），第一个大动作就是废了乡郡，当然上党郡也同时被废，乡县和阳城县归属潞州，州治迁至上党县，即今天的长治市潞州区。

古老的南涅水村水阁凉亭（邢菊芬摄）

开皇十六年（596），新设韩州，州治在今襄垣县下良镇西故县村。领乡县、榆社、襄垣、黎城、涉县，乡县从潞州改属韩州。同时新设沁州，州治在今沁源县城。领阳城、铜鞮、沁源。阳城县（原涅县）和武乡县这对孪生兄弟，居然被分属到了两个州。

· 45 ·

开皇十八年（598），改阳城县为甲水县（《隋书·地理志》）。县治移甲水村，该村现分为两个村，即武乡县故城镇北涅水村、沁县牛寺乡南涅水村。

隋以前，地方官制系统紊乱，侨置郡县繁多，出现了"民少官多、十羊九牧"的状况，使国家"资费日多""租调岁减"。隋炀帝登基，首先就是废郡并县，裁汰闲员，甲水县难逃厄运，大业元年（605），改名7年的甲水县就被撤销，其域分别并入铜鞮县和乡县。

不久天下群雄并起，唐国公李渊于晋阳起兵，于公元618年称帝建立唐朝，改义宁二年为武德元年。朝代更迭，区划又现乱象，也许是乱世混出来的皇帝，总想用改变区划来稳固自己的江山吧。

唐武德三年（620），重新分设甲水县（《新唐书·地理志》三年置甲水县……九年废甲水县）。可惜仅仅过了六年时间，武德九年甲水县又被废除。从此，这个从秦初所置的"涅县"，历经涅县、涅氏、阳城、甲水数度变更，于武德九年（626）这个具有八百余年历史的

南涅水石刻

古县永远消失，落了个悲壮谢幕。其区域以涅河为界，河北部划归乡县（今武乡），河南部划归铜鞮（今沁县），形成今天武乡与沁县的县界。使得武乡形成东西长南北窄的区域，基本上就是今天武乡的这个地形形状。

这里还需要赘述一下，涅县留下来的重要文物——南涅水石刻。涅水村作为县城，前后两次不过13年时光，怎么会留下如此辉煌的石

刻文化？20世纪40年代，南涅水村因村民取土露出一些石条、瓦砾之类的东西，但因该地有很多蛇，人们不敢乱动石块。到1956年，因坍塌加重，露出了石刻，村民向县文化馆汇报，1957年秋，省文管会开始发掘。共发现800余件石雕造像，有文字题记的60多件、雕造纪年的37件。这批石雕造像上自北魏永平元年，下至北宋天圣九年，汇集了北魏、东魏、北齐、隋、唐、宋六个朝代的民间石雕艺术珍品，题材大多以佛教活动为主。可见这里也是涅县后期的文化核心区。县城从故城镇迁到此地，应该与这个有很大的关系。

青山险关依旧在

作为县制的甲水县消失了，但作为母亲河的涅河永远流淌着。

唐高祖改隋末的郡制为州制，唐玄宗李隆基又改州为郡，到其子唐肃宗李亨继位后复改郡为州。对体制翻烧饼似的折腾，成为封建王朝的玩物，无论是玩官位还是玩区划，这样的折腾，体现到百姓身上便是疾苦。

唐天授元年（690），武则天称帝，改国号为周，开启武周代唐时代。这一年，从乡县又恢复至武乡县。这个县名得以恢复，与武则天有很大关系。历史上皇帝都忌重音重字，与皇帝的名号有重就是犯讳，这样的地名、人名都必须避讳改名，或写作别字、缺笔。而武则天却偏偏不信这个邪，武则天登基后，大封武氏诸王，也大肆以"武"为地名。当时除了命名武丰县、武圣县、武兴县、武昌县等一批吉语地名外，还把带"唐"的地名都改为"武"。如改唐兴县为"武宁县"；改唐林县为"武延县"，等等，意图彻底取代唐。在这种政治背景下，也恢复了原来带"武"字的地名，乡县也非常幸运地搭上了顺风车，恢复了武乡县旧名。

神龙元年（705）正月，武则天病重，宰相张柬之等人发动兵变，迫使武氏退位。武则天病逝后，唐中宗复位，随之被改的地名也全面恢复，所有带"武"字的地名被尽数清除，武乡县也只得又复用乡县。景龙四年（710）六月，唐中宗李显被韦皇后毒死，韦皇后立年仅16岁的李重茂为皇帝，改年号为"唐隆"，唐隆不足一个月，临淄王李隆基和太平公主联手发动"唐隆政变"，诛杀韦皇后，李重茂被废，还政睿宗李旦，又改为景云元年。

封建王朝的政治就这么复杂，听起来都拗口，不过这一系列复杂的变化，对武乡产生了很大影响。睿宗二次即位后，大概是了解到"武乡"确系西晋旧名，与武则天篡唐并无瓜葛，再说武则天总还是他的亲娘，老纠缠这事也没什么必要，方再次复名武乡县。从此，这个县名才彻底固定下来，一直使用到现在，再也没有改变过。

安史之乱后，唐朝由盛转衰，各地藩镇做大。朱温逼唐哀帝李柷禅让，建立后梁，这是五代十国的开始。又经历后唐、后晋、后汉和后周，五代14主一共混了53年，就草草结束了。这个时期，县域没有任何变化，其上级也无变化，一直属潞州管辖。

公元960年，赵匡胤取代后周建立宋朝，至宋徽宗赵佶、宋钦宗赵桓先后被虏，靖康二年（1127）东京被金国占领，康王赵构裹宋室一路南逃，直退到临安，南宋政府苟延残喘，此前这一段史称北宋。宋朝的地方政府机构实行路、州（府、军、监）、县三级制。在山西这一带设置河东路，武乡归河东路潞州辖制，太平兴国二年（977），新设威胜军，武乡属之。威胜军，治在今沁县乱柳村，"军"是宋代行政区划中一个比较特殊的存在，和州是一个级别，但和州稍有不同，跟驻军倒是有关系，部队驻扎在一地，兼管地方事务，实行军政合一的管理体制，逐渐就成了行政区划名。

宝元二年（1039），改威胜军为绵山郡，迁址今沁源县城。熙宁七年（1074）废榆社县入武乡县；元祐元年（1086）复置榆社县。

武乡古八景之一"南关锁钥"

宣和七年（1125年）冬，金兵分兵两路南下，武乡成为北宋的前沿。金兵西路由完颜宗翰率部从云中府、太原一路南下到达武乡南关。完颜宗翰女真名为黏没喝，也叫粘罕，是金国国相完颜撒改的长子，勇猛而有谋略，备受重用。当他带兵到达武乡南关，两峰对立，地势险峻，雄关挡道，易守难攻，真的是南关锁钥，上党咽喉。粘罕不敢冒进，只好派探哨侦察，没有想到宋国根本没有设防，于是粘罕立于关头，仰天长叹。《永乐大典》中有这样的记载，粘罕仰而叹曰："关险如此，而使我过之，南朝可谓无人矣。人言都茫无险可守，不知随地皆有险也。"可见当时武乡是兵家要地，北宋之所以遭受靖康之耻，与不注重国防、严守要地有很大关系。于是，这个粘罕几次带兵南下，均从武乡过之，就是这家伙制造了靖康之祸，把个汴京生吞了。

北宋灭亡后，金与南宋对峙，存在百余年，这一时期，山西属金国疆域。在行政区划上，基本因袭宋制，只是将山西分为两路，即河东北路、河东南路。武乡县属河东南路，在金占领后的第二年，金太宗天会六年（1128），绵山郡改为沁州，始建州署。仍领四县，州治迁至今天的沁县城。到金宣宗元光二年（1223），沁州升为节镇，也就是在驻有军事统帅的要塞设置节度使，也称义胜军。此时在武乡设置了南关镇，当然这个"镇"不同于今天的乡镇，是元代居民集中治所和驻军所在地，修筑有城墙和城郭，并设有哨卡。南关镇仍属武乡县，可见金国知道武乡西部的地理位置非常重要，故在此设镇屯兵。

闫庄村北的虎头山石刻

其实屯兵的地方还不止南关一处，在周边的许多山头均有寨堡，

康婆七估塞遗址

遗迹颇多。比如在闫庄村北的虎头山就设有兵寨，该寨石壁上还保留着石刻："大明国山西承宣布政使司沁州武乡县南关里闫庄村康婆七估塞。隆庆二年六月二十日起工"。碑刻中写明"估塞"，说明隆庆二年的修筑应该是重修或扩建。

金泰和六年（1206），铁木真被各部落推举为"成吉思汗"，建立政权于漠北，蒙古帝国成立，国号大蒙古国。1227年灭西夏后，改国号为"大元"，这就是元朝。这段时期，武乡这一带实际上是归大蒙古国。在武乡县丰州镇下城村昊天观遗址保存着的"昊天观张本碑"有明确记载，落款为：大蒙古国岁在丙辰九月戊子朔初九日丙申，本观知观史彦素立石。

昊天观张本碑拓片

元朝的行政管理体制比较特别，叫行省制。也就是在原来的路、府、州、县的上面又加了一级管理层——行省，在河北、山西、山东等地上面设置直隶中书省。武乡县属直隶中书省河东山西道晋宁路沁州。在元至元三年（1266），武乡县也遭到裁撤的厄运，由于连年征战，武乡县人口锐减，全县仅有700余户，因不满千户，不准设县，全境并入铜鞮县。战争之惨，损

康熙版《武乡县志》上的《复立武乡县记》

失之巨，可见一斑。据《元史·地理志》记载，至元贞二年（1296）因人口增加，才又恢复了武乡县建制，期间整整30年寄人篱下。

为此，曾任元上都路教授的武乡人李义，专门撰写《复立武乡县记》，"至元三年丙寅，敕诸县邑，编户不满千数者省并之，所以裁减，纾民力也。时本县才七百，例罢并治于铜鞮，厥后以彼疆此界，催科有轻重之偏，以远里致期，输送有稽违之责，官立严程，民疲奔命。升平渐久，户口日增，武乡旧民咸思复立为便。至元三十年癸巳，前沁州吏长李浩、县吏石赞等建言，今县户已及千余，可告复立。遂询谋于耆老人等，同心相应，入官陈状，至于再四。官核其实，然后准告。元贞二年丙申，奏奉敕旨复立。"

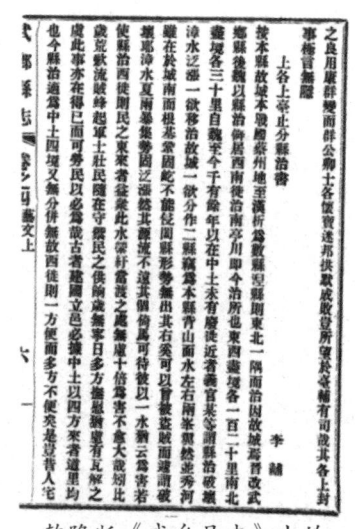

乾隆版《武乡县志》上的《上各上台止分县治书》

由此可见，复立县一事并非一帆风顺，而是颇费周折，"耆老人等，同心相应，入官陈状，至于再四"。用今天的话说就是组织集体上访，历经3年时间，不知跑了多少次，才算达到这个目的。

到明朝神宗万历二十三年（1595），因为相邻的汾州有意升府，属县不足，沁州就被盯上了，强迫来了个"拉郎配"，沁州被撤销，沁州及其两个属县武乡、沁源均归属汾阳府。从地图上看，沁州地界与汾州相接，但沁州与汾州中间有着连绵高耸的太岳山脉，这里山峦阻隔，行路不便，并入汾阳府之后，到府里路途遥远，办事那个难呀可想而知。所以，三县乡绅联名上表，请求恢复州制，又少不了组织乡绅集体联名上访，这个周期更加漫长，直到9年之后，也就是万历三十二年（1604），终于恢复了沁州设置。

前文说了元至元年间武乡县撤而复立，是经乡人多次上访才算恢复的，可见民间推动区划变革之难。而到明嘉靖年间却又出了件怪事，因为漳水泛涨，危及县城，某官便突发奇想，出了一个馊主意，迁址故城或将武乡一分为二。这是什么官呀？灾害危急不去治理，反而逃避现实，以迁址、分县来加重人民负担。正德年间进士、曾任莱阳县令的墨镫村人李黼奋笔疾书，亲撰《上各上台止分县治书》一文，呈于各级领导，文章义正词严，"近者义官某等谓县治破坏，漳水泛涨，一欲移治故城，一欲分作二县"。他数讲迁址、分县带来的祸患，"县治废徙，动费钜万，财用奚将出耶？财者，民之心也，心伤则本伤，不可不熟虑也。城邑之分并，视户版之登耗，户版增则宜分，户版耗则宜并……本县原额七十里，节次并为四十里，每里户不满百，今为一县犹强支持，而谓分县可乎？"并指责部分官僚，"挟诱县官，假差老人，捏词奏请。事成则功出于己，不成则罪有所归，又为惑众之心。"

我们试想，武乡县人口东多西少，县城若迁故城则偏居一隅，会有三分之二的人办事远徙；如若分县，则更是让武乡重蹈覆辙，隔河而治，武乡的今天又会是什么样子？很难想象。进士李黼为邑人做了一件大好事，正因为他振臂呼喊，上书陈述，当然也少不了组织集体上访，才保住了县域的稳固，真是功莫大焉。

1616年，努尔哈赤建国称汗，国号大金，史称"后金"。1636年，皇太极称帝，改国号为"大清"，亦称为大清国。国家又经历了一次改朝换代。但从县域体制来看，从元以后算是基本稳定了。

明朝开始在乡村推行里甲制度。从乾隆版《武乡县志》看，到乾隆年间，仍然实行里甲制，全县分10里、108甲，西部有三里：石盘里、信义里、南关里。清后期又实行乡约制，全县分32约，西部有14约。到民国五年（1916），推行区村制，全县分3区、84编村，第三区设在故城，领22编村。

武西抗战写辉煌

民国二十六年（1937），卢沟桥事变爆发，日军发动全面侵华战争，国民革命军第29军奋起抗战，揭开中国全面抗战的序幕。第二天，中共中央通电全国，疾呼："平津危急！华北危急！中华民族危急！只有全民族实行抗战，才是我们的出路！"号召："全中国同胞、政府与军队，团结起来，筑成民族统一战线的坚固长城，抵抗日寇的侵略！""国共两党亲密合作抵抗日寇的新进攻！"

在此基础上，结成民族统一战线的坚固长城，抵抗日本侵略者。危难时分，国共两党达成共识，红军主力改编为国民革命军第八路军。在朱德、彭德怀的统帅下，八路军东渡黄河，奔赴山西前线。八路军总部随军驻节山西。日寇的炮火吓坏了阎锡山旧政权的一些县太爷，全省105个县中，有78个县太爷"自行告退"，而一批不怕死的牺盟会特派员和进步青年却挺身而出，主持县政。阎锡山派遣的武乡县县长朱理也畏惧而逃，由山西第三行政区委派了抗日干部郭腾蛟出任县长。

为适应抗战形势，阎锡山将山西分为7个行政区，其中，第一、第三、第五、第六行政区政治主任由共产党员担任，武乡属于第三行政区。1937年10月，中共中央北方局决定组建中共冀豫晋省委，中共武乡县临时工委也开始工作，使建立于1933年的中共武乡县委得到恢复。1938年2月，八路军工作团来到武乡，与临时工委合组了中共武乡县委。1938年年初，中共晋中特委迁到武乡办公，后来又改称中共晋冀豫第二地委。

这期间，在武乡地方党组织和牺盟会的密切配合下，八路军积极组建各种抗日救亡团体，也组建了一批游击队，在武乡东部组织"名扬游击队"，在西部组织"武华游击队"。武华游击队，1937年10月在武乡故城一带组建，由武光清任大队长，武华任政治主任，李应东任参谋长，初创时为50余人，下设两个排，后发展至300余人，编入决死第一纵队游击第二团。

晋冀豫抗日根据地初创，就被日军视为"眼中钉、肉中刺"，必欲彻底摧毁而后快。1938年4月初，日军以第一〇八师团为主力，配第十六、二十、一〇九师团及酒井旅团各一部共3万余人，由同蒲路之洪洞、太谷、榆次，正太路之平定，平汉路之高邑、邢台，邯长大道上的涉县、长治，以及临屯公路上的屯留等地出发，分九路向晋东南地区发动围攻。八路军总部一二九师和一一五师一部，以及国民党东路军各部，进行反围攻作战，广大民众实行坚壁清野，埋藏粮食，掩埋水井，特别是在武乡县群众的大力支援下，八路军在长乐村一带将日军一一七联队包围并给予沉重打击，此役日军伤亡2200多人，损失步枪近千支、轻重机枪100多挺和全部辎重。我军乘胜追击连克和顺、安泽、武乡、辽县、黎城、潞城、襄垣、屯留、壶关、沁县、长治、沁源、沁水、长子、阳城、榆社、高平、晋城18座县城，使盘踞在长治的日军完全陷于孤立。日军九路围攻之势在不到半月时间里即被我军民彻底粉碎，毙敌4000余人。

晋冀豫军区成立，标志着这块根据地正式形成。以八路军谢（家庆）张（国传）游击大队为基础，在武乡组建了晋冀豫军区第四军分区。

同年9月，中共晋冀特委决定将中共武乡县委改制为中共武乡中心县委，负责指导榆社、祁县两县县委工作。

1939年5月，日军筹划在阎锡山规划的白晋铁路基础上，修通这条铁路，侵占了西部的南关、权店、南沟、故城，并在此设立了维持会。同年10月，铁路从祁县东观修到沁县，次年4月又修到潞安，这条铁路日军称为东潞铁路，而我们继续称为白晋铁路。这条铁路的修通，将晋冀豫军区分割成两块。

为了便于领导抗战，1940年1月，党的地方组织也发生变化，白晋路东仍称中共晋冀豫区党委（后改称太行区党委），白晋路西称太岳区党委；同年6月，晋冀豫军区分成了太行军区和太岳军区。在武乡设立中共晋冀豫区党委第三地委、太行军区第三军分区。

1939年7月，日军为修筑铁路，控制了武乡西部地区，为方便西部地区的领导，加强对敌斗争工作，县委决定在西部园则沟村设立武西办事处。1940年6月，日军在段村镇成立伪维持会。为方便对敌斗争，行政区划做了重大调整，以关河为界，分为武乡（东）县、武西县。将武西办事处升格为武西县政府机关，同时决定，将白晋铁路以西的西郊、石门、贾封一带的22村划归平遥；将沁县白晋铁路以东、沁武公路以北的西汤、漳源、松村一带三区划归武西；将沁县白晋铁路以东、沁武公路以南的次村、段柳一带划入武乡县。武乡（东）县设8区，武西县设4区。武西县虽然没有原来的涅县区域大，但基本结构与原来的涅县相同。

1940年8月1日，冀南、太行、太岳行政联合办事处（简称冀太联办）成立，在武乡设立太行第二办事处，1941年8月改称晋冀鲁豫边区太行第三专区。至此，整个第三专区的党政军机构在武乡完整建立，下辖祁县、榆社、武乡、武西、襄垣、辽县、辽西7县。太行第三专区机关长期驻扎武乡，这也是从开皇三年（583）撤销乡郡1357年后，又一次在此建立的州郡级行政建制。由于战乱驻地处于游击状态，第三地委、第三专区、第三军分区机关先后驻扎于陌峪、东沟、大有、鏊垴、中村、洪水、砖壁、西中庄、西坡、观庄、大道场等村。更为突出的是，从1937年11月14日到1942年6月17日，八路军总部五次进驻武乡，特别是1939年7月15日，中共中央北方局跟随总部机关进驻，在武乡领导指挥华北抗战，中共中央北方局和八路军总部是历史上在武乡驻扎过级别最高的领导机关。

1938年4月15日夜，日军放火焚烧了武乡县城，从北魏太和十五年（491）至1938年，具有1447年历史的古城被毁于战火。武西县政府成立后，一直处于游击转战之中，先后驻扎园则沟、闹林沟、圪嘴头、神西、楼则峪、大良、蚂蚁汕、丈牛坡、石盘、暖水头、蒲池、涌泉、会同、长谐、南家沟、泉之头等村。转战匆匆，县府的临时驻地，以及驻扎时间已难以详考。

日军对武西的"蚕食"政策，是日军进攻根据地的又一狠手段。1939年5月日军侵占武乡县南关镇，6月侵入权店、故城；1940年5月日军侵占东村、段村；1941年3月在武西首次奔袭内义村并再次进攻蒲池、常家垴、涌泉等地。在武乡中部，日军控制了聂村，南侵姜村、城南等地。

武西县委组建武西独立营，并领导全县人民，在八路军主力部队的配合下，采取一系列措施展开反"蚕食"斗争。以武装斗争为主打击敌人，加紧发展地方武装和民兵，加强游击小组的建设与活动，加强党组织对分散部队的统一领导，在各村开展反维持斗争、严惩汉奸等。到1943年，武西军民摧毁了日军"蚕食"中建立的一些据点，并纷纷成立贫民小组和农会等抗日组织。与此同时，游击区和根据地的民兵组织、游击小组、联防情报网等也都有所发展。发明创造了各种各样行之有效的游击战术，从而丰富和发展了人民战争，长期呈拉锯式斗争态势。在对敌斗争中也涌现出程坦、杨晋标、郝狗小、乔猴儿、乔山流等一大批英雄模范。

武乡中部重镇之一的段村长期以来是日伪军最大的据点。为彻底消灭敌人，夺取武乡抗战最后胜利，1945年8月23日，八路军七六九团首先包围了段村。同时，武乡独立营、武西独立营等和两县各区民兵，在段村附近配合八路军围困松村一带的敌人，24日夜，八路军对日军发动猛烈攻击。

1945年8月27日，武乡军民一举歼灭残留日军，彻底解放了段村。武乡东、西连成一块，同年10月，武乡（东）、武西二县又合并为武乡县，原沁县的村落回归沁

解放段村战斗结束时攻城部队在千佛塔下合影

县，但贾封、石门等村仍留在平遥。

1946年6月，太行第二、第三专区合并为太行第二专区，武乡改属太行第二专区。1947年秋，由于日军烧毁县城，造成重建县城的困难，县治迁至段村镇，旧治更名为故县村。

1949年5月，又对区划进行调整，武乡县改属左权专区；同年8月19日，太行行署撤销，回归山西省，隶属长治专区。县属12区并为7区，共186个行政村，888个自然村。

1949年10月，中华人民共和国成立，武乡县属长治专区。

1958年11月，榆社县被撤销，并入武乡县。长治专区更名为晋东南专区。

1959年7月，榆、武再次分治。从开皇十六年分武乡析置榆社到今，榆、武之间走过了四分四合的复杂经历，辽县与母县武乡也经历了三并三拆的曲折，正应了罗贯中在《三国演义》开篇的那句名言，"话说天下大势，分久必合，合久必分。"分分合合，分合无定，榆社本来就是武乡的一部分，几分几合也属常理，这次分置，谁能保证以后不会再合呢？

1971年，山西省进行区划调整，将墨镫、石盘、分南3个公社分别划归给左权、榆社、祁县，将襄垣的龙王堂公社划归给武乡。不过，这个区划仅仅停留了半年，次年6月便又各自回归作罢。

1970年，晋东南专区更名为晋东南地区。1984年3月，按照中共中央指示精神，取消人民公社制度，撤社建乡，全县共建5镇16乡，393个行政村。1985年5月，晋东南地区分为长治、晋城两市，推行市管县体制，武乡县隶属长治市。

2001年1月，按照山西省人民政府规定，实施并乡扩镇，武乡县撤并为5镇9乡，同年6月，设立石盘农业开发区，2019年，石盘农业开发区并入分水岭乡。2021年3月再次撤并乡镇，为6镇6乡。

皋狼古史，几经沧桑变迁；涅水悠悠，万年流淌不息。如今之故城，仍然风华正茂,继承着皋狼、涅县曾经的繁华,成为武乡西部一颗璀璨明珠,故城的明天会更加美好!

史籍摘录

宣公十六年
孔　丘

十有六年春，王正月。晋人灭赤狄甲氏及留吁。夏，成周宣榭火。秋，郯伯姬来归。冬，大有年。

录自《春秋·鲁宣公·十六年》

晋荀林父败赤狄①
左丘明

晋侯将伐之，诸大夫皆曰："不可。酆舒有三俊才，不如待后之人。"伯宗曰："必伐之。狄有五罪，俊才虽多，何补焉？不祀，一也。耆酒，二也。弃仲章而夺黎氏地，三也。虐我伯姬，四也。伤其君目，五也。怙其俊才，而不以茂德，兹益罪也。后之人或者将敬奉德义以事神人，而申固其命，若之何待之？不讨有罪，曰，'将待后'，后有辞而讨焉，毋乃不可乎？夫恃才与众，亡之道也。商纣由之，故灭。天反时为灾，地反物为妖，民反德为乱，乱则妖灾生。故文反正为乏。尽在狄矣。"晋侯从之。六月癸卯，晋荀林父败赤狄于曲梁。

录自《左传·宣公·宣公十五年》

注①：题目为编者所加。赤狄部落在古武乡一带的中心。

智伯请蔡皋狼①
韩　非

奚谓贪愎？昔者智伯瑶率赵、韩、魏而伐范、中行，灭之。反归，休兵数年。

因令人请地于韩。韩康子欲勿与，段规谏曰："不可不与也。夫知伯之为人也，好利而鸷愎。彼来请地而弗与，则移兵于韩必矣。君其与之。与之彼狃，又将请地他国。他国且有不听，不听，则知伯必加之兵。如是，韩可以免于患而待其事之变。"康子曰："诺。"因令使者致万家之县一于知伯。

知伯说，又令人请地于魏。宣子欲勿与，赵葭谏曰："彼请地于韩，韩与之。今请地于魏，魏弗与，则是魏内自强，而外怒知伯也。如弗予，其措兵于魏必矣。不如予之。"宣子曰："诺。"因令人致万家之县一于知伯。

知伯又令人之赵请蔡、皋狼[②]之地，赵襄子弗与。知伯因阴约韩、魏将以伐赵。襄子召张孟谈而告之曰："夫知伯之为人也，阳亲而阴疏。三使韩、魏而寡人不与焉，其措兵于寡人必矣。今吾安居而可？"张孟谈曰："夫董阏于，简主之才臣也，其治晋阳，而尹铎循之，其余教犹存，君其定居晋阳而已矣。"君是曰："诺。"乃召延陵生，令将车骑先至晋阳，君因从之。君至，而行其城郭及五官之藏。城郭不治，仓无积粟，府无储钱，库无甲兵，邑无守具。襄子惧，乃召张孟谈曰："寡人行城郭及五官之藏，皆不备具，吾将何以应敌？"张孟谈曰："臣闻圣人之治，藏于民，不藏于府库，务修其教，不治城郭。君其出令，令民自遗三年之食，有余粟者入之仓；遗三年之用，有余钱者入之府；遗有奇人者使治城郭之缮。"君夕出令，明日，仓不容粟，府无积钱。库不受甲兵。居五日而城郭已治，守备已具。君召张孟谈而问之曰："吾城郭已治，守备已具。钱粟已足，甲兵有余。吾奈无箭何？"张孟谈曰："臣闻董子之治晋阳也，公宫之垣皆以荻蒿楛楚墙之，其楛高至于丈，君发而用之。"于是发而试之，其坚则虽箘簬之劲弗能过也。君曰："箭已足矣，奈无金何？"张孟谈曰："臣闻董子之治晋阳也，公宫公舍之堂，皆以炼铜为柱质。君发而用之。"于是发而用之，有余金矣。号令已定，守备已具。三国之兵果至。至则乘晋阳之城，遂战。三月弗能拔。因舒军而围之，决晋阳之水以灌之。

　　围晋阳三年。城中巢居而处，悬釜而炊，财食将尽，士大夫羸病。襄子谓张孟谈曰："粮食匮，财力尽，士大夫羸病，吾恐不能守矣！欲以城下，何国之可下？"张孟谈曰："臣闻之：'亡弗能存，危弗能安，则无为贵智矣。'君释此计者。臣请试潜行而出，见韩、魏之君。"张孟谈见韩、魏之君曰："臣闻：'亡齿寒。'今知伯率二君而伐赵，赵将亡矣。赵亡，则二君为之次。"二君曰："我知其然也。虽然，知伯之为人也中，粗而少亲。我谋而觉，则其祸必至矣。为之奈何？"张孟谈曰："谋出二君之口而入臣之耳，人莫之知也。"二君因与张孟谈约三军之反，与之期日。夜遣孟谈入晋阳，以报二君之反。襄子迎孟谈而再拜之，且恐且喜。二君以约遣张孟谈，因朝知伯而出，遇智过于辕门之外。智过怪其色，因入见知伯曰："二君貌将有变。"君曰："何如？"曰："其行矜而意高，非他时节也，君不如先之。"君曰："吾与二主约谨矣，破赵而三分其地，寡人所以亲之，必不侵欺。兵之著于晋阳三年，今旦暮将拔之而飨其利，何乃将有他心？必不然。子释勿忧，勿出于口。"明旦，二主又朝而出，复见智过于辕门。智过入见曰："君以臣之言告二主乎？"君曰："何以知之？"曰："今日二主朝而出，见臣而其色动，而视属臣。此必有变，君不如杀之。"君曰："子置勿复言。"智过曰："不可，必杀之。若不能杀，遂亲之。"君曰："亲之奈何？"智过曰："魏宣子谋臣曰赵葭，韩康子之谋臣曰段规，此皆能移其君之计。君与其二君约：破赵国，因封二子者各万家之县一。如是，则二主之心可以无变矣。"知伯曰："破赵而三分其地，又封二子者各万家之县一，则吾所得者少。不可。"智过见其言之不听也，出，因更其族为辅氏。至于期日之夜，赵氏杀其守堤之吏而决其水灌知伯军。知伯军救水而乱，韩、魏翼而击之，襄子将卒犯其前，大败知伯之军而擒知伯。知伯身死军破，国分为三，为天下笑。故曰：贪愎好利，则灭国杀身之本也。

录自《韩非子·十过》

注①：题目为编者所加。注②：蔡、皋狼，即古武乡。

管蔡世家（节选）
司马迁

管叔鲜、蔡叔度者，周文王子而武王弟也。武王同母兄弟十人。母曰太姒，文王正妃也。其长子曰伯邑考，次曰武王发，次曰管叔鲜，次曰周公旦，次曰蔡叔度，次曰曹叔振铎，次曰成叔武，次曰霍叔处，次曰康叔封，次曰冉季载。冉季载最少。同母昆弟十人，唯发、旦贤，左右辅文王，故文王舍伯邑考而以发为太子。及文王崩而发立，是为武王。伯邑考既已前卒矣。

武王已克殷纣，平天下，封功臣昆弟。于是封叔鲜于管，封叔度于蔡：二人相纣子武庚禄父，治殷遗民。封叔旦于鲁而相周，为周公。封叔振铎于曹，封叔武于成，封叔处于霍。康叔封、冉季载皆少，未得封。

武王既崩，成王少，周公旦专王室。管叔、蔡叔疑周公之为不利于成王，乃挟武庚以作乱。周公旦承成王命伐诛武庚，杀管叔，而放蔡叔，迁之，与车十乘，徒七十人从。而分殷余民为二：其一封微子启于宋，以续殷祀；其一封康叔为卫君，是为卫康叔。封季载于冉。冉季、康叔皆有驯行，于是周公举康叔为周司寇，冉季为周司空，以佐成王治，皆有令名于天下。

蔡叔度既迁而死。其子曰胡，胡乃改行，率德驯善。周公闻之，而举胡以为鲁卿士，鲁国治。于是周公言于成王，复封胡于蔡，以奉蔡叔之祀，是为蔡仲。余五叔皆就国，无为天子吏者。

蔡仲卒，子蔡伯荒立。蔡伯荒卒，子宫侯立。宫侯卒，子厉侯立。厉侯卒，子武侯立。武侯之时，周厉王失国，奔彘，共和行政，诸侯多叛周。

录自《史记·管蔡世家第五》卷三十五

初封皋狼①
司马迁

季胜生孟增。孟增幸于周成王，是为宅皋狼②。

录自《史记·赵世家》卷四十三

注①：题目为编者所加。

注②：孟增为商朝纣王大臣蜚廉之孙、季胜之子，孟增被周成王重用，将其封地命名为皋狼，康熙版《武乡县志》载"春秋时为蔡、皋狼地。"治所在今武乡县故城镇。

同人之萃
焦延寿

正阳之央，甲氏以亡。

祸及留吁，湮灭为墟。

录自《焦氏易林》卷一

知伯帅赵韩魏而伐范中行氏
刘 向

知伯帅赵、韩、魏而伐范、中行氏，灭之。休数年，使人请地于韩。韩康子欲勿与，段规谏曰："不可。夫知伯之为人也，好利而鸷愎，来请地不与，必加兵于韩矣。君其与之。与之彼狃，又将请地于他国，他国不听，必乡之以兵；然则韩可以免于患难，而待事之变。"康子曰："善。"使使者致万家之邑一于知伯。知伯说，又使人请地于魏，魏宣子欲勿与。赵葭谏曰："彼请地于韩，韩与之。请地于魏，魏弗与，则是魏内自强，而外怒知伯也。然则其错兵于魏必矣！不如与之。"宣子曰："诺。"因使人致万家之邑一于知伯。知伯说，又使人之赵，请蔡、皋狼之地，赵襄子弗与。知伯因阴结韩、魏，将以伐赵。

赵襄子召张孟谈而告之曰："夫知伯之为人，阳亲而阴疏，三使韩、魏，而寡人弗与焉，其移兵寡人必矣。今吾安居而可？"张孟谈曰："夫董安于，简主之才臣也，世治晋阳，而尹铎循之，其余政教犹存，君其定居晋阳。"君曰："诺。"乃使延陵生将车骑先之晋阳，君因从之。至，行城郭，案府库，视仓廪，召张孟谈曰："吾城郭之完，府库足用，仓廪实矣，无矢，奈何？"张孟谈曰："臣闻董子之治晋阳也，公宫之垣，皆以秋蒿苦楚廧之，其高至丈余，君发而用之。"于是发而试之，其坚则箘簬之劲不能过也。君曰："足矣。吾铜少若何？"张孟谈曰："臣闻董子之治晋阳也，公宫之室，皆以炼铜为柱质，请发而用之，则有余铜矣。"君曰："善。"号令以定，备守以具。

三国之兵乘晋阳城，遂战。三月不能拔，因舒军而围之，决晋水而灌之。围晋阳三年，城中巢居而处，悬釜而炊，财食将尽，士卒病羸。襄子谓张孟谈曰："粮食匮，城力尽，士大夫病，吾不能守矣，欲以城下，何如？"张孟谈曰："臣闻之，'亡不能存，危不能安，则无为贵知士也。'君释此计，勿复言也。臣请见韩、魏之君。"襄子曰："诺。"

张孟谈于是阴见韩、魏之君，曰："臣闻，'唇亡则齿寒'，今知伯帅二国之君伐赵，赵将亡矣，亡则二君为之次矣。"二君曰："我知其然。夫知伯为人也，粗中而少亲，我谋未遂而知，则其祸必至，为之奈何？"张孟谈曰："谋出二君之口，入臣之耳，人莫之知也。"二君即与张孟谈阴约三军，与之期日，夜，遣入晋阳。张孟谈以报襄子，襄子再拜之。

张孟谈因朝知伯而出，遇知过辕门之外。知过入见知伯，曰："二主殆将有变。"君曰："何如？"对曰："臣遇张孟谈于辕门之外，其志矜，其行高。"知伯曰："不然。吾与二主约谨矣，破赵三分其地，寡人所亲之，必不欺也，子释之，勿出于口。"知过出见二主，入说知伯曰："二主色动而意变，必背君，不如令杀之。"知伯曰："兵箸晋阳三年矣，旦暮当拔之而飨其利，乃有他心？不可，子慎勿复言。"知过曰："不杀则遂亲之。"知伯曰："亲之奈何？"知过曰："魏宣子之谋臣曰赵葭，康子之谋臣曰段规，是皆能移其君之计。君其与二君约，破赵则封二子者各万家之县一，如是则二主之心可不变，而君得其所欲矣。"知伯曰："破赵而三分其地，又封二子者各万之县一，则吾所得者少，不可。"知过见君之不用也，言之不听，出，更其姓为辅氏，遂去不见。

张孟谈闻之，入见襄子，曰："臣遇知过于辕门之外，其视有疑臣之心，入见知伯，出更其姓。今暮不击，必后之矣。"襄子曰："诺。"使张孟谈见韩、魏之君曰："夜期杀守堤之吏，而决水灌知伯军。"知伯军救水而乱，韩、魏翼而击之，襄子将卒犯其前，大败知伯军而擒知伯。

知伯身死，国亡地分，为天下笑，此贪欲无厌也。夫不听知过，亦所以亡也。知氏尽灭，唯辅氏存焉。

录自《战国策·赵一》卷十八

涅水（节选）
班 固

上党郡，秦置，属并州。有上党关、壶口关、石研关、天井关。户七万三千七百九十八，口三十三万七千七百六十六。县十四：长子，周史辛甲所封。鹿谷山，浊漳水所出，东至邺入清漳。屯留，桑钦言"绛水出西南，东入海"。余吾，铜鞮，有上虒亭，下虒聚。沾，大黾谷，清漳水所出，东北至邑成入大河，过郡五，行千六百八十里，冀州川。涅氏，涅水也。襄垣，莽曰上党亭。壶关，有羊肠阪。沾水东至朝歌入淇。泫氏，杨谷，绝水所出，南至野王入沁。高都，莞谷，丹水所出，东南入泫水。有天井关。潞，故潞子国。隄氏，阳阿，谷远。羊头山世靡谷，沁水所出，东南至荥阳入河，过郡三，行九百七十里。莽曰谷近。

录自《汉书·地理志八》

田邑（节选）
刘 珍

愚闻丈夫不释故而改图，哲士不徼幸而出危。今君长故主败不能死，新帝立不肯降，拥众而据壁，欲袭六国之从。与邑同事一朝，内为刎颈之盟，兴兵背畔，攻取涅城。破君长之国，坏父母之乡，首难结怨，轻弄凶器。人心难知，何意君长当为此计。昔者韩信将兵，无敌天下，功不世出，略不再见，威执项羽，名出高帝，不知天时，就烹于汉。智伯分国，即有三晋，欲大无已，身死地分，头为饮器。君长衔命出征，拥带徒士，上党阨不能救，河东畔不能取，朝有颠沛之忧，国有分崩之祸，上无仇牧之节，下无不占之志。天之所坏，人不能支。君长将兵不与韩信同日而论，威行得众不及智伯万分之半，不见天时，不知厌足。

欲明人臣之义,当先知故主之未然;欲贪天下之利,宜及新主之未为。今故主已败,新主既成,四海为罗网,天下为敌人,举足遇害,动摇触患,履深泉之薄冰不为号,涉千钧之发机不知惧,何如其知也?绝鲍氏之姓,废子都之业,诵尧之言,服桀之行,悲夫命也!张舒内行邪孽,不遵孝友,疏其父族,外附妻党,已收三族,将行其法。能逃不自诣者舒也,能夷舒宗者予也。

录自《东观汉记》卷十四

鲍永(节选)
刘 珍

鲍永,字君长,拜仆射,行将军事,将兵安集河东。永好文德,虽行将军,常衣皂襜褕,路称鲍尚书兵马。时永得置偏裨将五人。光武即位,遣谏议大夫储大伯持节征永诣行在所。永疑不从,乃收系大伯,封大伯所持节于晋阳传舍壁中,遣信人驰至长安。永遣升及舒等谋使营尉李匡先反涅城,开门内兵,杀其县长冯晏,立故谒者祝回为涅长。

录自《东观汉记》卷十四

宣公(节选)[1]
范 宁

十有六年,春,王正月,晋人灭赤狄甲氏及留吁。甲氏留吁,赤狄别种。晋既灭潞氏,今又并尽其余邑也。灭夷狄时,贤婴儿,故灭其余邑犹月。

疏:"甲氏"至"犹月"。释曰:传例"灭夷狄时,婴儿以贤书月。"故知余邑书月亦为贤也。甲氏、留吁非国,而云灭者,甲氏、留吁国之大邑,而晋尽有之,重其事,故云灭,若晋灭夏阳之类是也。

留吁官及者，盖小于甲氏也。

录自《春秋谷梁传注疏》卷十二

注①：题目为编者所加。

张舒诱降涅城（节选）①

范晔

衍不从。或讹言更始随赤眉在北，永、衍信之，故屯兵界休，方移书上党，云皇帝在雍，以惑百姓。永遣弟升及子婿张舒诱降涅城，舒家在上党，邑悉系之。又书劝永降，永不答，自是与邑有隙。邑字伯玉，冯翊人也，后为渔阳太守。永、衍审知更始已殁，乃共罢兵，幅巾降于河内。

录自《后汉书卷二十八·桓谭冯衍列传》

注①：题目为编者所加。张舒诱降涅城发生于汉更始二年（24）。

浊漳水（节选）

郦道元

有涅水西出覆甑山，而东流与西汤溪水合，水出涅县西山汤谷，五泉俱会。谓之五会之泉，交东南流，谓之西汤水，又东南流注涅水。涅水又东径涅县故城南，县氏涅水也。东与白鸡水合，水出县之西山，东径其县北，东南流入涅水。涅水又东南，武乡水会焉。水源出武山西南，径武乡县故城西，而南得清谷口。水源出东北长山清谷，西南与鞞鞨、白壁二水合，南入武乡水，又南得黄水口，黄水三源，同注一壑，东南流与隐室水合，水源西北出隐室山，东南注黄水。又东入武乡水。武乡水又东南注于涅水。涅水又东南流，注于漳水。漳水又东径磻阳城北，仓谷水入焉。水出林虑县之仓谷溪，东北径鲁班门西。双阙昂藏，石壁霞举，左右结石修防，崇基仍存。北径偏桥东，即林虑之峤岭抱犊固也。石隥西陛，陟踵修上五里余，隥崿路中断四五丈，中以木为偏桥，劣得通行，亦言故有偏桥之名矣。自上犹须攀萝扪葛，方乃自津，山顶，即庾衮眩坠处也。仓谷溪水又北合白木溪。溪水出壶关县东白木川，东径百晦城北，盖同仇池百顷之称矣。又东径林虑县之石门谷，又注于仓溪水。仓溪水又北径磻阳城东而北流，注于漳水。漳水又东径葛公亭北而东注矣。

录自《水经注》卷十

乡　郡
魏　收

石勒分上党置武乡郡，后罢，延和二年置。领县四。户一万六千二百一十，口五万五千九百六十一。阳城二汉、晋属上党，曰涅，永安中改。有涅城。复甑山，涅水出焉，东南合武乡水。襄垣二汉、晋属上党。有五音山神祠、襄垣城、临川城。乡郡治。晋属上党，真君九年罢辽阳属焉。有武乡城、魏城、榆社城。方山，上有尧庙。三台岭上有李阳墓，有古麻池，即石勒与李阳所争池。铜鞮二汉、晋属上党。有铜鞮城。石弟水东行入漳。有乌苏城、沙石堆。有尧祠。

录自《魏书·志第五·地形二上》

氏叔琮经石会关攻太原[①]
刘　昀

四月[②]，汴将氏叔琮由上党进军攻太原，出石会[③]，为沙陀擒其前锋将陈章，叔琮乃退去。

录自《旧唐书·本纪第二十上·昭宗》

· 73 ·

注①：题目为编者所加。

注②：四月，指唐光化二年（899）四月。

注③：石会关即指现在的武乡南关与祁县北关。

石雄（节选）
刘　昫

俄而昭义刘从谏卒，其子稹擅主军务，朝议问罪。令徐帅李彦佐为潞府西南面招抚使，以晋州刺史李丕为副。时王宰在万善栅，刘沔在石会，相顾未进。雄受代之翌日，越乌岭，破贼五砦，斩获千计。武宗闻捷大悦，谓侍臣曰："今之义而有勇，罕有雄之比者。"雄既率先破贼，不旬日，王宰收天井关，何弘敬、王元逵亦收磁洺等郡。先是潞州狂人折腰于市，谓人曰："雄七千人至矣。"刘从谏捕而诛之。及稹危蹙，大将郭谊密款请斩稹归朝，军中疑其诈。雄倡言曰："贼稹之叛，郭谊为谋主。今请斩稹，即谊自谋，又何疑焉？"武宗亦以狂人之言，诏雄以七千兵受降。雄即径驰潞州降谊，尽擒其党与。贼平，进加检校司空。

录自《旧唐书·列传第一百一十一·石雄》

北出石会关
薛居正

叔琮引军逼潞州，节度使孟迁乞降。河东屯将李审建、王周领步军一万、骑二千诣叔琮归命，乃进军趋太原。四月①乙卯，大军出石会关，营于洞涡驿。都将白奉国自井陉入，收承天军。张归厚引兵至辽州，刺史张鄂迎降。氏叔琮即日与诸军至晋阳城下，城中虽时出精骑来战，然危蹙已甚，将谋遁矣。会叔琮以刍粮不给，遂班师。五月癸卯，昭宗以帝兼领护国军节度使、河中尹。六月庚申，帝发自大梁。丁卯，视事于河中，以素服出郊，拜故节度使王重荣墓。寻辟其子瓒为节度判官，请故相张浚为重荣撰碑。帝自中和初归唐，首依重荣，至是思其旧德，故恩礼若是。七月甲寅，帝东还梁邸。

录自《旧五代史·梁书二·太祖纪二》

注①：四月为唐天复元年（901）四月。

氏叔琮军出石会[①]

薛居正

四月，汴将氏叔琮率兵五万自太行路寇泽、潞，魏博大将张文恭领军自新口入，葛从周领兖、郓之众自土门入，张归厚以邢、洺之众自马岭入，定州王处直之众自飞狐入，侯言以晋、绛之兵自阴地入。氏叔琮、康怀英营于泽州之昂车。武皇令李嗣昭将三千骑赴泽州援李存璋，而归贺德伦。氏叔琮军至潞州，孟迁开门迎，沁州刺史蔡训亦以城降于汴，氏叔琮悉其众趋石会关。是时，偏将李审建先统兵三千在潞州，亦与孟迁降于汴；及叔琮之入寇也，审建为其乡导。汴人营于洞涡，别将白奉国与镇州大将石公立自井陉入，陷承天军。及攻寿阳，辽州刺史张鄂以城降于汴，都人大恐。时霖雨积旬，汴军屯聚既众，刍粮不给，复多痢疟，师人多死。时大将李嗣昭、李嗣源每夜率骁骑突营掩杀，敌众恐惧。

五月，汴军皆退。氏叔琮军出石会，周德威、李嗣昭以精骑五千蹑之，杀戮万计。初，汴军之将入寇也，汾州刺史李瑭据城叛，以连汴人，至是武皇令李嗣昭、李存审将兵讨之。是岁，并、汾饥，粟暴贵，人多附瑭为乱，嗣昭悉力攻城，三日而拔，擒李瑭等斩于晋阳市。

氏叔琮既旋军,过潞州,掳孟迁以归。汴帅以丁会为潞州节度使。

录自《旧五代史·唐书二·武皇纪下》

注①:题目为编者所加。石会关即指现在的武乡南关与祁县北关。

向中令徇义(节选)
张齐贤

不数年,潞之识者皆曰:"此向家千里驹尔!"出入衣冠美儒者,容止闲雅,不接非类,闻有德行道艺者,多就访之。无何,父殁,服除,辞潞之亲戚,有四方之志焉。累谒侯伯,皆曰寻常人,辄去之。事侯益,未半岁,又辞去。闻汉祖开霸府,欲往依之。

会岁饥,途多盗贼,由石会关欲入河东。时有常侍中右职郭勋,为石会关镇遏使兼主关市。郭知书,有识鉴,向谒之,留之月余,且曰:"今盗贼满路,公引一小僮,策两驴,观君鲜衣美仪貌,不类贫约者,此去畏涂,非利往矣。兼近闻有一火贼,去镇五七里,时尝习弓弩,过客无全者。更俟旬浃间有伴侣三二十人,某亦集镇丁壮,送君出关路。"向志不可留,且曰:"不劳人送。"镇将郭勋睹其不可留,曰:"善自为谋。"

向遂行。不三十余里,遇群盗数十人,于路侧射弓。向直诣贼所,遍揖之,因自陈姓名:"某从职军将,失主无托,今往河东,欲投事。一僮两驴、随身衣装、一两贯盘缠外,更无财物。近知前程去者,皆遭劫剥,幸诸君周旋,劳三五人送过前程。"内一人长髯大面,壮捷魁伟,笑顾同辈曰:"观此人敢要我等送,何也?"中有一人曰:"彼有弓箭,试请伊射弓,如何?"长髯者谓中令曰:"兄弟方赌射,取弓箭射一两头。"向谦让久之,群盗坚请之。向若不得已,取弓箭射两头，凡箭皆出括可半寸许。群盗惊叹，留坐与语，且曰："仆射于此，且住三两日否？容弟兄辈管领。"

向许之，却回至关。郭勋讶之，谓是不敢前进，向告之故。明日迄暮，盗魁果令人来请向。向随之，离镇可六七里，于墓林之侧，设席具馔，器物皆白金，方燃薪炽炭，刲牛烹煮之。既半，以酒劝向，向曰："素不饮酒。"盗魁亦然之。食讫，命取送路来。须臾，一盗赍银一挺，牵一马至，素鞍勒全。盗魁曰："仆射无马，聊代步尔。银到河东，充茶汤之费。"向皆纳之，得结盟而退。盗魁指挥小偷十人，送至前程，谓向曰："此皆驱使者，有不如意，即痛挞之。"向明日遂行。既至晋阳，汉祖位望隆重，姓名无由通达。

录自《洛阳缙绅旧闻记·向中令徙义》卷三

晋灭甲氏
邵 雍

甲子，周定王十年。楚伐郑，大败晋师于河上。晋屠岸贾作难于下宫，杀赵朔及其族，朔妻匿于公宫，生武。

乙丑，楚伐宋。

丙寅，楚围宋。

丁卯，周定王杀二伯。晋灭赤狄及潞氏。

戊辰，成周宣榭火。晋灭甲氏，又平王室之乱。

录自《邵子全书·皇极经世中》

赤狄[1]
叶梦得

赤狄，狄之总名也。其别为潞氏及甲氏、留吁，见于经者自三种，各以其别言之。故皆冠以赤狄，今乃先言败赤狄，而后言灭潞，别而为二，其义不可解意。或以参见谓赤狄即潞，潞即赤狄，如大夫名氏与爵谥，参书者要之赤狄非止潞也。

录自《春秋左传谳》卷四

注①：题目为编者所加。

狄
李琪

春秋二百四十二年书，狄者三十六，其种有长狄、赤狄、白狄，而潞氏、甲氏、留吁，又赤狄之种也，事见于文宣以前之经，为多成襄以降书，狄事才十之二焉，盛衰之故亦槩可考矣。

录自《春秋王霸列国世纪编》卷三

晋士会献狄俘于王[1]
马端临

十六年，晋士会帅师灭赤狄甲氏及留吁、铎辰（甲氏、留吁，赤狄别种。晋既灭潞氏，今又尽并其余党），献狄俘于王。

录自《文献通考·封建考五·狄》卷二百六十四

注①：题目为编者所加。

梁侯（节选）[1]

马端临

太傅、高密侯邓禹，南阳新野人。以杖策从帝渡河，运筹，将兵入关，拜大司徒。建武元年，封酂侯，食邑万户。二年，更封梁侯，食四县。

录自《文献通考·封建考十·东汉列侯》卷二百六十九

注[1]：题目为编者所加。梁侯分封地为涅等四县，在涅城之北建侯府，今武乡县故城镇有北良侯（北良）、东良侯（东良）、南良侯（大寨）、西良侯（西良），分水岭乡有良侯店（旧为梁侯驿），是梁侯途经休息之地。

蔡皋狼故城[1]

故城镇，西北五十里，古蔡皋狼地。

涅城，西五十里，汉上党郡，涅县地，后赵郡治，今名故城，城堞尚存。

皋狼城，西五十里，自交口北至团柏谷、子洪镇大约皆古蔡皋狼地。智伯瑶求之，将以制晋阳也，故赵襄子不许。

录自清雍正《山西通志》卷十五关隘七

注[1]：题目为编者所加。

诗词咏涅

南关二首
元好问

风里秋蓬不自由,一生几度过隆州。

无情团柏关前水,流尽朱颜到白头。

路转川回失系舟,更教两驿过徐沟。

多情团柏关前水,却共清汾一处流。

录自《元遗山集》卷十二

护甲山[①]
谢肃

白发书生过武乡,摩挲腰剑尚辉光。

关山对峙东西峻,岭水分流南北长。

小犬苍黄随履迹,老牛矍铄负车箱。

沤麻池上人如雨,石勒何须欧李阳。

录自明成化《山西通志·艺文》

注①:护甲山,即今护甲岭。

南关驿古松八九株可爱
祁顺

小驿南关口,开窗面面峰。

宿云封画栋,飞雪洒青松。

险道愁行客,丰年慰老农。

有怀不成梦,斜月五更钟。

录自《巽川集》

南关五十里至权店
祁　顺

平生结得看山缘，足迹东南路几千。

此日西来山更好，翠屏千叠锦连乾。

录自《巽川集》

权店道中
崔　哲

畏暑独行早，褰帷兴洒然。

向南通泽潞，直北进幽燕。

霞彩低盘岫，雷声暗激泉。

山中鸡犬发，始觉有人烟。

录自清康熙《武乡县志·都鄙》

南关道
窦　明

仄道连云险，行人堕泪看。

雨来山色黑，雷斗水声寒。

石迳沿霄汉，松风入肺肝。

凌晨梳白发，尘视此微官。

录自清乾隆《武乡县志·艺文》

净果寺晚眺
陆　深

权店驿前山晚晴，天留高赏待西征。

北来形胜重关紫，春去莺花几树明。

风物未绿怀故土，文章终恐是虚名。

纤从一径过僧寺，红药翻阶忆五城。

录自《俨山集》

晓发权店行两山间流泉耕牧渐触见闻
陆 深

山花红映石泉流，初见牛羊散古丘。

秦晋河山俱重镇，唐虞风土此中州。

雕残极目知生计，慷慨何能与国谋。

头白官僚半文字，东风又上皂貂裘。

录自《俨山集》

过南关[①]
陆 深

予入晋以四月二日宿权店，三日过南关，抵盘陀。八月东巡还亦以二日抵权店，是晚遂宿南关。三日午饷盘陀，岂有定数耶？

一饭盘陀驿，青山是再来。

登临殊不尽，节物苦相催。

树色庭除古，秋衣箧笥开。

天涯俱作客，去住莫惊猜。

录自《俨山集》

注①：题目为编者所加。原无题，只有题下这一段小引。

权店楼
韩邦奇

四月深山似九秋，潇潇寒雨长离愁。

仲宣无复荆州意，日暮他乡一倚楼。

录自《苑洛集》卷十一

书南关壁
韩邦奇

四壁青山列画围，一川流水逐骖骓。

莺啼花落春将去，日暮天遥鸟倦飞。

家远还时看雁字，途穷应恐负牛衣。

驱驰万里如飘絮，回首茫茫觉已非。

录自《苑洛集》卷十一

寄书京中故人
孙承恩

南北关河又隔年，欲传书札意茫然。

形容别后看将老，惟有迂疏只似前。

录自《文简集》卷三

秋雨宿权店驿有感
谢榛

驿灯分暝色，野馆滞秋阴。

已倦衰年事，偏驰故国心。

夜凉槐雨滴，月暗草虫吟。

归梦不知路，千山云更深。

录自《四溟集》卷四

权店晚行
高叔嗣

孤城吹角罢黄昏,归马萧萧向驿门。

衰柳更添霜后色,残流初耗雨余痕。

求田未果青山愿,出守仍衔紫禁恩。

转入乱峰行不进,投身空馆寂无言。

录自《苏门集》卷三

再次权店
高叔嗣

摄官强四月,被役乃三来。

把炬寻山路,传餐就水隈。

忧荒早头白,忍事竟心灰。

客姓途人记,官程驿吏催。

梁园即此路,何恋不南回。

录自《苏门集》卷三

南关晚行
高叔嗣

筇声入晚不堪闻,驿路山腰向此分。

洞壑空濛秋雨雪,岩崖突兀石生云。

愁心胡马方频入,寓目冥鸿定几群。

归兴转从今日尽,将因沙塞著微勋。

录自《苏门集》卷三

归次南关驿
高叔嗣

祗役忽于今，径涂宛如昨。

秣马息荒林，振车越重壑。

岁暮滞还期，客心怅不乐。

曰予本沈冥，遭时乃濩落。

化海异微禽，蟠泥岂尺蠖。

方因迁斥馀，始遂归来诺。

逝将入云峰，灭迹从所托。

录自《苏门集》卷三

皋狼城
魏国模

跃马皋狼转放迟，问僧兴废总无知。

荒城基址依然在，甲族名家谁是谁？

录自明万历《山西通志·古迹》

烂柯山
王致中

从古皋狼说烂柯，烂柯遗迹劫尘多。

长生争是无生妙，性地人人有密罗。

录自清乾隆《武乡县志·艺文》

次韵韩侍御邦奇权店驿
乔壁星

驱车代狩正新秋，随室荒凉满目愁。

且喜三农歌大有，观风持此报龙楼。

录自清康熙《武乡县志·邮铺》

次韵韩侍御邦奇权店驿
承山子

轻寒入夏已成秋，客路新添万种愁。

塞北未闻征鼓息，冀南安得望乡楼。

录自清康熙《武乡县志·邮铺》

皋狼牧雨
程启南

满目浓荫入望迷，杏花深处飐青旗。

征云远护平川路，细雨斜侵古寺碑。

牛背一声横笛断，山头几阵乱鸦悲。

行人问酒何方是，遥指前村半掩篱。

录自清康熙《武乡县志·古迹》

烂柯山
张柱石

凌霄壁立猥难攀，仙局云间绝宇寰。

一粒金丹忘世味，千年白石变人颜。

录自清乾隆《武乡县志·艺文》

南关西上小店山
李人龙

晓起披残月，嵯峨履绝陉。

风狂迷客路，雾重失山形。

仄道愁盘曲，长川汉渺冥。

幽禽啼彻处，凄切不堪听。

录自清乾隆《武乡县志·艺文》

故　城
程嘉绩

夹岸荒堤十里长，班荆共话故皋狼。

于今沁武平分土，自昔铜鞮俱建邦。

骏骨可怜郊外白，金府尚出畔中黄。

黍离莫作西京恨，回首东山转断肠。

录自清乾隆《武乡县志·艺文》

过阴讪
魏廷望

在县西一百三十里南关镇北。两峰对峙，高出云表。惟山腰一道，仅通往来。流水潺潺，绕出其下。昔人建立南关，故全犹存。

揽辔经阴讪，崎岖路涉茫。

水通南北界，山拥帝王疆。

夹道尘如雾，沿途麦作粮。

汉关拥地利，秦月皎天光。

并骑行难列，一夫壮可当。

无人羞箅短，有险欲谋长。

为语丸封者，经心勿泛常。

录自清康熙《武乡县志·古迹》

游勋欢寺
陈待聘

胜游穷绝谷，访道入珠林。

优钵花香远，菩提树影深。

欲通空色解，未了去来心。

老衲归何处，空闻流水音。

录自清康熙《武乡县志·坛庙》

武乡县杂诗十四首（选二）
李芳莎

其六

古城西去路，插入蔡皋狼。

碑久摩如镜，城颓不掩墙。

劫灰迷智赵，走利学工商。

指点青楼地，黄蒿饱牧羊。

其七

护甲连云峻，漳河绕县斜。

氏昏方刈麦，春尽略开花。

锡砚难调笔，铜壶促放衙。

民间田赛蚕，日日鼓三挝。

乙酉夏日游武乡烂柯山
李芳莎

凌暑叩仙迹，颓然尚一亭。

烂柯非此地，况复事渺冥。

象戏毁樵嬉，凿削无完形。

炉中久不火，宿蔓来年青。

山脊武沁分，行旅罕此经。

鸟雀疑我来，出入窥疏棂。

草木悴石田，畜牧似晨星。

归路既已遥，浮云掩曜灵。

去循山下水，呜咽未堪听。

录自李芳莎《准敕草》

过江村①
李芳莎

武乡南去村疏散，陵草巏嵬水湍悍。

乍高乍俯景幽奇，神清渐觉山程短。

儿童亦解谒冠裳，烟室颓垣官作馆。

地脉无棉蓝缕多，腊月不炉承日暖。

面垢带自出胎时，灶下漳河苦枾盥。

频年瘟盗生齿枯，军兴何日追呼缓。

官民相对两呻吟，匆匆未及询情款。

吻昕迂计数年余，省刑薄赋桃花满。

录自李芳莎《准敕草》

注①：江村即今丰州镇姜村。

驻权店驿攒饷夜坐对月
李名芳

岑居山泽里，凄况梦难成。

月色来相照，寒光满室清。

录自清乾隆《武乡县志·艺文》

权店道中
魏弥大

少年负笈来，沿途不敢顾。

仰见村夜月，巢在岩深树。

微明耘石岭，得无西成惧。

况复公家供，恐烦长官恶。

嗟我穷厄人，劳劳何所慕。

录自清乾隆《武乡县志·艺文》

权店道中遇雪
李贞茂

群山积素雪光浮，疑在琼瑶台上游。

最爱天宫呈妙画，淋漓满纸点花头。

录自清乾隆《武乡县志·艺文》

故城都会
陈曰可

帝里山河似昔雄，上游襟领忆来同。

提封尽挈诸州地，建旜遥瞻大国风。

垒壁千年形胜在，沧桑一变市朝空。

断垣残址荆榛满，樵牧依稀识故宫。

录自清康熙《武乡县志·古迹》

南　关
陈曰喜

悬崖峭壁辟天关，鸟道羊肠凡几弯。

树老枝撑云外月，霞飞秀结雨中山。

吟猿石上三声啸，雕虎风生万壑闲。

策杖不辞登陟苦，阴风飒飒水潺潺。

录自清康熙《武乡县志·关梁》

沁园春·怀程昆仑
陈维崧

畴昔从公，上松寥山，观北府兵。正鱼龙蒸黑，魂魂海气，水云渗白，滚滚江声。采石乘潮，皖桐移镇，异代龚黄比大名。芦沟驿，恰飞书寄我，感念平生。

一麾出守孤城，又重向咸阳道上行。叹地名淁栩，黄沙飒沓，天空螯屋，红树纵横。落照穷边，壮年薄宦，手板将迎岁月更。骊山顶，望并汾秋色，一片乡情。

录自陈维崧《湖海楼·词集》

风雪中过烂柯山
李之任

雪花大如掌，猛风疾如箭。

驱车烂柯旁，冥蒙迷所见。

石磴磋砑不可攀，仙人楼阁五云间。

层冰若雾萦断壑,欲往从之步履艰。
我闻昔代有王质,采樵观棋去竟日。
回头柯斧已无存,归来儿孙竟相失。
因传山畔有仙踪,仙风仙气荡人胸。
当场数着竟已了,千秋残局云犹封。
綮余雅慕神仙事,玄圃蓬瀛梦魂至。
过此疑有羽衣翁,柱杖碧玉烦翘企。
元冥使者妒奇缘,浪雪回风转迍邅。
登蹑犹夸双足健,谷口风声疾水溅。
揽辔无言空叹息,芽龙咫尺难亲即。
日餐石髓饭胡麻,琪花瑶草终莫识。
从此顽根期渐磨,云开满拟扪藤萝。
为祈真仙医俗疴,肯作采樵空烂柯。

录自清乾隆《武乡县志·艺文》

分水岭
陈廷敬

分水岭前水两流,南来北往总悠悠。
南水细微北水大,可怜来往不同愁。

录自清乾隆《武乡县志·艺文》

咏烂柯山
宋苍霖

王质看棋处,久闻在越国。
须知今古事,往往多讹惑。

录自清康熙《武乡县志·山川》

南　关
吴　琪

晓走南关道，霜华拂鬓斑。

水声号怒石，月色淡深山。

转仄千层磴，迂回进折湾。

渐看红日上，情在五云间。

录自清乾隆《武乡县志·艺文》

循环铺
吴　琪

曲曲羊肠道，天南塞北通。

洪崖悬怪石，孤嶂落飞虹。

云覆藤枝下，人游本末中。

往来多旅倦，登眺兴无穷。

录自清乾隆《武乡县志·艺文》

谒白马山狐太傅庙次壁间韵
魏惟五

逃秦窃国已非宜，胁召从亡更匪思。

公于风云天所启，老臣心事日方曦。

一朝命决河山壮，此地神游石树奇。

飒爽英姿传肸蚃，千秋膏雨拜灵祠。

录自清乾隆《武乡县志·艺文》

过上巅山
李 端

树杪葱茏石径斜，盘旋车马上云霞。

千峰拔地排狼燧，两界分疆互犬牙。

夕照乍明飞鸟背，炊烟时透野人家。

谁知搔首苍茫际，有客题诗览物华。

录自清道光《南亭诗钞》卷四

早发坡底过上巅山
李 端

客心急思归，驾言发清晓。

残月挂屋檐，鸡声出树杪。

马蹄响乱山，余梦驮骙裹。

行行渐跻攀，蚁磨盘空绕。

怪石立如人，近视斯了了。

不觉置身高，但见群峰小。

山凹四五家，古木啼寒鸟。

清泉汲涧深，炊烟透林表。

朝暾迎面来，下瞰明河皎。

出没望南关，云山互缭绕。

何当下平原，肆骋双眸瞭。

录自清道光《南亭诗钞》卷四

白马山杂咏
李 端

黄莺招我过林傍，吹面轻风阵阵凉。

卧到山间人不管，松阴为被石为床。

踏破苍苍石上苔，层峦高处拨云开。

归时笑与山僧说，赢得清风两袖来。

眺罢青山掩北堂，浑无一事对琴床。

纸窗半被狂蜂嚼，放出炉烟几缕香。

晓日腾腾转碧湾，空明一片映柴关。

不知谁把文犀带，抛在山间与树间。

寂寂柴门傍涧开，栖禽乱噪梦初回。

醒来怪问泉声急，为有西窗夜雨来。

录自道光《南亭诗钞》卷四，清光绪《武乡县续志·艺文》

南北关大风
程之珌

百折羊肠路，双关插碧空。

山河还霸图，天地亦雄风。

入树声弥壮，扬沙力益丰。

客程同列御，飞舞万峰中。

录自《舌耕堂诗》卷六

南　关
程林宗

两山对立如执戟，中有古道分等级。

清流急湍曲折回，石骨浪溅声似泣。

左道盘空右道来，犬牙相错马斗立。

就中略展数筵宽，郊店小市聚成邑。

当年金人曾屯兵，南朝无人我得入。

仰天一叹天如线，时平不怕兵戈袭。

录自《惊邻诗草》卷二

故　城
范士熊

智赵鏖兵地，千秋劫已烧。

名城余破堵，故垒长肥苗。

村落连阡陌，人烟变市朝。

皋狼重过处，犹听马萧萧。

录自清道光《南亭诗钞·附集下》

权店驿中即事呈刘明府彤卿先生
范士熊

万壑萧萧班马鸣，兵尘满目客心惊。

伫看时雨从天降，犹听狂飙鼓浪生。

愧我罗胸无片甲，知公坐啸有余声。

皋狼驿外频翘跂，预拟铙歌报太平。

录自清道光《南亭诗钞·附集下》

过烂柯山
范士熊

不识烂柯处,今从山畔游。

仙枰长在望,尘世几回头。

名利终成梦,蓬瀛未可求。

光阴如过客,转瞬又千秋。

录自清光绪《武乡县续志·艺文》

皋狼牧雨
范士熊

春皋望雨暗消魂,牧地空濛野色昏。

芳草青铺四五里,杏花红映两三村。

笛声隐隐人踪渺,笠影轻轻牛背翻。

极目皋狼何处问?苍茫犹是阵云屯。

录自清光绪《武乡县续志·古迹》

故城都会
范士熊

万山中辟一名区,郁郁葱葱此故都。

车马至今犹络绎,城垣历久半模糊。

腴分绿野连千亩,软踏红尘达四衢。

莫作西京叹禾黍,当年廛市未全殊。

录自清光绪《武乡县续志·古迹》

南关道中（六首选三）
范士熊

高低蟠曲磴，穿石入云根。

径转乾坤仄，溪喧日月昏。

幽并连北辙，泽潞接南辕。

谷口当冲要，朝朝马足奔。

一水回环渡，山多路易穷。

危岩头上压，断岸足边空。

高鸟飞难度，单车辙不通。

可怜宋君相，坐失此关雄。

山村依石罅，地僻耦耕荒。

款客兼牛酒，沿途绝稻粱。

马嘶通驿路，人语杂殊方。

阴雨连天苦，边愁搅客肠。

录自清光绪《武乡县续志·艺文》

南 关
赵昌业

纡途经百折，一线蜿蜒间。

石立截鸣濑，云行吞乱山。

蚕从思蜀道，天险壮秦关。

叱驭曾闻训，驱之敢畏艰。

录自清道光《南亭诗钞》卷五

皋狼牧雨
魏守经

城指蔡皋狼，形势弹丸大。

草色长芊芊，涅水环其外。

村落二三里，参错连晻霭。

遥闻牧人笛，一声轶埃壒。

雨签与烟蓑，画图应可绘。

录自清光绪《武乡县续志·古迹》

故城都会
魏守经

郡城建置处，云始自赵王。

霸气久消歇，堞圮孤城荒。

附郭多腴田，禾黍连垣墙。

其中列廛肆，百货仍蕃昌。

铜鞮宫数里，形胜两相望。

录自清光绪《武乡县续志·古迹》

题烂柯山
王梦聘

此地传王质，千秋俎豆香。

山河犹魏晋，人世阅沧桑。

终局浮云变，遗言故老详。

仙樵果安在，踪迹近荒唐。

录自清光绪《武乡县续志·艺文》

南关道中
王梦聘

溪山亘百里，道凿入幽谷。
山岭重合抱，如蚕裹茧腹。
危崖怪石欹，石下人驰逐。
当面一峰陡，插天负竣足。
众峰比儿孙，罗列相倚伏。
乱石纷如麻，位置颇纡曲。
大者虎卧阙，小者棋散局。
高者树杪悬，卑者夹涧覆。
一步一心骇，奇险逼人目。
仄径绕山腰，行如蚁往复。
有时入杵臼，路断踪联属。
我陟山之巅，我仆山之麓。
相顾别天渊，战兢足缩缩。
下视万丈潭，水深讶雷毂。
路转山有口，寥落数家屋。
日下近黄昏，将投何处宿？

录自《南亭诗钞》卷八

南关道中
陈祝彭

阴壑连朝暗，晴岚一望新。

云开山出岫，雨过水迷津。

说险方惊鬼，疑途畏问人。

雄心期报国，叱驭竟忘身。

录自清光绪《武乡县续志·艺文》

皋狼牧雨
程步堂

云气荡虚空，山色鸿蒙。倒骑牛背任西东。短笛无腔时一弄，笑杂樵童。

十里杏花红，罨画偏工，蓑衣箬笠旧家风。遥指踏青人未返，屐半泥融。

录自清光绪《武乡县续志·艺文》

故城都会
程步堂

极目望平原，车马喧喧。无情涅水任潺湲。流尽古今兴废事，剩有城垣。

笑语杂人言，市井田园，河山巩固晋阳藩。共说皋狼名胜地，风日晴暄。

录自清光绪《武乡县续志·艺文》

南关驿晚行
管廷鹗

返照入空林，归鸦带寒色。

野火烧田红，冻云压山黑。

沼溪千百转，辕南辙忽北。

岂敢告瘅劳，日暮未遑息。

录自《晋轺吟草》（全卷本）

权店驿
管廷鹗

荒驿盘回拥节旄，谷风溧冽扑征袍。

岩腰路细萦如带，山骨霜寒瘦不毛。

寥落村墟鸡犬少，往来行李橐驼高。

几回叱下王尊驭，日暮途长敢告劳。

录自《晋轺吟草》（全卷本）

夜宿南关镇杂感诗
程先民

前途日落近黄昏，炯树依稀认远村。

星满寒溪桥映水，月明野店客敲门。

煮来白粥肠堪饱，坐对红炉手自温。

如此凄凉来甚晚，主人啧啧共谈论。

残灯明灭冷风吹，脱却绨袍体自披。

枕畔往来知有鼠，衾中瑟缩冻如龟。

那堪孤馆凄清夜，尚是乡关梦忆时。

月色满窗寒类铁，喃喃口里又吟诗。

何处客人欲晓行，起来相对饭三更。

一肩行李挑将去，四壁寒灯空自明。

屡听仆夫嫌夜冷，暂歌短枕待鸡鸣。

途中无限凄凉苦，每到寻思梦亦惊。

望断家乡未易归，恨难插翅向天飞。

不知世上星双苦，俯视人间道路微。

国号飞轮高十丈，身凄若木大千围。

餐风饮露蓬莱顶，但愿来生意莫违。

南关自古号岩关，何故金人过是间？

骑虏长驱从此下，翠微急去竟难还。

南朝天子终为小，北地诈臣敢抗颜。

师道曾思河上扼，忠言不用泪空潜。

一介书生匹马过，凄凉情事感偏多。

兴亡自古关天数，岁月于今指逝波。

蜗角困争终已矣，驹光急去奈如何。

不如对景联行乐，处处吟诗步步歌。

录自民国《武乡新志·丛考》

权店道中
郝镜堂

仆仆归途急，挥鞭送夕阳。

功名徒自误，道路为谁忙。

石润泉飞白，山岩叶落黄。

风光饶野趣，知是我家乡。

录自民国《武乡新志·丛考》

南关早行
郝镜堂

老仆催装急，出关星在天。

路生难策蹇，手冷懒携鞭。

石气含朝露，溪声激夜泉。

行行十数里，犹见宿岚烟。

录自民国《武乡新志·丛考》

拾金不昧歌
郝镜堂

南关有一李老翁①，清白传家世业农。

一朝关外拾一物，黄米实囊银成封。

此物原自长子来，为完国课交藩台。

载驰载驱出关外，不期失检委沙堆。

倏焉得自老翁手，铸此大错争立剖。

诸夏亲暱大有人，无厌戎狄羞焉否。

风闻藩司有银秤，此衡最喜人持赠。

有贿果能餍其心，非权早已知轻重。

此囊原是赂藩司，黄白二米两心知。

若无此物通关节，尔禄民脂易见欺。

一时我得黄白金，喜出非望感何深。

愿将白金相分赠，笑而不受无贪心。

清风矫矫群伦表，口碑载道虽不晓。

激贪励竞当季世，兴起斯人知不少。

拾金不昧刊横匾，邑宰亲书何荣显。

近圣人居可高悬，始信南州有冠冕。

我闻此事眉欲飞，知我治内化入微。

渔者宵肃重不欺，比之单父增光辉。

珠还剑寄教有驯，上不贪婪下安贫。

从此夜户何劳闭，流行德政笑火轮。

近年国家事傍午，财匮数受群夷侮。

廉顽立懦有老翁，爱钱惜死羞文武。

嗟嗟！

人逐于虎口不言钱心筑堵，曷若老翁绰有余于人不苟一介取。

录自民国《武乡新志·孝义传》

注①：李老翁指武乡南关村家农老翁李富全，偕村人王秉焕拾得遗囊，内藏银三百两，二人张示广告，沿途追访，至北关旅舍遇遗金人还之。

烂柯山
魏锡钧

数仞峰峦色映斑，烟岚拥护翠林攀。

当年一局群仙会，此日指名一座山。

录自民国《武乡新志·丛考》

游权店北寺
魏锡钧

僻境名山古寺森，参天蔽日昔年林。

烟岚瑞气人心静，狮象莲花佛座临。

世外乾坤双眼阔，壶中日月半生忧。

徘徊高柳群峰外，树里遥闻汉水音。

录自民国《武乡新志·丛考》

登烂柯山
秦肇凯

斧烂柯消局未澜，方知仙鹤下瑶檀。

归来细问生前事，数世儿孙骨已寒。

录自武乡民国三十四年民间抄本《起凤腾蛟》

分水岭道中遇雪
赵丕廉

人迹迷离雪径斜，马前村树满梨花。

山天一色无穷白，诗兴留题野店家。

录自三晋出版社《山西辛亥人物传》

忆秦娥·贺李老逸三九十大寿
程 容

寿公牍，七十余载身许国。身许国，两遭囹圄，弟兄同狱。

铁窗战场节高旭，漳河先奏红旗曲。红旗曲，九十寿也，笑看春绿。

故城行（五首）
赵红英

重访故城

二年两度故城行，前值春华后夏荣。

妙水有情知旧我，灵山无语佑苍生。
千秋古蕴千秋厚，一脉新风一脉晴。
几朝物象容犹在，期许文人襟抱盈。

白马山

白马山头月作邻，幽幽夏木径无尘。
双龙碑堕清风里，几许沧桑秋复春。

望烂柯山

烂柯山下说烂柯，超然魏晋意犹多。
他年许我桃花洞，三世三生心不波。

南沟古楼

残落依稀气象留，苍凉同道唱红楼。
锦堂一觉繁华梦，香远苔青古木幽。

观南沟日军据点遗址感成

昔日南沟烽火急，鹊巢鸠占耻为家。
不堪惨绝刀光处，多少英魂血作花。

文联作协故城采风记行

王俊利

（一）访山交村金仙寺

南风吹开槐米香，金仙院中闲日长。
阡陌纵横禾黍稷，村扉掩映榆柳杨。
烂柯山下听莺语，涅水河上渡樵郎。
道边野老话前事，沟里清溪泻春光。

（二）登白马山

白马后来先有山，羊肠石阶偕登攀。
春秋苍苔簪狮首，堂庙碑碣叙狐偃。
冲霄燧台息烽火，遍野村郭健衣冠。
翠木森森桃杏小，烟岚禾黍故城川。

（三）进南沟村

绿树成荫禾未稠，布谷声声进南沟。
扑灭烽火燃薪火，推倒碉楼起霞楼。
世间几回伤往事，寨子依旧绕清流。
山道长落青天外，四海为家任神游。

（四）南沟感怀

南沟村头寨子岗，碉楼曾是杀人场。
土掘三尺碧血染，狼嚎十里村野荒。
罄竹难书罪极恶，举身报国慨且慷。
收拾河山英雄众，喜看旧邑换新装。

（五）观故城大云寺

立石高柱架大梁，青瓦飞檐知云长。

烟雨皋狼故城邑，钟磬梵声佛殿堂。

画里乾坤水中月，笔下春秋桃源乡。

几朝风流几家事，杏子肥时麦穗黄。

西乡行
王俊利

北良行

仕文之渊薮，相与顾北良。

清泉发烟树，村扉缀岚光。

山石修吴带，耕读颂击壤。

正是芍药艳，蜂鸟悦槐香。

岩庄杏花节

缤纷岩庄道，殷勤访杏花。

层林幽牧笛，连山浴云霞。

故隘驱轻车，超乘策牛马。

长天归雁日，煮酒入田家。

登烂柯山

空山秋雨后，烂柯访仙游。

樵人罕石道，社鸟栖檐头。

林畴襟村郭，岚岫暗乡愁。

古杏倚野芳，可堪慰同俦？

喜赴岩庄杏花节
白国清

杏花怒放满眼春，花好人媚两相迎。

轻歌散罢意未尽，不辞长作岩庄人。

己亥春岩庄杏花节有感
王　刚

春到岩庄人尽夸，登高逐景上明沙。

繁花满目馨香郁，禽语清心石径斜。

浓墨流辉书杏锦，惠风送暖入山家。

虎头故垒今犹在，留待骚人感物华。

江神子·岩庄杏花节
赵红英

杏花小镇杏花深，雪绡新，淡妆匀。

　　烟海云崖，风暖漫氤氲。

依约声来枝浅动，留青影，俏飞裙。

箫鼓清歌竞芳春，客初临，羡为君。

　　梦得若知，国色有殊尊？

欲待盛名频问取，麦黄季，更登门。

岩庄杏花节不至遥寄相思
安志伟

分水岭上春迟迟，一朝竞放万千枝。

朵朵杏花有情意，香飘龙城寄相思。

岩庄杏花节四首
张红伟

咏杏花

春日登高明沙岩，漫天杏花入眼帘。

疑是白雪从天降，蜜蜂飞入花丛间。

岩庄颂

杏花漫山似雪凝，牛羊遍地草丰盈。

山环水抱富裕地，勤劳淳朴好民风。

寄语杏花节

攀上明沙问朝霞，杏花纸鸢遮天涯。

神仙偏爱岩庄好，无尽芳菲馈农家。

岩庄明天更美好

杏花芳菲四月天，万千游子登山巅。

齐心立下扶贫志，岩庄来日换新颜。

寄语岩庄杏花节
白　露

春霜萦落纤云渡，盘山一路向天开。

绝尘东风无限好，我与诸君赴瑶台。

故城翻身谣
冈　夫

（一）

曲盘盘的山，平坦坦的川，

劳动人民祖辈流血汗，

开辟下千顷好庄田；

西枕白马山，南沟村里出清泉，

脚登大南河，一道流水曲弯弯；

城川千顷好庄田，

南沟地主占去一大半，

中小地主一小半，

留给农民脚面大的一片片；

地主地，平展展，

农民地，山梁梁，沟湾湾；

故城一道街，家家种租田；

地主收，佃户"受"，

两头儿埋怨不得够；

夏收麦子秋收豆，

牛车骡车一拉溜，

簸箕簸，扇车扇，

金黄谷子上大碾,

农民扇下吃粗糠,

细米担进福民当的仓。

福民当,害民苦;

出帖子,收地租,

信账月利三分五,

小东小西押当头,

大短大欠送官府;

官府拜地主,地主接官员,

福民当传票居当间;

东家太太来看戏,

街上人们尽回避,

轿车拉进场当中,

丫鬟搀扶入卷棚,

东家品茶把扇摇,

农民不敢把眼瞟,

戏场以内鸦雀无声静悄悄。

东家的差役穿绸缎,

农民穿得破破烂;

农民住的窑破绽,

地主住的砖包院。

南沟财主辈辈传,

故城佃户辈辈干,

佃户瘦成干骨架,

财主竖起高旗杆；

佃户躺上挺人板；

财主挂起金字厦。

斧柄烂，锄柄烂，

千年的生活没改变。

一声忽雷满天响，

中国人民把日抗，

大风刮去了旧衣裳，

谁也露出了活长相，

地主一个一个往下躺，

最后死心地把汉奸当。

一九四〇年敌人占武乡，

　劳动人民齐武装，

　　南沟村大地主，

　做了敌人伪县长，

　狼靠狈，狈靠狼，

　糟蹋人民害家乡，

　拆上民房盖炮楼，

"新交新交"认爹娘。

　五猫六狗一拉溜，

　游击队追在他屁股后，

　吹胡瞪眼没办法，

只怕送他回"老家"去。

青烁烁桃树鲜丹丹桃,

吃桃人把桃树也砍倒了;

干噌噌树枝火里烧,

种桃人怒火一阵赶一阵高。

(二)

八月里葡萄绿里红,

八路军解放了段村城;

伪县长跣臀露胯逃太原,

阎锡山把他编成剿共军!

解放后的段村闹哄哄,

　反奸清算大翻身,

　火苗到处点出去,

　早轰动了故城人。

农会主席赵金水,

　一瘸一拐半条腿,

　抗战在外六七年,

　山东战役荣退回,

　这时心里作估计;

　日本小鬼完了蛋,

　八路军胜利到处传,

　阎锡山跑来抢果实,

　败仗吃在磨盘山。

蒋介石跑来抢果实,
败仗吃在平汉线;
沁县南沟白晋线,
瓮里捉鳖不消几天。
千年痛苦八年罪,
这身不翻待何年!

召集同志把会开,
"咱们翻身莫等待!
趁热打铁是正经,
咱和地主搞清债,
收回土地咱自种,
拔除一辈子大灾害,
群众早已眼盼穿,
只等动手干起来!"

积极分子齐响应,
马上说了马上动。
李狗小,李黍金,
男人里活动不消停;
程秀英,武梅英,
妇女当中有威信。
拥军模范李馥兰,
各种工作在头前,

妇女队里任班长,
又是秘密公安员,
对待穷苦人赛姐妹,
对待地主铁脸面。

饧粘芝麻麻粘饧,
干部领头群众跟,
千年冤苦无处诉,
今天会合了知心人。

冤有头,债有主,
本村一样来诉苦,
擦干眼泪讲清理:
　土地归农民,
　原物还原主。

拉牲口,灌米粮,
米麦烂在地主仓,
地主粮食仓中烂,
不给农民救灾荒。

寻银洋,问元宝,
地主总说无法找,
暗窑暗洞刨掘开,

元宝穿了绿皮袄。

文书契约不拿来,
农民再难手高抬,
"我看你是山坡里谷,
割不出来打出来!"

高山上面圪桀松,
千年睁着绿眼睛,
只见过穷人给富人打,
哪见过富人怕穷人?!

随手动,随手分,
敌人来了难保存;
银洋换成冀南票,
粮食分给赤贫人。

人是铁,饭是钢,
黍金瘦脸发了光;
流流扔掉叫花板,
"八路军世道没这行!"

梅英分了件蓝布衫,
馥兰给她来打扮,

"人是衣架马是鞍架,
瞧俺梅英多好看!"

"青青麦子六月黄,
狗小哥为甚地里忙?"
"今年麦收我自己吃,
往年我愁交租粮。"

一日三餐喂老牛,
对着老牛喜泪流,
"老牛我喂了你半辈子,
今天才算喂我的牛。"

夜无夜,明无明,
民兵守在故城坪。
旧城根下挖掩护,
封锁消息断行人。
有人想往西边跑,
哪个大爷给你出路条?
故城坪上西边外,
汉奸尾巴还在绕。

桃发毛毛杏发酸,
麦子将熟闹翻天,

四十天推翻了几千年，
　新麦子近在嘴边边；
　地主的土地一扫平，
　　一直追他到老根。

　莠子草，害青苗，
　青苗长起它心恼，
　情知把你扳不倒，
　　也得绊你跌一跤。

　运动刚罢喜在心，
　民兵岗哨撤回村，
　特务看见是空子，
　忙给还乡团献殷勤，
　搭夜包围了邵渠村。

　包围事情见得惯，
　李馥兰心中不慌乱，
　有的同志丢了草帽，
　馥兰拾起一面笑，
　"公家东西多可惜！"
　随手往自己草帽上套。

　还乡团提住李馥兰，

三番五次来审讯，

馥兰不吐半句真，

大骂逆贼就了刑。

灯影里纺，火影里织，

提起馥兰人人想哭。

地里锄，田里挽，

想起馥兰泪不干。

过灯节，扭秧歌，

儿童拍手笑呵呵，

唱起李馥兰，

小眼儿泪簌簌。

民兵小伙把枪擦，

谈起还乡团咬钢牙，

"拼出俺家庭赌出我的头，

要给馥兰报冤仇"。

宽布机，织手巾，

机上坐着程秀英，

三板一声唱，

两眼泪淋淋。

一条手巾织得宽，

织上女英雄李馥兰,
"世界上共产党不只她一个,
眼看你狗汉奸很快就呜儿完。"

（三）

故城群众把血债清,
处死特务李如林;
土地改革再深入,
检讨经验换脑筋。

"翻身果实来得不容易,
邵渠事件痛在心。"
"铲除封建须彻底,
封建就是汉奸的根。"
"果实要好好来保卫,
付出的代价真不轻。"
"不消灭了反动顽固军,
汉奸还是有处去投奔。"
"不彻底打垮蒋介石,
哪里都有汉奸这号人。"

打虎莫如父子兵,
金水送子参了军;
支援前线靠得翻彻身,
黍金领导大胆又细心;

军民衣食须保证，

秀英生产纺织勤；

狗小组起互助组，

抗旱抢种带全村；

还有优待军属事，

大家交托给俊梅英；

翻身人民一条心，

爱国战线上抢着来立功。

前人种树后人歇荫凉，

手执钢枪上战场，

泉水绿，涅水黄，

骑着白马下山岗。

录自一九四七年《文艺杂志》三卷六期

岩庄杏花开
郝雪廷

"你不来，我不开……"

这是岩庄杏花节的广告诗

可在那隐隐的深处

我感受到了

一份执着

一份纯真

一份等候

一份热情

那缭绕的余音

让我心颤

在这个春天里赶来

只为用信守回报那份约定

你穿了洁白的婚纱

站在曾经兵戎沙场的古关隘前的山岭上

迷醉了满坡的花草鸟石

迷醉了满地的文人墨客

更迷醉了我

久慕期待的这颗心

你的这身洁白

你的这片清纯

你的那双勾魂摄魄的眸子

让人陶醉得不能自拔

我的眸子很小

只能容纳你的纯爱

我的青瞳很大

一个广角望尽你的神州

我敞开胸怀等待

让你的百般柔情

投入我澎湃汹涌的港湾

我舒张双臂拥抱

让你的清纯肌肤

融入我五脏六腑的血脉

一朵朵杏花

就是一颗颗圣洁的灵魂

一排排杏树

就是一汹涌淘沙的巨浪

一片片洁白

就是书写爱情的一部经典

一瓣瓣馨香

就是抒发激越的一种怒放

杏花

那岩庄的杏花呀

你用素洁和高贵

你用典雅和痴迷

在我内心激起不能抑制的波澜

我要用太行羊户的粗放情感

我要用明清古典的娶亲花轿

以牛郎织女般的生死相恋

迎接一个硕果累累的金秋

分水岭的传说
王俊利

传说　找不到源头

白云如盖

分水岭顶盔贯甲

镇守这南关锁钥

青松　漫山遍野

随着四季的节拍

起舞翩翩

涅水向南

昌源向北

嫡亲的姊妹俩哟

分水岭脚下就分了手

缓缓潺潺　悠悠岁月

不曾停留　只为着

圆一个海之梦

日夜流转

东风徐来

虎头山杏花灿烂

泉之头涌出明沙岩

飞来飞去　在西胡庄水波里

双双对对的蜻蜓　蝴蝶

甩起鞭儿　赶着云彩

马儿牛儿　还有羊儿

一朵一朵把丈牛坡铺满

石塔不倒

玉品如带

石盘飘荡在云水间

人人山上　是谁

在听　在看

日升日落　月缺月圆

槐荫里的鸣蝉

村子中的炊烟

大雁飞过

寿礼疙瘩

装满了油篓山

唱一支得胜歌　秦王头

插着黄花红叶

五里铺大道良侯店

收获成了车水马龙

从南关流淌到长南

涅河，涅河
张三明

小时候

我们是玩伴

你泡白了我的脚丫

我给你搅起了水花

你送来了小鱼小虾

我给你放上了纸船

你用哗哗水声伴我开心地笑

我给你撒上了花花草草

长大后

我们是情人

你潺潺的水声如仙乐般动听

我把赞歌给你朗诵

你弯弯的身姿曼妙动人

我端起相机为你摄影

你披草戴花是那样美丽

我恨笨拙的笔实在无用

而现在

我虽然远离了你

但眼前常常飘过你的身影

语音中有你汩汩的水声

血液融有你的水分

你常驻我的梦

你是我的乡愁

我的灵魂

泉之头东山记
陈祝彭

　　武乡泉之头村，东山耸峙，清泉喷流，彭也世居其间焉。顾村既以泉名，凡知吾村者莫不知吾泉，即莫不神吾泉。泉之为泉，昭昭也，固不求传而传矣，而独至东山则寂无闻焉。何也？岂泉可传而山无可传欤？抑必有藉而后传欤？夫是山也，层峦巘嶪，峭壁天成，暮霭晴岚，晦明万状。至若偃蹇之木，突怒之石，异草奇花，罔不萃于一山，而与吾门相对。昔我先人建文风塔于峰之肩，植松若棋布，以为斯山者一村之胜迹也，固应有以培之。余自髫年即与二三同志日游其间，虽雨雪之朝，风月之夕，未常不仰而望，望而登也。迨后奔走异乡，遂间与此山隔别，或经年而不睹，或数月而一遇，因暌违也而竟若弃焉如遗，是余之负歉与山者良不少也。然而东山则勾萌芳发若为余而幽香，叠翠千重若为余而泼黛，霜枫林杪若为余而涂丹，雪压峦头若为余而傅粉。山之淡妆浓抹、回巧献媚于吾者不可胜述，则是山有大赉于吾也，彭曷敢漠然于山哉！游览不尽，形诸歌咏，企慕不忘，征诸梦寐寄情焉。而窃以为号且因以名吾集，然非敢谓东山因余而著也，余将附东山而传也。东山以余为然否？也还欲向东山而问之。是为记。

录自民国《武乡新志·丛考》

寨上赋
郝雪廷

　　武西要冲，涌泉寨上；文化厚重，历史绵长。头枕五龙与岭南义门相连，脚踏牧河并南沟赵庄接壤；左携蔡城同窑里坡底为邻，右顾羯雄联型庄马牧共镶。古槐参天，遥存三千年村证；李寨依稀，犹记数十朝荣光。石勒养马，成就卅二载后赵；千总圈地，长书四姓氏沧桑。民风淳朴，悠哉寨上！一方热土，地肥水美；山川形胜，鸟语花香。八岭环绕，构筑天然盆地；九湾并列，彰显优美画廊。铜台脉动，引来千古灵气；四季长河，盈满万户粮仓。入村犹进世外桃源，到寨如至美丽天堂；西岭王墓气势恢宏，寨中金殿百世流芳。更有古庙无数，敬拜尧舜禹汤。古建繁青史，风物放眼量。探观盛景，美哉寨上！岁月留痕，重功难忘；抗战基石，寨披戎装。卢沟炮声，日寇铁蹄践华北；雄师东渡，八路抗倭进武乡。总部进驻主沉浮，战旗猎猎定太行；朱彭挥退九路敌，刘邓鏖战寇胆丧；玉皇庙前祝捷会，三万军民共慨慷；纳钱献粮负国难，兄弟相争上战场。运筹帷幄，民族丰碑记抗战圣地；决胜千里，建国模范写桑梓辉煌。史册浓墨，伟哉寨上！同心同德，励精图治；两委团结，共建小康。察民情晓民意集民智，筑富民根基；兴实事出实绩见实效，显村政焕彰。看今日寨上：东望桃杏铺壮美，西闻瓜果飘浓香；子孝妻贤家风好，邻和舍睦正气扬。红古绿色齐发展，三晋明珠嵌上党；乡村旅游人涌动，天上人间地无双。高铁站边，朋友四方纷至；机场筹建，宾客八面通畅。望明日，百业并举，尽显阳光。老村新貌，壮哉寨上！

分水岭小赋

李　左

分水之岭，武乡西垣。切山转水，虎踞龙潜。奇岩异景，形胜中原。人文兴盛，香火繁衍。交通要道，改革前沿。百闻一见，左右顾盼。作文为赋，以记美缘。

群峦争锋，蔚为壮观。层叠铺展，渐次浓淡。远山入禅，近山如眠。
无风不语，苍山自酣。山覆古松，若披青衫。鼓涛阵阵，松海波澜。
弱松轻盈，娉婷山尖。孤松倔傲，独占峰巅。若无神游，何来飞仙？
把心持身，逍遥赏玩。山中一日，世上千年。俯视足下，忽现小潭。
温玉凝滑，碧瑶绚烂。含蓄讷言，笑昂蓝天。循前半里，溪流宕缓。
清明亮丽，奔注蜿蜒。阡陌作伴，随坡折弯。峰回路转，玉带相缠。
倚势任建，起伏多舛。五色碎花，萦绕斑斓。不为人开，却如人愿。
翠紫伶仃，野黄娇艳。幽芳通窍，憨姿逼眼。俗如吾辈，何幸赏焉？
上帝偏爱，最美人间。

古墓群落，历史恒远。春秋玉器，战国铜碗。稀世珍奇，文明根源。
厚土博物，卓群不凡。明清遗风，古韵石盘。四合楼院，斗拱飞檐。
喜鹊登梅，娃鱼闹莲。商道精神，民俗经典。八仙吐瑞，七星神泉。
人杰地灵，清冽绵延。昔有皋狼，现呼南关。古今峥嵘，潞泽之咽。
十八勇士，杀敌一线。斗智斗勇，浴血奋战。丰碑挺立，浩气长传。

此地殊异，时空同眷。东隔虎头，西辞秦山。扼返昌源，涅河发端。
地利惊叹，鬼斧一般。兵家常霸，觊觎侵占。抗日烽烟，激情燃遍。
碉堡林立，戒备森严。奋起抵抗，时人维艰。英雄辈出，全乡慨然。
伟业酬贤，史书明鉴。喜看今朝，又谱新篇。金秋丰硕，节庆歌欢。
瓜果飘香，收获满园。土豆红衣，南瓜沧颜。小米金黄，白豆饱满。
核桃垂涎，脆梨甘甜。四季珍宝，接连不断。勤劳在地，财富入篮。
良策扶助，五谷高产。再有健牛，出没林畔。铜铃叮当，送走穷患。
十里长廊，风光初显。休闲旅游，日日新鲜。东种西牧，中部游览。

度地制宜,创新理念。布局谋篇,壮大发展。精功细研,废寝筹算。昔日贫惑,今不复见。领军李王,堪称中坚。

抚史辛酸,追时克难。高山久远,流水路漫。精益求精,众志如磐。百尺竿头,盛世喧阗。继往开来,破浪扬帆。

碑刻集录

广福院记

刘引济

　　夫世界人伦，是成住坏空之本，似浮鸥出没，如石火电光。尝闻杨子有言云：人之性，善恶混，修其善，则为善人；修其恶，则为恶人。信不虚矣。昔潞州大都督府武乡县会同里，天平军讨击使李公，讳宝亮，唐人也。恒修善行，匪造恶因。舍北土岗最高，下瞰一村，岗势秀丽。有老松一株，虬拔屈曲，势若蟠龙，顶平似华盖，寿及千岁，阴覆数亩，夏则风声瑟瑟，冷气袭人。公常慕此景。天福间于松北建家佛堂数间，以待过往僧道，远近亲识，次年又造尊胜陀罗尼石幢，铭记仍在，尚可读之。后施为馆舍，继修寮室。当里兵部散官王文楷，造阿弥陀像及铸鸿钟，大小碑铭一十四座，或现或没，难可披诵，众请僧行住持，相继不绝，中间屡经兵火，或废或兴。

　　逮至本朝圣主，幸遇垂慈，弘慈佛典，特勒院名。院主僧行念，又度到门人善润、善广。于大定四年，岁次甲申二月，勒赐到广福院。行念及众维那等，次年间，特建法堂五间，足表崇信佛法。人人怀辅国之心，个个有忠贞之志，男皆贤雅，女尽贞良。虽孩啼之童，悉皆好善。邻左闻者，无不推尚。彼院师徒，经开宝篆，义设群伦，磨惠剑而破尘笼，褴法舡而渡苦海。有村众等与僧行念，尝虑年岁深远遗没勒黄，率众共议，欲摸刻于石，永传不朽，众皆欣从。又恳予以为记。予悯慈善事，谊不敢辞，于是挥毫以记其实，庶使后世之孙知祖先之贤善也。愿刻石已后，皇基永固，圣祚无穷，四夷纳款于中都，万邦来朝于上国。

审僚文武，擢禄位以缵荣；善友擅那，保眷属而享泰。

岁大定十五季岁次乙未庚戌月乙亥日

录自武乡县分水岭乡会同村现存碑

信义里重修利应侯庙碑记
宋世昌

传曰："聪明正直之谓神。"不依怒而威，不依人而灵，故人皆祭祀，亦如神之在焉。应侯，本晋文公外祖父也。晋侯公使晋太子申生，伐东山皋落氏，应侯至死之御戎，集为右□者仍为国君，自将此太子之战，则竭力佐之。不自而皋落氏□自易而灭之，故侯公始封应侯为梗扬大夫奢僭，弗作宽□，是为，则人皆受其赐矣，岂非公正之耶？不禄后，葬于太原府交城县之西北马鞍山，因立庙焉。至宣和改元，时值岁旱，有当□耄老张换等辈率众敬诣灵祠，祈请圣水，仍赖神威应期沾□，殊无以答，辽于里之西北白马神祠之左立其庙焉。曩者而□岁月实久，殿宇坠摧，灵像废毁。至正二十有二年，持零□工□加完葺，谷捐清贿，焕然一新，金碧翡飞，丹青亘赫。□乎突兀□横碧汉之间□矣。峥嵘丽构，春宵之外箕势足以壮千古，□可以光一时。于是近年屡旱，应祷获微，一境黎氓悉沾灵□矣，祀尝答有□是以仰□神休敢忘吁赞，苟非利应之私，讵能德府象帝而享血食也。若非纪其贞石□考虑其有维□乡老李颜等踵门坚求祭祀，义而咨辞回□事以志岁时之尔。

时承安改二年丁巳三月甲辰乙亥初三丁丑辽州榆社县将相乡西周里乡贡进士宋世昌

录自武乡县故城镇阳公岭村现存碑

重修大云寺记

马天牧

箕山马天牧撰　铜鞮比曲下邢恕书丹　里人杨铎篆额　箕山严从训书后

夫布金而构祇园，流银而成宝殿，考之释典，肇彼西方，三代以还，中国之未有也。至汉明帝乃立精舍于城门外以处摩腾，是为白马寺，此中国寺之始也。自时厥后，历晋宋齐梁魏陈隋唐以来，大而万雉城，小而十室邑，伽蓝梵宇，比比而立焉。沁据河东，称为名郡，武乡在沁，又为剧邑。邑之西北两舍有余，有里曰故城，山明而水秀，川坦而土膏，嘉木阴森，居民错比，真一州之壮观之境也。父老相传皆以为古蔡州，然载籍无明文而未知其详也。城中央夹垲处，旧有寺一区，名之曰"严净"。至宋治平元年夏四月，改曰"大云"，有石刻仍在焉。主僧曰云江，弟曰惠德，曰惠海，江即本邑石盘里人也。居之无几，遭靖康之乱，保而持之，其险阻艰难，岂可以单言而尽也。逮圣朝以功定之后，边尘不惊，江一日谓僧众曰："抚定以来，盗贼消亡，不图今日复见太平，吾之佛宇幸且存焉。有庑舍十数楹，足以居僧行；有佛田仅百亩，足以谷宾客。余且支倾补坏，粗合苟完亦以得矣。以吾观之，寺之所急者惟阙一钟耳。吾虽山野，不能兴造，诚欲创之，不识汝等以为何如？"众曰："和尚之愿则大矣，意则高矣，然天下新定，百事权舆，饥者仅得食，劳者仅得息，事恐弗济，覆为有识者所笑。况闻之俗谚曰'宁起千寺，莫铸一钟'，盖言钟之难成也。"江曰："上以秉佛之威力，下以执吾之志心，何求而不得也！何为而不成也！请且试之。"于是丐金于四方，一在镕而能，事毕矣。钟成之十数年，但置于门庑之下。江尝叹曰："岂其巨钟居之平地，内不能壮其势，外不能远其声，得置之高阁则顾不伟哉！"静言思之，非一朝一夕，一手一足所能为也。遂与弟惠德博议于众耆老，耆老等众敬心稽首，异口同词，皆愿赞成之。居士吕忠者，尤用力焉。召匠计之，所费无虑五百余万，求之于人□，不避寒暑，受之于人则不限寡多。经始于天德壬申之秋，落成于大定癸巳之春，以时之丰俭不同，人之难易不一，所以前后历二十余载。初，阁之未成也，每至大风雨则江立于其□□"有一倾覆，吾亦从此尽矣！"及阁之既成也，积年宿忧方且写之。四方来观者，皆悦心快目焉。江先以皇统二年度弟子二人，曰善靖，曰善念。德亦度弟子一名，曰善融。善靖，铜鞮山曲村人也。素聪悟正直，道行修洁，通三学，尤长于唯识。因明等论声问远著，四方善士论持戒修福者，皆曰："靖，戒师矣。"其为人敬仰有如此者。靖于定十九年，因行脚而归，顾法堂旧且弊，谓门弟子昙隆曰："是刹之兴，岁月绵邈，法堂圮旧而又卑隘，吾欲增新之，汝则为之佐方。"且募工商略，居人阎实等闻而说之，愿为领袖焉。于是富者输其财，贫者献其力，视其阙者增之，非者革之，崇卑而广隘，彻故而作。新年不再而功乃告成。使向之颓弊者，一旦兴举而壮丽宏敞，人得改观。明昌丙辰，又锐意欲起普光堂一所，先镂三身佛暨十方佛，功未过半不幸而有疾，及其弥留，泣谓昙隆曰："有志不就，古人攸悲向。吾游天党，寓于开元寺唯识院，发宏愿誓欲起大棐方等无碍，井露戒坛，率化有缘者，期共成之。会制法不许而后已。今又欲起普光堂一所，殊未底法为之基构，故先刻镂佛像，是诚何心哉？示其堂之必成也。岂期功未过半而厥疾弥笃何！善缘难结而恶业苦障邪吾病应不免，恐埋瘗九泉终为所慊，汝肯为我成之乎？"隆曰："愚之才智不足以兴事，道行不足以感人，普光堂则诚不敢诺。必俟将来有为者为之也，十方佛则愿为和尚终其事。"靖渐瞑目不复有言，迁久卧而去之。徒众为之发哀，少顷，复活，曰："汝等来前扶吾使少坐。夫有生必有死，此自然之理也。何必过悲？特未免俗耳，但命华严会众举阿弥陀佛则可矣。"言讫跌坐而化。时承安戊午岁阳月上日也。人之言曰："以师之生平，行业清高，修持诚一，不然则何去住明了而手段异于人也。"天牧因寄迹于是刹，隆公具道其事，诚欲以儆激后人，乃恳嘱天牧为之记，曰："祖师之艰难既如此，先师之付托又如此，若不刊之翠琰以示将来，恐昙隆迫以枽榆填之沟壑，使祖师之劳，后来者无以知也，先师之志，后来者无以成也。幸毋固让焉。愿请为我记之。"天牧初辞以不能，既而询之于故老，果皆如其言，姑以不腆之文实纪之，虽后有雌黄矛矛盾之毁，亦所不恤也。时泰和八年中元日谨记。

　　承信校尉行沁州武乡县尉兼管勾常平仓事高士表
　　进义副尉沁州武乡县主簿兼管勾常平仓事李胜
　　登仕郎前沁州武乡县主簿兼管勾常平仓事师天觉
　　忠翊校尉守沁州武乡县令兼管勾常平仓事张虞
　　古韩镌匠韩甫禧男子势子稠
　　泰和戊辰重阳日昙隆　立石

昊天观张本碑

陈　嘉

　　沁之东走一舍之余，武之西倍长亭之里，当沁武往之通达有斜川焉。川之势如辀，南连其水，北背其山。山脚之阳，聚卢为里，名之曰下陈里。居民鲜少，厥壤肥浓，一境之间，称为乐土。里之东不逮劲弓三箭之地，有地曰："马房"。垄畛阙错，阡陌周遭，地势前倾，三阳正烛。故老相传曰："此中若置神祠，必致居人享其富寿"。平时道流，安于逸乐，莫敢有措其手者。大师段公者，东段里人也，讳仲缘，字顺之。幼而出家礼潞州天宁观，闫讲师为引渡。既入玄门，便识玄门之礼，端而虚，勉而一，事师如父，自谨犹子。同辈虽多，最先得法。岂期遭时多故，四海波腾，兵降从天，家乡荡尽。师仅脱一身，逃生河朔。其始至也，萍蓬无定。一日游于曲梁之城，谒见防御使杨公者，公既相见，欢若平生，所出话言，如闻其臭。公乃即席而言曰："师若不弃芜城，肯栖枳棘，师之所居，便有处置。师若辞不获，因而留焉"。于是相将选踏胜地，得其城之西北之隅，卜者卜之吉。师喜曰："此真宫观之所也"。是时有同业李仲本，亦预其事，下手经营，岁不两周，能事毕矣。居无几，喟然叹曰："大丈夫功成不居，焉能郁郁久于其乎？"遂命驾而归，即付观与诸侄李彦清辈知之。既达乡中，询及向之遗老相传之地，即于权沁州事武建暨当里王氏处化而得之。时岁在戊戌，荡析么余，不及艰得。师暨道士赫连仲耆量功，命曰平板，干称畚筑，运甓辇材，事六旬而构成正殿，十有八椽，栋宇胶葛，基址状固，俯视仰观，快人心目。其余寮舍，亦欲继而营之。奈何天灾大降，事与愿违，既旱又蝗，野无寸草，龟肠蝉腹，人不聊生。师乃再下山梁，待时而动。后逢庚子，是处丰登，杖屦西还，完其阙者，遂其东堂五间，西堂亦次而成之。迨乎！庚戌之秋，壁图塑像，金碧交辉，方丈挟堂，相承断乎？至于丙辰，则三门客舍，一无不备矣。本观知观史彦素，师之弟子也，惧其盛事不传于世，特以张本碑见请。三辞不免，辄敢以荒唐之语为之。

铭曰：河水汪洋，犹带之长。松岗盘郁，如云之苍。争明竞秀，川媚山光。峨峨琳宫，明秀之中。绛阙其丽，赤诚其崇。堂堂段公，羽衣之雄。心苦十载，千胜万功。是时道教，炎炎正隆。终南立祖，燕京列宗。公亦子孙，肯坠遗风。刻之翠琰，庶传无穷。

大蒙古国岁在丙辰九月戊子朔初九日丙申

录自武乡县丰州镇下城村昊天观遗址现存碑

全道庵元迹碑记
呼延伯起

　　大道无形，气分有形；大道无名，人生有名。气本道之形，人始道之名。上下入无声之极，古今传有形之声。由无形而之有形，则本一而派分也。全道庵者，派其本也，全其道也。发源于杨公老师志玄。师，沁之武乡人也。由金乱去家，流寓殊方之久，乱定而归，铭心于道，礼本邑朝阳洞段志真为引渡师。一日，其师上谒长春宫大宗师，清和真人奉命为北京道宫，志玄以其师从仕不返，无所请益，遂云游访学，数载而还。义门乃其祖居之里，相其地形，高下岗峦环抱。东庙之初，平西山之烂柯，帝尧祠其南，三仙迹其北，如中着道宫，其壮观也。时则乡之李信、巩悦以赞成其议，乃创斯庵。经始于岁之丙午，其中殿两廊绘塑毕工，寿逾八旬而逝，门弟子巩志真继其踵，敬承其事，不负所托。至元乙亥以疾终，付师弟耿道明继之。道明处人惟谨，莅事惟勤，所学所为甚得乡里之崇重。至元甲午，前后历二十余载，仓廪充盈，门徒益众。重光殿宇，增饰房廊，绘塑更新，丹青炳焕。至斋厨之类，一皆完具。书记其事，庶几贻后之相继而承之者，因载铭。其全道云：道以人誉，人由道光，全斯道者，无地无方。

　　岁大元大德六年岁在壬寅八月

录自武乡县涌泉乡神前村全道庵遗址现存碑

重修洪济院碑记
刘建功

　　原夫圣王之制祀典也，法施于民利则祀之，勤劳定国则祀之，主宰文衡则祀之，御灾捍患则祀之。佛骨迎自西域，释教流入中土，遂于圣教并立于人寰。是故通都巨邑浩刹森严，即偏区僻壤亦殿宇林立。自汉唐以迄我国朝，无朝弗奉，无代弗修。然其人之所致胜者，非徒壮观瞻、令闻誉，所以培风脉而伸祈报也。武邑东良侯村落鼎足，右接铜城，震古烁今，西乡之胜地也。旧有洪济院一所，崛起干岗，文昌阁、奎星阁锁钥巽隅，五道庙、土地祠东北护佑，众神殿、三官阁壮丽中央。洪深普济，肇基之剑无稽。屡有修葺，先人之述大备，何庸予之赘句？第年湮代远，风吹雨蚀，楹崩栋折，基圮垣颓，不惟无以妥神灵，亦并有以泄风谷也。村人目睹心伤，未敢擅动悫也者久之，蓄愿终未伸也。至癸卯春，有信士程公培德者，倡义重修，商诸程公正文章者，而公亦夙有是志，故不谋而合。上社鸣钟，邀集大众，两社老幼俱有同心，遂议总理者四人，分理者十六人，各倾己囊，复捐花户，共辏金八百缗有奇，社中旧存金二百六十缗，于是择吉日开工。料则分纲采办，工则各匠并兴，捐金几运甓周转攸侵。诸庙坊楼，各依旧基，补葺缮完。惟文昌宫根基革故，以维持短袖之掣，起意者殁有中沮之虞。然而矧旨构厥肯堂，子承父志，募化四方，二公协力，复醵四百余金，赀有余而事成速，大过之时，大矣哉！是役也，经始于癸卯之辰月，落成于甲辰之酉月，百堵皆兴，翚飞鸟革，是诚乐善好施者之所为，亦有赖于神工之默为藉佑也。伏惟盛昌精彩费金二百八十千。守业公中行独捐；昭其敬，明其运也。迨盛事既蒇，应将姓字镌勒诸石，首事者嘱记于予，辛箕城吉耕贵村，已历数载，推辞弗获，聊吐数语以道其事之巅末云。

后之游历是宇者，实足笑言之太得耳。是为记。

录自武乡县故城镇东良村洪济院现存碑

楼则峪新建阁碑记
赵玉山

盖阁宰天地者，帝也。自帝而下，凡有功于民者，无不列在祀典，行于州里，设坛墠以祀之，岂独帝为然哉！兹于乾隆五十一年，岁在丙午，时维七月，楼则峪新建楼阁一座，功成告竣。向外塑三官，向内塑菩萨，又有文昌、魁星二像。香首王文杰等属予作文以记，予想：夫一阁之内，像有六宗，似乎不伦，然人心既重意于此，神功即显著于此，亦何不即诸神福国利民之道，会而同之，切而言之。夫天官、地官与水官，或资始，或资生，或润物，要皆育养斯民者也。文昌、魁星，或司丹桂，或掌文衡，要皆教化吾民者也。至若菩萨，救灾恤难，凡属受教受养之民，又岂有一不赖之而消疫病，免祸患乎？以是知祀典所载虽多，而奉帝德意，恩足养民者，则祀之；道足化民者，则祀之；大慈大悲足以救民者，亦必祀之。凡兹诸神俱非无名，亦非淫祀。合社人等塑神之道，立阁之意或在于此。窃以鄙见代为白之，因以为记。彼夫藏风聚气之说，风鉴所尚，杳杳冥冥，非敢逆睹，予不复赘。

录自武乡县石北乡楼则峪村现存碑

重修洪院记
郭金三

唐狄梁公处抚河南奏淫昒祠一千七百余所，所留者，惟夏禹、泰伯、季礼、伍员四祠耳。本阳汤荆岘，先抚河南亦黜去淫祠无数。是明理达义者，于未壤之庙犹欲毁之，况于已坏者而顾更新之乎？然读

《易》至《观卦》象辞，有所谓神道设教之说，则知建立寺院亦非尽无意义之可推，如我东良侯村距古蔡州十里，泉甘而土肥，风醇而俗厚。村西不数里，旧设洪济院一所，创建之始，不知昉于何代，昔年之葺补，亦无事深求。第即现尚存一碑志以考之，大朝弘治十年重修者一，国朝雍正七年重修者再。越于今，又七十岁余矣。规模虽则未易，栋宇不免倾颓。己卯春，村人复议修理，奈功成浩大，独立难支，经营规划者久之，各出己赀并兼募化，总而计约得八百余金。兴功于嘉庆元年丙辰之二月，一载而功始告竣。刻构丹楹，耀然夺目，朱漆黝垩，焕然从新。夫事莫为之前，虽美弗彰，莫为之后，虽盛弗传。是院之创造，难不可稽，然自弘治以至于今二百年间，重修者又三次。此以见神有威。其所以洪济斯人者，固不可测。而四方人之好善有同心，亦诚可谓后先如一辙也。己未秋七月，爰使工人镌石，首事者则余为记，固常效就笔，但念素不能文，学步邯郸，诚不免为飧者嗤笑。聊书数语，亦只记其巅末已耳，敢曰文云乎哉？是为序。

录自武乡县故城镇东良村洪济院现存碑

重修烂柯山白衣大士祠序
石蔚文

闻之诗歌报赛，礼重燔柴，《大易》详假庙之理，《虞书》载肆类之文，祀典煌煌于今未坠矣。沁郡北乡，武乡县西有山名曰"烂柯"。其山之巅旧有"白衣大士"，年深日久，风雨飘摇，庙宇用以倾颓，圣像因之剥落，凡所闻所见者，罔不为之兴感焉。道光三十年岁次庚戌，山曲村善人李公印满洞，念神道之宜尊，遂因时而举事，竭力殚精，甘受风霜之苦，自南之北，无辞跋涉之劳，而且始焉栽种树木，大小各殊，继焉募化布施，多寡不计，得所凭依，是以重修庙宇，后塑圣像，焕然改观，以为人民祷祀之所。功程告毕，嘱予为文以记之，是为序。

录自武乡县故城镇烂柯山现存碑

重修权店勋欢泛路碑记
魏亮生

自来土木之兴，务有关于国计民之大，而非徒为一时陈游观娱耳目计也。而况修桥补路，其利赖尤无穷哉。武邑权店、勋欢泛为南北数省之通衢，仕宦之升迁，士商之过从，农工之奔走，以及皇华骁征，军旋过境，大小诸差与一切肩挑贸易，与夫仆隶之迤逦而至者罔不由斯路而过，僻壤也而要冲矣。但地形险巇，步履维艰，王凤洲《适晋纪行》备悉险要，历历如绘，无容再赘。凡四方客商由此径者屡经艰苦，比之蜀道难行，未尝不慨然伤之，卒无有修补之说。愚者惮于更张，人情狃于目前，矧工程浩大，经费实繁，勺水难以盈沧海，篑土焉能成山岳，非众力共擎，恐千钧重任微力者未能易举也。岁□□，同事者始议所以振理而补修之，商诸四方过客，佥曰："义举也，何惮而不为哉！"因而各捐赀财，共襄盛事。又募缘邻省，布施银□□两。群推土门薛君贵瑜董其事，贵瑜曰："先志也亦余心也，敢不唯命是听。"先是道光年间，有薛公讳广仁者，贵瑜之考也，挥霍好义，尝出己赀补修泛路，迄今良侯道石刻犹存。沁郡穆大令以"乐善不倦"给其匾，殊堪嘉尚。今令嗣贵瑜心存利济，慨然身任而不辞。于是鸠工庀材，朝夕督工，心力俱惮。北自土门，南自权店，审势程工，宜高者高，宜卑者卑，狭隘者从而开辟之，崎岖者因而坦平之，用力省而成功易，非干济素裕未克如是之经营，悉当也。是役也费金□□两。阅□年而告竣，将砻石焉索记于余。余谓天定者胜人，人定者胜天，观古人龙门可凿，蚕丛可辟，愚翁之山可移，苟精诚既至无不可积久而有成，天下事患不为耳，岂有为其事而无其功者！今以数百年崎岖之路一旦而悉就坦途，不特可以利行人，亦且有以通车马，天命也，可不谓之人力乎哉！时小儿锡钧侨寓贵瑜家训，其孙予适来省顾，坐中谈及此事，嘱余作文以志之。予喜其承先志而光后嗣，并以嘉四方，诸善士之好善乐施而广功德于无涯也，遂即颠末而详记之。

录自民国《武乡新志·金石考》

重修文昌奎星阁碑记

郭可守

武邑，晋阳之蕞尔也。僻处一隅，环山而阻谷，危崖怪石，重迭耸峙，村落每三四里许，相接不相望，表里山河，今古一岳。惟东良侯右跨铜城，南望皋狼，缭兮廓兮，一望无际。昔之人若有虞其太阔者，故起阁于东南，以为一村之锁钥。而经之营之者，不亦善乎！

阁于村为巽，文昌正位乎内，奎星正位乎外。向背之位，各有专尊。考是阁之建也，在嘉庆甲子岁，迄于今又甲子矣。六十年来，风雨剥蚀，渐即倾圮。村人议毕，出赀力以重修，告夫是阁之建也。建于甲子，其修也修于甲子。此其期之不先不后，若合符节者，其偶然欤？抑亦有数以前定欤先？是阁之建也，阁建而无碑，工之钜细、资之多寡，俱无可考。今于阁为重修，于碑为新建。董事者于告竣之日，嘱予不惜琐碎尽笔于石。是役也，凡前后经费钱以缗计者八十九千有奇，工以日计者四百三十有奇。□事于孟夏之望，竣事于季夏之杪，后之有事于斯阁者，幸无畏其难，则此阁常新而神灵可妥、文教可兴，一村之锁钥，亦以永固矣。是为记。

录自武乡县故城镇东良村现存碑

重修府君庙并移建龙王庙碑序
郝汝洋

　　强圉渊献之年，乡人议修长庆岭府君庙，议既集，鸠工者郝文焕同社中共议曰："重修重事也，亦继事也，且本社所亟需修者不独府君庙。犹记弱龄时乡父老以乡北牛蹄坂龙王庙不胜荒芜，欲移建兹庙之东，迄今垂五十年，庙貌颓然，不蔽风日，每七月八日进香会至，俾无以肃樽俎，夫人且难之，遑问神哉？第以僻在荒岩，功力较难，几成废址。然则社中所宜致念者孰与府君庙分其轩轾哉？现今力犹可为，兴废举坠，或移步换形，吾侪分内事耳。"众议以为然。爰同合社及建庙时韩姓之裔起贵、国玺，高氏之裔得功暨时日爇香请于庙而签兆适符，即于殿东偏延阴阳家省山卜吉，鸠工庀材，与府君庙相继兴工。维时智者协谋，能者效绩，长者经营，壮者呈功。不数月而众橺覆栌，丹腰俱备，登凭削筑，栋宇维新，一修一建，不日告竣。更可忻者沁郡骈尔臻即庙东偏施田四亩为两庙香灯之赀，益信神之为灵所感者远也。既事之明年，鸠首郝文焕等以重修而兼移建不可无以志，且援嘉庆二年韩姓墁庙院碑文余先人曾为之记，因复请序于余。余慨今昔之殊，废兴之异，天时人事际会之所至，盖数百年未有此一举也。夫记曰有其举之莫敢废也，又曰祷祠祭祀非礼不诚不庄行。见兹乡人士春祈秋报，于以馐频繁，而荐蕴藻以致孝享祖妣之至意，乡人其重有赖欤？即微特兹乡人之重有赖也。若夫更数十年而修废举坠，无弃前勋，不知后之视今犹今之视昔否？余不文，谨为序其始末如此。

录自民国《武乡新志·金石考》

诔　词

殷士肤

呜呼！国事未定，先烈身亡。怀我壮士，痛断肝肠！为国尽忠，为民殒殇。功绩卓著，咱村之光！忆我壮士，坚贞堪扬，在外苦斗，在村守岗。俱在青春，搏斗刚强。天姿英俊，工作有方，埋头短折，不幸遭戕。若宗太原，鸿宝昔阳；士敏树辛，志锡大良；汝圭祁县，福贵阳城；景云等人，窑垴哨岗。难忘难消，可歌可泣。四一五晓，二月初十，忆死之囊，憎恨豺狼。日伪合击，越发猖狂。由南沟出，魔奔我乡，拂晓突围，烧杀掠抢，尔等抵抗，青史流芳！据今考明，多布党人，哀哉烈士，痛哉青春！死其有灵，瞑目安心。未竟事业，我辈担承。告知英灵，日已降中，经过土改，群众翻身，全国人民，继刨蒋根，胜利在望，不日来临，尔等血迹，我辈踏程，尔等家属，全村照应。为民牺牲，虽死犹荣，况有多君，系布党人，今立石碑，以祭英灵！一悼先烈，二教儿孙。特此志铭，全村心声，哀哉！痛心！

茅庄村全体干部群众祭祀

中华民国三十七年阳历一月一日　立

录自武乡县故城镇茅庄村烈士亭碑

蚂蚁讪碑刻

张向华　史恒秀

我武工一队奉上级党的命令，曾于三十一年四月赴武西。本着吾党抗日救国之宗旨，抱着不屈不挠之精神，誓死坚持对敌斗争，迄今计之，将近三载，然战绩之卓著堪称辉煌，普照武西。回忆当三十一年四月之时，正值武西各地盘踞之敌张牙舞爪，魔威大伸，所到之处无不庐室荡然，畜犬不宁，民心恐怖，流离失所，少衣无食，悲啼交集。

于是群众虽求苟安，决无久计生存，因此四周距敌四五十里之村庄在敌威胁之下，尽皆维持，抗日村落寥若无几。我武工一队为了执行上级党给予的任务，均毫不犹豫，即在此与党政军民亲密结合下，广泛开展政治攻势，与敌进行尖锐激烈的反蚕食斗争。不幸在斗争中，先后为国捐躯而光荣牺牲的有赵力钧等八人。他们均是为国为民而流尽了自己最后一滴血，在数月之间便大大扩大了解放区，缩小了敌占区，将数万群众从敌寇铁蹄蹂躏下挽回祖国怀抱。如此伟大功绩，实我赵力钧等同志之赖也。

是年七月，敌扰石仁底，我武工三小队阻击敌人，战斗至为激烈。敌工干事赵力钧同志英勇无畏，坚守最前沿阵地，其斗志甚勇，终于中弹牺牲，为党捐躯。参加战斗之同志悲愤交集，无不以必死之决心为死难者复仇，卒至击退敌寇，胜利归来而后已。

二年夏，我为保卫夏收，与敌展开争粮食斗争和反资敌运动，使物资不为敌利用，而积蓄抗战力量，保存民族之气，巩固抗日之经济基础。并在敌占区进行统一累税工作，求得负担合理。是年七月，我刘子美同志不避艰险，深入信义村工作，不料敌寇遂至，子美同志果敢坚毅，当即带领民兵顽强抵抗，后因寡众悬殊乃暂为转移，以求得更有效打击敌人，在东良侯附近占领阵地，在转移中身负重伤，未达所愿即遭敌毒手，殉于非命。何言诚同志亦以坚持西城工作为敌所捕，押至段村而遭极刑殉国时，声色不变，堪为革命者楷模。此后敌虽竭尽全力，时欲蠢动，但均被我打得落花流水，不得不蛰息于据点内。三十二年九月郭砚林同志在党的号召之下完成生产任务，在蚂蚁迪坚持生产，突遭敌奔袭，因为属于革命任务，虽在危急情况之下，尚设法保卫革命资财，被敌层层包围，突围时负重伤而逝。战斗生产模范郭砚林同志当之而无愧。十一月间，从蟠龙窜回之剿共军第一师全部屯于段村，每日出扰，烧杀抢掠，民生痛苦，史无前例。吾武工队同志体念民族，更感自己责任重大，虽赴汤蹈火，亦在所不辞。我关云田同志前往敌据点附近工作，在白茅沟与敌遭遇，当为所捕。捕后敌曾施阴谋，企图争取，云田同志深明大义，非但不动于心，更以严厉的态度痛斥敌伪，敌伪已无计可施，被威逼利诱致死。田云芳同志单身独人向沁武线挺进，入死出生，夜以继日，不幸在良侯沟坚持工作时，为敌发觉包围，只身未能突围而殉国。共产党的高尚气节，优良品质泽溢于言表。许寿长同志在河泉与敌遭遇，顽强与敌搏斗，直至弹尽，为敌击毙而逝。邱钦岩同志虽为敌所捕，亦坚贞不屈，光荣殉国。此八同志诚党之坚强干部，炎黄之优秀子孙，其血洒疆场之壮士义举，可动天地而泣鬼神，其英勇事迹则感人肺腑而功不朽，时虽易而名不泯者也。故勒之于石，记之以碑，永垂纪念。

尔等遗志，我等继之；尔等遗憾，不日可消。

同志们，安息吧！

武西县县长张向华政委史恒秀及全体
民国三十四年二月初一日立

重修金仙寺碑记
郝雪廷

天地之精灵毕表于山水，日月之英华则聚于人寰。武乡之西乃皋狼古邑，环丘掩抱，福灵地吉；荟萃人文，鸾翔凤集。故城之东有村曰山交，烂柯传说名扬千里。昔山交村王质入山樵采，逢二仙对弈，与质一物，食之不饥，置斧于襟，坐而观之。仙示曰：汝柯烂矣。质归乡里，无复时人，复追山中，仙人已去，质亦成仙，考王质即赵王石勒长子石兴也。山交村背枕绵亘卧龙长脉，面临清秀烂柯孤峰，寺岭东延似幞翅衮冕，涅水西来如玉带环腰。村中古有金仙寺，创始何年，已无所稽。考唐《三洞珠囊》云：金仙者，仙人色，体如金光之映也。又传宋徽宗改佛号曰大觉金仙。康熙四十七年重修碑考，已不晓复修数次，或始建唐宋亦可能也，后乾隆、光绪、民国均有营葺。明灯引进，救度善良，万灵化育，诸教同匡；奉行信受，慧添寿长，参禅黾勉，普济慈航。人丁兴旺，年岁稔收，皆赖神佑而得；寺观隆盛，香火旺达，实为人奉而显。斯庙历经重修，数度增阔，中有佛祖殿、关圣殿、戏楼、山门；东西有偏殿、照堂、讲堂、廊庑、钟鼓楼，更有住持方丈，僧众七八，可谓规模宏大也。卢沟盗起，遍地狼烟，八路抗倭，鏖战漳畔。山交地处倭寇南沟维持边沿，武西八路游击前哨，期间激战争持八载，军民惨烈牺牲实多，决九团敌据点突袭，独立营白晋线破路，多在此打尖休憩，歇息整训。斯庙焉兵马接踵，功盈角隅。惜大炼钢铁，偏廊拆木作燃；兴工熬硝，石碑凿镶筑槽。东西建筑不复存也。赖立学寺中，两殿得挽。直至九十年代校舍新建，师生迁离，斯庙经年日久，风雨剥蚀，椽漏门腐，墙倾岌危。欣逢盛世，政通人和，国富民丰，为保护文物，赓续文化，村社杜氏族人发起倡议，县文物中心、支村两委、社会贤达鼎立襄助，庀材聘匠，重修殿院，一扫荒芜残破，顿现金碧辉煌。古建复初，传之于续籍昌史；旧址重现，用之于教化育人。今工竣落成，受邀援笔，沐手成文以记。

闲山居士马垴郝雪廷薰沐敬撰
故城镇山交村委阖村同仁共立
公元二〇二〇年七月三日旧历庚子年五月十三吉日

重修清凉寺碑记

郝书宏

邑西三十里许石壁村，有清凉寺古刹一区，创始无所稽，尝谓麟趾呈祥，螽斯衍庆，功参化育，泽被苍生，神之灵感足矣，历承祭祀而无穷也。考之旧志，重修于康熙四十二年，尔来历有年，所渐就倾颓，落构垂榱，荒阶蔓草，大清岁嘉庆己巳年，功德人纠首鸠合，振其旧而新之。赞其松柏近列，俯察流泉，仰观山势，雕文刻镂，彩梁画栋，和风披拂，心体交融，万籁俱寂，纠翳悉空，远近之人，共沐恩波，神之灵固昭昭也。然二百余岁间，历遭外强倭寇，掠夺战乱，文革催（摧）残，加之风剥雨蚀，垣颓壁毁，木腐屋塌，倾圮日堪，昔日寺庙钟灵毓秀之盛，已荡然无存。乡人念及常临其墟而怀古，借焚香火以乞神佑，信奉弥彻，每思修兴。乡人郝书宏率同僚义士，施缙捐赀贰佰余万，村民投义工，募俄国之木，台山之石，原平之泥，介休之瓦，襄垣之砖，繁峙之匠，历一年余，起正殿五楹，立神像三尊，曰：三圣殿，兴东西护殿各五间，东殿为二层排楼，敬二十四孝图像，财神、大肚弥勒、文昌神像，曰：善孝殿。西殿立关公神像及护佛，曰：关圣阁。复南乐楼三间，增建钟鼓亭，立其左右耳房之上。肇始于甲午清明，落成于乙未六月。庙之殿宇，凡栋梁檩桷，栏楯户牖，鸳瓦级砖丹腹，无一不依旧而重装之，规模如初，神既俨止莲宫，朗照寂静澄辉，无不焕然聿新焉。斯人此举，心崇乎神寄于阁，神将鉴而庇之矣。故以觉人于善而不使之，为不善。育人以学非嬉，清净无为而治世，宁心化德以济民。善哉！此举愿行善之气节，得后人继而为之则得矣。今庙已落成，余心喜，故走笔成之，愚为记。

考察研究

涅方足布

王稚纯

题目是不是略微有些怪怪的。

咱先从"布"说起。此"布"非彼布，它不是我们生活中做衣服、做被褥所用的布，这个"布"是专指一种货币，准确些说，就是两千多年前我们的祖先在相互进行货物交易时所用的货币。这种货币是用铜所铸。铜本是金属性质，怎就叫成"布"了呢？

其实布的本意，原指就是麻的织物或是棉的织物。古代，人们在进行实物交易时，布，曾经是一种交换的媒介，也就是将布作为现今的钱使用。但当铜制的货币出现后，同样作为交换的媒介，人们因受长期习惯的影响，故也将铜制的货币称为"布"。

这种铜制"布"的形状，早先就是一种农业生产工具，似铲，名镈，而布、镈古音相同而通假。这种铜制"布"又很像汉字"品"的字形，如下两端是尖形，现今的人们就称其为"尖足布"，如下两端是圆形，就称为"圆足布"，如下两端是方形，就称为"方足布"。它是当时一种货物交换的媒介，主要流行于历史上战国七雄时期的韩、赵、魏三国各地。

咱再说题目中的"涅"。

"涅"，是我国古代一座濒临涅水的城邑名。我国古代春秋五霸之一的晋国经连年的战争后，分化为韩、赵、魏三国，当时的涅地正处于这三国犬牙交错的韩国地界，不过，该地其后也曾被魏国、赵国攻占，由此可见其当时战略地位的重要性。而这座涅地城邑，即现今的山西省武乡县故城镇——我的故乡。

涅水悠悠

山西博物院有一中国古代钱币展厅，其中展有五枚铸有"涅"字的方足布。当我伫立在这五枚方足布展品前时，我的心情不由得十分激动。将故乡的名字铸造到当时人人都使用的货币上，怎能不令生长、生活于这片土地上的人们感到骄傲自豪呢！

想当初，这座两千多年前涅水河边已颇具规模的城邑，定然是，城郭两墙高厚，街道十字交叉，人流南来北往，店铺鳞次栉比，一派欣欣向荣景象。不然，又怎能将城邑名"涅"铸到方足布上呢。

我也曾想，铸有"涅"字的这五枚方足布钱币，是否就是在"涅"这座城邑中所铸造的呢？带着这个问题，我拜访了山西博物院副院长、文物专家、也是我的老同学李勇先生，他非常谦逊诚恳地告诉我，目前这个问题在界内还没有确切的定论，只能有待于今后的考古新发现去完善这个问题了。我的心中不免有些失落。但执着敬业、一丝不苟的李勇先生第二天给我发来一则微信，他说："关于布币中的地名是否是铸地，我又咨询了同行，虽没有确切证据证明就是铸地，但一般认为，地名就是铸地，因此可以说'涅'（方足布）就是涅地铸造的。"

得到专家的首肯，我的心情为之一振。那么，这个具体的铸造之地又在"涅"的什么地方呢？确实又如李勇所说：有待于考古的新发现。

记得故城大云寺中一通石碑铭文有"更在西山大卢尖颠，造浮（图）一区"一句。乡贤、北大教授李零先生在考察大云寺后曾说：这句"是指在武乡西境的山区一个叫'大卢尖颠'的地方另外修座塔。'大卢尖颠'在什么地方，还值得调查。"

哦！我的故乡，我的故城！"大卢尖颠"、涅布铸地，你们都在哪里呢？我的故乡，我的故城！你还有多少神秘的面纱有待我们去揭，你还有多少这样的秘密要让我们去调查呢？

考察研究

我又想到了前些时故城村支书蒋晋平曾给我微信上发来一幅照片，照片上是一块立于村中某地的木质告示牌，内容为：

"故城遗址：此遗址东西长约250米，南北宽约200米，分布面积约5万平方米。该遗址是一处东周、汉代时期的文化遗存。文化层厚度约1米。1999年公布为市级文物保护单位。"

其实，类似的告示，一位乡友同学李小货就曾告诉过我，他清晰地记得，在20世纪六七十年代故城村十字街头就曾立有一通石碑，所书内容与前说木质告示牌内容大体一样。

这两个不同时期的告示牌，均为官方的文物部门所立，这使人们明确地知道了，我的家乡热土，深藏有丰厚的文化底蕴。

说到这块新立的木质告示牌，我看后有几点感想，不妨在这里谈出，以便与热心此事者请教商讨。

其一，遗址的地理命名问题。

究竟是用现地名还是用古地名呢？我的想法是，既然告示牌上明

·161·

确指出"该遗址是一处东周、汉代时期的遗存",而东周战国时期,据中国历史地图集所标注,这块地方战国时期称为"涅",西汉时期,这块地方称为"涅县"。那么,这处遗址,是否可称"涅城遗址",而非"故城遗址"为好。

其二,遗址的面积覆盖问题。

该告示说"此遗址东西长约250米,南北宽约200米,分布面积约5万平方米"。

故城人都知道,村十字街的东西南北现今都还留有残存的部分城墙墙体(经千年岁月的风吹雨打,现只有很小的一部分)。去年(2020),我曾请程俊文老同学将这东西南北四个方位残存城墙用步量法,做了初步测量,结果为:东街至西街长度为325步,南街至北街长度为215步。如以一步约为1米计算,那么,故城的城墙,东西约长325米,南北约长215米。今年(2021),我又请村支书蒋晋平按上述四个方位残存城墙,较细致地测量了一次,结果是:东西长442米,南北长265米,遗址分布面积约为11万平方米。多出告示牌中所说的分布面积一倍以上。

以上我们只是说的故城的里城墙。故城人还都知道,故城村外的庄稼地里另有几段残存的城墙(我们姑且称它为故城的外城墙),这次也请蒋晋平做了测量,结果为:东西长972米,南北长850米,墙体高4米,墙底宽3米。那么,该遗址的分布面积约为82万平方米。

三种测量结果有所差异,不足为奇,留待专业的考古专家最后做出准确的结论吧。

其三,现存于山西博物院的那五枚铸有"涅"字的方足布,是先祖留给我们后人万分珍贵的、物质的、精神的不朽遗产。我有个不成熟的建议：可否将那枚铸有"涅"字的方足布作为故城人的一个标志、标牌，让所有故城人都能感受到拥有它的荣耀。

故城，意为原来的城、从前的城、旧的城，而这原来的、从前的、旧的城，即指两千多年前的涅县城。故城这一地理名称，在中国的版图中可能会有不下数十个，为了突显地域特点，将此故城改名为涅城，应是一个不错的选择。

对了，也应向文物和旅游部门建议，将那枚铸有"涅"字的方足布，制作成纪念章，那样就可将我们无比热爱的故乡，时刻带在胸前，藏于心间了。

哦，如是那样，涅方足布，已然不仅仅是专指那个古老的涅地古城，而更是代表了现今的武乡县和广袤的三晋大地了。

洪济院壁画艺术价值之管见
韩炳祥

洪济院位于武乡县故城镇东良村，2001年洪济院公布为全国重点文物保护单位。

该殿坐北朝南，一进院落，东西长20米、南北长35米，占地面积700平方米。据院内碑碣记载：始建于金代，明弘治十年（1497）、清雍正七年（1729）和清光绪三十年（1904）均有重修。现存正殿为金代建筑遗构、南殿为清代建筑、老爷殿为民国建筑。

该殿之所以列入国保单位，不单是由于其最初建筑年代久远，其壁画也是其成为国保单位的主要支撑。

该院正殿北东西三面墙和南殿的东西山墙共存人物壁画99幅，计120平方米。其中正殿33幅、南殿66幅。不仅保存相对完好，而且有极高的艺术价值。

从其历代维修、人物故事和壁画技法三个方面考证和推断，在光绪年间修复后，延聘当地较知名的画匠，根据佛教故事内容而作。

其内容大体分两类，一类是我国历代佛教界大德高僧哲理故事，如：怀让、船子、法忍、佛图澄、张亚子、灵佑、佛陀等知名和尚的经典故事，主要体现在正殿之中；另一类是摹仿传说中清代乾隆年间重新修正的《法界源流图》绘制的有关内容，其笔法、字体与原图有一定的差距，但意思大体相近。

一、正殿有关故事

正殿主要是佛教故事。

佛教是当今世界上的三大宗教之一。起源于古印度，西汉末年由中亚传入我国内地。因为佛教主张人死后能够转生来世，人的今生如果能忍受苦难，虔诚信佛，来时就能得到幸福。

东汉明帝时，派使臣去西域求佛法，并在洛阳修建了白马寺，其中与武乡关系最为密切的和尚佛图澄就是这个时期进入中原，来到武乡，度化石勒成就一代帝业的。武乡的古籍、碑碣、方志、题刻、壁画，都有记载，在武乡南山留存有始祖崖、圣佛堂、望勒岗、澄金池、说法台、净脏石等古迹。

东汉、魏晋、南北朝，我国研究佛教的风气成为一时之盛。隋唐两代是中国佛教的发展和鼎盛时期。宋元明清四朝中国佛教处于融合阶段，佛教与中国传统道教及绘画等艺术相融合，出现许多著名的和尚绘画名士。

清朝诸帝尊崇儒道的同时，大多崇信佛教，护持佛法。推进藏传佛教与北传佛教、南传佛教的融合，使佛教达到兴盛时期。期间出现了许多著名的佛教名士。

本殿中所列人物，有的是历史上传说的，有的是清代当朝和尚。但由于图文漫灭，未能全断其意，较为清晰者有《船子和尚》《怀让教僧》等，从壁画体现的故事，可初步了解佛教的教义宗旨和教化作用。

兹择六个故事，诠释图中所表达的意义，以为抛砖引玉，希冀热心人士进一步钻研。

上图为正殿部分壁画

船子和尚

据传，船子和尚，本名德诚，四川武信人，唐代高僧兼词人，曾受法于澧州药山弘道惟俨禅师，离开药山时，德诚到了秀州华亭，整天划一小船，游荡于朱泾、松江一带，主要接送四方钓鱼的人，十分随缘，表面看上去没有多大作为，人们也十分惊奇，认为他不务正业，无所作为，因划船成为其主要职业，便把他称为"船子和尚"。

一天，有一位叫善会的法师来到朱泾向船子和尚参学，俩人见面后，不由分说，船子和尚把善会连续三次打入水中。善会在沉浮起落间突然大悟，有无不二，起落不二，一切对立，无不如此。船子高兴地说："钓尽江波，金鳞始遇"，遂传授生平佛理心得。

临别时，船子和尚对善会说，你溯江而上，找一深山，耕耘度日，须藏身处没踪迹，没踪迹处莫藏身，如果有可以教诲的，觅取一个半个传承，不要断绝。

善会上岸前行，不住地回头，似乎还有疑虑。船子和尚站在船头喊了声："和尚！"待善会回头时，他的小船已经倾翻，和尚自溺而亡。

他用自己的生命告诉善会，真正禅悟的人，就是生命也同样是生灭不二。

这就是一代祖师的风范，这就是为法捐躯的精神。

修佛如此，学习、工作亦当如此，学习与研究一项工作要专一，在"精"字上下功夫，埋头其中，才能达到极致，有所建树。只要有"不二"之法，用心专一，万事皆可成就。

怀让教僧

怀让禅师是金州（今大连金州区）人，嵩山受戒，学佛于慧安和尚，学成后，到南岳般若寺出任住持，弘扬禅法。

据说,开元年间,有一个叫道一的沙门来到般若寺中,不读佛经,也不向人求法,只是一个人独坐。怀让感觉他不是常人,就问道:"大德天天这样坐禅,意欲何为?"道一答:"图作佛。"怀让知道他不愿听人说法,也不多说,便拿起砖头打磨起来。开始道一并不理睬,仍在那里坐禅。时间一长,道一心中便觉得奇怪,问道:"磨砖做什么?"怀让说:"磨砖做镜子。"道一惊奇地说:"砖怎能磨成镜子呢?"怀让说:"砖既磨不成镜,坐禅怎能成佛?"道一恍然大悟,坐禅还必须用心,于是开始向怀让求佛法。

后来,道一成了怀让门下最著名的禅师,在江西龚公山开堂说法,传播禅宗精神。

正所谓"尽信书,则不如无书","读死书"与"教条主义"画等号。我们通常把"死读书"的人叫作"书呆子",再读多少书,充其量也就是一个"读书"的机器人。在学习与工作中必须所学有用,灵活变通,将知识转化为能力,提高学习工作的水平。

肃宗应梦

张亚子是中国民间信奉的神仙。

传说,姚苌于前秦建元二年到七曲山,见到一神人,神人对他说:"你回秦地去吧!秦地无主,君主大概就是你吧!"姚苌问那神人的姓名,神人说叫"张亚子",说罢就飘然无踪了。姚苌回到秦地任了将军,南征北战,建立了后秦政权,登基称帝,于是在秦地立"张相公庙"以祀张亚子。

安史之乱时,太子李亨借鉴前秦之事,说张亚子托梦唐玄宗,不久将做太上皇,成功导演了一场千古闻名的大戏——马嵬驿兵变,同年,他在甘肃灵武即位,遥尊父皇为太上皇,成功收复长安。肃宗返回长安后，对张亚子举行隆重祭祀，追封左丞相。

人们把梦看作是神谕。为了成就一件事，往往以"梦"为舆论先导，让人产生先入为主的想法，如传说中的"应梦大臣"，其实是给人们一个交代，是解决思想统一的问题，吴广的"大楚兴，陈胜王"的做法，宋江"石碣受天文，梁山排座次"的谋划，都是为统一人们思想的。对于唐玄宗来说，半壁江山已沦为他人之手，即使自己做不成皇帝，也不甘心李家天下在他手上丢失，于是，寄希望于自己的儿子们，这正合大臣及肃宗的意思，由此，肃宗登基顺理成章、水到渠成。

裴休赠诗

裴休（791—864），字公美，汉族。河内济源（今河南济源）人，祖籍河东闻喜（今山西运城闻喜）。唐朝中晚期名相、书法家，浙东观察使裴肃次子。

裴休出身河东裴氏东眷房。唐穆宗时登进士第。历官兵部侍郎、同平章事、中书侍郎、宣武节度使、荆南节度使等职，曾主持改革漕运及茶税等积弊，颇有政绩。晚年官至吏部尚书、太子少师，封河东县子。咸通五年（864）去世，年七十四，追赠太尉。

裴休博学多能，工于诗画，擅长书法。其撰写的《圭峰禅师碑》，貌似柳体，然而风格较柳体更为遒媚劲健。其书法的传世拓本还有《定慧禅师碑》。米芾曾有评："裴休率意写碑，乃有真趣，不陷丑怪。"

裴休对佛教信仰相当虔诚，与禅宗有深厚因缘。他中年以后，断绝肉食，摒弃诸欲，焚香诵经，世称"河东大士"。他一生的作为，在中国佛教史上，堪受"宰相沙门"的美称。

裴休迎请灵佑禅师出山。灵佑禅师从众人所愿，剃发易服，重现僧相。而原来的徒弟们也纷纷回来，师徒共事如初。裴休奏请皇帝重建并御赐寺额"密印寺"。密印寺从此见于史册并流传至今1160余年。后人作有《灵佑禅师入院》一诗，讲述了灵佑禅师与裴休的结缘。诗曰："缘结宰官送上方，灵山一主振宗纲。机锋拨转风规旧，笑指天花吐妙香。"裴休捐资置饭僧田三千余亩。后人赞不绝口："唐裴公休置饭僧田三千余亩，而四众云集，名禅迭起，故海内称佛地者，亦首沩山。"

图澄神异

佛图澄，西域人，本姓帛氏。据说，少年时出家学道，虽然没有读过汉地儒学史书之类的书籍，但与汉人交流十分通畅，对答如流。

他本来想在洛阳建寺弘法，但此时正逢永嘉战乱动荡，佛图澄于是便隐居武乡，投奔石勒，出谋划策，辅助石勒称帝，建立后赵国。

佛图澄不仅是宗教活动家，也是后赵政权的军事政治参谋，被尊为"大和尚"，实际就是军师，有事必咨而后行。他以佛教行事，缓和社会矛盾，既使国家安定，也弘扬了佛法，作为一个外国僧人，能在中国作出这样惊天动地的事业，值得中国人永久纪念。

智慧结缘

佛陀，佛教术语，意译为"悟道者"，是福慧两足尊，也就是福德和智慧修行圆满者。狭义而言，现在佛教的"佛陀"指历史上的释迦牟尼，佛陀不是神，而是一个多元文化教育家。广义而言，一切众生本来是佛，平等是成佛之因。

《大智度论》里记载了这样一个故事：佛陀在世的时候，他有一位邻居，叫城东老母，佛陀虽然是无缘大慈、同体大悲，但是他从来没有跟这位城东老母讲过法。一次，弟子们就责问佛陀怎么不去度化您的邻居呢？佛陀感慨，不是不慈悲啊，而是自己与她无缘，没有办法度化。众弟子不信，就请佛一试。结果老母见佛陀来了，她就回身背佛，佛转到老母的前后左右，城东老母皆回避不见。佛又示现无数分身，将老母团团围住，并且示现无量神通给老母看，老母却坐在地上，低头号啕大哭，就是不看佛陀一眼。弟子们方才相信佛言不虚，要度化众生光有真本领还不够，还要与众生有善缘才行。佛陀就告诉弟子们，从前我没有跟这位老母结缘，现在想度她，即使用尽所有的方法也难以达到效果。然后佛陀就换阿难尊者去度化她，阿难尊者很惊讶地对佛陀讲，世尊啊，您已经是超凡入圣的人了，连您都没有办法度化她，我去怎么行呢？佛陀就对阿难尊者讲，你去就知道了，你去她就皈依了。于是阿难尊者遵照佛陀的指示来到城东老母的家里，这位老母见到阿难尊者马上笑逐颜开，并用精美的食物来供养阿难，然后十分恭敬地接受阿难陀的教化，并且当下证得了初果。弟子们都很惊奇，就请教佛陀，为什么连佛陀都度化不了的人，而阿难尊者竟然能够轻松度化。佛陀就对众弟子讲，我跟这位老母没有缘分，而阿难尊者跟她很有缘。

  佛陀就讲到了，在无量劫以前，释迦如来与阿难都是修行人，他们两人一起在路上经行的时候，看到一只死老鼠。释迦牟尼佛的前身只看了死老鼠三眼就没有理会，而阿难的前身则生起了一念慈悲心，把那只死老鼠给埋葬了。那时候的死老鼠就是现在的城东老母，释迦牟尼佛当时的修行只看了它三眼，所以现在这位老太太，她也只看佛三眼就把眼睛闭上了，不愿意再看第四眼。而阿难陀当时一念的慈悲心，埋葬了死老鼠，就感动得现在这位老母愿意接受他的教化。这就是缘的问题，人就处在缘分的关节上。佛门虽广，不度无缘之人，众生希望遇佛得度，必须先与佛结缘，若无因缘，即使生值佛世，也如城东老母一般，难以得度。

二、南殿壁画

南殿壁画是摹仿《法界源流图》绘制的66组绘画。

《法界源流图》，也叫《千佛图》，南宋淳熙年间，最初由画工张胜温奉大理国利贞皇帝段智兴之命，绘成《大理国梵像卷》。历经宋、元、明、清五百余年，多有流传，亦多有更改。到乾隆年间宫廷画家丁观鹏领皇命而临摹，经过数年努力，完成了一项集佛学、艺术、历史及民俗研究的重大工程，题为《法界源流图》。

南殿壁中的菩萨图像

《法界源流图》里面共绘制典故98组，千手观音、财神、十八罗汉、神像等，还有龙凤虎狮等吉祥神兽50多种，亭台楼阁、山水花草也尽有展现。

洪济院南殿壁画，主要侧重于故事性，仿照《法界流源图》的结构和意境，但因壁图与纸质作品有本质区别，且作者层次有一定的差距，故而洪济院的壁画无论在笔法、用色，还是故事的连贯及构图方面，都与《法界流源图》存在一定的差距。但作为民间艺人能够大体把《法界流源图》的意思绘制于墙上，虽历经百余年颜色不褪、图形尚全、构思达义，本身在传承方面就起到了极大的作用，对于后世进一步研究佛教在我国的传播提供了较有价值的壁画作品，不失为一处艺术宝库。

洪济院除其古建筑具有很高的文化价值外，最具艺术价值的是该院的古代壁画，是武乡境内最大的佛教壁画遗存。2002 年，被公布为国家重点文物保护单位。

研探西周"蔡州城"

李驰骋

久闻在武乡县城以西 10 千米的西城、祁村交界处，曾有过"蔡州城"的传说，一直无暇前去考察。2017 年武乡县人民代表大会召开期间，又听说在西城村一带修筑高铁火车站时，发现了许多历史遗迹，引起国家文物部门重视，派遣一支考古队到此进行考古发掘。而此时，正好我和同事数人受邀参加全国第二次地名普查。出于工作上的需要，我们决定去现场看看。

2 月 28 日，崔明、赵兰舟、王五堂、省地名普查工作组张同志和我一行五人驱车到了西城村。在支部书记和两位村委领导的陪同下，我们进入考古现场。这里是一处名叫"老坟顶"的山冈，地面上密布有"洛阳铲"留下的坑洞。询问在场的工作人员，方知这次考古的重点是地下的古墓葬。因考古队长赴长治开会，不在现场，加之考古发掘尚在探索阶段，所以考古详情不得而知。而我们最想知道的是当地所流传的"蔡州城"的传说是否有据，有没有什么历史遗存？然而，当我们将这一问题提出时，立即得到在场村民的一致肯定，并指示具体位置。于是村支书委派一名村委领导为向导，带领我们前去考察。

驱车继续北行，进入祁村地界。经过一处名叫"南大沟"的山沟，弃车攀登，上了一座高高的黄土山梁。在这里，我们通过土梁顶部分布的层层石块和残墙上遗留下的明显夯窝可以看出，这是一座远古时期遗留的城墙遗迹。顺着这道山梁转向北面，古城墙的痕迹更为明显。这条当地人称"城墙岭"的山梁，狭长顺直，南北两面均为深沟，根部为原始土层，但靠上部五六米处则分明是人工夯起的五花土。所以，我们可以肯定地说：这座人称"城墙岭"的狭窄山梁，原本就是一条被遗弃的古城墙！

从"城墙岭"下来，走访当地群众，大家都对"蔡州城"的曾经存在深信不疑，并向我们讲述了"蚂蚁糟倒蔡州城"的神奇传说。说是那时"蔡州城"十分坚固，

蔡州城古城墙遗址

后来不知从哪里来了一群硕大无朋的蚂蚁，开始在城墙下繁衍糟挖，最终导致这座坚城塌毁。

传说归传说，但种种迹象表明，"蔡州城"的曾经存在则是不争的事实。然而，"蔡州城"到底创建于什么时候？是何人的封地或何人在此镇守？又因何塌毁？"蚂蚁糟倒蔡州城"的真正含义是什么？这些都需要认真加以求证。为了找出答案，回来后，我翻阅有关典籍，在清康熙三十一年版《武乡县志》中找到了如下记载："武乡《禹贡》当冀州之域。春秋时为蔡皋狼地。"而清乾隆五十五年版《武乡县志》亦载，"禹贡：冀州之域，周、春秋时晋蔡皋狼地"。

通过上述记载，我们可以初步断定，古籍版《武乡县志》所指"蔡皋狼地"中的"蔡"即系"蔡州"，"皋狼"应属"蔡州"管辖。虽然我们尚不能确定当时"蔡州"所辖的疆域范围，但可以肯定，蔡州的治所，即统治中心，就是这座既有遗存又有传说的"蔡州城"。

根据《县志》所提供的上述线索："周、春秋""蔡皋狼地",再查阅《史记》,在《周本记》中找到了如下记载:"封商纣子禄父殷之余民。武王为殷初定未集,乃使其弟管叔鲜、蔡叔度相禄父治殷"。"成王少,周初定天下,周公恐诸侯畔周,公乃摄行政当国。管叔、蔡叔群弟疑周公,与武庚作乱,畔周。周公奉成王命,伐诛武庚、管叔,放蔡叔""初管蔡畔周,周公讨之,三年而毕定"。再查《管蔡世家》,得:"武王已克殷纣,平天下,封功臣昆弟。于是封叔鲜于管,封叔度于蔡,二人相纣子武庚禄父,治殷遗民"。"武王既崩,成王少,周公旦专王室。管叔、蔡叔疑周公之为不利于成王,乃挟武庚以作乱。周公旦承成王命伐诛武庚,杀管叔而放蔡叔,迁之,与车十乘,徒七十人从"。

《史记》的上述记载是说:当年周武王伐纣建立大周平定天下后,特别册封商纣王的儿子武庚禄父,让武庚禄父去管理殷商的遗民。随后论功行赏,分封功臣和他的弟弟(据说其父周文王共有一百个儿子),封老三叔鲜于管地,封老五叔度于蔡地。同时任命他二人为武庚禄父的国相,协助武庚禄父治理殷商遗民。后来周武王逝世,周成王登基。因为成王年纪幼小,加之天下初定,周公害怕诸侯背叛,乃专权当国,掌控朝政。这一来便引起了管叔鲜、蔡叔度和一些弟兄的怀疑与嫉妒。于是管蔡二人便利用国相的有利条件,挟持武庚禄父发动叛乱。周公旦奉成王之命率大军讨伐平叛,用时三年,历经数场恶战,方将叛乱平息。武庚禄父在战斗中死亡,管叔鲜被抓住后斩杀,而蔡叔度则被判流放。流放时还给了蔡叔度十辆车,七十个随从。

蔡州古城发现的陶片

这里便出现了一个问题:蔡叔

度的原封地"蔡"究竟在哪里？他被流放后又到了哪里？蔡叔度的原封地"蔡"与《武乡县志》中的"蔡"，以及当地传说的"蔡州城"到底有无联系？典籍中并无明确记载。

当代的史学家多数认为，周、春秋时期的"蔡国"或"蔡地"在今天的河南省上蔡县。但对史学界的这一主流观点，笔者却不能完全认同。我们接着往下看：

《史记·管蔡世家》接着写道："蔡叔度既迁而死。其子曰胡，胡乃改行，率德训善。周公闻之而举胡以为鲁卿士，鲁国治。于是周公言于成王，复封胡于蔡，以奉蔡叔之祀，是为蔡仲。"

这段话的意思是说：蔡叔度被流放后就死了。他的儿子名叫"胡"，"胡"一改他父亲的错误行径，遵纪守法，积德行善。周公听说后，就推荐"胡"做了鲁国的卿士。"胡"到任后，把鲁国治理好了，于是周公再向成王进言，对"胡"重新册封，恢复了他的"蔡公"爵位，让他奉蔡叔度的祭祀，这就是"蔡仲"。

请注意这一句话："复封胡于蔡"。仔细推敲，"复"在这里既有"恢复"的含义，也有"重新"与"更变"的含义。也就是说，这里"恢复"的只是"胡"的蔡公爵位，而对于他的封地，则另有安排。当然，我这样说并不是强拉硬拽，更不是无中生有，而是言之有据。请看《辞海》对该事件的解释：

《辞海》"蔡"字条："古国名。公元前十一世纪周分封的诸侯国。开国君主是周武王弟叔度，因随武庚反叛被周公放逐。后改封其子蔡仲（名胡）于此。建都上蔡（今河南上蔡西南）"。《辞海》的这条解释，明白无误地告诉我们，位于今天河南上蔡的西周"蔡"地，并不是蔡叔度的原封地，而是其儿子蔡仲的改封地。因改封蔡仲到此的原因是"以奉蔡叔之祀"所以才将此地更名为"蔡"。其后一直沿用，方才成为史学界公认的"蔡"地。

既然蔡叔度的原封地不在今天的河南上蔡，那么，蔡叔度的原封地到底在哪里？毫无疑问，位于今天武乡西城一带的"蔡州城"就是蔡叔度的原封地。而此处"西城"村名的来历，也一定是因位于原"蔡州城"西部而得名，并一直沿用至今。

通过这一抽丝剥茧的分析研究，结论也就逐渐明朗起来了。既然典籍记载蔡叔度被流放后就死去了，我们也就没必要再去深究他的流放地到底在哪里。而"蚂蚁糟倒蔡州城"的真正含义也就水落石出了，这就是：当年蔡叔度随同管叔鲜挟持武庚反叛朝廷，周公奉朝廷之命派大将率大军讨伐平叛。蔡叔度当然不甘心灭亡，于是便凭借蔡州城的坚固城墙拼命反抗。双方投入的兵力众多，战争十分惨烈。最终，蔡叔度战败被擒。这里可以有两种解释，一种是：受命带兵前来平叛的将军名叫"马义"或"马毅"，在他的指挥下，蔡州城终于被攻克。由于是"马义"或"马毅"攻克了蔡州城，所以在流传的过程中产生变异，被说成蚂蚁攻破蔡州城，进而流传成"蚂蚁糟倒蔡州城"。另一种解释是：攻城的士卒人数众多，漫山遍野，像蚂蚁般前赴后继，沿城墙攀附而上。城内最终抵挡不住，城被攻破。武乡方言称多而乱为"糟"，而"蚂蚁"进攻，必然是指"蚁群"，用"蚁群"的"糟"来形容攻城时的杂乱和惨烈，则是最形象不过了。当然，这两种解释也可合并，那就是："马义"或"马毅"将军指挥大军像蚂蚁般前赴后继，拼命攻城，经过双方死伤惨重的激烈争夺，最终，蔡州城被攻破，蔡叔度被擒。

综上所述，现在位于武乡西城村、祁村一带的"蔡州城"定是西周时期蔡叔度的原封地。因而，对它的准确称谓应该是"西周蔡州城"。

故城古城墙

武保秀

每到故城村，总爱与好友刘明秀聊聊，与这位无师自通的民间画师很投缘，总有说不完的话题。一次我俩在闲聊中，说起曾在2004年，我与已故的县人大常委会原副主任魏晋峰、摄影师王五堂等一起在故城实地考察过古城墙。

提起故城的古城墙，刘明秀谈起他在小学三年级时，家里老屋要修缮，跟着父亲在程宁娃家院前拉土，当父亲在古城墙遗址上刨土时发现有铁器露出来，于是将土轻轻地刨开，一看还有一副完整的人体骨骸，奇怪的是其胸部插着一把已断成两截的短剑。其父亲将骸骨别处掩埋后，他好奇地将两截断剑拿回家玩起来。其剑长约尺半，在石头上轻轻一擦便露出了亮光，因剑刃锋利，就放在书包里当作铅笔刀，课余时间常常拿出来玩耍，结果被老师发现后给没收了。这段话引起了我的好奇，故城古城墙的确是有，但修建于什么年代？原貌又是怎样的？这里曾发生过什么？这一连串的问题都默默地淹没在历史长河中，现在所能看到的只是些为数不多的残墙断壁。尽管如此，我也翻阅了不少有关故城地域的记载，并到故城村民中走访了解有关的情况，从一些断断续续的线索中，去寻找有关故城古城墙的蛛丝马迹。

在故城村民高毛团家，一提起城墙的事，高毛团很有兴致地拉起来，故城古城墙比较特别，曾是内外三道城墙，村民中相传将最里面的一道叫作都城，也称内城，其方位从现在"土门的"王道成家房后，向北到"城壕儿"程跃清家院后；此处转角向东，沿侯来贵家院后直至"东街"王二赖家院东；再转向南到"天池上"程宁娃家前院前转向西，直到王道成家院的西南角。都城呈长方形，东西两华里，南北一华里多，相传曾有四道城门，北门在"十字街"东面的大云寺背后，东门在故城小学门前的东南角，南门却偏西到"土门的"刘中尚家门前，西门在西街高步升家院前。

外城是由村西"西坪上"的"城角儿"沿古城墙向东，经变电站北面，延伸到村东边新建的故城法庭东面；转角向南，直向东寨底的"寨圪瘩"；从此处向西，经南寨底的"寨的上"吴根兰家院外，跨过"西井沟"到了"西城角"；向北转，直到"西坪上"与"城角儿"碰头。外城也呈长方形，东西约四华里，南北约三华里，总面积约三平方千米。

老人传说外城也是四道城门，除北门在如今的"北街儿"出口处外，东、西、南三城门的具体位置没有明显痕迹，传说中也模糊不清。说到最外面一道城墙时，村民高毛团兴致更高，说这道城墙叫"郭城"，大概方位是由村西的"四里界畔"向北经"南岭坡底""信义"，到"河北儿"村北，向东经"大寨上""岸北"，至"卧龙山"；此处向南经"高台寺"村东，过"茅庄"到"南涅水"村南转向西；再经"李庄坪""程家沟""小蒜沟"，过"型庄村"向北至西坪上。此"郭城"面积约十四平方千米。

通过在故城村民中的走访了解，并和好友一起到那古城墙遗址察看，故城古城墙的确是存在过，村中祖辈相传，留下许多有关古城墙的古地名，如"土门的（因南城门得名）""城壕儿（内城根）""城墙上""城根儿""城角儿""西城角"等，至今还一直沿用着。更主要的是还有几处残缺的古城墙清晰可见，如村东王二赖家院东、程宁娃家院南，"土门的"西南面都有城墙痕迹，这便是故城城墙的遗址。

如今，村西信义的旧路口一直到变电站北面，有道一华里多长的人为土墙，3米多高，宽约5步，而且这道古城墙是用灰砖砌过的，因为村民在其墙两侧种地还刨出不少大块头的灰砖。

由变电站直线向东至法庭东面，也有高低不等、长短不一的土墙痕迹，这些都是外城墙的遗存。经反复了解，故城古城墙的都城（内城）与外城走向、规模都和村民相传的描述基本一致，应该反映出当时古城墙的部分概貌。有些不同的是他们所说的最外面的第三道城墙，即所谓"郭城"，经实地察看，看不到任何古城墙的遗痕，有一些零星的地方，远望好像是城墙，近距离细观，却都是自然形成的土崖，没有人为打造的痕迹。但是有些土崖上面却有好似"烽火台""哨所"之类的痕迹，如型庄村往南至李庄坪（沁县境内）就有多处，在北面河北儿村向东至岸北村的卧龙山中间，也有类似的土台，将这些土台连起来正像村民传说中讲的那道所谓"郭城"城墙的走向。可因何将这在传说中讲的城墙说成是故城古城的第三道城墙"郭城"呢？只因历史太久远，无法找到准确的答案。我推测是否与远古时代的那个"小国"有关，将其都城的管辖界线误传成一道城墙呢？具体谁也说不准，这个问题只好留给后人再去探究了。

故城古城，不仅在武乡范围内是一座历史最古老的具有内外两道城墙的古城，而且在周边区域内也是十分罕见的。故城为何有这样内、外两道城墙的古城呢？从村名字眼上看，便一目了然，"故"乃"从前""古时"之意，连起来就是从前古时的城，所以叫作"故城"。这里有着悠久的历史，大量新石器的发现，说明早在四千多年前的新石器时代，故城、五峪一带已出现长期定居的村落，形成原始的社会形态。相传到西周皋狼城邑由南关迁至故城，称为皋狼城（《清一统志·沁州·古迹》），这就是将武乡称为皋狼之地的来历。

春秋时代，武乡属甲氏国，城邑也在故城（《水经·浊漳水注》），就是说故城曾是甲氏国的都城。战国时期，本地区先属韩后归赵，名涅城，其城邑还在故城（《竹书纪年》）。古时"城"意为国，说明该地也曾为"涅国"的都城。秦始皇统一中国后，这里由涅国改为涅氏县，县城仍在故城，但管辖地境甚大，区域包括如今武乡、榆社、左权全部及沁县北部、祁县东南部、和顺西南部（乾隆版《武乡县志》）。东汉时去氏称涅县，又支出分设辽河县（《后汉书·郡国志》），即现在的左权县。西晋泰始年间（265—274），涅县又支置武乡县（《晋书·地理志》），包括如今武乡东部和榆社。北魏永安二年（529），涅县改称阳城县。东魏该地区一度称为南垣州，亦称丰州，州治还在故城，乡县、阳城县均属管辖（1985年版《武乡县志》）。隋开皇十八年（598），阳城县改为甲水县，城移至相距五华里的甲水村，今沁县南涅水村（1985年版《武乡县志》）。隋大业元年（605），撤甲水县，并入铜鞮县和乡县。

故城在历史的长河中不断演变，不计史前石器时代，就从记载的周代皋狼城邑开始，至大业元年的公元605年，近两千年的岁月里，故城一直是该区域内政治、经济、文化的中心（武乡县城是北魏太和十五年，即公元491年才迁至故县）。曾为皋狼城邑、甲氏国都、涅城（国）国都、涅氏县邑、涅水县邑、南垣州（丰州）州治、阳城县邑、甲水县邑等。由此可见，故城的古城墙实可谓历史久远，无怪乎在村民中流传着那么多古城的故事，还有沿用至今的很多古地名。

至于古城的建筑年代，没有翔实的文字记载史料，根据查阅史书和民间走访，这些城墙不应该是同一时期的产物，而是出自不同时代。

最早建城于西周皋狼国,距今有三千多年的历史。从开始筑城到隋代近一千七百多年间经历了一个诸侯国的国都、一个州置(南垣州、丰州)、三个县置的漫长变迁,随着城域政权变革、社会的发展,城池也相应发生变化,而逐步成为现在的内、外两道城墙的特殊格局。故城古城墙,可以说是皋狼城邑最早开始筑城的,至今有三千多年,假设按最后一座城邑的阳城、甲水县邑算,至今也有一千五百多年的历史了,实可谓古城也。

自北魏开始,武乡县城迁移故县,该地域的阳城县又改为甲水县。相传因河道洪水泛滥成灾,故甲水县邑由故城迁至南涅水村,其后甲水县也撤销,武乡区域内政治、经济、文化的重心迅速东移,故城也渐渐淡出了人们的视线,这曾经名扬大地的古城池也被历史长河所淹没,留下的那些古城墙也就静静地沉睡了一千五百多年,在不知不觉的消失中迎来了一个崭新的时代。

蔡州城与皋狼国

刘建新

蔡州城

武乡,地处峰峦叠嶂的太行山深处,根据县西五峪村发现的新石器时代的遗物和石门、关河一带出土的石铲、石斧、石碾、石棒等珍贵的历史文物证实,早在7800多年前,武乡就有人类在此居住,刀耕火种,顽强生存,开启着社会的文明。

商末周初,春秋战国时期,武乡最早为蔡州侯国。相关的史料记载和民间传说,蔡州侯国的城邑就在涌泉乡祁村的南面,叫古蔡州城。

《武乡县志》(清康熙三十一年版)《沿革叙》载:"武乡,春秋时蔡皋狼地,属晋。"《武乡县志》(清乾隆五十五年版)《建置沿革》

载:"周、春秋时晋蔡皋狼。"《武乡县续志》(清光绪五年版)《建置》载:"武乡相传为蔡皋狼地。"《同职方》载:"春秋时为晋地,相传即蔡皋狼之地。"

清代文人在文学作品中均有记叙。康熙年间邑令李芳莎在《武乡杂诗》中这样写道:"古城西去路,插入蔡皋狼。碑久摩如镜,城颓不掩墙。"邑人程启南在《皋狼牧雨》诗前小引中说:"邑西北五十里有故城镇,即古蔡州皋狼地也。"邑人进士李黼也讲:"按本县古城,本战国蔡州地。"

在这里,且不谈皋狼之地,就文字推断,武乡旧志中记述,无论是"蔡皋狼",还是"蔡地皋狼"或"蔡皋狼之地",都以"蔡"字冠名,这说明有两种地域的可能。其一,当时有蔡州和皋狼两个侯国;其二,皋狼之地属蔡州侯国的领辖。

关于蔡州侯国,距今县城二十华里处的涅河河畔有一个古老的村子叫祁村。这里祖祖辈辈流传:"蚂蚁糟倒蔡州城,发(富)了石鼻(今城南村)王老人。"这蔡州城就在祁村南面,西城村为当时蔡州城西门,故得名。

"独有州就有国",古人的"城名"和"国名"是分不开的。既然有蔡州城世代传说和志书蔡州的文字显现,传说与文字显现相吻合,那么蔡州侯国的存在是无疑的。古蔡州城的传说,不仅是祁村,周边邻村宽里、何家庄、松树庄、西城,甚至坡底、寨上一带都有此传说,就连隔河相望的沁县里峪、康公、峡石也同样有此传说,里峪村每年祭祀南山古松时有其美言过饰夸赞之词:"先有古松一棵,后有蔡州城。"这最起码表明,涅河西畔与祁村近邻的里峪村不否认蔡州城的存在。况且,祁村有不少地名与当时的蔡州城有关联。地名城墙岭,岭高突兀,蔚为壮观，南北绵延一千米之遥，将东面锁定，有易守难攻之地理优势，如今在城墙岭农民耕种的地块里，时常发现有不少形如帽尖的瓦砾碎片。据悉，西城村羊倌李树槐（已故）曾在城墙岭牧羊时捡到大铁环一个。蔡州城就坐落于城墙岭脚下。城墙岭北有大监沟、小监沟地名，相传为蔡州侯国的大小监狱。小监狱为监禁本国罪犯之地，大监狱为囚禁敌视、破坏、颠覆蔡州侯国的罪孽之地。当今，在这些地方种地的农民时常发现尸骨。再往北看，有地名叫瓜圪塔，为蔡州城的第一道护城防线，其地势并不高峻，东西绵延走向，将蔡州城围护得森严壁垒；村子的东面有地名叫寨则圪塔，相传为蔡州城的第二道护城防线。这寨则圪塔突兀高峻，站在寨子上极目远眺，视野辽阔，为蔡州城的屯兵视察要地，此处曾有厮杀较量之战事，难怪寨子下也不时发现有古代兵器的残件和尸骨。这就是古蔡州城的基本地理特征。

那么，"蚂蚁糟倒蔡州城，发了石鼻王老人"的动人传说，又该怎样揭开它神秘的面纱呢？传说有三：第一，赵王为了攻打晋国，命手下名将马毅率领千军万马首先攻破了蔡州城，王老人是石鼻人，是蔡州城里有名望的管事者，丈夫从军遇难，身边有三个儿子，大儿子武艺高强，曾是蔡州城守城部下；二儿子胆量过人，一夜之间能从蔡地与石鼻之间穿个来回；三儿子能言善辩，诡计多端。攻城战役开始，三儿子将王老母亲隐蔽在乡，几天的厮杀攻打，蔡州城失陷后，王老人的三个儿子动用大车小辆将蔡州城废墟里搜寻到的财物运送至石鼻。由于几千年的流传，马毅讹传为蚂蚁，王老人何许人也，已无法考证。第二，当时蔡州侯国曾两次修城，首次修建，工程接近尾声，突如其来的暴雨下了整整三天三夜，沟沟岔岔的洪水暴发，将蔡州城冲垮，所有建材设备全部漂流在波涛汹涌的涅河里，顺流直下，淹埋在石鼻村的沙滩上。暴雨后的一天傍晚,石鼻村里一位姓王的老妇人,丈夫从军未还,儿子又被征去修城建堡,心中焦虑万分。此时,她踏着泥泞行至村外,四处张望,面对苍天作揖祈祷,保佑丈夫、儿子平安吉祥,早日回还。这时她发现沙滩上有横七竖八的东西堆积如山,老人不晓得是何物,便胆战心惊回到家中。话说天地神得知王老人丈夫、儿子从戎修筑,奋勇当先,劳苦功高,便派百万雄兵,即巨身蚂蚁一夜之间将沙滩上淹埋的财物拖回到王老人院中,老人大发横财,村人羡慕不已。第三,相传蔡州城二次修建,为了加固城址,动用上千役工将城西筑起高达2米有余的护城堤。然而,由于涅河岸边地质原因,筑起的城堤里、堆起的沙土里全是蚁群窝,无法计数的巨头蚂蚁遍地皆是,闹得城里惶惶不安,尽管采取了一些捕打、焚烧之措施,也无济于事。蔡州城不到三年,蚂蚁成灾,溃堤坍塌,蚁群不知何缘,将粮食、财物拖至十几里外的石鼻村。村里有位王老人,外出不在乡,一年后返乡回家,临走时五间茅屋全部封闭关严,此次回乡,打开门一看,屋里屋外全是粮、物,她惊呆了,便和村人顺着蚁路查看,结果查到了蔡州城。

关于蔡州城的传说,社会上也是众说纷纭。至今,在蔡州城遗址脚下,有一蒿草丛生的大土丘,当地辈辈相传为"王墓",谁也不知是哪位君王和将领的墓基。据悉,20世纪80年代,县里有人曾进行过初探,但尚未形成大规模挖掘,也无任何考证结论。

那么,蔡州侯国地域在当时究竟有多大呢?如果说蔡州侯国被皋狼人占领北部外,蔡州侯国后来的地域便是西城村至故城镇之间,约40华里。

2005年,我曾在武乡县政协、县委宣传部主办的《家乡之音》第二期上刊发了一篇题为"鲜为人知的蔡州城"的文章,读者阅后反响强烈。一位网友说:"我曾经在1996年和山西大学考古系的学生进行了为期一个月的考察,考察地点在涌泉乡的祁村和丰州镇的西城之间,这里断层中的文化堆积很多,面积东西约1千米,南北约2千米,向西可眺望沁县,古老的陶器中有西周的瓦片、宋代的鼎(已经破碎,只有脚),断层中的尸骨被雨水冲刷暴露出来……可想当年的繁华……"

有关蔡州城的建立、城貌、如何繁华,因年代久远,无法考究。不过,据悉,村里有位姓郝的老农,曾有一本石印毛边书,上面描述记载着有关蔡州城的情况,可惜老农已谢世,书亦失传,也不知何村何人还有此书,有待今后通过墓葬的发掘和更为详尽的史料来见证。

皋狼国

武乡,这块神奇而古老的地方,可上溯至原始社会(约60万年至4000多年前)的母系氏族公社仰韶文化。夏商时期,禹贡划九州,相传武乡地域属冀州。商末100多年间,在渭水流域,兴起一个强国,号为周。那时候的西周,武乡地区为蔡皋狼之地,皋狼城就在邑西北50里的故城镇。周衰,诸侯各自为史,古者分土授职,度地养民,春秋时为晋蔡皋狼。《武乡县志》(清乾隆五十五年版)《星野》载:自保章氏以星土辨九州分野……晋土合并、冀二州,疆宇殊区,经度攸别,况以弹丸之武僻在一隅。战国时仍为蔡皋狼地。

有城就有国,古人的"城名"和"国名"是分不开的。既有皋狼城,就有皋狼侯国。古皋狼侯国,称皋狼之地,地域究竟有多大呢?《武乡县志》(康熙三十一年版)邑人程启南旧序中载:"《禹贡》以内,《海经》以外,我武不过一曲之弹丸"。《武乡县续志》(清光绪五年版)《建置》载:"蔡皋狼,形势弹丸大,在万山中,列廛市,通孔道,阡陌交横,平远葱茜,蔚然一都会也。"《武乡县志》(民国版)

中，邑令曾茂林有诗曰："皋狼旧壤古弹丸"。《山西通志》载："谓交口以北至团柏、子洪，大抵皆蔡皋狼地"。

春秋战国时期，华夏大地上的各诸侯国是怎样产生的呢？古人，做了皇帝，为了扩大疆域，多占地盘，实行分封制。皇帝分封自己的弟兄子侄，出去做诸侯王；初封出去的时候，为直系近亲；隔了一代又一代，代代相封，后裔就是路人了。那时候的分封是怎样进行的呢？《尚书大传》说：古者诸侯始受封，则是采地；百里诸侯以三十里，七十里诸侯以二十里，五十里诸侯以十五里；其后子孙虽有罪黜，其采地不黜；使其子孙贤者守之，世世以祠其始受封之人；此之谓兴灭国，继绝世。分封制时代，以采地为法，四处分封，总是地广人稀，得了百里、七十里、五十里、二十里的地方，四面八方，凭着你去开辟。各诸侯王随意开拓，难免要侵占别的诸侯王的地方，怎能不起冲突，发生摩擦？摩擦就会导致战争。霸道的诸侯王就会想方设法侵占或吞并弱势诸侯王的地域，诸侯国的兴衰就会产生。诸侯之间如此，卿大夫之间也不例外。

古代的武乡，蔡皋狼侯国是怎样建立起来的呢？春秋早期，分布在黄河流域和北面的戎狄势力极为强盛，华夏各诸侯小国受到他们较大的威胁。就连较强的晋、齐大国也遭到他们的侵伐。狄分赤狄、白狄。东山皋落氏为赤狄，从古墓群中发现，他们聚居在长治市上党门一带，活动于整个山西东南地区，常常北伐进攻，吞并了不少诸侯国，并占领了蔡州侯国北部，将城邑建在故城，继而屡屡向北挺进，进犯晋国边鄙，对晋国构成严重威胁。皋狼之地实际上是东山皋落氏部族之地。

他们为何把"皋落"称为"皋狼"呢？据传，"皋狼"这个名称，是他们所属赤狄中一个氏族的图腾，象征一只蹲在水边高地平台上长啸劲放的大狼形象，显示着给来犯者一种威武豪强、彪悍刚毅的姿态，这就是"皋狼"名称的由来。

春秋中期，是各诸侯国相互兼并与大国争霸的时代。晋国在争霸过程中，不仅灭掉了周围20多个小国，还兼并了一部分戎狄部族，极盛时，成为中原霸主，延续近260年之久。

公元前660年，晋献公派太子申生讨伐东山皋落氏，即攻打蔡皋狼之地。东山皋落部族解体分为五部。公元前588年，晋国郤克与卫国孙良夫继续讨伐扫荡赤狄残余势力，蔡皋狼之地为赤狄小国，也被晋国消灭、吞并。赤狄人北逃，山西省今晋东南一带全部成为晋国地域。

晋国有六卿大夫，晋大夫赵简子统辖着今武乡县武西一带。赵简子有两个儿子，大儿子叫伯鲁，二儿子叫无恤，也叫赵襄子。赵简子想让贤儿立为继承人，却不知哪个儿子谁为贤者。赵简子谋算出一策，试着考评检测，于是他把训诫的话立在两块竹简上，分别让两儿子认真牢记父辈之忠言。三年后，大儿子伯鲁支支吾吾说不上来，问赵襄子，却对答如流，就把赵襄子立为赵氏继承人。

不久，赵简子去世，赵襄子继承了家业。赵简子临终时，叮嘱赵襄子一定要将蔡州地和皋狼地管辖好，不失父之忠言。因这两处地盘为南北通道要塞、兵家必争之地，要加强防卫。赵襄子成为蔡地与皋狼地的君王之后，修城建堡，固国强邦，警惕万分。

这时，晋国卿大夫智宣子的儿子智伯瑶，继承了家业。智伯瑶专横跋扈，专擅晋国大政，暴虐无道，独揽朝政大权，成为晋国最大的卿，其他卿如赵襄子、魏桓子和韩康子都不敢与他抗衡。智伯瑶分别向魏桓子和韩康子索要了土地，又向赵襄子索要蔡州地和皋狼地，却遭到了赵襄子的严厉拒绝，智伯瑶非常恼怒。这就是《武乡县志》"武乡春秋时为蔡皋狼之地。有智伯瑶求赵襄子不与的传说"的记载。

考察石窟会石窟

胡哥

北大中文系教授李零2019年夏天带领一支文物古迹专家组，在武乡县进行了文物古迹考察活动，专程考察武乡良侯店村北边的石窟会石窟。这处石窟和良侯店石窟相距不到6千米，也是一处重要的石窟遗址。

香火旺盛的石窟会石窟

按当时考察时间顺序，专家组考察石窟会石窟在前，良侯店石窟在后，因为我的写作整理问题，就不按专家考察顺序，随心写吧。

208国道旁废弃的桥墩

西武乡的石窟会村隶属于分水岭乡，这个分水岭在历史上名气很大，因为山大沟深，地势险要，历来为兵家必争之地。

现在的国道208纵贯全乡，石窟会村就在国道边上。考察组一行车行进在崇山峻岭之间，这一带植被很好，太行山的风景让同车专家赏心悦目。快到石窟会村时，车子拐入县道，路边有条小河，河床上高架桥上就是国道，旁边有三四个废弃的圆柱形桥墩。

同行的乡干部向大家介绍了这几个废弃的桥墩。别看是几座破旧的桥墩，它们可是大有名气，不但见证了一段山西铁路史，还见证了一段武乡军民抗战史。

关于这几个大有来头的桥墩，咱们放到后面再说，先说跟李零教授等一行考察石窟的事。

武乡县石窟会村的村名，据说就跟这处石窟有关。当地人传说，不知道哪朝哪代，村南山峰倒塌露出石窟，里面雕刻有神像。古代人迷信啊，就到此烧香，所以后来村名就叫成了石窟会。

行进中，天突然有些阴，还下起了丝丝小雨。不过这丝毫没有影响专家组一行的兴致。

过高架桥下不远，大家下车迈过浅浅的河滩，去往河滩对面的山腰处。也就一百多米的地方，在一片树木丛生的山脚下，有一个挂满红灯笼的洞窟，这就是石窑会石窟主窟。

李零教授（背包者）当先进入石窟

沿着主窟左右分布着大大小小的石窟，绵延近百米。主窟洞口位于距离地面十几米高的石阶上，洞口狭小，内部空间并不大。于是，专家组一行分散开来，有的跟随李零教授进洞细观，有的沿山脚两边寻访。

整个山体和树木都是苍黑色的，有种古朴沧桑的味道。石阶很陡，色调已经和山体融为一体，仿佛生来就存在。

从远处看，能看到的几座石龛并不深，大小不一，无一例外都和山体的颜色融为一体，不注意看会忽略过去的。

石窟内的佛造像能看出基本轮廓，个别的眉眼、身姿清晰可辨，以结跏趺坐为主。外观最明显的就是距离主窟顶部三四米高处的一窟，圆形的洞穴内，佛造像神态淡然，望着世人，一副悲天悯人的样子。

跟随李零教授登上石阶，挤进主窟内细看。这个石窟档次很高，古人专门为石窟加修了屋檐、门框，右侧外壁上开凿出一块一米见方的题壁处，可惜字迹漫漶无法辨识。

石窟内大约有 10 平方米，三面均雕有佛像，一主佛坐姿、二弟子立姿。先不谈佛造像的刻工啥的，说说第一印象。

第一印象最搞笑的是，这些大小佛像全部被附近村民粉饰一新，浓妆艳抹花红柳绿的，完全失去了庄严肃穆或者慈祥悲悯的形象，有些滑稽。

这样的处理方式倒是很像前一阵子在网络上引起争议和质疑的四川省资阳市安岳县峰门寺的石窟造像。当时四川安岳宋代佛像被浓妆艳抹重绘一事经网络曝光后，受到国家文物局关注。

石窟三面三尊均双手结佛家手印，右手立于胸前掌心朝外的无畏印、左手下垂于膝前掌心向外的与愿印，象征布施无怖、赐予恩惠给众生。

三尊佛背后的背光图案也被描绘一新，金红黄绿，焕然夺目，同样缺少了佛像原有的庄严感。不过，从这些描红画金的装饰和座前的供奉来看，这小小的石窟香火相当旺盛。

这些都不重要，这里面价值最大的是什么呢？专家组里面的山西大学副校长、北京大学考古文博学院原院长杭侃指着佛像座下的衣褶纹饰说："这种悬裳雕刻是这座石窟里面最具价值的。"

顺着杭侃校长的手指看去，佛像座下的衣褶纹饰左右折叠，坚硬的石头被巧手工匠雕出了飘逸的下垂感和柔软的布料感，堪称精美。

悬裳就是指这些衣褶纹饰

衣裳一词中，衣指上衣，裳指下衣。据资料介绍，北魏开始兴建佛造像后，在云冈石窟第六窟出现了一种衣裾垂于坐佛像座前的造型，从开始的短裙到后来越来越长，风格也越来越多样，被称为悬裳。而石窟会石窟中的这尊坐佛前的悬裳，明显具有云冈石窟第六窟的风格，显然一脉相承。而这，也是石窟会石窟的研究价值所在。

云冈石窟第六窟开凿于公元490年左右，据此推算，位于北魏迁都路途中间的武乡石窟会石窟应该相差不会太远。大致估算，距今也有千年之久。与良侯店石窟相比，石窟会石窟更隐蔽一些，不熟悉的人不知道，附近的信众又比较虔诚，所以，虽然佛像被浓妆重彩涂抹得不伦不类，但是佛造像本身没有遭到多大破坏，也算幸事一桩。

千年石窟佛造像，隐藏在山西太行山腹地，记载了北魏大兴佛教的一个细节，也记载了北魏迁都洛阳佛教传播的路线，其间有多少故事淹没在历史的缝隙中，谁又能说得清呢？

山大副校长杭侃（右）与梁鉴交流

哦，差点忘了，前文中说到的那个废弃桥墩，大有来头，和阎锡山有关，也和抗日战争有关，更是记载了山西铁路的一段历史。限于篇幅和主题，我以后专文介绍。

蓬莱山探奇
赵兰舟

蓬莱山，位于县城西20千米处的蒲池村东北。山不算雄伟却玲珑秀气，山上松柏葱茏，山腰有龙洞水井、水池各一，内有五色鱼畅游。其井、其池，雨季不溢，旱季不涸，清澈透明，甘甜可口，确为武乡一胜景。

据传，在很久很久以前，二郎神担山路过涅水河畔，见一少女在河边洗衣，因少女长得俊俏，颇有倾国倾城之貌，二郎神凡心一动，想与之搭讪，没想到洗衣女抡起洗衣棒槌一砸，说："你担你的山，我洗我的衣，咱们本不相识，有什么好说的。"这一砸不要紧，二郎神扁担一晃，一折两截：一头落在涅水河南岸——狮则沟东侧，即现在的烂柯山；一头落在涅水河北岸——蒲池村东北，即现在的蓬莱山，两山相距十多里。看来武乡西部的两座名山是二郎神一肩担来的。

蒲池村的来历也很有趣，说在二郎神担山之前，蒲池村一带为沼泽地，周边长满芦苇、蒲草，中间有一大水池。二郎神担山时曾动用所有牲畜、家禽为之搬东西，人们每天早晨起床后，发现自己棚圈里的牲口都汗流浃背，气喘吁吁，是什么原因呢？出来一看，门外已堆满了砖头瓦块、椽梁檩柱大小木料，后来人们才在这里用这些砖头瓦块和木料建起了村庄，并定名为蒲池村。

如果说上述故事为神话传说，那么蓬莱山顶的东岳庙，确是实实在在的历史事实。据清代道光二十年（1840）《东岳庙重修碑记》载：蓬莱山东岳庙始建于元代至正年间（1341—1368），清乾隆年间（1736—1796）蒲池村蒋兰等人大造殿宇。计有：东岳帝君庙、圣母庙、大佛殿、厢房、乐楼、戏台等共二十余间。至道光年间（1821—1850）重新修葺，并增修山门、堡墙，还重新碹砌龙洞水井和五色鱼水池。村民讲，那时的蓬莱山东岳庙只有一条小道，沿台阶直上，四周围高墙峭壁无法攀登。《武乡县志》（光绪版）载："蓬莱山峰峦耸秀，峻峭摩天，跻其顶，一览众山皆小，故人亦称蓬莱山为'小泰山'"。

山顶庙宇在抗日战争时期毁于战火，直到20世纪90年代，人们在山腰新修七间红砖瓦房，山顶修东岳庙、圣母殿。东岳庙坐北朝南，面阔三楹，进深五椽，悬山式屋顶，内塑东岳大帝、大帝夫人及上德之神黄飞虎等神像三尊；圣母殿坐东朝西，面阔三楹，进深五椽，悬山式屋顶，内塑云霄、碧霄、琼霄三尊圣母像。每年农历三月二十八日，东岳庙会，周边十里八村甚或远至榆社、太谷、沁县、上党，百里四方善男信女都来朝拜赶会，可谓熙熙攘攘，摩肩接踵，人山人海，热闹非凡。

  人们都说，蓬莱山美，美就美在高耸峻峭。登临山顶，四周九龙山、岢岚山、榆社山、县城千佛塔尽收眼底。也有人说，蓬莱山美，美就美在蓬莱山的龙洞水井、水池，井内、池内五色鱼畅游，这种景观在我们黄土高原也实属罕见。村民说，池内五色鱼有人捉回家放在鱼缸内饲养，结果不出一个星期鱼就会翻肚死亡，而在井内、池内的鱼仍然活蹦乱跳，水质乎，水温乎？众说纷纭。

  但笔者总觉得蓬莱山美，美就美在树，美就美在绿！那些"吸翠霞而天矫"的松树，它们不怕山高，把根扎在悬崖绝壁的缝隙中，身子扭得像盘龙柱子，在半空中展开枝叶，像是和狂风乌云争夺天日，又像和清风白云游戏玩耍，有的松树像一顶墨绿的大伞，支开了等你，有的松树自得其乐，显出一副潇洒的模样。不管怎么样，都让你觉得它们才是蓬莱山天然的主人，少了谁都像不应该似的。山北坡凹地的松林，长得最为茂密、粗壮、挺拔，村主任郭晋国告诉我们：松柏树这种树木，得雨露就会长得茂鼓喧天！好一个"茂鼓喧天"！我有生以来第一次听到的成语，却那么恰如其分！那么精准传神！我忽然觉得，这才是真正的群众语言。

  蓬莱山上不仅树绿，草也长得茂密，溢边溢堰。整座山覆盖着满满当当的灌木丛林或野草野花，间或也有山小蒜、山韭菜、山金针等叫来名儿的叫不来名儿的野菜珍奇。不知是今年雨水多，还是蓬莱山独有的灵气使然，不然的话，蓬莱山四周大多荒山秃岭，不仅没有高大挺拔的松柏，连荒草也稀稀落落，没精打采，抑或还有点黄稀歪怪，和蓬莱山的绿形成鲜明对比！

蓬莱山美！我们应该深信，在改革开放继续发展的今天，在旅游事业蓬勃发展的今天，蓬莱山开发指日可待！

南北对峙说雄关

王芳

元好问是金元时期文史巨擘，他的名字起得极好，生活在元朝，好学问。他的一句诗："问世间，情为何物，直教人生死相许。"让人在文史的长河中，一直会记得他。他同时也写过这样的诗：

南关二首

风里秋蓬不自由，一生几度过隆州。

无情团柏关前水，流尽朱颜到白头。

路转川回失系舟，更教两驿过徐沟。

多情团柏关前水，却共清汾一处流。

元好问生于金朝动荡时期，14岁师从上党陵川巨儒郝天挺，在上党从学7年，在这期间，他多次往来于潞州、泽州、沁州之间，当然也就几度过隆州，之后，他便离开了上党，再没有回来。

诗中提到的地名，现在还存在，而且能从诗中感觉到元好问行走的方向，是从南关顺着河流的方向，先是团柏、徐沟，然后看到河流注入汾河。宋朝设隆德府，也就是上党地区，金改为潞州，元初时又称为隆德府，后又改回潞州，显然没有改为隆州。诗中提到的隆州又是怎么回事呢？再找团柏，原来五代时山西省境大多属于北汉，北汉曾在团柏设隆州，并建有隆州城。元好问写的是南关，又说是团柏关前水，南关也叫团柏关？我对此产生了疑问。

春暖花开，我们在一片春色如许里，带着元好问给我们的疑问，去寻找南关的踪迹。

南关故址在武乡县西北45千米的南关村（选自《山西关隘大观》）。

如果寻幽访古，应该走208国道，这条道的雏形修建于民国十四年，当时称为白晋公路。朋友告诉我208经常堵车，为节省时间并保证行程，我们选择了走太长高速。在武乡县下高速，到八路军纪念馆接到郝雪廷，又返回太长高速，在榆社北转和汾高速，在分水岭下高速，直接到了南关村。

南关村基本就是武乡和祁县的交界了。站在南关村中，四周崇山峻岭，南关村就在山谷之间的一条狭长地带上，和汾高速、208国道、220省道、乡村公路在这里纵横交织，已经看不出当初设关时山势和河流的走向，但是可以判断当初的关城应该就设在这条深谷内，且在南关村的北面。这里山崖陡峭，确有一夫当关万夫莫开之势。

南关设于宋代。《山西志辑要》记载：南关，县（武乡）西北百二十里，与祁县龙舟北关相接，号南北关，一名南关镇。光绪版《山西通志》武乡县志记载：南关里所领村石板沟、权店、护甲，地皆绝险，而南关一镇，北界祁县，西达上店，山界连平遥，成冀南户牖，潞泽咽喉。从记载可以看出，南关所在之地从古到今皆为显要。不管历史称谓如何变，不管是上党郡、隆德府、潞州，还是现在的长治，此地皆为咽喉。虽然太长高速修通以后，从武乡直达榆社，不再路过此地，但208国道还延续着它的运输功能。此地不再像以前一样喧嚣，只是近十年间的事儿。

既然典籍言明，南关与祁县北关相接，我们决定顺路去探访北关。车沿208国道向北行驶大概三里路后，就到了祁县北关村。乾隆版《武乡县志》记载南北关相差十五里，实际情况和记载有较大出入，大概是古人地理概念不清，抑或是古道沿山谷中河流的方向，曲曲弯弯，也大概有十五里。

站在北关村可以看到，这里和南关村的地形一样，东西皆山，南北山形环绕皆不见路，像是处于一个瓮中。我们在村的东面，找到了一段古道，并且找到了当年日军修筑的碉堡。此地地形极为特殊，河水从山下由南向北流，河床很宽，208国道在西面，220省道在东面，白晋铁路只能看见一些遗留的桥墩在河床上挺立着。古道荒草覆盖，沿河流方向在河床之上，上有碉堡和工事。北关旧址在古道的转弯处，现在有后来垒起的窑洞状的建筑覆盖其上。

南关，北关，南北对峙。虽然南北对峙，却看不见彼此。道路在这里转了几个弯，两关都设在转弯处。虽然关城在南北互相瞭望，但地势是割不断的，两面皆山，东为板山，西为白石岭，海拔都在1100米以上，两山也对峙。此地即使不设关城，只要屯兵驻守，一样也是插翅难逃。

在南关看不到河流，流经北关的河流，古代叫胡甲河，现在叫昌源河。先来看这条河流，一般河流应该是从西向东或者从北向南，因为我们国家整个地势就是西北高东南低，西北多高山，东南多海洋。《淮

南子·天文训》对此有记载：昔者共工与颛顼争为帝，怒而触不周山，天柱折，地维绝。天倾西北，故日月星辰移焉；地不满东南，故水潦尘埃归焉……古代认为是共工怒触了不周山，其实我们知道是地壳运动的结果。这条河源出平遥，流经武乡，经北关到祁县。古代时河流有没有流经南关，现在不可考。但南关与昌源河是有关系的，这还得从分水岭说起，分水岭村以神庙堂为界，河水分为两支，一支向南流入涅河，一支向北流入昌源河，所以才被称为分水岭。这条河是流经南关村的，和昌源河在离南关村不远的地方汇合。向南流的涅河最终与浊漳北源汇合，流入海河，向北流的昌源河最终与汾河汇合，流入黄河。一县跨两大水系，这是颇让武乡人自豪的地理优越性。所以元好问会写道：却共清汾一处流。

宋代置关，是因为上党的重要作用，得上党可望中原。当时北方的少数民族一直在不断强大，中原的物产和繁华都是让他们觊觎的。大宋一朝因为赵匡胤是黄袍加身的，就给自己后代定下了积贫积弱的理政调子，尽管如此，为防止游牧民族的侵袭，也是要做一定的地理防御。上党是必争之地，此地又是必经之地，在此设关是当时政治之必然。

我们找到的古道，历史更为悠久。比置关的宋代，要早得多。这

条古道被称为潞安晋阳道，它的历史要从宋再往前追溯两千多年。夏商时期，各部落各方国之间为了争夺地盘，战争频仍，战车的使用就得到了普及，当时居住在此地的人群，把径改为道，把道改造成了可以由车辆通行的路，后来就有了道路一词。西周建立以后，洛阳成为当时的政治、经济、文化中心，北方的侯国都要经此地，过泽州，南出太行山到洛阳去朝见。战国时三家分晋，这里是战略要冲。秦朝时，这里是上党郡到太原郡的重要驿道。唐玄宗两次经此道由洛阳到太原（当时的太原为北都）去巡幸。宋朝时，汴京离此地不远，北方的人要经此道用盐、马、牛、毡、铁器去交换南方的茶、药材、漆器、瓷器，这条道成为重要的商道。明清时，交通情况得到改善，道路越来越稠密，但此道依然是山西境内最重要的10大驿道之一，曾在沿线设有驿站和关防，南关就是其中最大的驿站（置于明洪武四年，当时配有额马38匹，马夫19名，清末裁去）。可见朝代的更换，并不能消减这条古道的作用，可谓是历史悠久、源远流长。即使是后来208国道的修建，也没有离开过古道原线。元好问说得没错，从南往北，先是团柏，后是徐沟，再往后便是省府太原了。

在这样的交通要冲上设关，而且选择了两山对峙的此地，是有战略眼光的，屯兵驻扎、控制交通、征收关税，关隘的作用实施起来轻而易举。按说这么重要的战略要冲，又有地形之便利，攻破是很不容易的，可偏偏历史好和当事人开玩笑，最难的事情竟然最容易。有史实为证。

北宋末期，生活在黑龙江流域的女真族已经兴起。1115年，完颜阿骨打称帝建国，国号大金，先后出兵攻破了辽国的东京、上京、中京、西京（大同）、南京（北京），控制了北方。之后便把目光瞄准了北宋。1125年，金国找了个贡币逾期且低劣的理由，开始了攻宋的步伐。《山西关隘大观》中记载了一个人，说是叫金粘罕，其实此人叫完颜宗翰，本名黏没喝，又名粘罕。粘罕武艺精绝，有勇有谋，他整个身体可以在疾驰的马背和腹间飞旋，无论从哪个角度都可以射箭且百发百中，他随完颜阿骨打打了许多胜仗，深得阿骨打的喜爱。正是这样一个粘罕，被任命为西路军副元帅，从西京一路向南攻打而来，朔州、代州、太原先后沦陷，剑指汴京。路过此地时，粘罕一看此雄关，巍然矗立在要道上，心里直犯怵，他加了几分小心，如果在此设伏，那是断然没有退路的，他连忙让部队驻扎下来，派出探子四处打探，终于得到准确情报，此处关内并无军队，四周山上也无人驻守，粘罕便带兵顺利通过此地。站在宋朝的关城上，粘罕大笑三声，说：关险如此，而使我得越，南朝可谓无人。从这里离开，粘罕一路南下，1126年攻陷了汴京，俘虏了徽钦二宗北归，并带走了大量的金银珠宝和文化匠人（这一点上，南关与北关的记载是一样的）。

站在这里，清澈的河水哗哗流过，车辆往来穿梭，在河岸被劈出来的古道上，我仿佛听见了粘罕的笑声，那笑声是得意的、鄙视的，也是踌躇满志的，这一笑，便穿越了一千多年的时光，以至于今天我都能听得到耻辱的回声。多么讽刺啊，徽钦二宗的祖先们在此设关，不管多么有战略眼光也难以抵挡后人们战略上的无能。如果在此设一支伏兵，哪怕只有几百人，中国的历史也将改写，哪能让粘罕长驱直入，如入无人之境？一个朝代所建的关口，又埋葬了一个朝代。从这个意义上讲，不管是南关，还是北关，都是左右了历史格局的一个关隘所

在。怪不得有人会作诗骂道：一水迥还渡，山多路易穷。危崖顶上压，断岩足边空。高鸟飞难渡，单车辙不通。可怜宋君相，坐失此关雄。

当然宋之后的金元明清，此地都是防御重地。

民国时阎锡山统治山西，继白晋公路之后修筑了白晋铁路的地基。如果说宋朝时南关的命运是可叹的，到了民国就是可怜复可恨了。1939年日军侵略上党，在这里拆除了关隘，修成了白晋铁路，又在南关修建了车站，这个车站在当时成为日军晋冀豫三省最大的物资转运站。从此一代雄关在世上失去了它的形体。历史回溯到这里的时候，我握紧了拳头，我们的雄关险隘阻挡不了侵略者的步伐，反倒因为此地交通之重要，成为日军的凭险之地，物资运进来，用枪炮作代言，踏上了我们的土地，蹂躏着我们的山河。现今车站已不存，我无法构思当年的繁忙景象，只能任悲愤填满自己的心胸。

站在北关的碉堡上，忽然有个疑问，这一路我们都能看见光秃秃的桥墩，当年白晋铁路的枕木和铁轨都哪去了？郝雪廷笑了笑，站在碉堡之上给我们讲解。1940年5月3日，刘伯承、邓小平发出《第一二九师政治部白晋铁路北段作战计划》，这次战役的任务是协同民众连续毁坏铁路，搬完铁轨，烧完枕木，炸毁桥梁、涵洞，打断敌人修通白晋铁路的企图。郝雪廷又问我：你觉得铁轨都去了哪里？我愣了。他说：在黄崖洞，我们都是利用夜晚拆了铁路，把铁轨运到黄崖洞，再造出武器来打狗日的。妙啊，一时间，在郝雪廷快乐的笑声里，我和孙萌、冀海生都发出了会心的笑。这笑声，和当年粘罕的笑声绝对不同。历史就是这样有趣，时而让你沉重，时而让你轻松，常常在不经意间幽你一默。

郝雪廷在八路军纪念馆任职，他热爱武乡的一草一木，他更是把

全部的身心投入到红色研究中，我拿到他的《八路军序列沿革研究》，我是感慨莫名的。怪不得说起八路军来，他如数家珍。

这个时候，他又说，八路军总部在武乡，你们想，我们会让日军如此猖獗吗？当时的南关四周全是日军的碉堡，火车站上戒备森严，南关镇有两个碉堡，一个储藏军火弹药，一个堆满医药用品，日军比宋朝人聪明多了，据险设守，这对于我们来说，是个麻烦，为了断掉日军的运输线，刘伯承、邓小平、周希汉亲自指挥，在南关打了三次破关之战，才把南关夺了下来，当然，我们也牺牲了一些将士。

我们沉默着。雄关正因为其雄峻和地理上的重要性，带给我们正反两面的代价都是很大的。

说话之间，我们来到了寨上村（属祁县），寨上村是古时的屯兵之地，在北关南关之间，是个自然村，村内砖房不多，大多是土坯房，顺山就势，从土坡中挖出来的窑洞一层层向上，确实适合屯兵。在大山的中间，寨上村像被人遗落的图画，杏花、柳树、土房、鸡、牛、羊，都很安静。从喧嚣的抗日战争中，忽然到达一个桃源般的世界，真的很不适应。也好，正好借此安宁来修复心理上被历史折辱的印痕。

从寨上村出来，南关之行就结束了，驱车返回武乡。只是想走访长治关隘的，没想到连祁县的关隘也走访了，算是意外收获吧。一路上，我们一直沉默，这个关历史太久了，信息太丰富，地理位置太重要，以至于带给我们的冲击太大，只能用沉默来慢慢吸收和沉淀。

在过滤南关和北关资料的时候，我产生了其他猜测。这两个关的记事几乎相同，都是金粘罕叹南朝无人，难道，粘罕站在两个关城上，说着同样的话有没有可能是一个关呢？成化版《山西通志》言明：隆州谷关，在祁县东南90里，古无其名，今日南通沁州，北通徐沟，两壁皆山，道旁有水，即胡甲水，洪武三年，置巡检司戍守。《读史方舆纪要》言明：隆州谷关亦曰隆州北关。所有的记载并未说明北关置于何时，最早的也是说明明朝设巡检司，南关确切记载置于宋，拆于民国。所有记载中明朝之前的都没有。于是一个念头在我脑海里，日渐清晰。我猜测在明之前，这里只有一座关城，就是隆州关（也叫龙舟关），且在南关村，当时，关南叫南关村，关北叫北关村，都属团柏（即隆州）管辖，后来，武乡和祁县有了明确的地域分界，才在北关的地方增设关卡，又设巡检司。逐渐演变成了现在的南关和北关两个关口之说。当然这只是我的一己之识。

　　回来三天了，我回想起这次武乡之行，心里一直在默念南宋词人张孝祥的一首词：

　　念腰间箭，匣中剑，空埃蠹，竟何成……

　　干羽方怀远，静烽燧，且休兵。

　　冠盖使，纷驰骛，若为情……

　　使行人到此，忠愤气填膺。有泪如倾。

　　（摄影：孙萌）

说良侯
赵建斌

　　山西省武乡县故城镇，是一个历史文化底蕴极深的古镇，境内有许多秘密和故事太需要探寻。如古皋狼、古涅城、佛教兴起、佛图澄永宁寺传教、大云寺道安门墩石、卧龙山和鹿台山的故事，说起来都令人十分着迷。还有白马山、石人底、高寨寺龙驹传奇，读起来又让人拍案叫绝。还有四个良侯的来历故事和秘密也一直没有解开。大家也有好多的传说和猜想，更是趣妙横生，值得思考。

小时候跟着爷爷去东良侯赶会看戏，通过文昌阁的门洞时就很好奇，赶会时的麻糖、饼则让我嘴馋。后来在东良侯读了三年初中，好奇的是：当地附近几个村落名称分别为东良侯、北良侯、西良侯，位置大概和名称对应，当然南面还有一个大寨村。据当地村民讲，大寨原来叫南良侯，因为明代信义的程启南尚书告老还乡后曾在此筑寨读书，甚至带领当地村民抗击李自成的部队，所以后来就叫大寨了。现在还有程启南的双修寨遗址，也破败得基本看不出样子了。那么既然有东、西、南、北的良侯之称，那良侯必然就在中间了！这个秘密应该不难猜测。

据《北良侯村志》记载，东汉年间，东汉外戚梁侯在今武乡县故城镇北良村南面，现名教坊坪的地方曾经屯过兵，故梁侯屯兵处东南西北的村落，村名都与梁侯有关。

记得当地老百姓讲起故事来总是离不了王莽赶刘秀，良侯故事还得从这里说起。

光武帝刘秀之所以能够复兴东汉王朝，是因为得到了出生地南阳豪强势力（阴家、邓家）和河北豪强势力（梁家、马家、窦家、耿家）的援助。刘秀依靠豪强势力建立的东汉王朝，代表豪强地主的利益。豪族大姓往往世代高官，有众多的"门生""故吏"和私家武装，实际上控制着中央和地方政权，使得其传八世共十四帝，享国一百九十五年。

良侯是为纪念梁侯，即东汉王朝大将军梁商。

梁商（70—141），字伯夏，年轻时凭借外戚身份拜为郎中，后又升黄门侍郎。顺帝阳嘉元年，梁商女儿被册立为皇后，妹妹被立为贵人，因此，又加梁商"特进"的官职，赏赐安车驷马，那一年，拜梁商为执金吾（督巡三辅治安的长官）。阳嘉二年，封梁商的儿子梁冀为襄邑侯，梁商谦让不接受。阳嘉三年，顺帝想让梁商当大将军，梁商坚持说自己有病不上朝。阳嘉四年，顺帝派太常桓焉捧着策书到梁商家里授官，梁商才到皇宫叩谢接受任命。

梁商常常谦恭温和，前后举荐了汉阳人巨览、上党人陈龟为掾属，李固、周举为从事中郎。京城内都齐声叫好，称梁商为好官，顺帝把国家重要大事都交给他处理。遇到灾荒之年，梁商就把自己田租收取的稻谷运到城门处，赈济那些没有粮食的灾民，并且不说是大将军的恩惠（只说是国家的救助）。然而宦官们嫉恨梁商得到皇上的宠幸，反而想要陷害梁商。

顺帝永和四年，中常侍张逵、蘧政等人一起合谋，诬陷梁商和另外两个中常侍曹腾、孟贲，说是想要向各位王子征求意见。打算商议废掉顺帝另立新的皇帝，请求逮捕梁商等人治他们的罪。顺帝说："大将军父子一家都是我的亲人，曹腾、孟贲都是我喜爱的人，一定不会有这样的事，只是你们都嫉妒他们罢了。"张逵等人知道自己编的谎话顺帝不信，害怕了，于是做了一篇假诏书去把曹腾、孟贲逮捕起来关在皇宫中。顺帝听说后大怒。命令宦官李歆赶紧去把曹腾、孟贲放了，并且把张逵等人逮捕起来，他们也承认了自己的罪行。供词还牵连到一些在位的大臣。梁商担心有人冤枉受牵连，就上疏说："《春秋》一书主张，立了大功，只奖励主帅；犯了大罪，只惩罚主犯。所以赏赐不因超越本分而多，施刑也不因过分而宽。这就是五帝、三王治理天下都能安康太平的缘故。我听说审查中常侍张逵等人时，他们的供词牵连到很多人。大案兴起，必然牵扯到很多无辜的人，该判死刑的罪犯长期关押，一些小问题最后都要变成大案件，这不能顺应天地间的和畅之气，不利于安定国家的局面，也不是教化百姓的办法。应该早一点把这件事情了结，停止那纷繁的逮捕。"顺帝于是采纳了梁商的意见，只是把那些确实有罪的人判了刑。

永和六年秋天，梁商病重，告诫儿子梁冀等说："我没有大功德，却享受了许多福分。生没有更多地辅佐好朝廷，死了还会耗费国家的钱财。穿上好的衣服，口里含着珠宝之类的东西，这对朽骨又有什么好处呢？百官劳顿，拥挤在道路上，只是增加了路上的尘土，虽然说是按照礼节该如此办，但礼节也有灵活处理的时候。现在边境上在打仗，国内四处都有盗贼出现，哪里还能为了我的丧事而破费国家更多的财物呢？我死之后，把我运到坟墓前，马上就装殓入棺。就穿平时穿的衣服，都用我穿过的衣服，别另外裁制新衣。穿戴好后就把坟墓打开马上下葬。祭祀用食就像我生时所吃，不要用猪牛羊这三牲的大祭礼。孝顺儿子就应该按照父亲的意愿办，你们不要违背我的话啊。"去世的时候，顺帝亲自到他的遗体前来致哀。用朝廷的名义赏赐了寿器、银镂、黄肠、玉匣、什物等一共二十八件，钱二百万，布三千匹。皇后（梁商的女儿）用自己的钱物送了钱五百万、布一万匹。等到下葬的时候，皇后亲自送丧，顺帝也送丧到宣阳亭，然后伫立瞻望（目送）送丧的车马远去。梁商死后，朝廷赐予他谥号"忠侯"。

梁商是个好官，死后当地百姓为了纪念他，将其曾经屯兵的地方就改成良侯了。

龙泉古庙群

武保秀

龙泉，即如今的武乡县涌泉村，清末民初时这里还不足三百户村民。就是这样一个山区古村，却曾有过罕见的古庙群。

龙泉村古庙繁多，儒、释、道样样俱全，并布局独特，实属少见，人们形象地称之为"三官、四阁、五大庙"。

"三官"是指分别"管理"村里各种琐事的三座庙。一是村西头的"三官庙"，庙内供奉的是主管风调雨顺的天官、地官、水官的三官爷；二是村东叫东河井旁的五道庙，庙内供奉的是专门消除邪恶、保一方平安的五道神君；三是村南的"土地庙"，供奉的是常做善事的目和心慈的土地神。

"四阁"是村四周路口处的四座阁楼古庙，俗语说无阁不成村，可是大都村里只有一阁，龙泉却有四座阁楼古庙。村西出口处的"吕祖阁"，阁楼上层一分为二，中间隔开，朝外供奉的是道教先师吕洞宾，对内供奉的是南海观世音菩萨；村北寺圪道的出口处是"真武阁"，也叫"真武庙"，供奉的是道教"北方神君真武大帝"；村南大路口是"武圣阁"，也叫"老爷庙"，是武圣人关云长的庙堂；还有一阁是"文昌阁"，建在村东南角高处叫"文昌圪瘩"的地方，内奉"文昌帝"，也就是主管功名利禄的"文曲星"。

"五大庙"是指龙泉村的五庙大型古庙。"孔圣庙"，曾叫"宣圣祠"，俗称"文庙"，是《武乡县志》中"龙泉故城，文庙尚存"所说的古庙。该庙在村中心的文庙街北面，主殿三大间，位于五层台阶上，内塑孔子彩像。院内东西厢房各三间，南是卷棚过厅三大间，卷棚过厅（庙门）

两侧是"众神殿",庙门南正对街心的古戏台,形成完整的古庙格局。庙内曾立有六块古碑(其中两块在主殿两侧,四块于过厅门两侧),其中元大德六年的"宣圣祠重修碑志"的石碑为"透灵碑",是庙中一宝。文庙内还有出自画工名匠任世泉的彩画,尤其是出檐上的百只祥鸟,形态各异,栩栩如生,为古庙之一绝。可惜的是文庙主殿在1938年8月12日被日寇大火焚烧,透灵碑也在乱世中遗失了。1947年应村民请求,在原址上重建了新庙。重建后的文庙,在"文革"后期被人为地彻底拆毁,改为村里人办公、活动的场所。

"三仙圣母庙",俗称"奶奶庙",相传始建于唐,位于龙泉南街的东面。该庙为上下两院,下院又有前后院。进古庙山门,过戏楼,两侧是花草树木,为下前院。上台阶过砖碹拱形月亮门,有古柏老树,东西厢房,是守庙的"老善爷"日常居住生活的下后院。登上十三层石台阶,穿过五间卷棚的中间过厅门,便是上院,院内种植有牡丹、芍药等名贵古花卉,东西配殿各三间。再登五层台阶,月台后为退堂三大间的主殿,内奉三贤圣母,即云霄、琼霄、碧霄三姐妹的五彩塑像,四壁有连篇壁画,殿前退堂东挂有明代古钟。卷棚过厅两侧,分别是送子使者老哥爷、老哥姐的塑像庙堂。"圣母庙"几经修缮,在清光绪二十六年大修后,直到民国十二年修补过一次,后长期经战乱烽火,古庙遭到严重破坏,庙门、戏楼、下院东西厢房全都拆损,后来古柏被伐,古钟也在"大跃进"中被砸进了炼铁炉。改革开放后,有识之士多方努力,新建了山门、钟鼓楼,修缮了主殿,重塑了彩像,千年古庙焕然一新,重新再现于世人面前。

"龙王庙",也称"五龙圣母庙",建在龙泉村北面毓龙山腰。有碑可见,汉宣帝时立有"五龙祠",历代修建,到清乾隆三十年仿照"三县寺"（沁县、沁源、平遥交界处）的式样大兴土木，这就是后来人们所提到的"龙王庙"。该庙主殿共七间，中间三大间，东西各两小间，中间前连卷棚，庙前为月台。下台阶到院中，有口径两米多大的鱼池，东西是雷公、电母配殿各三间。出院门，东西院墙，南是戏楼，山门在东南角。山门外东侧有石砌小庙，内有水井，井水甘甜爽口，被称为神水，碑上有"神泉涌出，有疾者饮之而厥疾瘳，祈雨者酌之而神雨降"，就指该井。这里不仅有"毓龙夕照"的古镇十景之一，而且相传小白龙与村姑动人的爱情故事也发生在这里。然而毓龙古庙几经拆毁，庙去山空。后来又盖起小型龙王庙，虽然也照旧吸引着善男信女，却已今非昔比了。

"隆教寺"，《沁州志》《武乡县志》都有记载。该寺相传始建于汉，因大乘佛教的传入，人们习惯叫作"大乘寺"，原在毓龙山东边的"大寺凹"，后迁到村东北面的"寺圪台"，也叫"寺敦儿"，又因修路再次迁到村东出口处，现在叫"大寺上"的地方。该寺院里外三进院，有大雄宝殿、配殿、厢房、钟鼓楼、戏楼、山门等建筑。"隆教寺"不仅历史久、规模大、建筑精，还因有高僧普明师而大名在外。正因为"隆教寺"和"普明师"引出了沁县、沁源、平遥交界处的"三县寺"，也叫"山涧寺"，并留下了一个个妙趣横生的祈雨故事。隆教寺在战火纷飞的1942年被拆毁，如今又有五台僧人慕名前来，续起庙院，改名为"般若寺"。

五是"兴国观"，又名"老君庙"，位于村西南角的一个巨大的"龟背"上。道观坐南面北，主殿供奉"太上老君"，有东西配殿、厢房、戏楼、山门等建筑，"兴国观"创建年代没有翔实资料，却留下了一个神话传说：在深山老潭内苦修的老龟，实在不甘寂寞，总想着外面的红尘，于是犯律破戒，私自出山。太上老君发现后追到此处一脚踩住，巨龟被定住后在龟背上建下了"兴国观"，形成了巨龟古观的独特景观，成为龙泉古镇十景之一的"神龟探海"。抗战期间，道观萧条，年久失修，1947年被拆除。如今在原址上建起了烈士亭，成为缅怀先烈、接受爱国主义教育的活动场所。

龙泉古庙还不止这些，如"天池边"西南角的"菩萨庙""龙王庙"，西边的"山神庙"，村西北"明代峪"口上的"河神庙"，"西阁坡"下还有一座"五道庙"，村西南角暖水泉旁的"焦龙庙"等。此外，还有村东"庄的沟"口上的"郭氏宗祠家庙"，"圣母庙"东面"庙底"的"武氏宗祠家庙"，真可谓各种庙宇星罗棋布，形式多样，独具特色。

龙泉，太行山区的古老小镇，曾有这样布局严谨的古庙群，实属罕见。

会同村寻踪

赵兰舟　崔　明

会同村位于武乡县城西北约45千米处，全村161户，392口人，村域总面积10.88平方千米，耕地1345.9亩，人均耕地4亩。

会同建村至少在2000年以前，具有悠久的历史与灿烂的文化。据村民赵相全、王玉金等老人说：会同村的原址不在此处，而是远在村北一里处的阎家窑垴（亦称阎家五科）。这里背靠熬德垴，坐西北向东南，从阴阳学说讲是乾山巽向，为福泽荟荫风水之地。原村前一条河流奔腾滚滚、汹涌澎湃，自西向北日夜流淌向泉之头，汇入云竹河。而在村北，与源泽沟发源的另一条河流，交汇于青龙河。前几年有不少外地人来到熬德垴盗取文物，挖掘出许多大方砖、大灰瓦、罐、瓮……

相传，在古时候，阎家五科村人丁兴旺，商贾云集。有一天，村民王某家的一头母马产下一头"龙驹"。这可是千年不遇的祥瑞兆头，村里人欢天喜地，奔走相告。而主人王某是一位家财万贯的财主，更是喜上眉梢，乐不可支。对"龙驹"钟爱至极，视若明珠，精心呵护。一年后的中秋节，这一天，长工们上地收割庄稼，打运粮食，长工头领问王某："东家，今天是八月十五，大家劳动辛苦半载，今年粮食收成满堆，给大家改善一下生活吧！"王某笑道："是啊，伙计们辛苦不易，劳动有收获，咱不会亏待大家，中午就吃肉包子吧！"说罢，笑盈盈地骑上"龙驹"倏忽一下腾空而起，转眼就不见了踪影。

却说那"龙驹"驮着主人，不消一袋烟的工夫，就飞到了三百多里外并州府衙前东街上的一家包子铺门口。王某翻身下马，将"龙驹"顺手拴在了马桩上，并吩咐店小二说："店小二，这马怕惊动，请别泼水，也不要乱敲簸箕，记住啦？"说罢，便转身进入铺内买包子。这店小二听了王某的话，甚感奇怪，为何不让泼水，还不让敲簸箕？莫非有啥奥妙？想到这里店小二带着好奇心理，就顺手泼了一盆水，谁知，"哞哇……"一声震天动地的惊叫，顿时整个并州城里的牛、马、骡、驴等牲畜朝龙驹所在方位下跪不起……王某闻声跑了出来，脸色愠怒地对店小二说："叫你别乱泼水，就是不听，闹得满城惊慌不宁……"随之，将几筐包子驮在"龙驹"背上，翻身跨上"龙驹"，"嗖"的一声呼啸而起，直入云霄飞去，这满并州城的牛、马、骡、驴等牲畜才站立起来。

谁知，由于店小二乱泼水，惊动那"龙驹"一声震天吼叫，那声响被天上的值日星君听到，启奏于玉皇大帝，玉皇大帝听罢奏报，心生恼火。"龙驹"本是天上的神灵，为何村民不及时奏报天庭，敢私自据为凡间所有？随之降罪于阎家五科村，命天兵天将开赴下界捉拿"龙驹"，铲除村庄。阎家五科人闻讯，五色无主，魂飞魄散，赶忙扶老携幼，连夜举村迁徙，逃向村南外的红洼山躲避。当时村里有刘、王、张、常、陈等五大姓氏，人们都想以自己的姓氏重新命名村名。为此事，吵吵嚷嚷，众说纷纭，莫衷一是。一位长者说：大家都不容易，既然走到了一起，大家同心协力共建家园就好，我琢磨就叫"会同"吧，"同心协力，共建家园"，从此定名为会同。

其实这位长者极有文化，《尚书·禹贡》载："雷夏既泽，灉沮会同"。会同者，既有出典，又响亮、文雅、好听！

会同村有一座广福院，村民俗称为"大寺"或"大庙"。庙里有一通《敕黄记》古碑，该碑于金大定十五年（1175）勒石，碑高174厘米，宽81厘米，厚30厘米，碑刻内容分三部分：碑首篆额"敕黄记"三字，每字约10厘米见方；碑文上半部分为金大定三年（1163）二月尚书礼部下发的文牒，字体草书、行书皆有，字体大小不一，结构布局合理得体；下半部分是"广福院记"，全为楷书，每字1.5厘米见方，字体隽秀大方，极具观赏性，是武乡境内极有名的碑铭之一。

从《广福院记》碑文内容看，该寺庙初建年代为唐朝天复年间，初建人为潞州大都督府武乡县会同里太平军讨击使李公讳宝亮。寺庙建在村北土岗最高处，下瞰一村，岗势秀丽，院内有老松一株，虬拔屈曲，势若蟠龙，顶平似华盖，寿及千载，荫覆数亩，夏则风声瑟瑟，冷气袭人。李公宝亮常慕此景，于是征询堪舆家意见，庀材备料，唐天复年间在此建佛堂数间，以待过往僧道，后又造尊胜陀罗尼石幢。后数年，本里兵部散官王文楷塑造阿弥陀佛像，铸鸿镰，有大小碑铭一十四座。此后历经兵火，或废或兴。

直到金代大定四年（1164），寺院住持僧行念才收到尚书礼部下发的文牒，上级赐名广福院，是年行念和尚又度到门人善润、善广。从此该寺庙才有了正式名称。

这通碑刻勒石于金大定十五年（1175），立碑人为广福院住持僧善润，碑文由刘引济撰写（和信义里利应侯庙碑文出于同一人之手，利应侯庙位于信义西的白马山上），太原府太谷县清河张天篆书，襄垣玉工韩裕刊刻。

广福院始建于唐天复年间，距今已有1100余年，可见会同村立村应早于此年代。再看碑文中建庙人李宝亮建庙时院内有一棵"顶平似华盖"的千年古松，所以我们可断言会同村至少有2000年历史了。

2012年广福院大殿房顶椽檩腐朽漏雨，南殿后墙几近倾圮，村民议论纷纷，再不修缮，可能全部坍塌。时任支书主任匆匆招来榆社一施工队进行补修，不知他们出于何种目的，干脆拆毁南殿，变卖了南殿的插飞升斗和石雕木料，只修建了大殿房顶，至今村民仍怨声载道，修缮期间，工队在院内挖出大小不等的石佛像三个、脚踏莲花石佛身一尊，从雕凿的衣褶线条来看极具北魏石雕风格，如若真是北魏时代的石雕塑像，那么石雕佛像距今应有1500年左右的历史了。可惜从目前来看，除了广福院寺庙和2012年出土的石佛像外，没有其他历史文物或资料作进一步历史佐证。

据会同村村民口口相传，广福院建筑气势恢宏、造型独特，整个殿宇占地面积5亩，建筑面积达400平方米，正殿为佛堂5大间，东侧有关帝庙3间，阎罗殿3间，西侧有奶奶庙3间，西厢房学堂3间，南有南殿3间，南殿背面为戏台3间，正殿为歇山式构造，插飞斗拱，雕梁画栋，对称严谨，图案逼真，正殿庙宇进深五椽，殿内塑有三尊圣像。

南殿为弥勒佛殿，殿内壁画精美，图像逼真。可惜，东西庙宇毁于战争年代，南殿、戏台倾圮于20世纪70年代，整个庙宇只剩下孤零零的正殿。

"千里浮云遮望眼，一山总比一山高"。有一个会同村民口口相传的神话故事，也可作为会同古村落的另一佐证：村民相传该村"娲皇圣母庙"原来在故城镇温家庄的"黄豆面凹"，一天玉皇大帝发现会同村的樊氏山，风水奇秀，山脉通灵，是一块神灵宝地。于是，为娲皇圣母选择新的庙址。一天晚上，命会同及周边村庄的鸡、狗、牛、羊等牲灵禽畜背驮搬迁，一夜之间，将娲皇圣母庙迁址于相距十多华里的樊氏山。

樊氏山在会同村西南2.5千米处，这里山势险峻，清秀奇特，庙宇坐西北而面东南，在庙前半山坡有一"大龙池"，面积约3平方米，在庙后有一"小龙池"，面积约2平方米。水质清澈，味甜甘冽，常年涌流不息，澄碧潺潺。整个樊氏山浓荫蔽日，林丰草茂，春夏季节百花怒放，百鸟争鸣，好一幅人间仙境图画。"娲皇圣母庙"自古以来香火旺盛，每年农历四月十八日，善男信女顶礼朝拜，络绎不绝，摩肩接踵，人声鼎沸，呈现出一派火红热闹的非凡景象。2011年村民自发集资20万元，重新修起了娲皇圣母庙和龙王庙，重新为娲皇三姐妹云霄、碧霄、琼霄塑像，彩绘精美，形象逼真，栩栩如生，使该地恢复了中断多年的香火，相信会同村民会更加人丁兴旺，财源滚滚，会同村的古文化、古习俗也会进一步发扬光大。

可以说，这里差不多每一处名胜古迹、民居建筑无不承载着一段脍炙人口的美丽神话传说。这些传说无不蕴含着高深的哲理，闪耀着灿烂辉煌的智慧之花，体现着古老悠久的优秀文化。这里的名胜古迹很多，归纳为"一塔、一堂、四庙、十院",即文峰塔,王家祠堂,观音庙、土地庙、龙王庙、奶奶庙,上南院、下南院、当村院、上街院、西头院、南头院、村中院、刘家院、坡庄院、柏树院,均建于明清。纵观这些民居与庙宇之古建筑,整体格局错落有致,依山势梯次而建,三面环山,二水盘桓。整个村庄与山水相配,如鲤鱼跃龙门之势。如有权势的王家与张家之民居建造,豪华富丽,多数院落明显标志着文化内涵。

走进会同,只见山绿村秀,土地肥沃,水流清澈,人丁兴旺。在村里随处可见到石磨、石碾、石台阶、石门窗……这些古老的石器,体现着古村落悠悠历史,仿佛向人们倾诉着大自然的美妙故事。

明代廉臣庞清

武保秀

庞清生于元至正二十一年(1361),卒于明永乐五年(1407),武乡涌泉村人。据《武乡县志》记载,"庞清,洪武乙丑年进士,任监察御史,曾经被皇上传召而应召去迟,朱元璋质问其原因,答曰:'送父还乡'。皇上有疑,派人追上他父查看,发现只带了上坟用的几贯纸钱和一瓣子蒜,如实禀报。朱元璋笑着说:'你名清,果不愧对此名。'特写'惟清'二字赐予他。后升任扬州知府。去世后作为乡贤被供奉祭祀。"

庞清是明代开国著名廉臣。村南的"庞家圩"便是他的坟茔,因为庞家,才有"东庞家湾""西庞家湾"地名一直沿用至今。庞清虽然不是什么高官显贵,却因为几件事使他蜚声朝野,妇孺皆知。几百年来,庞清刚正不阿、清正为官的传闻,一直代代相传,经久不衰。

少年英杰　进士及第

庞清的少年时期，正处于元代末期的动荡岁月。那时蒙古统治者正在摇摇欲坠之中，国家分崩离析，困难重重。百姓们不甘忍受元朝统治者残酷剥削的苦难，纷纷揭竿而起，战乱连年不断，生活极端贫困。庞清少年时代就处在这样一个大的历史背景下，在心灵深处无不打下深深的烙印。幸好涌泉在当时是一个多家族共居的大村，村民们同生活、共命运，和睦相处，邻里为善，互相接济，共渡难关。古朴的民风在他幼小的心灵里深深地扎下了根，从小就刻苦钻研，勤奋好学，立下了报效国家的志向。

庞清的家境虽然不很富有，但也算一户较殷实的农家，为他学习提供了有利的条件。他从小就很懂事，为节约纸张，减轻家里负担，常常折枝为笔，铺沙为纸，写了又擦，擦了又写，日月相伴，岁岁如此，苦苦练字习文。由于他的不懈努力，渐渐显示出他的聪明才智和非凡天赋，成为邻村左右广为传颂的"神童"，也成为青少年们的学习榜样。苍天不负有心人。庞清终于出人头地，登场科考一举成功，皇榜有名。明洪武十八年（1385）中了乙丑科进士，这年他只有25岁，被称为"少年英杰，进士及第"。

清正为官　御赐"惟清"

明太祖朱元璋这位马上皇帝，多年征战，打出天下。建立明朝后在位31年，正是根治创伤、万事复兴、百姓重建家园之时。也正是这时庞清科场及第，进京为官的。相传，当时的科考前四名，皇帝还要亲自"殿试"，庞清正好是第四名。皇上殿试的命题是《治理天下的权力论》。庞清满腹珠玑，脱口而出："为官者往往最看重权力，这是无可讳言的。但为官者更要明白手中的权力是为百姓做事的，而不是为了个人享乐和压迫百姓……"皇帝听了深为赞许，当场点他为都察院监察御史。

原来，朱元璋在继废中书、罢丞相之后，又对中央监察、审判机关进行了一系列的改革和调整。原先，中央的监察机关称御史台，洪武十五年，朱元璋改为都察院，下设13道，110名监察御史。其职权是纠劾百官，辨明冤枉。凡是大臣奸邪、小人构党、擅作威福、扰乱朝政的，或是贪污舞弊、心术不正、变乱祖制的都要检举弹劾。

这些监察御史本来只是七品官，但在朝可监察一切官僚机构，出使到地方则是代表皇帝出巡，小事立断，大事可直接报告皇上裁决。庞清一出仕就受到了朱元璋的信任和重用。庞清没有辜负皇上的厚望，在监察御史的岗位上他一身正气，两袖清风，除污吏，斗贪官，刚毅不屈，为重振朝纲作出了不可泯灭的贡献。大家都知道，朱元璋当皇帝的31年中，曾公开镇压了几起大贪污案，其中最大的是郭桓案，郭桓案发时为户部侍郎。洪武十八年（1385），御史余敏等告发北平承宣布政使司、提刑按察使司的官吏李彧、赵全德等人，伙同郭桓等人贪污舞弊，吞盗官粮。朱元璋抓住线索，命令司法部门依法严加追查。这个案子后来又牵连到礼部尚书赵瑁、刑部尚书王惠迪、兵部侍郎王志、工部侍郎麦至德等高级官员和许多布政使司的官员。贪污盗窃的钱折成粮食达2400多万石。案件查清后，朱元璋下令将赵瑁、王惠迪等人弃尸街头。郭桓等六部侍郎及各地方布政使司以下的官员有上千人被处死。有牵连的官吏近万人被逮捕入狱，严加治罪。各地卷入这个案件的下级官吏、富豪，被抄家处死的不计其数。庞清初步仕途，就参与了这件轰动朝野的"天下第一案"的侦破、调查、取证、起诉工作。他身负皇命，忠于职守，明察暗访，一丝不苟。首先，以确凿的事实戳穿了名为"贡品"的假象，打开案件的缺口。他在办案中那种刚正不阿、不畏权势的胆略，以及不为假象所迷惑，善于捕捉机会，巧于突破，获取证据的智慧，发挥得淋漓尽致，得到了当朝同僚们的敬仰与赞佩，同时也受到了明太祖朱元璋的赏识和重视。

有一次，皇帝因急事召见他。皇帝亲自召见一个七品官，这是从来没有过的事。因而，他毫无思想准备，又正好有事外出，未能及时赶到。当他气喘吁吁赶到金殿，皇上向他问起因何迟到时，他一时诚惶诚恐，略带口吃地回答："送、送、送父还乡。"皇上见他面有慌色，口语不利，顿生疑心，认为有伪，便暗地派人立即出城向他父亲追去。当差官追上庞清的老父亲查看行装，打开木箱时只见里面放置着上坟用的香火两把，"纸钱"数贯，另有大蒜一辫而已。明太皇得到回报后，深有感触。他想这庞清不仅是一个清正廉洁的忠臣，而且还是一位不忘祖恩的孝子，真是忠孝双全，德才兼备。于是，深情地对他说："汝名清，今果一清至此，可谓不愧厥名矣"。龙颜大悦，随即提起御笔，御书"惟清"二字，赐予庞清。不久传下御旨，委庞清以重任，独当一面，外放扬州知府。

出任扬州　造福一方

明代扬州与先都南京仅一江之隔，人杰地灵，藏龙卧虎，商贾云集，集贸繁华，为两淮盐运中心，是有"扬一益二"之称的江南重镇，可见皇帝的委任是对庞清何等器重。但历史的事实是：经过十几年的浴血奋战，朱元璋双手接过的是一个经济全面崩溃、生产大倒退的烂摊子。在中国广袤的土地上，到处是啼哭呻吟的流民，是哀鸿遍野、饿殍满路的凄凉景象。杭州是五代和北宋时期的名城，后来南宋的京都。元代时人口曾达百余万，且是元末破坏最轻的地区，但元末人口死亡数也达十之二三。江南如此，江北更甚。唐宋时代的繁华胜地扬州，待朱元璋部将廖大亨攻取时，城里只有18家居民。新任知府因旧城空旷难守，只好在西南部截下一个城角，筑起城墙，权作扬州府城。

面对着这种残破衰败的局面，出身贫贱的朱元璋理解百姓的苦难，即位不久，就召见各地来朝的府州县官，对他们说，天下刚刚平定，百姓的财力非常困难，就像刚刚会飞的鸟不可拔它的羽毛，才种下的树不可摇它一样。现在必须让老百姓"安养生息"。

其实，庞清到扬州赴任时，经过十几年的"安养生息"，医治战争创伤，恢复发展社会经济，扬州已经相当繁荣了。庞清没负圣恩，到扬州走马上任后虽然是满目闹市、满脸迎奉，但他没有应酬于官场、漂浮于商市，被眼前的繁华而陶醉。而是按"为官一任，造福一方"的初衷，继续奉行本朝"安养生息"的大政方针，抢抓机遇，发挥优势，发展社会生产力。

为进一步发展农业生产，他根据扬州水利资源丰富的优势，大力开展水利建设。他到扬州上任的当年就发布告示，明确规定，凡是坡、塘、湖、堰，可以蓄水泄水防止旱涝的，都需要根据地势加以修治，官府要给予必要的补贴和奖励。按照朱元璋的命令，到洪武二十八年(1395)，共开塘堰187处，疏通河流162处，修建坡渠堤岸50多处，为农业生产的发展提供了有利条件。他还根据扬州得天独厚的自然条件和人民的生产生活习惯，创造性地贯彻执行国家的法令、政策，按现在的话说就是敢于创新，在赋税、种子、收益等方面实行保护和奖励政策，大兴渔业，大种桑麻。明确规定：农民凡有田地5亩到10亩的，必须栽种桑、麻各半亩；有田10亩以上的，种植桑麻面积要按比例递增。超额者给予奖励，违令者全家充军。

庞清在大力发展社会生产力的同时，利用扬州水陆交通方便的有利条件，大兴集贸市场，以流通促发展。他经常微服私访，深入民间，体察民情。时间不长，很快便发现市场种种劣迹。有的是官私合谋，倒买倒卖；有的是独行买卖，欺行霸市；有的是坑蒙拐骗，欺瞒百姓，等等。庞清不为金钱所诱惑，不惧权势所恐吓，秉公执法，打击了一批罪大恶极的"市霸""盐霸""河霸"，把整个扬州城治理得繁华而有序，百姓安居乐业。

庞清由于出身贫苦农家，不仅深深体谅农民生活的艰辛、物质的艰难。他常说："所谓俭约，非身先之。而且奢侈的开始，都是由小到大的。"他睡的床与普通人家的床没有多大区别，碗里还是那可口的"和子饭"，盘中仍旧放着清脆的"老腌菜"。至今，扬州民间还传颂着他的显赫政绩和种种美德。

廉臣冤案　千古之谜

一身清正、受人爱戴的庞清，得到了皇帝的赏识。可也因切断了不少污吏恶势的"财路"，得罪了一些王公贵戚。他们便一直怀恨在心、耿耿于怀，给他埋下了不幸的祸根。庞清长期在外为官，年老时思念故土，挂念家中老母，经皇上恩准，返乡省亲。高官返乡，总想要体面一点，于是妻子翻出所有的衣物，总是那一点陈服素衣，觉得很不适意，想来想去，实在没有个主意。还是"官家"见识广，他给庞夫人出主意说："多年不回乡，太妇人又年事已高，怎么说也得从扬州置些寿衣寿被、随葬之物"。庞夫人听了十分赞同。但她又知道庞清崇尚节俭，一生清廉，治家极严。于是吩咐管家，"要拣便宜耐用的买，不要怕笨重，不要怕占地方"。其实她心里已经有了主意——能装几大箱回乡不是就显得体面嘛！于是，她给了管家50两银子，管家遵嘱而去。经过两天的张罗，一切置办齐备，整整装了几大箱，便踏上了回家的路途。

庞清一行沉重的"行李"被一些贪官发现后，可抓住了"把柄"，急忙相互串通，联名诬陷上告。其时，时过境迁，当朝皇上已成为永乐帝朱棣。庞清远在扬州任上，新皇对他并不熟悉，只知其名，不知其实。那些贪官污吏说得有鼻子有眼的。永乐帝经不住那些谗言恶语，一时头脑发热，偏听偏信，以为庞清是善于伪装，巧夺民心，骗取虚荣，立时龙颜震怒，下旨查处。那些贪官恶吏们借机从中作梗，伪造罪证，断成冤案，草草了断，使这位三朝名臣含冤而死。结果开箱一看，全是一些普通的送老衣被，烧制的瓷马瓷鸟，笨重的石马石羊，总共也不值几个钱，更无金银财宝、苏杭锦绣。这一冤案震动了朝野，正直之臣纷纷为庞清上诉喊冤，请求皇上平反冤案。永乐帝得知实情后，追悔莫及，为失去良臣悲痛不已。他当即传旨为庞清平反昭雪，并为弥补过失，赐他一个刻有先帝御赐"惟清"二字的"金脑袋"，厚葬于故里涌泉。

直至近代，也曾有些不法之人，根据史传在涌泉村南庞家圪一带寻找庞清古墓，妄图得到"金脑袋"，却毫无结果。

廉臣冤案，千古之谜。庞清虽然没有给他的后人们留下什么"金脑袋"，却留下了一身正气的美名，永远激励着后人。

"天下廉吏第一"程启南
李驰骋

程启南，字开之，号凤庵。明朝嘉靖四十一年（1562）出生于上党武乡县信义村。万历二十九年（1601）与同邑魏云中联捷同榜进士，第二年授任襄阳推官；万历三十八年（1610）入朝任兵部武选司主事；万历四十一年（1613）升兵部郎中，迁济南道副使；万历四十七年（1619）升参政；天启元年（1621）升按察使，第二年（1622）朝廷"举卓异"，考核天下官吏，被誉为"天下廉吏第一"，迁任右布政使，不久转为左布政使，巡按山东。天启三年（1623）奉调回京，迁升太常寺卿。天启五年（1625）因弹劾权奸魏忠贤，被罢官归田。崇祯二年（1629）被重新启用，奉诏升任通政使；崇祯三年（1630）迁工部左侍郎，因办事干练,督建德陵有功,升工部尚书,加大司空服俸；崇祯四年(1631)，因不愿受宦官挟制而辞官归隐，直至清顺治七年（1650）十月辞世，终年89岁。

程启南一生"性刚果，多大略，博学工文"，做事光明磊落，清廉正直，循公奉职，为民请命，不谄权贵，大节凛然，为官三十年，处处留佳绩，受到官民的交口称赞。

察疾苦　为民请命

程启南入仕后被放任的第一站，为襄阳推官。当时，明王朝为了榨取百姓血液去补充自己腐朽的肢体，万历神宗帝大量派遣太监，充当税使矿监，利用特权，横行天下，劫夺商货，把持行市。无所顾忌地掠夺人民财富。这些太监出身的矿监税使，心理变态，心肠狠毒，手段残忍。他们巧立明目,强取豪夺,无所不用其极。逼得人们倾家荡产，卖儿卖女，投井上吊，情景十分凄惨。在襄阳，程启南目睹了人民群众于水深火热中的悲惨遭遇，心情十分沉重。当一位姓李的税监胁迫他为其征税时，被程启南果断地"骏言拒之"。并不顾官微职小，明确申明自己的主张："税宜节，阉当撤！"同时，他"言必行，行必果"，旗帜鲜明地鼓励和支持当地群众和矿监税使进行斗争，深受当地人民欢迎和爱戴。后来，由于全国性的"随我来，杀税官"的抗税和反税监斗争风起云涌，神宗帝慑于形势，只好将派往各地的矿监税使撤回。事实证明程启南的主张是正确的，是符合人民心愿的。所以，襄阳百姓感念程启南的恩德，奉程"与羊叔子同祠"。

万历四十一年（1613），程启南在辅臣叶向高等人的推荐下迁升山东济南道副使。他上任后，山东正遭受特大蝗灾，赤地千里，民不聊生。然而，各级官府不顾人民死活，不设法救济，反而横征暴敛，强逼赋税。程启南到任后，上疏朝廷，为民请命："乞不赋山泽，许得支官舍之储蓄，贝周委隶首"。也就是请求朝廷免除山野庄田和河塘池泽的赋税，并允许开官仓赈贝周百姓。经他再三疏请，终于得到朝廷允准，山东人民得以活命。在此基础上，他组织当地百姓积极开展抗灾自救，使山东人民迅速恢复了生产。所以，山东人民感恩戴德，在他升任太常寺卿奉调回京时，"民思恋不能已，为庙春秋奉祀，如在山南时"。

平巨寇　保境安民

程启南在山东先后任职10年（万历四十一年至天启三年，即1613—1623），屡官济南道副使、参政、按察使、右布政使、左布政使。在任山东布政使期间，恰逢巨盗徐鸿儒利用妖术聚众劫掠，在邹滕（今山东费、邹、滕、济宁、金乡等县）一带为害百姓，来如风，去如影，将10余座城池抢掠一空后扬长而去。当地官兵剿捕无力，眼睁睁地看其横行，一筹莫展。程启南得知后，"命历城令吴阿衡招白挺以歼之，逆憝叛党，如缚豕而槛送京帅，有旨赐金币"。程启南主持剿捕，智机果断地剿除了为害一方的害群之马，使百姓得以安居乐业。而后，将首恶槛送京师，不但得到朝廷的奖赏，也得到当地人民的热爱和拥戴。

程启南任职山东，心系故土。当他得知武乡老家权店至分水岭一带官道中，有大盗孔宪利用山高路险，沿途大肆抢劫民财、杀掠过往客商开设黑店、图财害命等恶行后，当即知会山西布政司，派兵剿捕。同时上疏朝廷，在权店特设守备衙门，委派守备一人，守兵三百名，确保一方平安，使故乡老百姓从此过上了安居乐业的生活。

莅职守　清廉正直

程启南以忠于大明江山社稷和天下苍生利益为己任，一生为官清廉，忠于职守，刚直果断，敢于言事。在任兵部武选司主事时，针对司衙中冗员过多，一些人任人唯亲，凭裙带和私人关系滥竽充数，冒空名、吃空纲、领空俸；将帅设置过滥，庸碌无能，人浮于事，相互掣肘办事效率不高，往往误事等种种弊端，直言上疏"三可虑"，明确提出了"清冒滥，屏私人、简将帅"等3项改革措施。这道疏文虽被朝廷"多所采纳"，但由于触动了当权者中好些人的既得利益而遭到了猛烈抵制。这些人明察暗访，想搜寻程启南的过错加以弹劾。但由于程启南"洁已敷政，除繁苛，持大体，廉而能平"，令他们无机可乘，大失所望，只好不了了之。程启南为官期间，曾历任湖、广、云、贵同考试官。作为主考大人，他始终奉行"不吃请、不受贿、不徇私舞弊，秉公执法，公正取士"的原则。当试毕夸官，他总是处处节俭，不吃宴席，不坐八抬，不打仪仗，而是骑一头毛驴，轻骑简从向百姓挥手致意。当人们知道，这便是威名赫赫的主考大人时，都无比惊奇而敬，争着说："这样的清官，天下少有。"

由于程启南为官清廉，忠于职守，受到官民的一致好评。曾有同僚向他请教获得官声民望的妙策，启南曰："凡民之事，先之劳之，则不令而行，虽勤不怨。"明天启二年（1622），朝廷考核天下官吏，"举卓异"，程启南被誉为"天下廉吏第一"。

斗阉党　大义凛然

明天启三年（1623），程启南以"天下廉吏第一"的官声操守，升任太常寺卿，奉调回京任职。这时，正是太监魏忠贤与熹宗天启皇帝的乳娘客氏狼狈为奸、专断国政、权势熏天之时。魏忠贤本系无赖出身，目不识丁，但因入宫时侍奉朱由校，并和客氏私通。由是得宠。熹宗朱由校即位时年仅十六，只知玩耍，一切大权尽落魏忠贤之手。朝廷内外趋炎附势者，如倪文焕、崔呈秀等，皆拜倒在忠贤门下，形成阉党，把持朝廷各要害部门，其名目有"左右护卫""五虎""五彪""十狗""十孩儿""四十孙"，等等。他们横行朝廷，败坏朝纲，杀害嫔妃、迫害皇后，一批忠直正派元老重臣如杨涟、左光斗、高攀龙、魏大中、叶向高等相继惨遭迫害，先后成了魏忠贤刀下之冤鬼。魏忠贤所到之处，官民遮道伏首，高呼"九千岁"，更有谄媚者竟高呼到"九千九百岁"。要知道，封建社会的皇帝也仅以"万岁"相称。由此可见，魏阉权势是何等登峰造极。更有甚者，普天之下都为魏忠贤这个目不识丁的太监大造生祠，有好些地方的生祠规模和富丽堂皇程度，甚至超过了皇家的宫殿。

　　就是在这样严峻的政治形势下，面对阉党弄权，倒行逆施，残害生命，祸乱天下，程启南义愤填膺，不顾自己随时可能招致的杀身灭族之祸，大义凛然，"抗疏劾之"。但所上奏疏均被阉党扣压不报，并多方采取对策，对他实行恐吓报复。就在这种"黑云压顶"的形势下，他仍不退缩，再次上疏，直陈利害。疏曰："自古治乱，荣辱之端在所信任。魏忠贤威移主上，倪文焕、崔呈秀等党羽摇唇膏吻横于世，指夷光为嫫母，借钩钜作刑书，以王振、刘谨之势加之郅都之手，不六翮尽空不止。今济州荒旱，彭城水决，江南地震，关中豕妖，反天不祥于斯见矣。乃尚有进玉玺赋凤仪者。臣愚以为，众正立，即朝之嘉祥；群枉至，即国之妖孽。今即使朱草日生于庭，麒麟在囿，臣犹以为无因而至，而敢为回面汉行，不思变辙者乎！臣实不欲同罢驴为群，与泪俱没。乞放臣还山。"

这次上疏，使魏忠贤大为恼火，于是"即日罢归"。罢官归田的程启南，针对天下争相为权奸魏忠贤建生祠，耗费国库粮银无度，造成国库空虚；而地方上的"豪贵"为讨好魏，争先恐后拿出钱粮为魏忠贤建造私家生祠的种种丑恶行径，作文大加讥讽和鞭挞，其凛然正气，宁折不弯，令人赞叹。可惜，程启南的这些杰作在传世中佚失，使我们不能体味程启南投枪匕首般的凌厉文辞，甚为遗憾！

绝仕进　退隐林泉

天启七年（1627）八月，在位7年，年仅23岁的熹宗帝朱由校驾崩，其弟朱由检即位，改元崇祯。新帝沉机独断，不久，夷灭了客魏阉党。"凡抗阉者悉起田间，己巳（1629）诏升启南通政使，荫一子，旌不附忠贤也。庚午（1630）廷议，以起部冗不奉职，群推启南素遵轨躅，不欲暴贵，谢之。"此后，程启南被迁升工部左侍郎。"百废俱兴，诸什器咸备"。然而，皇室的德陵工程，因贪官与商家勾结，故意拖延工期，借机大挖国库金银，致使这项工程"更数岁，工未就"。程启南上任后，洞悉其奸，于是大刀阔斧撤换督工官吏，并"召商责之，期以五月，砖木不至，法无贷"。商家素畏启南清廉正直，言出法随，再不敢故意拖延，加快施工进度，使这项工程顺利告竣。

德陵工程完成后，朝廷以其办事干练，政绩卓著，提升程启南为工部尚书，加大司空服俸。同时，按照成例，荫封一个儿子为官，被程启南坚决辞谢了。

按说，程启南在重新启用复职后，官运亨通，诸事顺遂。然而，好景不长，弑害明王朝躯体的顽症痼疾旧病复发，崇祯皇帝重新起用太监当政，致使"寺人之徒嗡嗡复进"。崇祯四年八月，任命太监张彝宪总理户、工两部，凌驾于尚书之上，大有阉党死灰复燃之势。程启南看破世情，不欲与宦官寺人为伍，一再上疏求退，其内容大意说："熹皇帝拱默中人有窃政者，似犹不足异。今天子英明，日夕望太平，而蹈覆辙，酿乱胎。臣恐忠贤未诛，而忠贤之类尚冀死灰复燃。不止羞朝廷，而辱当世之士也！"连上11疏，方获准告老还乡。

程启南致仕后，返归故土武乡，杜门谢客，绝意仕进，"长吏罕识其面"。然而他却无时不关注故乡人民的生活。时逢沁州武乡荒旱，而百姓徭役繁重，他不避怨谤，上书两院，呈请免徭减赋，使沁州豁免征粮累金3000余两。李自成义军攻占北京后，大顺朝廷知其清廉正直，曾下旨请程启南出山任职，启南斥之曰"方魏忠贤时吾不仕，今谓吾俱死耶？"严词拒绝。为了不受搅扰，程启南从告老回乡后所居住的县城，再次迁回老家信义故宅，专门修建一寨，取名"双修寨"。构筑草亭数间，终日钻研《周易》及各家医学专著，每有心得，纂翰为文。先后著有《易宗圣录》《阴符解》《也足园集易时草》《医学纂要》《集贤录》《心著集解》，等等。他家教甚严，不拘大小长幼，均要以节义仁慈简朴传家；无论贫富贵贱，均要以诗书礼乐为教。所以，子孙辈多有建树，世代为官，书香满门。

清顺治七年（1650）十月，程启南早晨起来，召集族人子孙，坐列床下，说"孰易如苇，孰化如毁，人生至促也。"说罢，和族人开棋局，"精彩倍张，至日中返舍，跌坐良久，语不及私而卒"，终年89岁。

天下四大家文豪之一程康庄
程春虎

程康庄，字坦如，别号昆仑，明朝万历四十一年即公元1613年生，信义村人。进士——工部尚书程启南之孙，进士——典籍员外郎程嘉绩之子,为信义程氏族13代。青年时代,跟随其祖父在京攻读。天资聪颖、刻苦勤奋、博览群书,尤擅诗文。他的诗文曾一度轰动京都文坛,公卿老宿均为之叹服:"比之齐晋,狎霸中原"。崇祯九年成为拔贡。清顺治十七年出任江苏镇江府通判。当时,沿江一带,社会治安混乱,直接影响群众的生产生活,程康庄想群众之想,急群众之急,无私为政,无畏惩恶,采取措施,群策群力,抚民治乱,安定了民心,发展了生产,受到了群众的拥护,威震江浙。康熙六年,调任安徽安庆府同知。在职期间,他全神贯注地投入治理一方山河,改变一方面貌,安定一方局势,调动一方力量,造福一方百姓的紧张战斗中。思民虑事,识体顾局,忠肝义胆,唯求进取,敢于担风险,敢于负责任,他以惊人的气魄、惊人的毅力、惊人的胆识、惊人的勇气、无私的胸怀、无畏的精神,排除一重又一重障碍,打退一次又一次干扰,铲平一层又一层坎坷,战胜一个又一个困难,通过深入细致调查研究,实事求是地平反了一批冤假错案,并组织群众筑堤修坝,大搞农田水利建设,加强治安防汛,严防堵塞盗贼入侵,民众安居乐业,大大促进了生产力的发展,深得民心。康熙十年,奉诏回京补官,而后调任陕西省耀州知州。康熙十四年后告老还乡。康熙十八年病卒于故里,享年63岁。附祀于信义村大司空祠堂。

程康庄自幼热爱学习,特别酷爱著书立说,善写诗文,具有学而不厌的精神。他常常给人讲:"学习是人生的伴侣,奋斗的根基,事业的先驱,成功的砥柱。学习可以与吃饭并论,食而养身延命,学而生聪启慧"。所以,他虽然一生居官在外,肩负重任,公务缠身,但手不释卷,除处理公务之余,他把全部精力投入读书写作,始终嗜学如命,一日不懈,持之以恒,日有所收,月有所获,智多识广,写出大量诗文,其诗作名噪江浙一带。在镇江府任通判时，与扬州推官王士祯，以文相知，诗简往来，和诗对赋，当时人称"上下江诗伯"。他的佳作《青溪遗事诗·和王士祯》，辞旨凄丽，读起来无不惊叹。尝登焦山搜六朝石刻《瘗鹤铭》遗石，另购善本，摩崖刻之，以补缺蚀。后人赋词记其事，传为盛世美谈。清朝著名文人陈维崧，批阅明代清初古文、诗词，不下数百卷，古文筛选出4家，诗词筛选出10家，编著成《四大家文选》。程康庄之作两得其选。陈维崧编就书稿伏案叹曰："甚矣！作者之多也，好者之难也！盖百余年来，写文章者不下百家，但可传世者独数人。武乡程康庄古文，则以险绝胜得之柳。"程康庄著作等身，有《自课堂集》《秋山红树阁诗集》《眷西堂集》等佳作传世。清代《沁州志》《武乡县志》中，均载有其诗作和散文10余篇。民国年间，山西文献委员会编纂出版的《山右丛书》《自课堂集》被选入近万言，许多知名人士为之作序，文人无不咏叹！

程康庄一生，是"三书""三写"的一生。读书、爱书、藏书，所得薪俸，多数用于购书。书，昆仑先生之宦囊也！因而，成为山西省历史上有名的藏书家之一。善写、常写、多写，他把公务之余的时间全部投入写作，成为清初四大家之一。所以，至今已有360多年的历史，在全国各地仍流传着"天下文章数三江，不胜武乡程康庄"的赞誉！

武乡地方党组织创始人李逸三

李 江

1937年春天的一个日子里，阵阵"打倒日本帝国主义"的口号声和救亡歌声，自远而近，此起彼伏，飞越高墙，传到太原山西反省院内。一位身着囚服的政治犯在侧耳静听。他联想到前些日子在反省院门外大街上出现过的"庆祝'三·八'国际妇女节"的横幅标语，不禁暗自兴奋，认为时局是在发生变化。他决定抓住这个时机提出出狱的要求。为此，他发动难友们共同行动。当反动当局迟迟不答复这个要求时，他们在当年5月中旬发起了绝食斗争，绝食的第二天，当地报纸就做了报道。反动当局迫于监狱内和社会上的强大压力，在绝食的第四天，就无条件地释放了狱内全体政治犯。

发动并领导这次斗争的人，就是参加过大革命时的征战和广州起义，为创建洪湖苏区出生入死，山西武乡县中共党组织的创始人，曾一再被反动当局追捕逃脱，两度被捕判刑的李逸三。

李逸三，原名李楷，1906年11月1日出生在山西省武乡县一个富裕中农家庭。可能是因为他的父辈以上数代单传的关系，他们几个兄弟姐妹，尤其是身为长子的李逸三，颇受父母钟爱。在欢乐和睦的家庭气氛里，李逸三自幼养成了乐观直爽、敢想敢为的性格。他6岁入私塾，8岁入小学，12岁入武乡第四高级小学，一年后因违犯封建陈旧的校规而被除名。1921年，李逸三考入武乡县乙种农业学校。他精力充沛、思想活跃，对农业学校陈旧落后的课程颇不满意，便在课余阅读大量书刊。这些书既有宣扬无政府主义的，也有上海出版的《劳工神圣》，更多的则是"五四"以来提倡科学民主和白话文的，使他十分入迷。这个学校的师生多数是思想保守、落后的，而李逸三等少数人则赞成科学民主，反对封建迷信思想。农业学校办在瘟神庙内，有不少同学给瘟神献香叩拜，乞求平安，被李逸三视为愚蠢无知。有一天，李逸三壮着胆子跳上神座，把瘟神像的眼睛挖掉，从而得了个"火星客"（即外星人）的绰号。

1924年李逸三在农校毕业后，考入武乡县立师范。该校有一位教师名籍雨农，是秘密共青团员，经常给学生们介绍一些国内外大事和革命道理，对李逸三很有影响，二人关系密切。1924年的4月至5月间，李逸三因不满意县立师范的落后状态，带头向县政府提出了撤换顽固校长的要求，并为此发动了罢课。学潮延续了一周，结果不但没有达到预期的目的，李逸三反而被学校开除。这次斗争虽然失败了，但使李逸三对旧社会的黑暗，以及社会上盘根错节的腐朽势力有了更清楚的认识。他下定决心为改造这个社会而斗争下去。

1925年夏，李逸三考入太原国民师范学校。当时正值大革命时期，代表革命力量的国民党，可以在太原半公开活动，政治气氛也较活跃。李逸三很快就站在拥护大革命的一边，并参加了国民党。1926年春，他担任了国民党太原市党部工人部长，利用课余时间开展社会活动。

1926年夏，李逸三同国民党省党部委员焦金棠去武乡建立了国民党武乡县县党部。同年秋，他和同乡武灵初、高沐鸿等人在太原组织了"星光社"，出版油印小报《星光》，揭露了武乡的贪官劣绅鱼肉乡里的恶行，激发了武乡青年的斗争精神。在群起奋争的压力下，武乡县的反动县长被迫逃之夭夭。这是武乡群众在大革命时期取得的首次胜利。

在太原一年半的生活开阔了李逸三的视野。他所瞩目的已经不是一个县、一个省，而是全中国。大革命正在南方轰轰烈烈地进行着，他决心去南方投入火热的斗争。他在友人资助下筹集了路费，于1926年12月动身，取道天津、上海去武汉。从天津至上海他乘的是日本轮船。当他看到高等舱位的梯口旁挂着"洋人在上，华人止步"的牌子时，登时怒火满腔。他立志一定要寻找富国强兵之路，彻底血洗炎黄子孙所蒙受的一切耻辱。

1927年1月初李逸三到达武汉，适逢武汉工人和市民在刘少奇、李立三领导下掀起了声势浩大的反英斗争,并强行收回了英租界,这使李逸三大受鼓舞。他很快就考进了中央政治军事学校(即黄埔军校)武汉分校,编入第五期学习。当时这所学校正由张治中主持,政治总教官为恽代英。李逸三在课余埋头读了河上肇的《政治经济学》和博格达诺夫的《通俗资本论》,加上他在太原读过《共产主义ABC》等书,使他对马克思主义有了比较系统的认识,对共产党也有了进一步的了解。同年3月下旬,他给太原国师同学薄一波、李雪峰等人办的青年学社写信,表明他赞成马列主义并拥护共产党。青年学社曾把此信张贴在公告栏里。

同年5月夏斗寅叛变后,黄埔军校武汉分校编为中央独立师,在师长叶挺带领下开赴贺胜桥一带,同叛军展开激战,取得胜利后于6月回师武汉休整。这次战役使李逸三经受了初步锻炼。

同年7月底,中央独立师以东征讨蒋为名乘船东下,准备参加南昌起义。8月2日到九江后,未来得及登岸即被张发奎的第四集团军缴械。后经四军参谋长叶剑英等斡旋,独立师被改编为四军军官教导团,由叶剑英兼任团长。

大革命的失败使李逸三深感痛心,也使他清楚地认识到,只有共产党才是中国革命的坚强力量。1927年9月四军教导团开到广州后,他经同连学员严育英的介绍,提交了入党申请书,同年12月广州起义前夕,他被批准为中共党员。

广州起义的当天,李逸三所在部队攻克公安局后,奉命攻打张发奎的司令部。在激烈的巷战中,一颗子弹从李逸三的右眼大眼角旁穿入,从左太阳穴飞出,他随即被送进医院。当起义失败他接到撤退的通知时,敌人已攻入市内,占领了交通要道,使他同部队失去了联系。他趁市面混乱之际冲出市区，在田野里躲藏了三天，换上便装后又潜回市区，住在朋友家养伤。一个月后适逢薛岳的部队在广州招兵，他遂去薛岳部当兵，任炮兵营上士文书。自此时起他化名为李逸三。

1928年3月薛岳开到浦口，李逸三以探亲为名请假，去上海寻找党组织。三个多月后他才和党组织接上关系。中央要他仍回薛部做兵运工作。他回薛部后担任了黄镇球旅部的准尉录事，并遵照中央指示秘密发展党员，成立了以他为书记的特别党支部。

1929年3月，薛部从山东移驻湖北宜都。同年6月李逸三去上海向中央军委汇报工作。回程途中经武汉，在旅舍中军警查夜，发现了他携带的党刊和宣传品。他趁敌人未及醒悟的瞬间，身着内衣和拖鞋溜出旅舍，摆脱了敌人的追捕。不可思议的是，第二天当地报纸竟然登载了严查共党要犯"李立三"武装来汉策反的通缉令。因军装和护照等物落入敌人手中，回薛部是不可能了，他在武汉隐蔽一周后返回上海。

1929年8月，李逸三参加了党中央在上海静安寺路举办的流动训练班。在该班讲课的有李立三、恽代英、杨殷等。一个月后，李逸三被派到洪湖苏区工作，当时洪湖苏区正在初创阶段。李被派到在石首县一带活动的鄂西游击队第二纵队任政委，第二纵队司令员为段玉林。

同年10月，公安、石首等三县的伪团防局纠集500多兵力进犯洪湖苏区的中心小河口，当时游击二纵队留驻小河口的只有一个中队，共百余人。游击队先是隐蔽，然后趁敌人回防登船的时机突然发动进攻，当地群众也奋起参战。敌军大乱，大部分缴械投降，两个县团防局的头目被活捉。这次战斗我军仅有3人负伤，缴获长短枪300余支、机轮一艘、帆船两艘。战后总结了"半渡而击"的经验，丰富了游击战术。

这次胜利，使游击二纵队声威大振，很快发展到1000多人，此后又陆续打了几个漂亮仗，扩大了根据地。

1930年年初，洪湖苏区成立红六军，下辖两个师，即原鄂西游击一纵队改为十六师，二纵队改为十七师。李逸三任十六师政治部主任，师长是段德昌。同年夏，李调任红六军秘书长兼洪湖军事政治学校校长。红六军由军长旷继勋、参谋长许光达、秘书长李逸三组成前委，前委书记为旷继勋。

1930年12月，李逸三由湘鄂西特委派赴上海向中央军委汇报工作，并带去两斤黄金的党费。军委刘伯承带领他参加了中央的会议，会议由瞿秋白主持，参加会议的有刘伯承、叶剑英等人。会上李逸三向中央报告了洪湖苏区的情况。会后，中央军委要他带四个人同去洪湖苏区。他们行至靠近洪湖的金口时，因同行人员说话不慎，引起反动军警的怀疑，把他们押到武汉军事法庭受审。同行人员供出李是洪湖苏区教员，李逸三因而被判处三年徒刑，被押送到汉口军人监狱服刑。1931年长江发大水，军人监狱楼下被淹，牢房紧张，南京政府发布了疏通监狱令。李逸三服刑一年后，于1932年5月依据疏通监狱令获释。

李逸三出狱后，去上海寻找党组织，适逢上海的党组织遭到敌人严重破坏，致使他用了几个月时间也未能找到。无奈，他于1932年10月回到原籍山西武乡。

他原想在家里暂住一个时期再回上海，但是当他看到故乡的农民在贪官豪绅残酷压榨下急剧破产，挣扎于饥寒中的惨状时，就坐不住了。他深入贫苦农民和知识分子中广交朋友，并发动他们起来斗争。他首先同贫苦农民李尚文等秘密组织起"抗债团"，1933年春又同武乡县名作家高沐鸿等人在县城创办《武乡周刊》，公开进行反对帝国主义、封建主义、官僚资本主义的宣传活动。接着又办起"武乡流通图书馆"，利用合法形式暗中传阅革命书刊。

他还多次去武乡师范学校作报告，介绍马克思主义的基本观点，传播苏区斗争消息，启发青年阅读进步书刊。同年夏天，他依据有关资料，编写了《二次世界大战》一书公开出版，阐述帝国主义之间的斗争必然再次引发世界大战，大战结果必使世界上出现更多的社会主义国家，启迪青年投身革命。

1933年8月，李逸三终于在太原找到了党组织。中共山西特委指示他回乡建立党组织，开展工农运动，准备实行土地革命，为建立苏维埃和工农红军创造条件。李回县后发展了一批党员，并于当年8月中旬组成了县委领导机关。中共山西特委任命他为中共武乡县委书记，武乡县委在本县中、东、西部各建成一个党支部，同时以县立师范学校为中心建立了共青团组织。同年9月出版了党刊《上党红花》。为了准备武装斗争，县委选派了党员打入县公安局内，并发动党团员和抗债团成员参加本地拳房的练武活动。抗债团有组织的活动很快受到贫苦农民的拥护。地主豪绅们迫于农民群众心齐势众，纷纷低头减轻租息。同年冬，武乡县委领导了一场取消田赋包征制的斗争并取得了胜利，使农民免除了层层中间剥削，并使鱼肉乡里的中间商号大批倒闭。

武乡一带农民运动的兴起，引起山西反动当局的恐惧。恰逢1933年冬北平党组织遭到破坏，反动警宪在山西旅平青年的住所查获了武乡周报的函件。山西反动当局据此把武乡一带列为山西四个赤区之一，并于1934年春节逮捕了李逸三。李逸三一到县衙，即被钉上脚镣、加上手铐。但他大义凛然，傲然蔑视公堂，同反动当局进行了坚决斗争，轰动了县衙，这是反动当局始料不及的。这个消息传到外面，稳定了群众的斗争情绪。武乡周报社和流通图书馆虽然被查封了，但中共武乡县委经改组后继续坚持斗争，抗债团没有受到破坏。

李逸三很快被押送到太原。太原法院对他进行多次审讯，仍然得不到任何口实，最后只能以他所著《二次世界大战》一书为借口，给他定了"宣传共产"的罪名，判处六年徒刑。在法院看守所，李逸三等政治犯为了改善生活待遇，发动了一场绝食斗争，六天后取得胜利。不久，高等法院驳回了李逸三的上诉书，把他押送到太原第一监狱服刑。

在太原第一监狱，李逸三被列为"政治要犯"严格监管，长期钉着脚镣，不准他接触任何报刊书籍（线装书和字典除外），使他的身心受到严重摧残。即使在如此恶劣的条件下，他仍然不肯虚度年华，仅凭着一部字典钻研起文字改革来。他对文字改革的兴趣，就是在那里培养起来的。

1936年12月，李逸三被转押到山西反省院服刑，于1937年5月被释放出狱。

李逸三出狱后，看到全国正在形成抗日民族统一战线的局面，形势的好转使他深受鼓舞。他来不及休养，便拖着羸弱的身躯，应邀到山西新军军政训练班去作监狱斗争的报告，随后参加了该班的学习。当年7月，他被派到山西新军军官教导团五团一营二连任政治指导员。

20世纪30年代中期，中共山西党组织连遭反动当局的破坏，致使李逸三出狱后，一时接不上组织关系。1937年7月，他经同团六连指导员、地下党员靳云汉的介绍重新入党。

同年9月，李逸三调任决死一纵队二总队三大队（营）教导员。1938年春，二总队在虒亭同日军交锋。在粉碎了日军九路围攻后，去沁县驻防，转入保卫根据地、建设根据地的游击战。同年4月，李调到游击二团任政治部副主任、代主任。

1939年春，李逸三调任太岳区保安司令部民运科长。同年夏末，日军合击太岳区，太岳军区命令保安司令部从沁县向沁源转移，以避开敌人。在行军途中，李逸三凭着过去游击战的经验，提出应向相反方向转移，司令部采纳了他的建议。事后证明，沁源县城正是日军的合击点。他的建议使我军避免了损失。

1939年春，李逸三调任保安一支队支队长。1940年春，调任太岳军区总教官，后又调到军区卫生部去敌占区采购药品，并在敌占区组织了为我军服务的秘密组织"决死队之友社"。1941年春，调任岳北敌工站长。1943年夏调任军区政治部敌工部干事。

在抗日战争时期，李逸三曾接受党的长期考验，从1938年夏开始，在近七年的时间内中止了他党的关系。直到1945年春在他参加了为期一年多的太岳整风学习后，才恢复了他党的关系，确认他是1927年12月入党的党员。这个在敌人刑讯面前铁骨铮铮的汉子，面对党的组织，犹如孺子般柔顺，默默地接受了长期审查，自觉地服从党的安排，一心一意做好每一项工作，表现了一个优秀共产党员的鲜明党性。

1945年春太岳整风学习结束后，李逸三去太岳军区政治部任宣传部副部长、代理部长。

1947年春，李逸三调到北方大学。高等教育对他来说是一种全新的工作。但他深知培育青年的重要性，乐于从头做起。他先后任北方大学行政学院、文教学院的教务科长、代理院长。1948年夏华北大学成立后，他担任华北大学二部党总支书记。1950年春中国人民大学成立后，他历任中国人民大学专修科党总支书记、预科主任兼党总支书记。从1953年开始，他历任中国人民大学党委各届常委兼组织部部长、人事处处长，1955年开始兼任党委纪律检查委员会书记、监委书记，1956年开始兼任党委统战部部长。直到1964年秋他调离学校为止，在长达18年的时间里，他从基层开始，通过辛勤实践，积累了丰富的办学经验。

在学校的日常工作中，李逸三一贯平易近人、态度和蔼，颇有民主作风，善于团结同志共同工作。在学校党的组织建设方面，他正确地贯彻了党的组织路线，在青年和知识分子中培养、吸收了大批党员，壮大了党的队伍。对一些犯错误的党员和干部，他一贯坚持惩前毖后、治病救人方针，从不简单轻率地处分一个人。对某些推一推、拉一拉的问题，他一贯坚持拉的态度。

他忠实地执行了党的知识分子政策。他认为，中国知识分子的绝大多数是爱国的，经过教育和帮助，他们是能够拥护党的领导和走社会主义道路的。他认为中国的革命和建设需要更多的知识分子参加，应该同他们以诚相见，共同工作。他也善于和知识分子交朋友。

在1957年整风运动和反右派斗争过程中，李逸三始终对"大鸣大放"和"引蛇出洞"持不同看法，认为这样会人为地激化矛盾，扩大打击面。在界定右派的过程中，他主张实事求是地区分不同性质的矛盾。有时为了一些人的问题，讨论—调查—讨论，几上几下才定下来。由于他和其他同志的共同努力，在一定程度上缩小了打击面，保护了一批人。

中国人民大学1959年开展的反右倾运动和1960年开展的反修教学检查，使一大批人蒙受冤屈。1961年对这两次运动进行甄别时，李逸三坚决主张全部彻底平反。经过党委常委认真讨论，终于通过了他的意见，并上报了领导部门。在1962年校党委召开的26次常委扩大会上，他旗帜鲜明地批评了上述两次运动中"左"的错误。

当时，李逸三的态度并不是所有的人都能理解的。1957年以后，"左"的思想逐步升级，有人认为他思想右倾。特别是1961年为两次运动中的冤假错案平反时，有人指责他否定成绩。但是种种压力都不能使他改变态度。他一生淡泊名利，胸怀坦荡，从不纠缠个人恩怨，更不顾个人得失，始终比较实事求是，对学校的建设起了积极作用。

1964年8月，李逸三奉命调去中国科学院，任植物研究所党委书记兼副所长。他决心把自己的余年贡献给祖国的科研事业。但为时不久，一场史无前例的十年动乱就开始了。直到十年动乱结束后的1979年，中国科学院党委才给他做了完整公正的结论，彻底推翻了强加在他身上的污蔑不实之词，并特别指出他在20世纪五六十年代学校工作中，坚持了比较实事求是的态度，是"难能可贵"的。

1979年，李逸三去中国社会科学院文字改革委员会帮助工作了一个时期后，于1980年调到国务院任参事。这时他已年近耄耋，完全有条件悠闲舒适地安度晚年。但是他深知十年浩劫已经给党和国家造成了极为严重的灾难，他认为在百废待举的情况下，光靠国家力量办学，是难以满足现代化建设需求的。从1980年开始，他进行了广泛深入的调查和协商，于1982年创建了全国第一所民办大学——中华社会大学。1983年他又创办了一所专门招收失学社会青年的民办大学——朝阳科学文化大学，1984年更名为培黎职业大学，并担任培黎职业大学校长，先后办起八所分校、一个针灸学院、四个直属系，共30多个专业，招生4000名，已有毕业生3400名，为国家的四个现代化建设培养、输送了大批合格人才，受到社会上广泛欢迎。1989年，中华老龄委员会为了表彰他的办学功绩，授予他"老有所为精英奖"。

李逸三的生活道路是不平坦的，但这恰好映照出他对党的忠诚和坚忍不拔的革命精神，也使他的经历带上了传奇色彩。

走进国家级传统村落——泉之头村

胡海涛

水润古村留芳华

在武乡县有一个美丽的小山村，它有一个美丽的名字，却不被人所知；它拥有媲美江南的风景，却少有人欣赏；它有众多美丽的传说故事，众多民俗流传，却湮没在历史红尘中；它更有着气势恢宏的明清古建筑群，在岁月的沧桑中等待保护与修缮……

它就是泉之头村，一个依山傍水、清泉流淌、风光旖旎的小山村。这里远离城市的喧嚣，有着清雅幽静的良好生态；这里保存完整的民居古建筑群，处处显露着昔日的雍容华贵；这

远眺泉之头村

里林茂草丰、水清山秀，秀美风光不输江南。2016年年底，泉之头村入选国家传统村落名录的消息一经公布，昔日藏在太行山深处的这个小山村，由此向世人揭开了它神秘的面纱。

泉之头村位于武乡县西北部，隶属于武乡石盘农业开发区，因村子周边泉水众多而得名。它距离武乡县城有45千米，与晋中市榆社县的云竹镇相邻，离知名风景区云竹湖不到2千米。村子依山傍水，山环水绕，绿树成荫，自然环境得天独厚。

整修之前的井泉

整修后的井泉

·239·

除了有湖泊水景，这里还有流淌清泉的古泉井，有着保存相对完好的明清民居建筑遗存。村子选址讲究，布局合理，格局奇特。村中街巷沿山坡蜿蜒延伸，民居建筑风格整体一致、局部多变，古庙、古宅、古泉、古塔，无一不在诉说着泉之头村古老的历史和沧桑的故事，也在彰显着这座古村落非凡的历史文化魅力。

七星泉边起房屋，上栋下宇待风雨

四月底，杏花盛开时节。记者一行在长治日报武乡记者站站长孙发明的陪同下，前往武乡西北端的泉之头村寻幽探胜。

泉之头村有据可考的历史有500多年，村子并不大，只有300多口人，陈姓居多，而且是同一个始祖，世代繁衍延续至今。

居住在泉之头村的陈氏在这里耕读持家，后代或苦学上进、或经商学艺、或习武保家，世代繁衍人数渐增，而且代代有人才，家族遂逐渐兴旺起来，陆续修建的房屋也成了当地的标志性建筑，现在遗存的这十几处明清民居院落都是陈氏家族各房的，至今部分院落还有后人居住。

泉之头村的村名很美，顾名思义和泉水有关。村子东边有一眼清泉流淌，清甜可口，冬暖夏凉，四季不断，养育了全村人，村子因此得名。

另一说是，此地村东古时候为一片大水，铁拐李路过此地讨水喝，一口将水喝干了，人们急忙追赶，铁拐李在仓皇之中漏下了一口水，化为泉眼。除了村东这一处泉井，在村子东南的田地里还有两眼泉，泉眼淌水处，小的大约五米方圆，大的十几米方圆。

近年来，随着泉之头村开发文化旅游的不断推进，人们惊奇地发现，留在泉之头这片土地上的泉不止这几处，大大小小共有七处。更神奇的是，这七处泉眼的分布排列位置，竟然和天上的北斗七星暗合，这不能不说是个吉兆。

再加上村子三面环山，地形较封闭，背靠大山，东南与村西小山回环合抱，呈狮头、卧虎之势。豁口处有自西向东、自南向北的两条河，两条河水交汇后，顺地势缓缓流向村东北，最后注入云竹湖。东南突兀的小山像一颗珠子，与两河形成二龙戏珠的绝佳地理，这在古人眼中是风水宝地的象征。

风水之说是古人的一种朴素信仰，其中迷信的东西自当抛弃，但古人据此挑选、创造宜居环境的方法和经验值得借鉴。陈氏家族就是看上了这里的好风水，才不惜财力代代兴工修建住宅院落。

现在保存下来的12座院落建筑风格整体比较一致，无论是一进两院，还是一进三院、五院，都是砖土木结构的抬梁式建筑，以两层四合楼院居多。

特殊处在于，古民居无论正房厢房，都是悬山顶，房顶超出山墙，伸出山墙的檩条，加博风板保护，博风板上饰以悬鱼、惹草。这一方面是体现建筑等级高于普通民宅的硬山顶，另一方面也有利于防雨，在南方民居建筑最常见。另一个特点是，大多数正房为前廊式二层楼房，檐柱外露，正面无墙，门窗一体，直通到顶，雕饰精美。

《易经·系辞下》有言："上栋下宇，以待风雨。"说的就是古人修建了土木结构的房屋躲避风雨，改变了穴居的环境，体现了人类文明的进步。

泉之头村的这些古民居，既占据了好的生活居住环境，又体现了当地村民建筑智慧的结晶，也为研究北方民居独特风格提供了重要的实物资料。

民宅雕饰现龙头，百年谜题待人解

众所周知，龙是中国古代最大的神物，皇帝又自诩为真龙天子，所以，在皇宫中，龙形雕刻比比皆是，它是权力的象征，又是地位的展现。

在等级森严的古代社会中，这样高等级的神物，普通民居建筑中是不允许出现的。就如同建筑构件斗拱一样，代表了封建礼制的严格规范，也是辨别建筑物等级高低的标志，一般民居难得一见。然而，在泉之头村现存的这12座明清民宅中，却普遍存在着龙头雕刻。泉之头村的古民居虽然也是砖瓦木结构，但用砖少，用木料特别多，土坯墙多。正房一般都是五间前廊式楼房，檐柱外露，房梁端头伸出。

无论是一楼还是二楼，正面都不设墙，全部都是通到顶的木隔扇，

外新院正房全貌

外新院正房的龙头雕刻，龙嘴里的彩绘依稀可辨

这种结构形式十分罕见，在我市其他古村落中未曾见到，只有南方地区多见。

在这些正房向外伸出的房梁端头，全部都有雕刻，而且以龙头形居多。这些龙头雕刻大都比较简单而且形制小，唯有两家院落的正房横空飞出六个木雕龙头，霸气夺目。这两个院落一个是当地人俗称的外新院，一个是沟里院。

外新院正房的这六个外露的梁端龙头，四面雕工精湛，龙头张着大嘴，吐着舌头，龙睛鼓出，龙鼻卷翘，龙角后仰，威猛可畏，气象森严。再加上屋顶使用的是筒瓦，建筑级别很高。

为什么在这两个院落里会有这么夸张的龙头雕刻装饰？还使用了高等级的筒瓦盖屋顶？这么明显的逾制建筑怎么会出现在这个偏僻的小村庄？陈家为何敢冒极大风险使用皇家专用龙头雕饰？数百年来，一直是个谜。明清时期，从王公大臣到普通庶民，建造房屋都有严格规定。如清朝在《八旗通志》《清实录》《清会典》等文献中对各级王宫府邸营造的规模都作了规定。

据光绪朝《大清会典》卷五十八"工部"记载："亲王府制……正殿七间，基高四尺五寸……饰以五彩金云龙纹，禁雕刻龙首……楼房旁庑，均用筒瓦。"

对此谜题，最可能的答案是，这里和其他古民居常见的使用斗拱构件一样，主要源于清中后期等级制度松懈，加上地处偏僻，无人举报，所以有权有势的大家族盖房子可以放纵一些，所谓山高皇帝远没人管。

隔扇精品集大成，梁枋彩绘吸眼球

前面所提到的泉之头村古民居的一大特点是，正房正面无墙，门窗一体通到顶。从记者一行走访看到的实物来看，这是一个普遍现象，也是最令人感到奇怪的一个建筑形式。

一般来说，上党地区地处北方，冬天天寒地冻，建造房屋墙壁越厚，保暖隔热的效果越好，相比较于其他古民居富裕人家墙壁厚度超过半米的情形，泉之头村的古民居倒是很像江南地区的房屋。

三开间整排一通到顶的隔扇门

记者一行沿着村中的小巷，逐个走访这些颇具江南风格的前廊式楼房，欣赏它们那少见的独特的一通到顶的隔扇，这也是泉之头村古民居最大的一个特点。

隔扇又写作槅扇、格扇，也有地方叫作长窗，属于传统建筑里面门的一种形式。它安装在金柱（檐柱后面的柱子）之间，整排使用，一般为四扇、六扇、八扇。

精美的古民居影壁

泉之头村的古民居隔扇门都是一间四扇，中间两扇对开，有的人家还在外面再安置纱门，三间、五间整排使用的隔扇门看起来蔚为壮观。

隔扇是最具中国传统建筑风格的装饰构件，也是一座建筑物上最吸引人目光的审美中心，它是中国传统建筑中的艺术奇葩。

隔扇由下部绦环板、裙板，上半部的隔心（也作格心、槅心），以及顶部的横窗组成，而这隔心和横窗就成了隔扇门的点睛之处，因为这两个地方采用了复杂的装饰处理手法，构成了一幅幅精美的图案，呈现了美轮美奂的装饰效果，美不胜收，极具震撼力，也极具研究价值。隔心俗称窗棂，主要装饰手段就是用木棂条按照房屋等级和主人期望，雕刻、插接、组合成不同的图案。

这些窗棂图案历经数百年保存依然完整，它们不仅是泉之头村古民居在特定年代背景和特殊精神需求下产生的一种艺术，更是中华民族文化传承的一个载体和体现，有着深厚的文化底蕴。

明清是我国传统建筑发展的最后一个高峰，除了砖木石雕外，还有一个装饰手段就是彩绘。这一点我们在其他传统村落古民居中曾看

随处可见的精美彩绘和窗格图案

到过，但像泉之头村的古民居这样大量、大范围地使用彩绘的做法，还是比较少见的，尤其是还保存至今，十分难得。

在建筑物上施彩绘是中国传统建筑的一个重要特征，也是建筑物不可缺少的一项装饰艺术。它原本是施之于梁、柱、门、窗等木构件之上用以防腐、防蠹的油漆，后来逐渐发展演化成为彩画。同样，古代在建筑物上施用彩画，也有严格的等级区分，不同性质的建筑物绘制彩画也有严格的区分，有兴趣的可以查找相关资料。

泉之头村的古民居彩绘现存的一般都在门楼、梁、梁端、额枋（前后横梁）等处，根据外露面积的大小，用多彩颜料绘制不同的图案。除了吉祥图案外，大多是带故事性质的图画，能辨别的有孔子课徒、八仙过海、五女拜寿、仙女下凡，等等，反映了当地村民的特色习俗和审美意趣，也为我们后人留下了不可多得的研究传统建筑彩绘的实物参照。

文峰塔影冬探河，文脉绵延育人才

泉之头村的古建筑除了古泉井、12座保存较为完好的古民居大院祠堂外，还有古河道、古桥梁，以及最为村民称道的文峰塔。

古河道很窄，3米来宽，平常干涸，只有夏季偶发洪水才有水流，古河道两侧就是集中分布的陈氏各房院落，通过一座小小的古桥连接。现在古桥桥身保存完好，栏杆不存。最重要的古迹就是文峰塔，以及文峰塔带来的神奇景观——塔影探河。

文峰塔位于村东边小山半坡上，并非在山顶。石塔砂石砌成，为五层多形体石塔，没有塔基，塔座较高，塔身从二层往上逐层收缩，各层高低不一，用厚薄不一的条石砌成，富于变化。三层朝向村子一面有个小神龛；顶层为覆钵状，宝顶是村民根据资料照片后配的。

整个石塔并不高，只有7米多点，虽然气势不够高大，但古朴庄重中不乏精巧细致，颇有神韵。而且，文峰塔是文风塔的谐音，是当地的

村东半山坡上的文峰塔

文脉所在，关系一地的文风，是古人风水学说和封建科考制度双重作用下的产物，建立在这里，会补山水形胜之不足，助文风之兴盛。

它还有一个鲜为人知的秘密：每年冬至早晨，初升的太阳照到石塔上，长长的塔影就会从60多米高的山上，探到山下的河里。而其他日子，无论塔影随太阳照射角度如何变化移动，都不会探到河里。这是该村的一大奇观，也是古人建塔精确技艺的展现。也许是文峰塔真

有灵应，也许是山环水绕的自然美景养育出了不一般的人民。泉之头村数百年来文风昌盛、人才辈出，尤以陈氏家族为最。

新中国成立后，陈氏家族在外工作的有100多人，仅县团级以上的干部就有几十名，他们都在各自的工作岗位上兢兢业业工作着。

精美的四季花卉影壁雕刻

这里的好山好水不仅养育着泉之头的村民，在抗战期间，也曾为抗日志士提供过滋养。由于这里地理地势特殊，三面环山，东西临河，又直通榆社、左权，加之粮丰林茂，水源充足，所以抗战期间，在这里驻扎有八路军太行三分区独立营、部队轻伤医院、武西县抗日政府、武西县抗日高校、县大众剧团、县毛纺厂等机构。

七星泉水长流，文峰塔影横斜，古宅沧桑藏着历史的年轮，精美民居雕饰刻进了时代的故事。记者一行走访这些民居古建，恰如逆着时空在探寻先人的生活足迹。

这里的每一处古迹都记录了不止一段的历史故事，重重叠叠，难以辨清。唯一能够清晰留下印记的，就是那些亲手触摸到的一砖一瓦一木，还有那些历经风雨沧桑仿佛会说话的老宅。

山明水秀，古韵深藏。泉之头，一个充满芳华的水润古村。

千年岩庄村

李 彬

分水岭岩庄村立村久远，延续千年。沟岭山梁，纵横交错，名目繁多，每个地名都有其来源。千百年来传说虽缺少文字记载，但口耳相传，辈辈相续，更有旧址、石碑、石刻文字足以证明它的真实。

岩庄村始立于北宋年间，原有一乔姓人氏在现村后200米地名为水圪洞的地方依山而居，后迁走。约在1000年前，李氏一户由武乡县东部移来，生存几代后由于人丁不旺，伤人失口而迁走。同时，崔姓一族迁来，并把村迁到现在位置。由于村下及两侧有大片巨石，东又有一高土丘，所以整个村庄酷似一只卧北朝东的凤凰。两侧石为翅，黄土丘为头，这样坐在石上面，背后又有虎头山高高在上，同时又暗取"崔"字上部山字，故立村名为岩庄村。

岩庄村至今已有千年历史，经历了宋、元、明、清四个朝代，迎来了中华人民共和国的建立。1950年，周边的自然村马圈堂、明沙岩、北茅庄、寺沟、小寨沟、东庄则等都归属岩庄。1954年成立合作社，西庄则也归属岩庄。建立人民公社后，西庄则另外立村，明沙岩、北茅庄、马圈堂成立马圈堂大队。改革开放后，马圈堂村全部移民，马圈堂所辖地盘尽归岩庄村。

相传，岩庄村后虎头山至水洞沟顶一道大梁古为兵家必争之地，前可出岩庄前官道，后可退东北紫金山。故宋朝以来虎头山上常有人安营扎寨、屯兵习武、休养生息。虎头山形如猛虎，朝西而卧，山上常打胜仗，故取名虎头山。西北有一山因打败仗故名失马寨。1368年，有一支军队驻扎虎头山十几年种地练武，并在碾槽岩东南岩下扎圈养马。圈马地人称马圈，后窑底沟在村南修小庙，俗称庙堂。后张姓人于1636年从丈牛坡迁往而改称马圈堂，比马圈略好听一些。北茅庄原来无人，因放牧马时在山坡生一白马，称白马坡。后于1668年史姓一户迁来居住，立村名白马庄。新中国成立后，不知因何原因改名北茅庄。窑底沟因半山筑窑居住故取名窑底沟。原有向阳人氏居住，后迁走，出入年代不详。明沙岩立村较晚，约在1690年由乔氏一户先从信义迁往北茅庄，后迁到明沙岩。因明沙岩村高，临崖一片黄白沙石，眼界开阔，空气清爽，而取名明沙岩。寺沟旧时是岩庄通往故城的必经之道，当时人口、行政归属故城辖管，同时还有传言，认为人死后鬼魂也必须去故城城隍庙报到，故寺沟建一小寺供奉行人歇息、鬼魂打尖。后因香火不旺，僧人出走无人经营而破败，庙宇逐渐塌毁，现已不复存在。寺沟名来源于此。后牛姓人居住，新中国成立后搬迁一空。小寨沟因义和团扎寨而得名。从清朝始，杨姓人一直居住到20世纪50年代，迁往故城、西良、西湾等地。水洞沟东北有百丈悬崖，崖上流水潺潺故取名水洞沟。清朝时有人居住，后迁走，名姓不知。东庄则沟清末时张姓人居住，因在岩庄东而取名东庄则。后张姓人归入岩庄。官道圪梁在岩庄村东，相传明朝时有一平遥人在榆社当官，为了他回家方便，也许是为民造福而在山上劈山修路。因此俗称官道圪梁。碾槽岩在虎头山东，水洞沟西顶，北茅庄北山顶，因存有古时大石碾而得名。石碾现完好存放。

岩庄村坐落在虎头山下，东坪、西坪中间，龙王泉、暖水泉二股泉水汇聚村前。前临分石乡村公路，犹如一条玉带缠绕胸前，后靠高山巍峨挺拔，气势雄伟。南沿一条大梁形成一道天然屏障，村下一沟河滩地延绵四华里，保证了充足的粮食之源。山坡上广生杏树、榆树，后又广植油松。春天里遍地鲜花烂漫，冬天来满山青松翠绿。真如村人所称："背靠虎头山，脚踏南河滩。山上树木广，山下来粮川。"

岩庄村行政归属于武乡县分水岭乡。西临西庄则村，西距乡政府五华里，同时也接208国道。东二十五里接石盘开发区（2019年正式并入分水岭乡）。整个地貌属高山丘陵区，高山上石多土少，丘陵地上土下石。村辖内由一河、一山、一滩、二坪、二堂、二岩、三凹、三梁、四岭、六泉、十二沟组成。村西西沟后来被西庄则所占，现存十一沟。这些沟岭的分布具体如下：北有龙王凹、龙王泉、虎头山、暖水泉和梨树凹。南有（自西向东）南沟则、南圪梁、窑儿沟、石子儿沟、南岩沟、南岩沟泉、小寨沟、寺沟、南岩岭、石家岭和丈一岭。由北向东依次有麻池沟、东坪、东庄则沟、马家泉、东庄岩、官道圪梁、东岭和圪剪沟。从明沙岩向东北有黑土凹、饮牛泉、窑底沟、水洞沟、大堂上、小堂上、南泉和小庙圪梁。西有西沟、西坪，中间是岩庄河、南河滩。

岩庄河源于南岩沟泉、马家泉、暖水泉三股泉水。集东庄则沟、圪剪沟、南岩沟、石子儿沟、窑儿沟、南沟则、麻池沟雨水汇集而成。从明沙岩西坡下经岩庄村、西庄则村、分水岭村注入昌源河，全长十四华里。明沙岩东、寺沟、小寨沟之水向东流入故城境内，汇入马牧河。马圈堂、北茅庄、水洞沟、大堂上之水向东流入朝庄水库。矿产资源传说寺沟有煤，北山有铜，但未探明。且不记录。

岩庄村荒山荒坡 35000 多亩。耕地面积现有 622.4 亩，以前各时期有文字记录，已失，估计在 1000 多亩，主要农作物以谷子、玉米、大豆、山药蛋为主。以前主要收入来源于农业种植，现在以养牛为主。岩庄村在明清时最为兴旺，村中建有庙宇七八座，村顶有财神庙，村西有菩萨庙，西南有关帝庙，村南路口有五道庙，村东坪有龙王庙、山神土地庙，村东头有文昌阁，村中有三官庙。其中关帝庙、菩萨庙、龙王庙建筑较大、较完整。配有厢房、戏台，那时每年唱戏四次。每当会时，商人、贾家云集在此，更有闲汉、赌徒混迹其中，故每次唱戏都请县上捕快维持秩序。清朝后期随着晋商的发展，岩庄人也经商开店，贩粮贩物；习戏练武，修庙盖屋，富甲一方。现存清时古楼院七所，虽已破旧，但石基、石台等还可反映出当时繁荣。文昌阁底座门洞上方"福瑞"二字历历在目，清晰可辨。千百年来，岩庄村文人荟萃，生员、秀才代代都有，文艺爱好者更是多不胜举。历年来闹元宵、唱小戏，自编自演，边歌边舞，清词丽句，通俗易懂，唱腔婉转，声声入耳……因篇幅有限，这里不再详细介绍。总之，岩庄村人杰地灵，根深蒂固。

  岩庄村初建于宋朝，据虎头山后石碑记载宋朝中期已有南关、土门、岩庄三个村。历史小说《水浒传》也曾提及张清、琼英从石盘、岩庄、土门、南关打击子洪口。岩庄现存崔氏神谱记录在岩庄已传三十几代，近1000年。所以自宋朝中期岩庄村主要以崔姓一族居住。大约在明朝初年由于崔氏人多便分为五门，除一门留本村，其余四门迁往太谷、石北、榆社等地。村中一支后又分为五门：东、南、西、北、中，大五门、小五门之说流传至今。明朝中期（1411年左右）韩姓一户从榆社迁来，1654年前后，李姓人氏李森枝从东良五科迁来，王姓人氏王秀生从本乡西郊村迁来，杨姓人氏从羊公岭迁来。清朝中期（1705年左右），贾姓一户从祁县迁来。清朝末年刘姓一户不知从何而来，现已成绝户。张姓二户从东庄则搬回。新中国成立前村中共有姓氏八姓，依前后排列为：崔、韩、李、王、杨、贾、刘、张。1935年，高玉水、高艮儿一家五口从本乡石窑会村迁来。1942年，常仲海一户三口从本乡五里铺迁来。1949年，周书元一人从本乡小后凹流落本村。1987年，程振荣一家五口从本乡河底村迁来。1994年，刘海新一家四口从本乡五里铺迁来。2000年，乔绪苟三口从明沙岩迁来。2001年，郭志敖一家三口从马圈堂迁来。现常住人口共14姓，有前七（新中国成立前）、后七（新中国成立后）之分，前七姓为崔、韩、李、王、杨、贾、张，后七姓为高、周、程、乔、郭、刘、常。至于村中居住人口，宋、明时期因无记载，确实数字不详。清中后期，人口数不足二百。新中国成立后三村合一，人口猛增至350人左右。到1960年后又降为210人左右，1965年至1985年人口增至240人之多，应该是岩庄村人口最多的时期。现在因迁走、出嫁等客观原因导致人口已不足200口。

时代变迁，几度兴衰，任何事物都经不住时代的冲击，岩庄村也一样脱不出世事沧桑。虽然她也曾经有过兴旺与辉煌，但随着时间的流逝，逐渐有了不尽人意之处……历史的车轮滚滚向前，不变的是那份青山绿水，那份单纯质朴……

但愿历史永存，岩庄永存！

神话传说

周公与桃花女

常志军

说到皋狼国与涅水河,在武乡县的西乡,老人们都会提到一个耳熟能详的神话故事,就是"周公与桃花女",然而故事还有鲜为人知的部分,今天,根据传说,整理成文,给大家分享一下,以供消遣。

相传很久以前,七里河岸边住着一个叫周公的高人,周公得了天书,有天神相助,百算百准,从不失手,天大的事情也难不倒他,他的名气更大了。桃花女得了地书,能解能破,比周公更厉害。石坡村有个石老婆婆,儿子外出三年没有回家,快到母子俩约定的时间了,毫无音讯,她就找周公占吉凶,周公对石婆婆说:你儿子于某年某月某日将魂落异乡路途,见不到他了。石婆婆伤心极了,哭哭啼啼地去找桃花女,桃花女对石婆婆说:婆婆不要伤心,你儿子还有救,你快回去,如此这般交代了一番。石婆婆就拿了儿子原先穿过的鞋子,上房拍着房檐,喊道:孩子啊,快穿鞋!又拿勺子敲门头,喊道:儿啊,快回来!迷信说法,孩子叫魂,传说是桃花女留下的习俗。

石婆婆的儿子在外经商三年,惦念家中老母,记着回家的日期,急匆匆上路,日夜兼程。这天遇上下大雨,慌忙钻进一破砖窑避雨,忽听有人喊他穿鞋,好像是母亲的声音,赶紧出窑查看。他刚钻出窑道,砖窑轰然坍塌,总算捡了一条性命。儿子回家,石婆婆万分高兴,找到周公,说他算得不准,周公大惊失色,知道是桃花女从中作梗,对桃花女更加痛恨。怨恨越结越深,以致互相拆台。

周朝时,天帝欲在下界找一块风水宝地用于建都城,事情落到了周公身上。周公领旨四处寻找风水宝地，便找到了皋狼，此处群山环抱，玉带似的涅河从中穿过，地势平坦地域广阔，美中不足就是涅河向东南出境留有一处豁口，周公便欲轻施法术命龟狮二神背驮蓬莱与烂柯二山合于一处堵住缺口，龟狮二神奉命驮山相向而行，就在二山即将合拢之际，龟狮头部遭到手持棒槌在涅河边洗衣农妇的狠命一击，二神慌忙驮山退回，从此蓬莱山坐落于常家垴村东北，烂柯山坐落于狮子沟村东南，天帝立城计划落空。原来河边洗衣村妇乃桃花女神变幻而成，得知周公建都消息便变作村妇破坏此事。

如若按照周公计划安排，皋狼立都，狮子沟出一批文臣，常家垴出一批（有说一百二十）武将，共同效力朝廷辅佐周朝。然而因桃花女神的搅局，皋狼立都计划落空，文臣武将也无从谈起。最终，常家垴没出武将，倒出了一大批石匠，而且手艺精湛，远近闻名，代代相传，经久不息；而狮子沟村的文化人也闻名遐迩。

然而，俗话说得好，不是冤家不聚头，周公和桃花女虽然是冤家，经彭祖撮合，居然成就了一门亲事。彭祖本是普通人，得益于桃花女使法，延年益寿，活了八百岁，还发明了羹汤，成了调羹的始祖。桃花女对彭祖有恩，彭祖自然不敢怠慢，卖劲地往返于周、尹两家。周公娶桃花女，既恨又爱，爱的是桃花女美丽无双，恨的是她的能耐比自己大，于是想设计害死她。桃花女当然知道周公的花花肠子，于是半推半就，答应了亲事，想通过自己的行动感动周公，尽解前嫌。周公故意选择了黑道日，到结婚这天，邀请了所有的亲朋好友，大摆筵席，远近的百姓知道周公和桃花女结为良缘，都来贺喜。一时高朋满座，喜气洋洋，周公好不得意。在新娘到来之前，他使用法术，在门里暗藏了白马精，门旁放了缠红线的秫秸秆，预备了马精的草料，静候桃花女，一旦桃花女进门，立刻放马过去，马踏桃花女。

按常理，新娘过门这天，穿红衣，着红鞋，可这天桃花女偏偏着黄鞋，黄道破黑道，破了周公的第一计。桃花女坐双轿，大轿套小轿，巫婆抄起缠红线的秫秸秆拍打大轿，丝毫损伤不了桃花女。撤掉大轿，桃花女叫人在过道红毡上放了马鞍，才从小轿里钻出来，跨过马鞍，把白马精压在鞍底下，掏出怀里的照妖镜，破了周公的巫术，铡好的马料没喂了马，却撒了桃花女一头，周公一惊，怎是人头不是马头呢，无奈只好服了桃花女。

桃花女进门后，就像现实的两口子经常拌嘴吵架一样，周公处处设计陷害她，都被桃花女识破。周公终于被桃花女的真情打动，成为一对恩爱夫妻，给世人留下一段完美浪漫的爱情佳话，后来尘缘已了，凡期已至，真武大帝将二人收回，又给世人留下永远的悬念和幻想。

桃花女的故事在民间流传久远，元代已有《桃花女破嫁周公》杂剧。明清小说更是大为描述渲染。小说描述真武大帝在雪山修炼时，用戒刀剖腹洗肠，因失血昏厥，将戒刀弃置一边，后来这戒刀修炼成阳体，刀套修炼成阴体，阳体下凡投胎在商朝周姓王侯，后世称周公，阴体下凡投胎做了尹太公的女儿，因前缘旧癖，喜欢桃花，人称桃花女。二人在人间做了一番名扬天下的事业，最后被真武大帝重新收回，做了身边的金童玉女。故事虽然荒诞离奇，却也反映了中国古代的灿烂文化。

这个传说附会在商周，和历史较贴近，脱离了纯神话，具有一定可信度。尹是古老的姓氏，殷商的后代以封邑名尹，作为姓氏，周朝时尹氏子孙的封地一直在尹这个地方。大桃花村边的地名碑刻写道：相传，很早以前，有一女子，姓尹，善于会卦，闻名当地，人称桃花女，此女死后遂将村名改为桃花村。

武乡烂柯山传说
韩炳祥

烂柯山的山名，在我国有很多，尤其是附着其上的故事更是流传千百年，关于烂柯山的传说，最早的记载见于东晋文学家虞喜《志林》："信安山有石室，王质入其室，见二童子对棋，看之，局未终，视其所执伐薪柯已烂朽，遽归乡里，已非矣。"梁朝任昉《述异记》，"信安郡石室山。晋时王质伐木至，见童子数人，棋而歌，质因听之。童子与一物与质，如枣核。质含之，不觉饥，俄顷，童子谓曰：'何不去？'质视，柯烂尽。既而归去，已无复时人。"《水经注》也有同样的记载。这些记载都比较简单，大意是：晋朝有个叫王质的人，他到山上砍柴的时候，看到两个童子边下棋边唱歌，于是就停下来听。其中一个童子给王质一个东西，那个东西像枣核。王质把它含在嘴里就不觉得饿了。一会儿，童子对他说："你还不走吗？"王质站起来，看到斧头的柄已经全部烂掉了。回到家，发现家乡已经大变样，没有人认识他了。原来他在山中那会儿，山下已经过了上百年。

流传在当地的民间传说，却详尽生动，引人入胜。民间传说的大意是：在很早以前，有户人家，全家三口人，一个瞎子嬷嬷和孙子、孙女。因家境贫寒，靠孙子王质上山砍柴，勉强维持生活。一天，有两个过路人经过王质家门口，肚子饿得厉害，就向瞎嬷嬷借灶做饭。可是，王质砍柴未归，家中无柴。过路客人并不在意，其中一人索性把腿伸进灶里当柴烧。二人烧了一锅面条，各吃一碗，留下一大碗作酬谢，便告辞而去。王质砍柴回来，见桌上有一大碗面，捧起就吃。他从来没有吃过这么好吃的面条，就问嬷嬷是哪里弄来的。嬷嬷一五一十把事情原原本本说了一遍。王质听了感到奇怪，这时他突然发现自己家的桌子、板凳的腿全部烧焦了，顿时火冒三丈，拿起一把斧子便追赶出去。一直追到城南一座山上，也不见踪影，只见有两个人在洞里下棋。王质本来就是个棋迷，见这两人下得正起劲，就用斧头柄往地上一垫，坐在一旁看棋。这两人一边下棋一边吃桃，还掰了半个桃递给王质，王质边吃边看，没等吃完，扔在地上的桃核已发芽长成桃树。这时，两个老人提醒他说："你还不回去，看你的斧头柄都烂了。"王质低头一看，大吃一惊，赶紧下山回家，可是回家的路全都变了样。他边走边问，好不容易走到城里，却怎么也找不到自己的家，向街坊邻居一打听，才知嬷嬷已过世好几百年，后代玄孙的胡子都已经花白了。王质感叹地说："山中方一日，世上几千年！"传说那两个煮面条、下棋的人，一个是铁拐李，一个是吕洞宾。从此，人们就把这座山叫作烂柯山。

在全国有很多地方流传着烂柯山的传说。初步考察，相同或相近的山名在全国不下几十处，故事也颇雷同。除浙江衢州外，山西省武乡县、陵川县，广东省高要县，陕西省洛川县，河南新安，四川西昌、达州，福建南平，江苏虞县都有烂柯山，此外浙江省淳安、天台、绍兴，成都烂柴山、山东莱芜的棋山、福建武夷山的弈仙台等地也有类似传说，据说在日本也有相似的流传。许多地方在固化故事的发生地方面做了大量工作。浙江衢州已申报为国家第三批非遗项目，山西陵川也正在申报全国非遗项目。

各地都在极力证明民间信仰的本地性，并用各种遗迹证明这就是事件发生地，增加民间传说与地域的联系，促使地名与传说的可信度。因为这是个美丽的神话故事，究竟哪个地方是故事源头已经不太重要，其实任何一方的所有证据也说服不了另一方的已有认知，因而权当一个神话故事吧。

武乡确实有个烂柯山，地处涅水南岸，故城镇狮则沟村首。武乡、沁县也有相近的故事传说：两县的人民都认为，人物的发生地是烂柯山对面的故城镇山交村，故事情节与前面的故事大同小异。

关于烂柯山，在武乡还有另一种注解，后赵石勒69代孙石旭昊，在研究石氏里籍及其兴亡的过程中，引用其祖父石怀仁对石旭昊的口传：

西晋永兴元年，石勒伙同汲桑率军加入刘渊部下，那年石勒得子。石勒长子石兴是"平乐"羯胡刘氏夫人所生。由于是永兴年，加上起义，所以给长子起名就叫"义兴"。石氏后人遵守严格的起名规定，一定要有两个名字，出生时应该由孩子母亲结合当时情形随便给孩子起一个小名，每一个男丁子孙还必须有大名，等到男孩13周岁成人礼时由父辈再起。

石兴，是石勒的嫡长子，被前赵国加封为"上党国世子，其母石刘氏为上党国母"。石勒被封王公后，长子兴作为惯例被送入刘家为质子。在古代"王质"是一个职位，就是"为王的质子"。但是羯胡语的"王质"或"王子"是一个动词的发音，它的意思就是"逃跑了、躲藏起来、避难所"的意思。兵寨下的暗道又在羯胡人逃匿时得以应用，应验了羯胡人的暗语。

"石勒的'赐甲第一区'是石氏大赵王朝的第二个根据地和大后方，武乡石勒寨是这个赐甲第一区的中心。只有石勒家族的长子长孙才知道，这里是最为坚固可靠的离大赵国都襄国最近的一个石家'逃城'（亦传'洮城'）。因为那里处处是坚固的壁垒城垣，地道暗堡接水连岗，以备不虞。自石勒为王以后，石家的长子及后代一直生活在那里，石家'长子主器，主礼，主义，主祭祀'。远离战争前线，再有，那里的关隘、通陉有石会大将军把守，主要城区由一个勤勉忠实的都尉'卫戍区司令'李阳亲自保护，生活安逸。"也正是由于石兴通过地下暗道而存活了下来，直至后来石勒后裔的今天。

石兴逃生得以存活，应得益于其祖母王氏母党的势力强大和其生母刘氏亲信的鼎力相助，所以石勒立后赵之后，一直感念王氏母党之恩、刘氏妻党之情。

"烂柯"与"柯烂"，正反话中的暗语掩藏着1600年与石勒长子石兴相关的故事：引用砍樵人王质到山里看仙童下围棋，忘了回家，结果斧子柄烂掉了，他回到家里，已经没有父母、子孙了，通过这个消息，告诉世间的羯胡人"石兴还活着"。

这是最早引用"烂柯"的典故口传！

信义村的五谷神

李虎山

早在五百多年前，也就是明朝正统三年（1438），武乡境内遭遇了历史上百年不遇的大旱，粮食几乎颗粒无收，朝廷给武乡派下三千石米麦，武乡怎能交得起？县令发了大愁，库里没粮，百姓家里也没粮啊。俗话说，大河有水小河满，大河没水小河干。但在当时封建社会里，皇粮国税是不能抗拒的。无奈之下，县令召集全县各村村官开会，让大家在会上出谋献策，筹集粮食，并且有言在先，大家什么时候想出办法什么时候散会。

这就叫大官推小官，小官团团转。整整一上午，会场秩序井然，鸦雀无声。下午接着开，还和上午一样，大家愁云满面，坐着不动。正当村官们一个个你看我、我看你的时候，突然铜城（也就是信义村）村官说话了："县令大人，您看这会一直这样开下去，就是开到明天也还是鸦雀无声，草民倒是有几句话不知当讲不当讲？"

县令马上回应，"当讲。只要能交上皇粮，不偷不抢，啥办法都行。"各村村官也一齐说，"老程，快说吧，咱们坐了快一天了，也没想出一点办法来，你尽管说，只要闹下（方言：搞到）粮就行。"

信义村村官站起来向县令大人和在场全体村官施礼说道：小民乃信义村村官，为了救全县百姓于水火，我也豁出去了。自古道皇粮国税不能抗拒，但眼下咱们确实没有，别说三千石，就是三百石，也拿不出来呀！我村有一个叫程碧的小孩，今年十三四岁，家里很穷，父母早年离他而去，只剩下奶孙二人相依为命。家里穷得念不起书，奶奶也管不住他。每天在村里东跑西窜，就是有一点，每年一到秋天，各家各户都忙于打场。他喜欢在场上玩耍，经常玩得不回家吃饭，有时晚上还睡在场上的秸秆垛子里。

有些大户人家，秋天雇长工在场上打粮食，打下后用布袋往家里扛粮，长工们最怕这孩子在场上，因为全信义村人都知道，只要这孩子在场上，粮就扛不完了，这个孩子一走，粮马上就扛完了。有一次，长工们怎么也扛不完，这个小孩也不在场上，一直扛到天亮，有人才发现原来这个孩子在秸秆垛子里睡着哩。

县令和各村村官听了这些话后，又惊又喜，故事太惊人，从来没听过，喜的是，今天能散会回家了。

县令毕竟文凭高，站起来脸上露出了笑容，说了一句古诗：山重水复疑无路，柳暗花明又一村。今天听了信义村村官的传奇故事，讲得很好。这就叫什么来着，天无绝人之路嘛！于是把惊堂木一拍，大声说道："信义村村官听令！明天把你村这个小孩带来，不不不，好好请来，我要亲自出城迎接。散会！"

话说这个名叫程碧的小孩，命很苦，吃了上顿没下顿，已经十四岁了，也没读过书，整天在村里玩耍。秋天打场的时候，经常在财主家场上玩。财主们喜欢这个孩子，有时给他点吃的。可长工们不喜欢，粮食扛不完，长工们当然遭罪了。

当时信义村财主也不少，程碧这孩子虽然没进过学堂，但人挺机灵。长工们赶他走，他就跟他们捉迷藏，在柴（秸秆）垛子里藏来藏去。

信义村村官从县里开会回来，一进村没回家，就急匆匆到了程碧奶奶家。他奶奶一听说第二天让孙子去县里，吓坏了，赶紧说道："我孙子没犯法，去什么县里？"

村官说："老人家，不要怕，县令听说咱孩子有些本事，想见见他，明天你给他穿点干净衣服，我陪他一块儿去，一切由我负责，保证没事。"

程碧真的在村官的陪同下，骑着一头毛驴，奔县城去了……

全国各省各县都要交粮，眼看各县都交了，只剩下武乡未交。收粮官正嘀咕：武乡遭了旱灾，可也不能抗交皇粮呀！

正在这时，只听有人喊："武乡的皇粮到了！"收粮官立刻准备迎接，嗯？怎么不见送粮队伍，心想："谁在起哄？"喊道："武乡的皇粮在哪里？"这时就看见东南角上一个小孩拉着一头毛驴，驴背上驮着两个小口袋，每个小口袋里顶多也就是一升粮食。心想这哪是送粮的，简直像个叫花子。于是喝道："要饭的，你怎么敢冒充送粮队伍？"只见小孩儿不慌不忙，一本正经说道，"大人息怒，小民正是武乡的送粮队伍，只因毛驴走得慢，来迟一步，请大人恕罪。"说完便拿出武乡的公文呈上去。收粮官一看，公文印章不假，就是不见粮食，于是便问，"小孩，粮食在哪里？怎么就你一个人？"程碧说道，"不就是三千石吗？！我一个人还不够拿哩！请到金殿上撬起三个金砖，收粮吧！"

在场的验粮官和收粮官听了这小孩的话都觉得稀罕，从古到今还真没有见过这样交粮的，连忙请示皇帝。皇帝听了大臣禀报后，也觉得十分稀奇，亲自出来一看，果然如此，哪来的三千石？皇帝又一想，人家手续齐备，虽是一个小孩，不能小瞧人家，等交不够粮食再治他罪也不迟，于是对收粮官说，"答应他，到八宝金殿收粮！"

金殿上，验粮官按照程序把金砖真的撬开三个，露出了下面的黄土，程碧把小口袋里的米和麦子分别倒在了金砖下面的黄土上，顿时变成了三大堆小麦和谷子。程碧毕恭毕敬地对皇上和验粮官说道，"请皇上和大臣们收粮吧。"

很快，三千担粮食交了个够，程碧又把剩下的装进两个小口袋，恰好还和原来一样，不多不少。在场的验粮官、收粮官等无不称奇，特别是皇帝更是惊喜万分。皇帝朱祁镇当场口御："真乃五谷神也。"并赐予武乡县信义村一块金匾。

"五谷神"的名字就这样上传下，一传十，十传百，传遍了武乡，传遍了山西，传遍了整个华夏。然而程碧自从被皇帝封为"五谷神"后，没有再回武乡……

明英宗为了纪念"五谷神"，特赐信义村半副銮驾，在信义村特地为他建立"五谷神程氏祠堂"，并答应允许挂钟（其他祠堂是不能随便挂钟的）。祠堂大门的上方悬挂着皇帝御笔亲题的三个金光闪闪的镏金大字——"义民坊"。

文曲星下凡

李丽萍

明朝武乡信义村古铜城程敏的十一世孙程启南，相貌堂堂，天庭饱满，两耳连腮，两手过膝。后官至工部尚书，人称程尚书。

我小时候在老家听过这样一个离奇的传说：土地爷为程尚书修"影壁"、赶蚊蝇。

古铜城的四周围着丈余高的城墙，只有大北门、大南门、小南门三道门可以进出。出大北门后向西走，有一段六十多米的下坡路，在路的中段与北城墙之间有一块十亩大的平地，平地上有座土地庙，坐西向东。院内西面有一间房，里面塑有土地爷和土地奶的塑像，面朝大北门；院南面三间房是十八罗汉堂；北面是六尺多高的围墙，墙外丈余深便是下坡路。庙院的东面是大门，门外立着一块两米见方的大"影壁"，这个"影壁"有些来历。信义村北一里多有个小村子叫河北儿村，该村的北崖上有座慈云寺，寺院开设私塾馆。孩童时代的程启南在河北儿村的慈云寺读私塾，中午寄宿慈云寺。从信义到河北儿村要从大北门出村，然后向西下了坡，再转向北走一里多路，过一个小河就到了。所以尚书公一出信义村的大北门，就能看见土地老爷。"尚书"是二品大员，"土地"是无品无位的"村官"，无论"职位"还是"级别"都相差甚远。故土地神看见尚书公就必须马上站起来，毕恭毕敬行大礼。等到尚书公下了坡看不见了，才能重新入座。长年累月，天天如此。时间久了，不免产生怨气，发点牢骚，总得想个办法呀。

有一天，土地神灵机一动，计上心来。于是当天晚上就托梦管事的"崔头"（民间管理祖庙的官）说："我的院门正对这大路，来往行人居高临下；不进庙院便能窥视神灵，实为不敬，扰得吾神不得安宁，你要在吾院门口前建造影壁，遮挡行人视线，否则吾神将如何保佑全村的百姓呢？"说罢，怒目转身拂袖而去。

"崔头"梦醒后着实吓了一跳，再不敢入睡。挨到次日天明，立即召集村民议事，把梦里之事复述了一遍，大家听后一阵紧张，谁敢得罪"土地爷"呢？异口同声一致同意马上动工建"影壁"。从此信义村的土地庙门前就多了一块大"影壁"，挡住了尚书公的视线，土地爷也就免去了天天行礼的苦差事……

土地庙门前建"影壁"实在罕见，但是七十多年前信义村的土地庙门前确实有一座高大的"影壁"。

再说说土地神为尚书公驱赶蚊蝇之事。

尚书公读私塾，中午午休，蚊蝇到处乱飞乱叮，影响尚书公休息。于是每天午休时土地爷不得不坐在床头，不停地摇动扇子驱赶蚊蝇，让尚书公安安稳稳睡个好觉。与尚书公同窗读书的同学中有个叫刘三杰的，午休时因蚊蝇叮扰，辗转难眠，不能入睡。再看身旁的尚书公，鼾声正浓，睡得十分香甜，身体周围也没有蚊蝇乱飞，刘三杰觉得十分奇怪。有一天午饭后，他趁尚书公没有午睡之前，就偷偷地占了他的床位，果然没有蚊蝇干扰，十分清静，不禁失声一笑，自言自语地说："好舒服！"语音刚落，大群的蚊蝇便飞过来了，刘三杰一怔，不得其解：原来是土地神正眯缝着眼睛摇扇子，一听声音不对，睁开眼一看不是尚书公，气得他一跺脚起身就走了，苍蝇蚊子自然就飞回来了。肉眼凡胎的刘三杰怎能看见土地爷呢？在刘三杰的心中，这永远是个谜。

程启南家有一片谷子地，秋天谷子成熟还没收割之前，麻雀糟蹋得厉害。程启南的父亲便让程启南每天放学后，到谷子地里驱赶麻雀。程启南每次去的时候，手里拿着个木棍招呼着，完了回去时，便把木棍放在五道爷庙门后面。可是，麻雀是有人在的时候不去，只要没人就会成群结队地到谷地里打劫，程启南的两条腿没少跑路，好多沉甸甸、弯腰的谷穗还是被吃得轻飘飘、仰起了脖子。有一天进五道爷庙里放木棍时，程启南随口说了一句："实在是看不住呀，让五道爷给咱看看哇！"五道爷听得文曲星此言，不敢怠慢，便每天不分昼夜地在谷子地里巡田。谷子收割完了天气冷了，五道爷没见到示下，也不能返回。五道爷于是给程启南父亲托梦说："我一直在谷子地里替你家儿子看谷子，现在冷得够呛，程启南的木棍还放在我家门后，现在不用的话，就可以拿回去了，不要让我守空地啦！"程启南父亲醒后问儿子，你把木棍放哪儿啦？程启南想了想，放在五道爷庙门后了。程启南父亲惊慌至极，急忙把供品果品备得一应俱全，到五道爷庙下跪、赔罪，最后一并把庙门后的木棍拿走。

涅水风情

高山仰止，静水流深
——追念乡贤冈夫先生

李立平

（一）

乡贤王玉堂，笔名冈夫，1907年出生于武乡县故城村土门，1998年在太原去世。冈夫先生是山西最早从事新文学创作的代表作家和著名诗人，也是武乡县早期党组织领导人。新中国成立前，历任中共武乡县工委书记、晋东南文教界抗日救国总会理事、中华全国文艺界抗敌协会晋东南分会理事等职。新中国成立后，历任山西省文协主任，中国文联党组成员，山西省文联、作协副主席等。冈夫先生一生著述丰富，在中国新诗创作领域和山西文学界有着崇高的名望。

最初听说冈夫先生时，我还是懵懵懂懂的青涩少年，对文学并没有清晰的概念。自幼对汉语言的韵律有一种与生俱来的敏感，经常编一些顺口溜，不少也算上口，每年正月十五还帮秧歌队编一些秧歌唱词，那或许是对文学的一种无意识的启蒙。就在那时，听村里人说起冈夫先生，说他是一个老革命，曾当过中国文联的领导。"文革"下放回到故乡，和普通社员一道参加农业生产，经常是每天十二小时劳作，其时先生虽然年近七十，却谢绝照顾。要知道这种劳动强度对熟悉农事、一生劳作的父辈也是不可承受之重。我那时很受震动，觉得一名大人物大知识分子如此平易太不简单了。

我十四岁那年第一次见到冈夫先生，先生的清瘦健朗给我留下了很深的印象。我当时是学校文学社的社员，虽说平时常和社友们探讨写作之道，但真正见到写作大家却是头一回。先生问我语文课的学习情况，我怕答不好，不免有些支吾。先生看出我的窘态，语重心长地说，语文是基础，一开始就要学好。先生话不多却成为我记忆的一部分。后来我想，我学的语文与先生八十年前学的语文固然没有什么可比性，但两者都一脉传承了中华民族优良的为文做人之道。对一个文人而言，这是端正人品和文品的起步。

1991年我考上沁县中学，开始外出读书。小草恋山，野人怀土。住惯了乡村，对山水花草的钟爱从那时开始受到了限制，每到春夏总会想起故乡涅河畔清新美丽的自然风光，想起曾为清新美丽的故乡而歌唱的远方乡亲冈夫先生。趁假期把故乡田野上的花花草草和翩翩起舞的蝴蝶，做成标本寄给了先生，以慰其思乡之意，先生因为这些标本记住了我。上高中期间，我和几个同学组织了"沁园春"文学社。我把这事告诉冈夫先生，他在一封信里热情洋溢地说了许多鼓励的话，要我们多读书、多练笔、多参赛，我和我的同学们都受到了很大的鼓舞。我那时总希望多得到先生来信，后来亲眼见到先生写字时，那端端正正一笔一画，专注而努力的神态，我有一种想流泪的感觉，先生毕竟高龄，多有不便了。

文学是愚人的事业，在这方面我虽然是初涉浅尝，谈不上什么经历，但个中滋味别有一番在心头。深夜伴孤灯，读书爬格子，写不出作品苦恼，写出作品不能被承认也苦恼。现在当我终于也能发点作品的时候，总会满怀感激地想起冈夫先生来，因为正是我为自己的文字处处受碰而心灰意冷的时候，冈夫先生在给我的信中说："你的诗我很喜欢，像早晨花叶上的鲜露"。先生在20世纪二三十年代就闻名诗坛，是个见过世面的人，我知道他的这种赞誉，更多是出于关切和鼓励。但是正是这种关切和鼓励，总使我在渺茫中看见远天一颗或明或暗的启明星，我相信在那颗启明星下边，定然是一个清亮的早晨，而那个早晨的花叶上，定然有许多清新的鲜露。

诗歌不是历史，但在读诗的过程中发现了历史，则是诗人的高超和精妙所在了。纵观冈夫先生一生创作，其中清晰可辨的是一条历史脉络。本着共产党员作家的责任和使命，先生的创作实践始终关注着祖国和人民的命运，为如火如荼的革命战争和社会主义建设自觉抒写和纵情歌唱。张承信先生讲："我因读冈夫的作品而敬仰他的人格，又因敬仰他的人格而更挚爱他的作品"。对党和人民，冈夫先生始终有其最朴素的感情。我入党后先生曾教导我，要牢记立党为公，全心全意为人民服务。质朴的语言深深地蕴含着人民作家冈夫先生高尚的品格和对后人的希望。

冈夫先生是我的乡亲，但我敬重他不仅仅是因为这种地域上的亲切感，对乡亲冈夫老人的认识，更多的是出于一种精神道德和人格力量的感动。

（二）

冈夫先生1998年4月14日去世，当这个揪心的日子蓦然来临，我所有的思绪和念想在先生微笑着的遗像面前模糊起来。早年习诗，我曾为先生的小诗《世界》而感动："那在幻影中姗姗而来的／世界，我的新娘子，那是你么／在揭去你的红绫披头前／请给我一秒钟，让我想象一下"。八十年前，世界是蒙着红绫披头的新娘子，在先生年轻的诗心中，花朵般盛开着惊喜的春意。如今先生老去，临风释卷，不胜怆然。

冈夫先生一生坎坷曲折，富有传奇色彩。他20世纪20年代就和当时的高长虹、李健吾、石评梅、高沐鸿等，成为山西新文学园地拓荒者。

其后参加党领导下的左翼作家联盟，坚持诗歌创作，讴歌时代强音，许多作品广为传唱，产生过深远影响。李伯钊在她的《敌后文艺运动概况》中，曾有这样的评论："关于诗的写作，敌后有两员主将，一个是晋察冀的田间，另者是晋冀豫的冈夫。"松青诗不老，风卷战旗红。冈夫先生以诗名世，但他不仅仅是诗人，但凡有历史负重感和时代责任感的诗人，只要经历战火的洗礼，便都有了战士和诗人的双重身份。冈夫先生1932年参加革命，随后身羁牢狱，铁骨铮铮，保持了昂然的气节。"七七事变"后，他受组织派遣担任武乡县工委书记，组织带领全县军民抗战，恢复了武乡的党组织。冈夫先生淡泊自安，开朗豁达，不居功、不自傲，像一座高山巍然耸立，像一面镜子可供镜鉴，他有生之年，赢得了极大的荣誉和人们广泛的尊敬。

　　冈夫先生是内心洁净和纯粹的人，他的境界一般人无法企及。作家燕治国为他写过一篇文章《晚晴的风景》，里面有这样一处文字，"王老下楼不让搀不让扶不让送，缕缕阳光照他飘然而下，便觉那是一种妙不可言的人生圣境。"治国先生让人看见一位劫后余生的老人的安宁与平静，看见获得大自在的生命所传递出的一种仙风道骨。还有一位友人讲到他去太原拜会冈夫先生的经历，适逢先生和小孙女玩皮球，许多人围着观看。先生时作起伏跑跳状，时作拍手朗笑状，情如童稚，观者深受感染。先生那种超越年龄、穿透人生磨难和历经大起大落的彻悟和返璞归真，引人无限神往。

　　我回到故乡武乡县，回到深切怀念着先生的人们中。知名作家王仲祥说到冈夫先生的种种好处，毫不避讳自己的感情。面对先生追悼会的那种场面，想到自己尊敬的人也同样得到那么多人的尊敬，而今以后再无缘得教于先生，悲从中来，不能自已。他说别的人都是衣锦还乡，可先生有次回家，却是从离故居十里之外的地方，下车后冒雪步行回去，那次老人几乎都要冻出病来。说起先生往事，知悉先生的人叙述时好像时时被什么哽住，那一定是一种看不见却能体会得到人间最宝贵的情感。

冈夫先生一生有许多青年朋友，电视剧《长乐之战》的作者程高翔同志算是其中交情笃厚的一位。先生去日，他正出差在外。听闻先生噩耗，无不动情动容。《长乐之战》剧本刚有雏形，他拿去请教先生。其时他与先生认识不久，先生不但校正了许多字句的谬误，而且结合自己的回忆，在剧情安排和细节处理上，提了多处有益的建议，随后又推荐给孙谦征求意见。冈夫和高沐鸿是乡友，也是战友，且都是山西新文学事业的组织者和领导者。在冈夫先生的指导和关心下，洋洋百万言的《高沐鸿诗文集》顺利征编出版，从而了却了他的一桩心愿。

冈夫先生是一名革命者，一生浴血和歌唱。我的一些诗文，真实而客观地表达了对他的崇敬。先生说自己是个普通人，不宜过于褒扬。宋人诗云："月似故人能赴约，鹭如小友可忘年"。先生题赠图书时称我为小友，我还想着适时再去看望先生，只可惜树欲静而风不止。青空白鹭，依稀故影，疏枝朗月，恬淡如初，如期而赴，先生安在！

故城镇的骄傲
孙俊堂

"麦穗初齐稚子娇，桑叶正肥蚕食饱"，又一个充满希望的季节小满到来。

迎着孟夏之风，驱行于广袤的故城平川，临风怀古，叩问沧桑。回味智伯、赵襄子干戈争皋狼传说故事；沉吟着武邑诗人范士熊的"极目皋狼何处问，苍茫犹是阵云屯"；畅想曾经的皋狼牧雨美景和故城老都会之盛况。古老的山河，播种了文明，孕育了生民，谱写了历史，让世代人不断去追逐，去思考。

故城镇的骄傲

站在山交村的金仙寺前，大家静静地聆听史志办温主任饶有趣味地讲述烂柯山的传说。烂柯山与金仙寺隔河相望，前山后寺，一山一寺，南北对应。山之奇，在于"我闻昔代有王质，采樵观棋去竟日。回头斧头已无存，归来儿孙竟相失"的传说；山之灵，在于"因传山畔有仙踪，仙风仙气荡人胸。当场数着竟已了，千秋残局云犹封"。也因有仙，便有了"好山皆向北"之说。这里"皆向北"并不是指山的走向，寓意是山上神仙有意庇荫护佑山北的黎庶苍生。温主任列举大量事实，佐证烂柯山千年来对山北人的恩赐与眷顾。诸如山交村杜来凤成为武乡县清代第一位进士，曾任山东蒲台、江南江宁等县知县；邵渠村李端、李皇弼一文一武两进士；温家沟村新中国成立以来产生厅师级干部3名，县团级干部12名，且屡有考入全国名院名校的尖子学生；再诸如烂柯山下狮则沟村走出全国劳动模范、汾酒集团董事长常贵明。不仅在故城属地，在全县说来也是叱咤风云，凤毛麟角。如此说来，不能不让人感叹这座神山的精灵和对山北之民的钟爱。

关于烂柯山的传说，历来版本众多。"王质烂柯"的典故，常被用来表示"人事沧桑巨变所带给人的恍如隔世的感觉"，也被收录为中华成语。传说在东晋虞喜在穆帝永和年间作的《志林》中已出现。之后，《述异记》《晋书》《水经注》《方舆胜览》《增订文舆记》等史书均有记载，烂柯山在浙江衢州。在清康熙三十一年版《武乡县志·山川叙》记"烂柯山在县正西五十里。据书传，应在浙江衢州府"。而《一统志》则云"隶沁州"。清乾隆五十五年版《武乡县志》宋苍霖有诗"王质看棋处，久闻在越国。须知今古事，往往多讹惑。"今天，衢州烂柯山已成为浙江省重点名胜风景区。关于王质其人，清康熙三十一年版《武乡县志》载："三交，山水交会，风气攸萃。相传为王质所生处。""山上有烂柯庙，二石人对弈，其一旁观，谓之王质。此或后来好事者斫石成形，点燃胜迹，未必果有其事也。"烂柯山、王质故事的真伪，先人已经说得很清楚了，而近来"有学者研究出，烂柯山成仙而去的王质原名石兴，是石勒的长子，'王子'的讹声，为避难而隐匿与此。"不论何说，均无从考证。

无论烂柯山在哪里，王质人是何处神仙，都表明烂柯山的传说确实是个不朽的存在，也揭示出老百姓对幸福生活的向往，对家乡山水的深爱。

故城，"汉代上党郡涅县也；后赵郡治。又传为古蔡皋狼地。《通志》云：自交口至团柏谷子洪镇大约古蔡皋狼地，智伯瑶求之，将以制晋阳也。故赵襄子不许"及"汉，更始败，讹言随赤眉在北行，大将军事鲍永遣弟升及子婿张舒等谋使营尉李匡先反涅城，开门内兵，杀其县长冯晏，立故谒者祝回为涅长"等的记载，说明故城历史悠久，历来是兵家必争之地。连绵不断的战乱，刀光剑影的杀戮，"饿殍遍地"的苦境，淬炼出这里的人刚直不阿、威武不屈的风骨，勤劳吃苦、淳朴厚道的民风，崇文尚武、好学上进的精神底蕴和"天地英雄气，燕赵多豪杰"的人文气质，形成了独特的性格特征、生活习性、处事方式、人格志向。古代信义村程氏以忠孝节义传家，以诗书礼乐为教，世代书香，官宦人家，名贤辈出。"天下第一廉吏"程启南"性刚果，多大略，博学攻"，不诣权贵，气节凛然，为民请命，政绩卓著。其子程嘉绩、程皋绩，孙程必达博学多才，均有建树。其孙程康庄更是"政绩蜚声""博览群书，尤擅诗文"，有"比之齐晋，狎霸中原""诗伯"之誉。也不乏阎士谦、杜来凤、李皇弼、李端、李升、程林宗等名人贤士。

　　而真正让故城人引以为豪的是，在中华民族追求国家独立、民族解放现代革命史上留下了浓墨重彩。澳大利亚学者大卫·古德曼在《中国革命中的太行山抗日根据地社会变迁》中写道，"武乡与辽县不同的主要原因有两方面：武乡较早建立了共产党组织，还有大概同样重要的是较早开展了群众运动。群众运动至少在一个时期取得完全成功，或至少给统治者造成了威胁。武乡的共产主义运动，是由李逸三发起和开始活动的。"提到李逸三，武乡人如雷贯耳，敬仰崇拜。他是故城镇北良侯村人，早年在太原国民师范学习，后去考入黄埔武汉分校，加入中国共产党，曾参加了南昌起义和广州起义。后遭被捕入狱，与组织失去联系返回家乡。1933年在太原与组织取得联系，经上级批准，建立了中共武乡县委，带领穷苦农民开展反封建、反剥削的"五抗"斗争，武乡被阎锡山政权列为全省"四大赤县"之一，遂进行通缉逮捕。党组织虽经挫折磨难，但点燃了革命烈焰，播下革命种子，使得革命力量不断积淀，在反抗外来侵略者的伟大斗争中厚积薄发，势不可挡。由此"抗战圣地，红色武乡"之称饮誉神州，名扬海外。与李逸三同乡、同时代茅庄村的段若宗烈士，是武乡革命先驱，是革命青年知识分子的楷模。1930年考入太原国民师范学校，开始接触马列主义，参加进步青年活动。1934年加入党组织。1935年作为学生领袖代表人物赴天津参加发动"一·二九"学生抗日救国运动。1936年3月遭阎锡山军警逮捕入狱，面对敌人严刑逼供，遍体鳞伤，始终严守党的秘密。4月被判处死刑。在赴刑场的途中，大义凛然，高呼口号，英勇就义于省城大南门，年仅24岁。

抗日战争中，故城大地沦为敌占区，在日寇铁蹄蹂躏之下，笼罩于白色恐怖之中，四面受敌封锁，白晋铁路南沟站更是插在这块土地上的一根毒刺，对敌斗争环境异常恶劣残酷，人民苦难无言可状。日寇的残忍，生存的艰辛，并没有压垮具有反抗血性、愈挫愈勇的故城人。

殷士敏，茅庄村人，1939年入党，曾任武乡县五区区委书记兼区基干队政委，工作勤勉，领导有方。1941年9月，带领区基干队在密顶山与敌遭遇，壮烈殉国，21岁的韶华划出绚丽的火花。牺牲地密顶山被抗日县政府改名为"士敏山"。

青年之楷模、妇女之荣耀的英雄烈士李馥兰；入龙潭，闯虎穴，只身斗敌顽的"孤胆英雄"程坦烈士；大义灭亲、为民除害的杨晋标烈士；李暐、李含明、李福全、李怀，"一瘸一拐半条腿的农会主席赵金水""一提打仗就合心意的武委主任楞辰己"……故城人铮铮铁骨，热血铸就，赴汤蹈火，不惜身殉。

正如《国际歌》中那句歌词"从来就没有什么救世主，也不靠神仙皇帝"，历史是人民创造的，故城人民是伟大的人民！

白马山的召唤

最近，因县志办温海明主任《抱愧白马山》《咏白马山诗两首赏析》，以及退休教师李虎山《传奇白马山》文章出笼，白马山引起了县内考古、文学爱好者的关注，吸引不少人去实地考察、采风。

白马山在故城镇阳公岭村北。沿坡爬行2华里，在半山腰中的一块开阔坡地上，可领略到十分珍贵的文物：一对"威风凛凛，怒目而瞠"的石狮和龙缠凤绕的金代护国利应侯碑，以及清乾隆年间修建文昌阁的碑。一只石狮的头顶已被敲去，龙凤碑风化脱落也很严重。在场人无不为狐突精神所感动，对珍贵文物所面临的危境而忧心。无怪乎退休老教师李虎山要自费购玻璃框，罩起来加以保护，确实到了刻不容缓的时候了。

　　平地根有两处红砖垒筑的祭祀点，高不足两米，十分简陋，挂有一小块红布。村支书程学斌告诉我们，这里就是原狐突庙和申生庙遗址。老百姓仍沿袭流传下来的习俗，每逢农历五月二十五日来烧香拜神。上一任支书也回忆说，村上老一点的人都记得，狐突庙建得雄伟高大，青砖琉瓦，雕龙画凤。庙会时进香人络绎不绝，青烟缭绕，还有戏班助兴。可惜日本人在南沟村扎下据点后，殿宇遭了殃，砖被拆除建了炮楼、城墙，门窗、椽、檩等木质都被当作柴火烧了。

　　抚摸着古代艺术大师创造的遗泽，环视依稀可见的残垣，反复嚼味传说里的故事，我头脑里一直萦绕着几个问题：狐突庙如何形成？为何要建在白马山上？此庙何年所建？狐突由人到神的演变。为了寻求答案，我近来不断搜索查找资料。在《阳公岭村志》（2011年版）和《武乡石刻大全》里载有《信义里重修利应侯庙》的简介和碑文。碑文由榆社进士宋世昌于承安二年（1197）撰写，开头写道，"《传》曰：'聪敏正直之谓神。'不以怒而威，不以人而灵，故，人皆祭祀，亦如神之在焉。"大意是，聪敏正直的人不以威严自居，不依赖势力称霸，故而得到人民的尊重，顶礼膜拜，敬之为神。

　　"仰利应侯，本晋文公外祖父也。钟晋侯公使□太子申生，伐东山皋落氏也。有应侯至死之御戎，集为右□者乃为国君，自将此太子之战，则竭力佐之。不自而皋落氏□自皆灭之，故侯公始封'应侯'，为梗扬大夫奢僭，弗作宽□，是为，则人皆受其赐矣，岂非公正之耶？不禄后，葬于太原府□城县之西北马鞍山，因立庙焉。"这一段讲了狐突身份，不惜牺牲自己生命，全力辅助晋文公重耳的事迹和建狐突庙的理由。

末段写在北宋宣和年间，天大旱，当地人张换等人到太原府狐突庙祈雨，竟然灵验，降甘露解旱情，深得民心。大家苦于无以报答，遂在故城白马山白神祠的左侧建起"应侯庙"。之后，因时间长久，殿宇遭受破坏，神像也损毁。在庙宇建成22年后，经过重新修葺，又焕然一新。近年来，连续旱灾，收成甚微，境内黎民认为是将神忘却之因，李颜等乡老登门入户，陈说利害，始对狐突庙进行了一番重修。

重读有关文章，再琢磨碑文，狐突—狐突庙—护国利应侯—司雨（雨神）的脉络渐渐清晰。狐突是晋文公的外祖父，因"教子不二"，成就了重耳成为晋国君主。在被杀死后的第二年晋文公即位，感念狐突的忠心，厚葬其于封邑的马鞍山，且立祠祀之。

百姓对狐突的遭遇和忠心非常同情、敬佩，所以祭祀狐突成为一种习俗保留下来，渐渐地也有了一些神奇的传说，在民间首先开始了神化的过程。百姓心目中的神是万物之尊，有求必应。他们其实"不知有汉，无论魏晋"，只是将现实生活中的实际问题，以及自身的切身利益寄托于神，让神保佑家族人丁兴旺，平安无事，这种祈求神灵的信仰充满了功利色彩，虚无缥缈。

如果说百姓对狐突的信仰是为了求吉避凶，祈福消灾，那么宋徽宗在宣和五年（1123）封狐突为"护国利应侯"的目的则是为挽救风雨飘摇、岌岌可危的赵宋王朝。昏聩无能的宋徽宗在狐突的封号上加上"护国"、指望自己封的神灵能保佑自己，结果还是美梦一场，最终摆脱不了"靖康之耻"的悲惨命运。历代统治者把忠孝节义等宗法道德观念注入民间信仰的血液，为他们的统治服务，也就不难解释金代又立"护国利应侯"龙凤碑的原因了。由此，白马山上修狐突庙的意义昭然若揭，同时也说明在修狐突庙之前已有白马神祠，可见白马山建庙的历史在千年以上。

烽火台是最古老的军情传递方式。白马山上的烽火台，是故城地域的制高点、战略要地。时移事异，陵谷变迁，今天的烽火台荒凉颓败，恍兮忽兮，似有若无。走近仔细端详，台的下半部分掩埋土中，结构虽遭破坏，基本轮廓尚清。裸露在地表上危若卵石的石块，绝非建筑的原貌，肯定是有使命感的有心人为千年古迹刻制的标签，试图让它诉说曾经的过往……

伫立于烽火台前，眺望四周，顿感"一览众山小"，远山近水，平原旷野尽收眼底。整个白马山绿树葱茏，丛草繁盛，绿色中隐现出慢慢移动的小股牛羊群，传来丁零作响的铃声。山腰中有一泓清澈见底、甘美味甜的山泉。一幅自然美景让人心旷神怡，流连忘返。

"狐突庙、龙凤碑、烽火台，古色文化加上绿色农产品和优美的自然风光，开发为旅游景点效果应该很不错，你们想过没有？"我问道。

"想过，我们也觉得走这条路是致富路。说来惭愧，传说阳公岭建村就是守护狐爷庙，结果没有尽了责任。现在开发搞旅游，无资金，无人才，故事讲不了，宣传没能力。这次你们来了，我们就十分高兴，希望能好好宣传出去，引起社会各界关注，能够把白马山开发成旅游景区。"张书记无奈中又充满渴望，寄希望于各级领导和社会仁人志士的支持。

旅游是时下人们休闲养生、开阔眼界所追求的生活方式，开发旅游，搞活经济不失为利好的选择。旅游必须有文化的支撑，振兴乡村战略离不开宣传的力量，我们应该听从时代的召唤，为历史、为人民作出贡献，尽一份责任。

南沟村的回响

南沟村位于故城镇西南，依山傍水，钟灵毓秀，历史上出类拔萃的人物不少。清乾隆年间，郝壬照，武生出身，官至都司，中级军官，正四品。郝照黎为武生守备，正五品，相当于今天军分区司令员。嘉庆年间，郝晟、郝炳照均在布政司（省府）做官。道光年间，郝晋昭在翰林院任待诏，六品官，此职"凡文辞经学之士及医卜等有专长者"才能胜任。咸丰年间，武生郝晋升官居昭武都尉，钦加正四品衔。武生郝晋璧，诰封守御所千总，五品官。光绪年间，郝晋元，分发河南，即补县丞。清朝乾隆之后还有不少例贡等人士。民国初年，郝宝桐考取日本东京明治大学政治经济科，获取政治学士学位，是武乡屈指可数的留洋学者。

南沟村的历史着实让人惊羡、赞叹。只是到了20世纪30年代末，她的名字随着日军的侵占和武乡最大汉奸郝泉香的卖国投敌，蒙上羞耻，遭其亵渎。

郝泉香，名煜字泉香。1908年出身，父亲郝晋升是清末武生，正四品衔，民国九年，因捐助赈款，内务部奖给一等金色义赈章。其家业为武乡"四大家"之首，是沁州三县有名的大富户。著名诗人、人民作家冈夫（王玉堂）在《故城翻身记》中写道："山西武乡县，故城南沟川，劳动人民祖辈流血汗，开辟下千亩好庄田；西看白马山，东看大南河，南沟村里出清泉，柯山不烂尘世烂，涅水流绕烂柯山。城川千顷好庄田，南沟地主占去一大半"。故城号称土地有三万三，郝家就占去一大半以上。地主是以压榨、盘剥人民血汗获取利益的，郝家就是这样才成为财主大家的。1933年，郝泉香从太原新民中学毕业，后入山右大学肄业。1938年入政界，任武乡县财政局局长兼难民救济委员会副主任。1940年5月，郝泉香公开投敌，任敌权店维持会会长。同年夏，日军占领段村，任敌武乡县维持会会长。1945年8月，段村解放，郝泉香跑回南沟据点，任武乡县伪县长。1946年6月，武乡全境解放，郝畏罪潜逃。1949年7月，在平遥县城被乡人发现缉拿归案。1951年5月5日，在县城召开万人大会，被判处死刑，执行枪决。

修建白晋铁路在1934年阎锡山政权时期就开始了，修了大半路基，因战争而停修。1939年，日军为了战略利益，重新修建这条铁路，起点为祁县东观，终点为长治城，称为东潞铁路，依然是一米窄轨单线铁路，于1940年建成通车。此路从武乡南关进入，经分水岭、权店到达南沟。在南沟设一车站，同时筑起城墙，建起炮楼、碉堡等工事。

南沟据点北依南关、南连沁县、东接段村之守军，互相策应，联合"讨伐"，使故城大部分地区沦陷为敌占区。盘踞期间，有一个日军中队驻扎，平山、高屋三郎先后任中队长。这个中队疯狂"扫荡"，捕杀我抗日领导干部、民兵战士、革命群众，残害无辜妇女儿童，抢粮抓丁，杀人放火，制造了诸如"山交沟惨案""大良惨案""果则沟惨案"等令人发指的惨案。南沟村的核桃沟、南泉上、桃树沟、麻地沟成了残害革命义士的"靶场"，土地上浸透了抗日烈士的鲜血。其城墙上时不时就挂着烈士的头颅，钉着烈士的尸体。群众称平山为"杀人魔王"，南沟据点是"魔窟"。1945年8月日本投降，阎锡山军队收编接管了南沟据点，继续与人民为敌，疯狂破坏，捕杀干部群众。又先后制造"青修惨案""邵渠事件"，直至第二年7月才全部撤退，结束了这段肮脏的历史。

我在小学期间，启蒙老师是南沟人，姓郝，星期天曾带我回过他家一次。记忆中这里非常美，村的前山松柏翠绿，小河流水潺潺，大水池里水映蓝天，池的出口处龙头嘴里不停地喷着清泉。村湾大部是菜园地，一畦一畦，整齐有序，绿叶黄花，蝶飞蜂舞，令人心醉。今天我再次走进南沟村，不一样的目的，不一样的感觉。

村支书、村委主任阎三平早已在村头迎接，带着我们走进村中。村容整洁干净，一排排新房错落有致，对面山上仍是苍松翠柏，郁郁葱葱，只是河道干涸，不见当年涓涓细流。急于想见到的水池，不是记忆中的位置，四周被新盖的房屋所包围，水池有点儿水，但龙嘴里不流水，阎书记说前段日子还流淌着，近来天旱，水流就断了。

采访人员最感兴趣的是看看郝泉香的豪宅大院，阎书记一脸茫然，指着村中的房子说，这里都是郝家的，日本人来了之后，所有房子都被霸占了，穷人们更惨，只得躲进山沟里刨个窑洞凑合安身。日军占领南沟村，赶走村民，拆除房屋修筑据点，郝家并没能幸免于难，同样也被掠夺抢占，成为服务法西斯侵略的殉葬品。

走进一家农户院内，我发现在通往后院的街大门上挂着三块小牌子，黄色小牌写有"烈属光荣"，蓝色小牌写着"军属光荣"，还有一小铜牌是写着"光荣人家"。正好从家中走出一位老人，我们便围坐在他身边，请他讲牌子背后的故事。老人叫郝二树，今年85岁，三块牌子是他家的荣耀。他父辈老弟兄五个。"烈属光荣"是因为他四叔，叫郝庆和,我党地下工作人员。1945年4月22日，他与刘月成（河北人）、李木小（西良侯人）被敌人发觉后抓捕，惨遭严刑拷打，当日敌人将全村群众赶到村河底（地名），三人以"通共"罪名被当场杀害。"军属光荣"的牌子是因为他五叔，四叔死后不久，怀着对日军的深仇大恨，偷偷参加了八路军。"光荣人家"是因为他侄儿的孩子,现在部队服兵役。

在场的所有人听得津津有味，同时也对外界人评价南沟人的不实之词有了一个新的认识。南沟村的老百姓每天生活在敌人屠刀下，含着泪水，带着无奈，被迫为敌人修炮楼，筑工事。有时还逼迫着跟随日军"扫荡"，于是，有人就说南沟人借助日本人发"洋财"，其实那只是极少数人的行为，不足以代表全体南沟村人。即便在日军统治的核心区域，最为危险的环境中，村里仍有地下工作者为了民族的自由和独立在坚持战斗。他们冒生命危险，向我抗日组织传递敌伪动态，提供敌据点军事部署等情况，为粉碎敌寇疯狂"扫荡"，减少人民群众生命财产损失作出了积极贡献。更有张水泉、李元江烈士等，逃出敌营，投奔八路军，壮烈牺牲在抗日战场。还有郝生德、郝五金等戎马倥偬，解甲后，投身新中国建设。

　　为了进一步了解日军在南沟村驻扎情况，阎书记、郝大爷带我们实地考察，首先爬主炮楼所在的制高点——寨子山。郝大爷告诉我们，日军占领时，汽车可以开到山顶，现在不通了，路难走。他兴致勃勃，爬山腿脚十分利索，我们紧追都有点儿跟不上。循着荒台野径，踏着光滑的杂草，吃力地在陡坡上爬行，不一会儿就大汗淋漓，气喘吁吁，阎书记说爬了一半路程了，有几人望望山顶，已累得瘫坐在草坡。我们继续前行，终于到达山顶。这里四周地势开阔，居高临下，北锁故（城）权（店）之路，南扼沁（县）武（乡）之门，东、西尽在掌控之中，日军重兵把守，可见战略位置极其重要。日军在山顶修有炮楼、碉堡，北侧山坡还挖有战壕。郝大爷说，这里驻军最多，村里老百姓每天给挑水，送物资，敌人动辄就训斥、打骂。敌人撤退后炮楼、碉堡被拆除，至今七十年过去了，但遗迹犹存，战壕明晰可辨。

　　阎书记让我们辨认他手机里保存着的一张照片，是日本人在南沟时拍下的,两个日本军官在山崖上,挂着军刀,拿着望远镜观察远方。照片上的山崖地形和长的两棵树的标志,与北门进去的一个地方极为相似,照片极其珍贵。

南沟车站建在村的东南角边,白晋铁路由西北进入,环南沟村绕了个弯向南延伸。车站的房屋建筑基本保存完整,坚固结实的三座铁路跨河小桥,显示出当时站内设计有三股车道,左侧有一条钢筋水泥筑成的地沟,右侧有一米高的数十根水泥柱,这是牵引机车的整备线,机车的加水、加煤、掏灰、检修等都在这里进行。南沟遗迹是岁月年轮留下的轨迹,是野蛮行径的真实记录,是人性泯灭铁的罪证,是民族遭受欺凌历史的生动读本。

阎三平书记站在车站遗址感慨地说:"南沟有过一段耻辱的历史,日本侵略者和阎锡山反动军队在这里犯下了不可饶恕的罪行,南沟村名被玷污,村民无房无地,苦不堪言。战争结束,村民开始用勤劳双手重建家园,医治创伤。近年来,我们在镇党委、镇政府的领导下,干群一心,攻坚克难,全村已整体脱贫。村中规模性产业有梅杏、油用牡丹,今年又大力发展谷子、辣椒,销售不成问题,群众种植积极性很高。我们村支两委还着眼于长远,利用南沟村的那段经历,恢复遗迹,建设'不忘村耻,牢记历史'教育基地,形成'观赏+采摘+参观教育'为一体的旅游产业,努力把南沟建设成美丽乡村!"

望着他高大魁梧的身材,听着他信心十足、充满希望、铿锵有力的话语,我们对这位年富力强、有责任担当的"领头雁",敬佩之情油然而生。

夕阳西下,霞光映染。遥想昔日古城的铁马金戈,都付与荒烟蔓草,腥风血雨也早已成为历史的一页。喜看今日之故城,到处是一派生机盎然、活力四射的景象。镇党委李旭东书记充满信心地说:"故城是古老城镇,文物大镇,农业强镇,有历久弥新的文化,有千年孕育出的人文精神,这些都是故城发展的重要基础。我们将紧紧依托'古''绿''红'得天独厚的优势,农业做出特色,旅游创出品牌,筑牢脱贫攻坚的四梁八柱,让故城的人民愈来愈富裕,生活愈来愈幸福!"

祝福你,故城,明天的你会更加辉煌灿烂!

抱愧白马山
温海明

三十年前,我在信义中学读书的时候,就常听信义村的同学们说他们村有个狐爷山,山上有个狐爷庙,很神!每年逢有大旱,村人就到狐爷山上的狐爷庙祈雨,隆重的祈雨仪式过后总会有甘露普降,很是灵验。

那时,我们中学历史课本原始社会一章中,一开始就提到氏族图腾。原始社会,人类自身生存能力很低,于是便有了对动物的崇拜,有的氏族部落崇拜虎,便把虎作为自己氏族的图腾,有的氏族部落崇拜狼,便把狼作为自己氏族的图腾。

于是,那时的我,想当然便认为信义先民是以狐狸为图腾了。长期以来,人们对狐狸相比较老虎、狼还有一层更神秘的感觉,因为狐狸在人们的潜意识里总是和狐狸精、狐精相挂钩。所以,人们可以设伏打狼、捕捉老虎,但是很少有人敢捕抓狐狸的。在好多老年人思想中,碰见狐狸都是很不吉利的事情,唯恐避之不急,更别说捕抓了。

那时的我,很长时期就纳闷了,崇尚信义的信义村民怎就把狐当作自己的图腾了呢,信义的初中同学们也说不下个所以然,和我们一起相信了这个图腾说。

出于对狐狸的避讳,在信义中学念书的闲暇时间,同学们相跟着游玩最多的地方都是信义水库,尽管我们上初中的前一年有兄妹两人不幸被淹死在水库里,尽管严厉的班主任有时上课前要让调皮的学生揪起裤腿一一检查（下过水的同学,用指甲在小腿肚上一划就有一个白道子,有经验的班主任就这样查看谁去水库、谁下水了）。但同学们还是要冒险跑到信义水库去玩,胆大的照样跳到水里去游泳,胆小的我跟同学们下去呛了两次水,就再也不敢下去了。

而狐爷山,却一直没有上去过。沁县念书、故城教书、段村写材料,之后又到乡镇,真是没有最忙,只有更忙。与狐爷山这一擦肩而过竟是三十年。

2019年5月,调任史志研究室的我接到交城同行"温其如玉"的宋思慧的微信,他说《沁州志》上记载武乡马鞍山上有狐突庙,他是专门研究全国各地狐突庙的,想和我了解一下武乡狐突庙的现状,他还给我发过来截图。

乾隆版《沁州志》记载:马鞍山在（武乡）县西七十里,南北俱昂,中低,形似马鞍故名,晋太子申生伐东山皋落氏,道经此山,土人立庙祀焉,又有狐突庙。

我立马查阅。康熙版《武乡县志》记载:马鞍山,在县正西七十里,形似马鞍,上有太子狐突庙。乾隆版《武乡县志》记载:西齐王庙,有二,一在阳城村南,一在信义白马山。太子庙,在白马山,祀晋世子申生。

民国版《武乡县志》记载:白马山,在县西六十里。

县西七十里,就是今故县村西七十里,这正是我们故城信义、五峪一带呀,作为一个长期生活在武乡的武乡人,作为一个地地道道的故城人，还是一名史志研究者。竟然不知道就在自己的身边还有狐突庙。

狐突的历史我还是知道一些的，他是晋文公的姥爷。他的两个儿子狐偃和狐毛辅助晋文公重耳成为春秋五霸之一，使晋国称雄百年。

武乡西乡有名点儿的山屈指可数，石北乡有个五龙山，因有义门林场，又产生了造林劳模关海旺而闻名。涌泉乡有个蓬莱山，因为山腰有一眼泉，泉中有五色鱼而闻名。至于我们故城，一个是山交村对面的烂柯山，以烂柯成仙而闻名。东晋时期康家沿村王质（近有人附会为石勒之子石质逃避石虎追杀改名为王质），上山砍柴看神仙下棋，山上一下午，村里五百年，王质回村后无人认识，上山追问神仙，坠崖而死，成仙而去。再下来就是人们常说的白马山了。毫无疑问，狐爷山就是白马山，白马山就是马鞍山。

我霎时间明白，昔日的狐爷山就是同行说的马鞍山，也是周围村人叫的白马山，上边供奉的是狐突。长期以来我竟然把一代名臣狐突当成了狐狸精。

我的内心充满惭愧！

晋文公为何要为狐突立庙呢？我们好多人去绵山旅游，知道介子推割股奉君，晋文公重耳在逃亡的路上，没有食物吃的时候，介子推竟然从自己大腿上割下肉来，给晋文公熬汤喝，重耳流亡返国当上晋国国君后，在分封功臣的时候，却一时疏忽，漏封了介子推，介子推认为重耳和一般君主一样，都是可以共患难，不可以同享福的主，便隐居到绵山，重耳得知介子推离开自己后，惭愧不已，追到绵山，让介子推跟自己下山，辅助自己，同享富贵。耿直的介子推拒绝了晋文公的要求，拒不下山，晋文公重耳便下令手下放火烧山，想借此把介子推逼下山，结果，介子推看破红尘，决志隐居。最后竟被烧死在绵山，晋文公重耳悔恨不已。下令每年在介子推离世那天，全国人民不生火做饭，只吃寒食，以示自己追悔之心。因为这个惊心动魄的故事，才有了我们今天的清明节。

2000年去绵山的我，认为再没有谁比介子推更忠于重耳的了，也没有谁比介子推更受重耳推崇了。再次翻阅晋文公的历史，我才知道，还有一个人在晋文公重耳心目中比介子推地位更高——这就是狐突。还有一个故事比"割股奉君"更震撼——这就是狐突自杀明志，教子不当二臣。

晋文公重耳，少即谦虚好学，善于结交有才能的人，但是他的父亲晋献公是个惑于女色的人，晋献公先是跟夫人生了一儿一女，儿子就是太子申生，女儿就是嫁给秦穆公的大闺女。夫人去世后，晋献公又娶了狐突的两个女儿，狐突的两个女儿每人为晋献公生了一个儿子，一个叫重耳，一个叫夷吾。后来晋献公又娶了两个，是姊妹俩，一个叫骊姬，一个叫少姬，也各生了一个儿子，一个叫奚齐，一个叫卓子。这样，晋献公前前后后娶了五个女人，生了五个儿子。

按照周礼宗法制度，君主继承人立嫡立长，申生已为太子。坏就坏在晋献公后娶的骊姬，善狐媚，诡心计。一门心思想让晋献公把自己的儿子奚齐立为太子。这样太子申生和重耳、夷吾就成为她实现阴谋的绊脚石。于是她天天在晋献公跟前设计陷害太子申生和重耳、夷吾，先是让三人都离开晋献公身边，到自己的封地，后又设计派太子申生征讨东山皋落氏，把他推向战场，置之于死地。谁料申生不仅没有战死，反而大获全胜。一计不成，骊姬又生一更毒辣的计谋，他在申生进奉晋献公的食物里投毒，然后让下人试吃。晋献公不知是计，误以为申生要谋害自己，逼死了太子申生。太子申生死后，重耳、夷吾就成了最危险的人物。

公元前655年，重耳和夷吾的姥爷狐突，看透了骊姬的阴谋，便安排自己的两个外甥赶快出逃，躲过了勃鞮的追杀，同时，又叫自己的两个儿子狐偃、狐毛离开自己去保护重耳。不久，又让狐偃的儿子狐射姑也到了重耳身边。在狐突的运作下，晋国有才能的赵衰、魏犨、颠颉、介子推、先轸等人都离开晋国，来到晋文公身边。

用今天的外交官方语言讲，就是在狐突的一手运作下，才组成了以重耳为中心的晋国流亡政府。

话到这边，大家注意了，重耳和夷吾都是狐突的外甥，狐突却把精兵强将都配给了重耳。

公元前651年，晋献公病逝。骊姬的儿子奚齐和少姬的儿子卓子先后做了晋国国君，但不到一年就被大臣里克（太子申生的坚定拥护者）杀掉。夷吾以重金贿赂秦穆公（也就是他姐夫），并许诺如果帮他当上晋国君主，还要割地给秦国，在秦穆公的帮助下他回到晋国，成为晋惠公。但是这个夷吾比重耳人品差远了，当上晋国国君后，背信弃义，不仅不信守诺言割地给秦，还乘人之危，以怨报德。晋国招灾，和秦国借粮，秦国招灾，不仅不借粮给秦国，还发兵攻打秦国，结果兵败被俘，在秦穆公夫人、自己的同父异母姐姐的帮助下，才回到国内。对内，他诛杀拥立有功大臣里克，国人很不顺服他。国人都希望品德好的重耳回国任国君，夷吾怕哥哥重耳回来夺王位，就派出勃鞮再次出去行刺重耳。

狐突急忙写信给自己的儿子狐偃、狐毛,让他俩保护重耳远走他国,到返回晋国当上君主,狐偃、狐毛跟随重耳整整十九年,辗转八个诸侯国。

公元前637年,晋惠公夷吾病逝,他唯一的儿子圉在新绛即位,是为晋怀公。怀公即位后,和他父亲夷吾一样,非常惧怕重耳回国夺位,就下令狐突(自己的老姥爷)召回狐偃、狐毛,狐突给怀公讲了为臣不二的道理,拒不执行怀公命令,自杀身死。晋国公卿更加倒向在外的重耳。

公元前636年,重耳在三千秦兵的护送下回到晋国,当上晋国国君,杀死怀公。他流亡十九年,饱尝艰辛。在位八年,励精图治,带领晋国走上了图强称霸的强国之路。

狐突有双聪明的慧眼,他看透了骊姬的阴谋,帮助重耳躲过劫难;狐突有双聪明的慧眼,他看透了夷吾的拙劣,看到了重耳的坚韧不拔和雄才伟略;狐突有颗正直的忠心,夷吾和重耳一样是自己的外甥,晋怀公也是自己的重外甥,但狐突能做到始终为国家社稷着想,唯贤不唯亲,重耳流亡十九年,不管晋惠公、晋怀公父子二人怎样威逼利诱,狐突都不为之动摇,他坚定地支持重耳,直至自杀身死,他还写信给两个儿子狐偃、狐毛,教他俩不要动摇,坚定地辅助重耳。

晋文公走上称霸之路所依仗的三军,狐偃、狐毛就占了两军。无论是流亡,还是称霸,狐突父子都起到了决定性作用。可以毫不夸张地说,如果要给千年晋国评选功臣的话,狐突应该是当之无愧的第一人。

正因为如此,金大定二十年刻制的护国利应侯龙凤碑上称赞狐突:聪明正直谓之神。他已经矗立在我们武乡两千五百年之久,可是今天的武乡人很少有人知道他,能去祭拜他不死忠魂的更是少得可怜!

我想,狐突当年在夷吾和重耳两兄弟之间选择,和抗战时期武乡老百姓选择跟国民党还是跟共产党从本质上讲是没有区别的。狐突选择了雄才伟略的重耳,是因为他的聪明和正直,武乡老百姓选择了英明正确的共产党,同样是因为武乡人血液里流淌着的明智和正直。两千年的传承中,狐突影响了多少人……

我的内心充满惭愧!这一次,请允许我代表我们武乡人。

2019年5月15日,我独自一人登上了白马山,去寻找狐突。到了阳公岭村后,爬二里山路,在白马山的半山腰,我首先看到的是一对石狮子,右侧的保存完好,造型和其他各处见过的狮子很是不同,平常在其他地方见过的狮子都是威风凛凛、怒目圆睁,而这只石狮子却是温情脉脉,因为在它的腹下还卧着一只可爱的小狮子。

刹那间,我就读懂了,这哪是狮子,这分明就是狐突和自己的小外甥重耳嘛!

再看看左边的一只,心里就悲哀万分了,狮子的头已经被人敲掉了半个,双腿也被打断,又有好心人用小石块塞进去支撑着。抬头一看,就发现这只能算是遗址了,根据石狮子两侧的夯土墙遗址,可以看出这是一个二进院落的寺庙。当年的规模应该很大。

离石狮子二十米远,看到

了护国利应侯龙凤碑，碑身有一少半埋在土中，一多半露在外边，约有两米高，碑头做得无比精美，左右各有一条龙缠绕在一起，龙头在外，龙爪在内，中间刻着篆书"护国利应侯碑"，碑头后是两条凤。

碑左侧上首，刻着沁州公□，左侧下手刻着信义里，重修利应侯庙记，碑身右侧上方刻着"刺史武功将军同知沁州军州事诸甲昭信校尉沁州军事判官周"等大字。关于碑文的内容，我很认同平遥史志办主任王本荣主任和郝新喜老师的分析，碑身所记内容分上下两部分，上半部分是兴建护国利应侯庙的官府批文，所以把相关官员的印章都刻在了上边。下半部分是建庙碑记。碑后下侧刻了建庙的四至。因为是沙石碑，长期暴露在荒郊野外，日晒雨淋，风吹雨打，碑身下侧已经开始剥落。再往西南十几米的地方，靠着一块小石碑，是清乾隆年间修建文昌阁的碑记。

狐突庙上咋立起护国利应侯碑？这还得从宋徽宗说起。宋徽宗是中国历史上艺术天赋和艺术成就最突出的皇帝之一。作为一个皇帝他的昏庸在历史上同样突出，草草翻一下历史书，我们还会发现他的另一个爱好，信奉道教，时刻

想着成仙，能够长生不老，一有危难，不想实际办法，总是祈望于神仙救助。因为东晋王质在地处山交的烂柯山成仙，宋徽宗就命人在故城镇的山交村修建了金仙寺。因为在道教里，金仙是最高级别的仙，不用轮回，可以永生不死。北宋末年，金国多次入侵，抑武重文的宋朝被风驰电掣的金兵打得毫无还手之力，宋徽宗便又想到了帮助晋文公称霸的大功臣狐突——这样狐突又被宋徽宗封为护国利应侯，实现了狐突由忠臣到神的转变。宋以后，因为祈雨灵验，狐突又被封为雨神，后来的石勒被封为海神，都是为老百姓祈雨而设立的神。

看着精美的石碑、石狮，追思一代忠臣狐突和一代昏君宋徽宗，没有多少诗文基础的我竟然也吟诗一首：

白马山上有忠魂，狐突教子不二臣。

兵临城下急封侯，至今犹叹宋徽宗。

2020年4月18日，我和县文物中心王志伟副主任再次登上白马山。王主任高度肯定白马山狐突庙遗址龙凤碑和石狮的文物价值，我才知道，关于文物保护，文物中心早有想法，欲把龙凤碑和石狮迁到故城大云寺，这样的话，文物可以得到保护和利用，但是当地村民不同意。要是在原址实施修建的话，成本高，得逐级上报省市文物部门，进行文物级别鉴定。

2020年5月4日，我又一次登上了白马山，这一次有阳公岭村的党支部书记程学斌，还有我初中的英语老师李虎山老师。已经退休的李老师很有文物情怀，他已经几次上白马山，看到扔在荒郊野外、破损的龙凤碑和石狮很是着急，非要自己花钱用玻璃罩把两个文物罩起来，不要再让老祖宗留下的宝贝风吹雨淋。和阳公岭村的党支部书记程学斌一聊，我才进一步知道。明明白马山离阳公岭村最近，信义村人却总说是他村白马山。

原来，元明时期，信义村民经常祭拜白马山的狐突庙。狐突庙不仅在祈雨方面很是灵验，而且还保佑信义程氏家族发达兴旺起来，到明末，信义程启南不仅考中进士而且官至工部尚书，被朝廷褒奖为一代廉吏。程启南五子程皋绩也中进士，并当上蓬莱知县，程启南之孙程康庄官至耀州知州，是清初著名的大文人。信义程氏成为武乡望族。清康熙年间，信义程氏家族为了更好地保护狐突庙，便从家族中挑选忠义尽责的程氏村民搬迁到离白马山更近的阳公岭守护狐突庙。从此也便有了阳公岭村。

学斌说，明清时期，每年故城大云寺集会，必须先上白马山把狐突神请下山，中间还要在五峪弥陀寺休息停留一夜，第二天一大早，把狐突神请到故城大云寺后，集市才能开始。1938年日寇侵占南沟后，拆毁了规模宏大的狐突庙，将庙上的木材全部用于生火做饭。学斌80多岁的老父亲回忆，原先白马山上类似龙凤碑的巨大石碑可不是一个，大都被拉到故城大云寺，作为石条砌到新建的故城粮站大库房根基里了。

一路走一路谈，我才知道白马山上不仅有龙凤碑、母子狮，还有跪马石、烽火塔、神泉水、白马祠等，山腰是漫山的梅杏。背山和山顶是郁郁葱葱的松树和草坪，牛、羊自由快乐地在林间草地行走吃草。

登上白马山最高的烽火塔，好一幅山川美景图，故城大平川尽收眼中。南面可看到20里开外的烂柯山，东面可看到30里开外的蓬莱山，北面可看到10里开外的黑寨垴，西面则是连绵不断的群山。中间，可以看到故城全镇30多个村子。

听信义村的同学说，十几年前，文物贩子从白马山烽火塔下盗走六七个春秋时期的鼎,狐突庙的龙凤碑也险乎被盗走。

下山的路上,我深深地向白马山鞠了一躬:

白马山,对不起,

祭拜您,保护您,

但愿我们都来得不是太晚!

结缘分水岭
刘东萍

"大美分水岭""北方小九寨",是分水岭"岩庄杏花节"对自己的定位,听起来感觉这里很美。摄影师们的照片里,岩庄的风景也特别迷人。但是风景到底如何呢?这让我有了想去亲身体验亲眼见识的愿望,加上好朋友的邀约,于是满怀期待踏上了去往分水岭的路。

路上,想闭眼休息,可是脑海里却老想着分水岭。前几年,年年春季要到分水岭植树,后来,我的朋友去分水岭窑儿头村扶贫,当了第一书记、扶贫工作队长,一去就是三年。我们聊天的时候经常会聊起分水岭的风土人情,分水岭贫困户的生活。他们种什么了,多余的农产品能不能卖出去;他们家里怎样,吃得好不好,穿得怎样……朋友常常絮絮叨叨,我也常常会帮他们吆喝吆喝,卖点东西或者发动大家给贫困户捐些衣服之类,但凡能做的朋友都去做了,大事小情,竭尽全力。甚至有一次,看到一个贫困户老婆婆吃的馍馍长了毛,他忧心忡忡,从乡下回来晚了,怕馒头店关了门,还要吩咐家里人给老婆婆买上刚蒸的馍馍。看到他一心扑在扶贫上,我也想帮帮他。从朋友去分水岭扶贫到现在,家里每年吃的都是分水岭的土豆。一来是因为分水岭的气候寒冷,温差大,土豆特别好吃;二来是朋友帮助贫困户销售土豆，我也想出把力。

真正和分水岭人接触是在朋友去窑儿头帮扶的第二年。2018年正月，我们走进分水岭做了一次公益活动。那天，我们走访了几个村子，十几户贫困户，把带去的棉衣、挂面、食用油、方便面等，送到了每个贫困户手中。其中，一个贫困户两个孩子让我感到特别震撼。姐姐上四年级，弟弟上幼儿园。那次我特意给姐姐买了书包、文具等学习用品，给弟弟买了图书、积木、蜡笔。弟弟接到礼物的一瞬间，我看到小男孩的那个眼神，就如我在画报中看到的一样。他的眼神中充满了疑惑、茫然、胆怯，继而又转化成了渴望、惊喜，伸出来的手不接也不退缩，当我再次表示礼物是送给他的让他拿着时，他脸上掠过一丝惊喜，立刻转身，抱着那些积木转眼就跑到另一个屋子了。我不知道发生了什么，也不知道这个孩子会到那个屋子去做什么，赶紧跟了过去。这时，我看到小男孩儿着急地拿出图书，又迫不及待地打开积木玩了起来。这下我明白了，原来孩子是想看看我送给他的东西……

回到幼儿园，我观察了许多孩子，却没有找到那种眼神。这件事对我触动很大，地域的差别、环境的差异、父母文化水平的参差不齐，等等，对儿童的发展，以及后期的成长有着不可估量的影响！

这些问题一直萦绕在我脑海里，总想为农村的孩子们做点什么。一个偶然的机会，我接触到武乡县特殊学校的孩子们。他们让我更难过更揪心。于是我毅然决定对"特校"进行长期帮扶，把我的爱奉献给那些可爱的孩子。我的老师们非常赞同我的想法，大家都愿意参与进来。就这样，我们开启了每周一天的特校助教活动。每周六，我们的团队轮流去特校和孩子们一起画画、唱歌、做游戏。分别的时候，孩子们依依不舍，有的还叫我们的老师"妈妈"。每次分别，心里都酸酸的；每次分别，都期待下次再来，想着，想着，眼泪掉了下来。

朋友推推我问："哎！做梦了？"这才把我从回忆中拉回来。朋友说："到分水岭地界了，快看那山上。"透过车窗看到，路边的风景已和出发时截然不同了。一座连着一座的山上，远远望去，白色的杏花，一团团一簇簇，漫山遍野；黄色的连翘花，点缀其间，在松柏树的映衬下，格外动人；路边，鹅黄的柳叶和杨树叶扑面而来，显得那么美、那么壮观。就这样，在赞叹和惊讶中，不知不觉就来到了岩庄村"杏花节"会场。

"杏花节"的整个活动，安排井然有序，节目精彩纷呈。演出结束后，我随着一群穿着漂亮汉服的模特儿小姑娘爬上了山坡。环顾四周，真是太美了！无论是高山低谷，还是沟沟岭岭，漫山遍野，到处是杏花。远处近处，层层叠叠，高高低低，摄人心魄。极目远眺，一树树的杏花，给人壮美的感觉。慢慢地走近，走近，眼前的花儿娇艳明媚，还可以闻到淡淡的花香。真是有远景，有近景。既可亲近，又可观望，置身其中，流连忘返。自己随身携带了相机，所以拍个不停，照个不停，哪儿哪儿也想拍，哪儿哪儿都想照。只是遗憾自己的照相技术太差，不能完美记录和表达这么美的风景。一路上，边走边拍，还不忘让朋友帮我拍照，记录下我和美景的对话。

杏花节，让我看到了一个崭新的分水岭，相信，明天的分水岭，孩子们会接受和城里的孩子一样高质量的教育，农民不再只是日出而作日落而息，会成为新时代的新农人，精神生活、文化生活也将迈向更高……

多年之后，回忆起今天，我想那应该也是很惬意的……

在北良侯村

李文英

对北良侯感兴趣，是从它的名字开始的。行政区划中它的名字是北良，但当地老百姓却自然地称自己的村子为"北良侯"。我们给村庄命名大多有来由，或者以姓氏命名，如李庄、张庄；或者以地理环境命名，如河不棱、西川；或者以这个地方最大的官员官职命名，如留侯镇、洗马村；或以建筑命名，如石佛口、三娄寺等。

故城镇有四个良侯村，分别为东良侯、西良侯、南良侯（大寨）、北良侯。北良侯地处四个村子的中心，原来就叫良侯村。单从名字上看，总觉得这四个良侯村和古代的官名有关系，并且处于四个中心位置的北良侯村，应该有更深厚的历史文化。心里暗自猜想莫非这个小小的村子曾经出过一个良侯？村子就是因为这个良侯命名的？

问及村人，笑答："出没出过良侯这个还没有证据证明，但几个良侯村因为梁侯寺得名，却是李零院士通过对北朝残碑考古得出来的结论。我们的'良侯'其实是'梁侯'的谐音。"我们一行人兴冲冲地去往梁侯寺旧址——"福源院"参观。院落外侧有一眼泉水叫"卧龙泉"，进村时我们先绕道前去观看。这眼泉水为地下水，即使寒冷的冬天水温也在十几度左右，泉水从龙形的水口倾泻而出，噌淙不绝，清冽异常；掬水入口，甘甜直沁心脾。这眼泉水存在了多少年，不得而知，但可以肯定是建寺之前，这眼泉水已经流淌不息；或许也是因了这眼泉，才有了这座寺院。

福源院院落宽敞，青砖墁地，西配殿前红色的芍药开得正盛，隐隐约约的香味随风弥漫。现存的东西配殿和正殿建于元代，但此寺庙前身确切可上溯至建于北朝时期的梁侯寺。至于梁侯是何朝何代的人物，是北齐时的人物，还是可以继续往前追溯？甚至有人推测要追溯到东汉光武帝时的梁侯邓禹，但因为没有有力的证据可考，只能是作为一种猜想存在。但即便是猜想，无形中也给北良侯增加了一种神秘的文化底蕴。

北朝残碑，我们并没有见到，好像是上级文物管理中心保管起来了。西配殿供奉一尊初生佛，也就是平常所见佛像模样。推开正殿镂空木门，正中一尊菩萨佛像，一眼看去就是现在雕塑的佛像。拾级登上二楼，眼前别有一番光景。地上躺着两截断裂的石碑，石碑上有的碑文已经磨灭不清，但依稀可判断是雍正时期的金妆碑记。虽然金妆佛像早已遗失，但是这两截断裂的石碑却让我们眼前浮现出华贵雍容的佛像。

墙壁顶端四周绘制有各种图案，有的已经模糊湮灭，有的虽然色彩已经淡褪，但人物仍清晰可辨，仿佛是一人端坐讲解佛法，其余众人侧耳倾听。墙壁四周的图形虽然时断时续，但是仔细分辨可发现这些图案描绘的场景是连贯的，就如过去绘画中的故事。

两根房梁横亘其中，一根曾经断裂，用铁箍固定，其下用木柱支撑。这两根房梁也都有彩绘的图案，可惜看不太清楚。

置身于这座比较空阔的正殿，让我有了不同的感觉。这里更多地保持了元代以后的风格，更多地保留了原有的痕迹。正是这些痕迹，让我得以想象禅师端坐禅房，浑厚、空灵、绵长的经音徐徐传来，"诸菩萨摩诃萨应如是降伏其心！所有一切众生，若卵生、若胎生、若湿生、若化生；若有色、若无色；若有想、若无想、若非有想非无想，我皆令入无余涅槃而灭度之……"

正殿东侧有一间屋子，这里专门供奉北齐石刻菩萨。菩萨身高3.45米，倒莲台高0.44米，宽0.92米，整座石佛通高3.89米。石刻菩萨线条流畅,体态丰腴,神情安详,胸前和腰腹丝带飘逸;左手下垂掌心向外,为"施愿印",满足众生祈求的愿望;右手上举于胸前,手掌向外,手指自然舒展,施"无畏印",使众生心安无所畏惧。

我虽不懂石刻,但听同行的村民和郝雪廷老师讲解相关的知识,头脑中还是不由得联想起了北魏孝文帝迁都的故事,以及从那时兴盛起来的佛教、石刻。孝文帝从大同迁都到洛阳,武乡是必经之地,梁侯店是其中一个重要的驿站。这尊石刻佛像,不仅仅是满足当时老百姓祈求平安祥和的愿望,也许它还是孝文帝迁都时的文化见证,从大同的云冈石窟,到武乡分水岭山崖上大大小小的佛龛、佛像,到北良侯村的大型石刻,再到洛阳龙门石窟,我们沿着这些佛像追溯,就可以找到回溯北魏、北齐文化的一条时光隧道。

感谢睿智的李零老师,在"文化大革命"时期回到了他的故土,职业敏感和兴趣使然,让他很早就重视到了北良村这个特殊的地方,也才使得这些珍贵的文物资料得以保存下来,体现出它应有的文物价值。

遗憾的是,佛像的头颅曾经被盗,追寻回来之后慎重地保护起来了。现在的头颅是后来补装的,雕刻的艺术大打折扣。佛身也被村民彩画,佛像本身历经时间沧桑的美感,以及它本身简约、细腻、古朴的美感,也被这些现代的色彩冲淡了许多。可纵然如此,这尊佛像仍不失为一件镇院石刻珍品。

北良村还有一处古院落,应该是明清时期的建筑。二层的土楼和东西偏房虽已墙皮剥落,但保存完好的门窗仍隐约可见主人家当年的富庶繁盛。雕花的木门、木柱历经风雨依然顽强地保留着旧有的丰姿,生动灵活的喜鹊登梅,馥郁的兰花,甚至纺线的织娘都清晰可辨。

这座院落完全保留了当年的痕迹，一群人站在院中，感受到一个时代生活特征的见证，也是一个时代建筑特征的体现。

冯骥才曾说保护文物就应该"绝不去动一动历史遁去之后的'现场'""尊重历史就是不更改历史"。是的，这看似冰冷的石刻、冷漠的建筑，真的不是破旧荒芜，而是再现了当年轰轰烈烈造屋的豪华情景，工匠叮叮当当锤呀、凿呀、刨呀，或者斜着眼睛校正墨线；男主人身穿马褂，手里端着个铜烟袋，也许并不一定在抽烟，悠闲地进出巡视；女主人小脚颠着，殷勤地端茶送水。这样的情景，即使是并没有死亡，它们犹然带着昔时的气息。它们各自不同的形态都是历史的表情，它们的残痕则是它们命运的印记与年龄的刻度。

北良侯的石刻和古建筑基本保持了原有的形状，正因为他们做到了这点，今天我们站在北良侯这片土地上，才能追寻到远去的时光，才能深刻感受远古的文化。

当然，我们不动历史遁去的现场，绝不是对这些文物不理不睬，任它们自生自灭，我们要用恰当的方式保护它们，尽可能接近原样来加固、维修它们，延长它们的历史寿命。

古院落的主人有一定的文物保护意识，在院落前后都安装了防盗监控，门口还有一条狂吠的老犬，可是我还是担心这些措施不足以很好地保护这座古院落，几个监控真的能保证这些文物的安全吗？即便可以防止人为破坏，可是那些脱落的墙皮，又该如何阻止时间风雨的侵蚀？再过五年，十年，十五年，我们还能完好地看到这座珍贵的古建筑吗？

好在故城镇政府、北良侯村两委已经意识到了保护文物的重要性，他们多方学习，采取各种方法尽最大努力来留住昔日先祖的聪明才智和灿烂文化，并借此开发旅游、发展产业，相信几年后，北良侯村一定会成为武乡旅游产业中一颗耀眼的新星……

煮一盏时光在北良
张慧萍

佛曰：前世五百次的回眸，才换来今生的一次擦肩而过。而我与北良，在时光辗转中再次相遇，得多少次回眸，需要多少次擦肩呢？

当车子一路驶向北良的时候，往事便隔着流年，怀旧的气息，随着阵阵夏风，穿过公路两旁的绿意，若一幅泛黄的画，由模糊到清晰，渐渐摊展在我眼前……

1996年的冬天，同事结婚，我第一次走进北良。

脑子里只是照着我的村庄，勾画出一个样子，一个有着他的父母、他的乡亲，一个有着他许多故事的村子而已。那时的懵懂何止是对北良，对我故乡之外的世界，知之甚少。

去北良，于我而言，算得上一趟远行。破旧的客车，若打了寒霜一样，没个精气神，没走几步，就呼哈呼哈喘着粗气。好奇心驱使着我，死死地盯着窗外，完全无视车厢内的喧嚣。北方的冬，已经像是位迟暮的老者。几经辗转，途径涌泉、故城后，然后踏上尘土飞扬的土路，一路向北。

窗外，阳光甚好，透过吱呀吱呀的玻璃挤了进来，隐隐约约照着车厢内烟雾缭绕。笑声、嘈杂声还是飘向那一片广袤的土地。一块块平整的田地，遍地凌乱的荒草、玉米秆，依旧脱不了荒芜。眼前的开阔，与我沟沟壑壑的故乡形成了明显对比。零散的几头老黄牛，甩着尾巴张望着，望着我们这辆貌似和它一样笨重的"老牛"。偶尔的"哞哞"

声惊了那年冬的清冷,悠远地向远方而去。我寻寻觅觅,终是望得见远处的山,感觉很近,仿佛向那山驶去。

车子在一处岔路口停了下来,同行的几个同事呼啦啦下车。车子大口喘了几下,绝尘而去。

太阳已渐渐西沉,露着半个头。三里的土路我们只走了十几分钟,或许是冷的缘故,每个人的脚下生风似的。我的黑色皮鞋早已被黄色的尘土遮得严严实实。临近村子,终是看到了同事口中的北良水库,盈盈湖水波光粼粼,若隐若现树的倒影,仿佛冬天的一把火,暖了北良、暖了我。情绪一下子有点收不住,眼睛像摄像机一样,近处、远处、杂草、干巴巴的树木,树木上的鸟窝……若是现在,该有多好,"咔嚓咔嚓",便是一幅定格记忆的画。也许,就此情此景,你实在生不出赞叹,可在那年那月,那是我见到的第二大湖水,完全不同于我的故乡,那川流不息的河,她是顽皮的,而北良的湖水若一女子,更多的是宁静和柔软。

入村的时候,落日余晖弥散在整个村子上空,有一点祥和透出来。远远地看见有条黄狗,直着脑袋,朝我们这群人叫唤。直到我们走近那处屋子,街门口一妇人,两手插在裤兜里,像看怪物一样审视着。在我随口说出同事的名字,问及他家住哪儿的时候,她像变了个人一样,笑嘻嘻地,手指了一个方向,并吩咐我们转三个弯,还是不放心,朝院里大声喊道:三妞,快出来,去你愣儿叔叔家一趟。我立刻在迷蒙中回过了神,我的同事居然有如此可爱之乳名,顿时一伙人笑了起来。

一下子,不知从哪个巷子里涌出四五个孩子,几只鸡被孩子们撵着"咕咕咕"直叫唤,慌慌张张在人群中折了几个弯,扑腾着跑远了。他们几个看着我们这群人,满脸都是好奇。清楚地记得有个小姑娘,面颊通红，皮肤粗糙，鼻涕流到嘴唇了。她瞪着我，我笑笑，朝她努了努嘴，然后指了指我的鼻子，她几乎秒懂，憨憨地乐了，抡起胳膊，用袖口由左向右擦了鼻涕，鼻孔处红红的，许是常常做这样的动作，留下的拭痕吧。我抑制不住地笑，是我小时候吗？如此相似。

孩子们尾随在身后，叽叽咕咕说着啥。穿过几条小道，路经的几处房子，都是土坯房，墙体都能看得见和了麦秆的泥坯，有的房子甚至颤颤巍巍。街门口的围墙有不少是用玉米秆、杨树枝做的。个别家的房子还刷了白，门窗都是绿色，该是条件好点的人家吧。

北方的冬大抵如此，我的村庄也一样，透着清冷和萧条。

我几乎记不起当时的北良有多大，也不曾去了解这个村子的人文和历史，只是曾经去过，去感受过当地婚事的风俗，仅此而已。

时至今日，二十多年了，期间也因私事来过，都是匆匆来去，心里不曾再去念及。然而，此刻，和文友一起同行，他们谈笑甚欢，有北良的人和事，北良的曾经、现在……种种。

如今的北良，确切地说是北良侯。早已不是那年的模样。

抗日纪念陈列馆里，村支书在讲述着李逸三，以及李家后人的事。我第一次认真聆听，曾经能从书本上了解的革命人物和故事是如此接近。武乡的第一个党员、为革命事业奔走半生、把革命火种洒满家乡的志士，能把一生奉献给党的事业，充分展现了他一生坚定的信念和不畏艰险的革命追求。而更让我为之震撼的是，能将自己的骨骼无偿捐献，这是怎样一种家国情怀？博大的情怀直接影响了李家后人，名扬海内外的李建刚、李零院士，在各自的领域都有很高的造诣，也是李家的精神传承吧。

小小的村子，在历史发展的长河中散发着别样的光芒。无论那段烽火记忆，还是左手指天、右手指地的北齐石刻造像，以及建于元代的福源院，都不只是代表了曾经一个时期北良的风云和她厚重的文化底蕴，更加蕴含了北良的人杰地灵。对于历史，我终究理不清头绪，是非功过也自有人评说，我所了解的一星半点儿不及北良深厚积淀的万分之一。

激起我内心动容的是，北良人今天的举动。墙上的一块展板，容纳了北良在外工作的游子，姓甚名谁，今在何处，是何职位，联系方式，无论官职大小，无一遗漏。我在众多名字中看到了同事的名字，看到在县城工作的朋友。忽地，周身若一股暖流涌动，这与了解北良历史的思绪截然不同，是一种家里人对漂泊异乡游子惦念的感动。无论儿女走多远，家里人有不舍的牵挂，世世代代以他们为荣，正如今天，北良人不忘李家先人一样。我不知道，在外的北良儿女若知悉，会是怎样一份感动？是不是对自己有这样的家乡父老而深感骄傲呢？

伴着徐徐清风，踏着这片沉重的土地。村子小巷，灰白色水泥道通往各家各户，少了曾经泥土的香气，却更加让人感觉到时代的质感。瓷砖贴面的房子不少，可始终没看到我脑子里浮现的画面：孩童打闹下的鸡飞狗跳……清净中透着纯朴，安静祥和衬托出李家的老房子，依然是土墙灰瓦，门扇、窗棂叙述着曾经的沧桑和历经变迁。整个住所，若一老者，站在历史的制高点，时时在警醒北良人，无论走在哪个时代，不忘曾经风雨，不忘北良人曾经带给这片热土的美好历史。

历史总会被铭记，文物也不会被散落。前阵子，第八批全国重点文物保护单位名单出炉，北良福源院名列其中。这既要拜赐老祖宗给我们留下的珍贵遗产，更应感谢历朝历代北良人民对它们的呵护和守望。

而这所有，一如北良村子里的卧龙泉，清泉暖流，汩汩不息。亦如北良村外的湖，静卧门口，日夜守护北良。二者相互映衬，亦静亦动，若过去，若现在，也是未来。这大概正是北良传承下来的一种无私奉献精神吧。抑或正是这种精神引领北良人民在时代的潮流里不断向前。

思绪不停翻滚。于我，也不是哪一个村子会屡次闯进生命里，更不是闯进来就会激起浪花。几次相遇北良，感受着她不一样的温度、不一样的美。此生注定与北良有缘吧。

历史碰撞的美
白　露

朋友说故城镇的北良村风景优美，文化积淀深厚。北良村，老百姓都叫北良侯村，初听北良侯，便想起汉高祖刘邦封侯定人心，按军功大封开国功臣，万户侯已属皇恩浩荡，刘邦却开口就封张良三万户侯，可见在他心中，张良的位置有多重要，聪明睿智如张良，他婉拒封侯，留城是张良和刘邦初次见面的地方，为了纪念，刘邦封张良为留侯。热播剧《知否》里那位英俊潇洒的宁远侯顾廷烨也似乎翩翩而来……侯，代表功名显赫，那北良侯会是谁的封地？会有咋样的一段故事？

然而踏上北良的土地，首先看到的却是党史陈列馆。武乡党组织的开创者李逸三出生在北良村，他是武乡县第一位共产党员，是他最早将中国共产党的星星之火采撷到这里，点燃了熊熊的革命烈火；他是武乡县第一位县委书记，是他最早在太行山革命根据地举起了宣传革命的大旗，创办起传播共产党人理想和信念的《武乡周报》；还是他，从太行山一路走到了北京，从革命战线辗转到了教育战线，他半生戎马，半生育人，用自己的生命演绎出一曲轰轰烈烈的红色赞歌。"为人民服务，死而不已"是这位伟大的革命先驱遗嘱核心，他将自己最后可以奉献的器官、骨骼完全无偿捐出，这是咋样一种坦然面对生死的胸襟，又是咋样一种忧国忧民、初心不改的执着啊！

值得骄傲的是，从北良这个小村庄走出了两位名扬海内外的院士李零和李建刚，他们分别是革命先驱李逸三和李仲元之子。李零在古文字、考古和古文献领域造诣精深，于方术、兵法及上古经典研究方面卓有建树，李建刚长期从事聚变研究，主持国家大科学工程项目，建成多项具有国际水平的工程实验系统。走近他们的老屋，那些原始的土墙、土炕、斑驳的照片，还有新制作的宣传版面，瞬间有了穿越之感，从父辈们热血激昂的抗战岁月到院士知识强国的和平年代，在这一方窄旧的空间为后人呈现着独有的历史之美。

天生对数字和方位不敏感，直接导致我只喜欢生动的历史场景和聪慧的历史人物，却始终理不清详细的历史顺序，虽然幼年时已熟背历史朝代歌，但从来都没治好我混乱历史顺序的恶疾。北良福源院存有两层正殿和东西偏殿，正殿借山坡地势而建，前面看是两层，后面看是一层。朋友介绍是元代建筑，脑海里忽然闪现的是江南大才子赵孟頫和常对诸葛亮说长道短、评头论足的刘伯温的趣事，而眼前这些雕刻精美、构图考究的木质檐和梁着实只能从美学角度欣赏了，无法和那个年代的生活背景联系起来。福源院旁，一座新建的仿古小殿内保存有一尊大型菩萨像，朋友说是北齐造像，我对这个时间节点更加茫然，石佛造像神态舒然，异常精美，掌心相对，一手指天，一手指地，俯视万物，普度众生。凝视，身心也豁然，北齐至今，北良也许在菩萨护佑下愈发钟灵毓秀、人杰地灵！

土墙、灰瓦、老树和弯曲的小道，仿佛站在历史的深处，用深沉而寂寞的语调讲述着那些长长短短的故事。还有那日夜流淌不息的卧龙泉，喝一口，清甜，掬一捧，透心凉，而这一眼泉，与老屋相映成趣，为村民提供了水源，带来了气象万千。没有谁能说清，卧龙泉流过了多少岁月，见证了多少历史的沧桑……

这里的每一处都充斥着古朴的老村庄的味道，让人闻到那久违的原始泥土芬芳。破旧落满灰尘的藤椅，雕刻精美的木门，木门旁堆积如山的柴火，透过岁月的沧桑，又一次深深地扎进我的记忆。透过镂空木门那些方的、长的格子，望向这片海蓝的天空，人生，也许就是在这些格子状的时空里交错，悲欢离合，终究走不出这些条框，但当望向远方，每个格子里又无限宽广，无限希望。木门随风开合间，一切都灵动起来……

而对于北良侯的历史沿革，众说纷纭。我最为期望的是封侯一说，如果真是分封之地，必然曾经繁华，历史也更为厚重。据说北良侯村是东汉光武帝刘秀分封给邓禹的封地，邓禹和刘秀为布衣之交，后追随刘秀，建立卓著功勋，被刘秀封为梁侯，食邑四县，梁侯后来被简化为良侯，根据方位将村庄一分为四，东良、西良、南良、北良。

无论历史如何变迁，不变的是北良侯乡亲的勤劳、淳朴、勇敢、善良。

每个村庄都有着深厚的文化历史积淀，每个村庄都有着独一无二的起源故事，在风起云涌的历史长河中演变，由蛮荒走向文明，每一个村庄的兴衰也是国家发展的必然。我们可以做的只有留住乡愁，留住几千年传承的文明，哪怕是在记忆中，在信念里，我们都可以守得一方净土。

愿，北良侯越来越好！

慈悲的里庄

宋 玲

姥姥家在里庄。

这片美丽的土地并不大，位于武乡和沁县的交界处，距故城镇不远，县道松牛线穿村而过，交通比较方便，地理位置优越。小小的村庄历史悠久，村东有古建筑复初寺，寺内有里庄主山——盘古山及古建筑盘古大殿、关帝殿、伽蓝殿。有不同年代的重修石碑四通。碑文记载：复初寺不知修建于何年何代，改建于清朝康熙六十一年。

这里虽然没有什么矿产资源，可是土地肥沃。春夏之时山岭开满各种美丽的花儿，到了秋天，结满了各种各样的果实，包括生长在这片土地上的人。其实人也是土地的果实，和果实的味道一样，憨厚淳朴。这里地平水浅，村南有八宝泉，泉里有很多可爱的小鱼，泉水汩汩涌出，滋养着万物众生和这里生活的每一个人。

早些时候，其实是很贫瘠的。房子都是泥土和茅草筑起来的，窗户和门被分割成许多小格子，粘着白色的毛边纸，有的人家窗户大一点会装一块玻璃，在里面钉两个钉子拴一根铁丝拉一小块布，窗帘就做好了。袖珍的小百布帘很多，都是用破旧衣服裁下来的碎块拼接而成。透过小小的、薄薄的窗帘，晚上还可以看见朦胧的月亮和星星，白天可以看见云彩和太阳的影子。它们模模糊糊的样子，总会让我想入非非，甚至有时候会觉得神仙来了，还和我说话、带着我飞呀飞呀，特别美。以至于后来我极其反感遮光过强的窗帘，总觉得它挡住了光明和温暖，还有许多美丽景色和神奇降临的路。

在我有记忆的那个年纪，村里的小脚女人还是有很多。我非常喜欢看她们提个小篮子晃晃悠悠地走在田间地头的样子。她们头上蒙一块方巾，颜色多是大红或者大绿的，胳膊上挎一个篮子，三个、五个一起，晃晃悠悠地就到田野里摘野菜去了。一路上小碎步，一路上聊家常里短，我也会听到她们聊男人，聊着聊着就会哈哈大笑。到了野地里，她们摘各种野菜，手巧的会把野菜分类打捆，一小把一小把拿草绳捆好，整齐地摆在小篮子里。也有篮子里乱成一团一团的，比如我和姥姥。

姥姥尽管和她们年纪相当，可却是个大脚丫子，所以走起路来总比她们快，跑得比她们远，爬得比她们高，篮子里乱是乱了点，可是总量却是最多的。因此不免会招来女人们的冷嘲热讽："你那乱七八糟的，回去咋吃呀？光是看见多。"说完，发出农村女人特有的尖锐笑声。姥姥总是不生气，连哼带哈一笑而过。拉起我就高高兴兴地走到了回家的路上，一路上很少和女人们闲聊，只是给我讲故事、唱小曲儿。我前面跑，姥姥后面追，时光里充满了快乐的味道。

我们总是早早地就回到村里。

姥姥把小篮子放到门口，自己回院子里烧火做饭。姥爷一回来就主动搬个小板凳，把篮子里的菜，一小把一小把地分开，整齐地摆放好，一边还要给我讲工作中的好多事情。姥爷很能干，那时是个干部，退休后又被返聘回去，后来离休回家，所以他讲给我的很多道理，直接影响到我的思维。直到现在，都让我受益无穷的便是关于取舍的聊天。他用姥姥采野菜的例子给我讲：到了野地里，我们想要的就是多一些野菜，自然整齐就可以暂时不顾及了。你看现在不也很整齐吗？而且还不误正点吃饭！姥爷说话很简单，总是又清楚又让人爱听。

"开饭喽！"

这时总能听见姥姥带着唱腔的喊声，我们兴高采烈地来到小饭桌前：热腾腾的饭菜、清泠泠的月光，还有我欢快的笑声。饭桌上，我常常听到姥爷夸奖姥姥"你有大智慧"。而姥姥总是说："什么大智慧，不贪婪罢了。"直到现在我已入中年，在日子里摸爬滚打半生之后，才恍然醒悟。姥姥、姥爷平时的言语里藏了多少人生真谛。

离村子不远的地方有一眼泉，那里的水很清也很浅。风是温柔的，各种野花和小草混合的香味，弥漫在空气中，仿佛是一剂良药，可以让人们暂时忘记穷的味道。女人们蹲在石头垒的搓衣板上，一边拉着家常一边洗着衣服。时不时地会有胆大的鱼儿蹦到衣服里，她们就抓起来扔到水里，鱼倒是不大，但是也能吃啊，可是为什么又要扔回去呢？这个谜到现在也没有得到合理的解释。

洗衣服的时候，大家谈论最多的是孩子们的学习，但是现在想来又和学习似乎没什么关系。比如，她们说准备用一年收成的一大半，到县里租房子陪孩子读书，却很少提孩子的学习成绩，仿佛成绩和上学并不具有直接的因果关系，上学不是因为成绩好才上、成绩不好就可以省略的一件事。直到现在，我每每想起来，都觉得这种思想是极其先进的。

可是，在这片贫瘠的土地上，思想为何会如此超前呢？或许就是这片土地孕育出的精神，默默地滋养着这片土地上的人儿吧！

后来，自己成家，姥姥、姥爷相继离世。回村的次数越来越少，可每次看到的变化却越来越多。房子大了，路宽了，人们穿戴好了，院子里的轿车也多了，只有儿时常常去洗衣服的泉没变。

里面的鱼还是那么多，蹲在河边，手放到水里等一会儿。总会有一只小小的鱼，跳到你的手心里。别忘了，轻轻将它抛到再远一点的小池里。

一定要像这块美丽的土地一样心怀慈悲。

鼓 声
李丽萍

　　武乡县故城镇，皋狼故城，后称涅县。城东城南，屯兵扎寨，建立村庄分别叫东寨底村和南寨底村沿用至今。当年涅县，有环城防护墙，建筑雄伟高大，城墙城垛高耸，城墙上垛口处预设弓箭、烟火枪、石头、瓦砾、沙灰、铁刀、长矛、长戟等兵器。古城墙有东、西、南、北4个大门，城南大门最为重要，门板尺寸都有讲究：古松板，红门扇，三寸厚，八百斤，高三丈宽八尺，暗合二十四节气开门红。十二个人合力开门关门，暗合一年十二个月出入平安。城门两侧建有鼓楼阁，阁内吊有鳄鱼皮大鼓，鼓面直径八尺，鼓高四尺，鼓周围钉有九百九十九颗钉子，暗合四平八稳决胜千里之意。两面战鼓金钩高悬，在数千名勇兵中，通过比视力、测耳力、比臂力，挑选鼓手一职。一名士兵叫马利，高大魁梧，眼力极好，能看见远处兔子的蹦跳；另一名士兵叫武胜，虎背熊腰，听力超群，能识犬吠。马利武胜二人勤于值守，擂鼓力足，鼓声洪大，震动山岳，每次敌人来犯，马利和武胜，鼓震山川，虎狼也胆裂。据传说，马利和武胜牺牲多年后，悬吊在城门楼上的两面大鼓，遇到敌人侵犯和盗贼行窃时，不鼓自鸣。有一年春天，北方一个小诸侯国率兵夜袭故城涅县城，半夜突然鼓声雷动，惊醒了正在酣睡的城民百姓，纷纷持枪弄棒当场击敌。马武坟的松树，人称马武松，抗战时期还挺立在故城坪……

　　锣鼓是人的精气神。不论战时还是闲时，每年的正月，各村的锣鼓必定敲打起来，斤秤锣鼓、高跷锣鼓、秧歌锣鼓，等等，不同的鼓点不同的感觉，平日的红白喜事，喜事叠喜，悲事加悲。

　　在抗战时期，东西狭长的武乡县，由于敌人在中间位置的段村建立据点，武乡县即按地域分为武西县和武东县，武西县委县政府在武乡县西部多个村庄，领导军民迂回作战。涌泉乡蚂蚁圪村，山岭起伏，沟壑纵横，树木繁茂，土沃水清，北面靠山，东西都有山梁，南面开阔地，通往大良村。曾有八路军重要人员，在蚂蚁圪勘察地形，随后，武西县政府就转移到蚂蚁圪、大良一带，接着司法科、公安局、救联会、妇救会、决九团、武工队、独立营等县级机关前后进驻蚂蚁圪，这里成为武西抗日战区的指挥中心。当年这个山村院院驻扎兵，户户是房东。黎明时分，口哨声、跑步声、操练声不绝于耳，一派军营场景。机关队伍同志帮房东老乡挑水、扫院、劈柴做活计，大爷大娘、大哥大嫂，尊敬亲切感情贴实。司法科的特务、俘虏、汉奸等在押犯，由荷枪实弹的民兵把守，并监管改造。

武西县政府进驻村里后，这里的人民便同政府子弟兵和日寇频繁作战。在县长王子清的领导下，当地人民的抗日气势日渐高涨，青年踊跃报名参军，留在村里的后生积极参战、当民兵，乡亲们出力出物。在妇救会主任王景如，武委主任李俊才，妇联主任弓菊香，以及郝富梅、段灵仙等同志的宣传指导下，妇女们加紧纺花织布做军鞋。收军鞋由郝富梅、段灵仙把关验收，如果发现不合格的，经教育指拨重做。同时，村里办了妇女识字班，村民张贵才任义务教员，趁农闲和无战况时，隔一晌午，大家集中学习国语文化课和唱抗战歌谣，如："妇女识字班，努力抓生产，决死队整日在前线，打得鬼子上西天。"

政府驻扎村里三年时间面临吃粮困难，遵照上级号召，武工队自己开荒种地，抽调曹登元在村东头的那口井边，种植一亩多菜园地，除供自己灶房伙食外，还常给群众老乡家送萝卜、白菜、小葱等。伙夫名叫戊年的，喂养了一只没尾巴的大狼狗。大狼狗对别人很凶，唯独对房东家的小孙子俯首帖耳，任由孩子揉捏扯拽、咿咿呀呀，狼狗只是眉眼低垂，那般乖顺，狼狗有人性。民兵张德兴、张友旺、张付全等积极带动村民们，参加队伍大生产。独立营在村西种菜，由王占彪管理。正月天里，与群众大联欢、搞娱乐，敲起欢快的锣鼓，踩高跷、扭秧歌，亲如一家。借机配合民兵进南沟据点，侦察情报。

为了让群众搞好空室清野，使敌人掠夺粮食的计划落空，遵照指示，县委和村干部决定发挥地理优势，进山沟里打窑洞，用来躲避、藏粮、放物资。村里积极响应，家家起早贪黑，携带干粮米面，积极挖窑洞。蚂蚁迊家家野外有窑洞，为了适应持久战，在窑洞里盘火炕砌灶台，许多主要家具和粮食储藏在窑洞和山里。因为蚂蚁迊群众基础好，既有政府队伍保护，又有避难的优势，所以许多外村亲戚，特别是敌占区的，全家老少都搬来住着。如得到情报，敌人从段村或南沟出动了，群众就拉牛赶驴，驮包袱，搭被子，迅速转移。有一年过年，饺子刚下锅，突然传来紧急情报，便立即把饺子捞到盆盆罐罐里往窑洞里跑。敌人几次进村扫荡一无所获，气急败坏胡捣乱砸而去。

几次扑空，鬼子到村子外围查寻山岭坡地，有的储粮坑伪装得不好，让鬼子看出了破绽，把粮掠夺而去。民兵张春伟天生鬼精灵，他在土堆前，插上孝棍（按习俗，老人出殡时，儿女们要拄着缠有白纸的棍子哭泣，称为孝棍，掩埋亲人后，孝棍要插于坟前），栽上柳枝（柳枝容易再生，取后继有人之意），做成新坟状。有的坑故意露破绽，底下没粮，埋地雷。藏粮坑虚虚实实进行各种伪装。

1942年秋的一天，有情报说南沟敌人出发已去石盘方向"扫荡"，又到了长谐村和南家沟村处，有可能路过蚂蚁迊村，这天武工队出征没在村，独立营营长安正国火速调拨人马，准备打一场伏击战。安营长与民兵队长张明宽研究作战方案，决定兵分两路，南路由张明宽带领一支人马，到蚂蚁汕南面南圪梁边上，瞄住去往大良的通道打伏击。北路由安营长率队，由北面沟湾爬上东岭，在东岭的西岔口处，瞄准小路。

不一会儿，果然有从北山背面窜上来如黄狼般的鬼子兵。敌人松松垮垮、肆无忌惮地从山坡朝沟湾处行进，大摇大摆、叽里呱啦地说笑着。望见他们拉驴拽马，驮着许多东西，一定是在石盘山后的村庄掠夺所得。看到他们进入埋伏圈，安营长一声令下，顷刻，步枪、火枪、轻机枪一齐开火射向敌群。民兵还派用一门土炮，土炮的火药中搅进碎碗片，炮筒口扣一罐头盒（玻璃质），增加杀伤力和威慑力。敌人有点蒙，怀疑遇上了八路军，不敢恋战，丢下两具尸体和财物抱头鼠窜。南圪梁上的人早已做好了准备，痛痛快快猛烈射击。打死打伤敌人，还缴获战利品，大快人心！

敌人几次进犯，吃亏上当，视蚂蚁汕为心中恨。1943年8月20日晚，狡猾的敌人趁夜色从南沟据点秘密出发，摸到蚂蚁汕村外，在牛圈沟龟缩下。这一天是民兵张补才放哨，夜前并未发现敌情。黎明时分，当他再次查看时，突然发现鬼子已摸进村庄。张补才惊慌地大步跑上了小冒疙瘩，"当当当"敲响大钟，鬼子叽里呱啦向他扑来，张补才飞快地翻入张照孩家的院墙，钻进空房棚顶上。只听得敌人随后进院四处搜寻未果，乱挑乱刺一阵离去。离钟不远的岳金文，最先跑出街道，鬼子几声枪响，岳金文倒在血泊中。县政府机关同志和村民早有约定，一旦鬼子来犯，村民向西跑，县政府向东转移。县政府机关同志们包着文件和部分重要物资紧急向东转移，村干部和民兵带着村民向西转移。武工队郭砚林首先护送县委机关同志们，摆脱鬼子，朝东成功转移。

群众在干部和民兵掩护下向西跑，因为人数更多，成功吸引了敌人的注意力。村民张采芬和抗日教员程振鹏相继中弹倒地。郭砚林护送县政府机关同志们脱离险境，马上返回西面加入战斗。只见他，双手持枪，一马当先，他看到群众连连倒下，便不顾一切喊话："卧倒，卧倒"，并举枪射击，吸引火力，几个敌人同时对准他，一连几颗子弹穿透了他的胸膛，郭砚林壮烈牺牲。鬼子在村里大肆掠夺屠杀，抓了十几个村民，带到南沟据点。

傍晚，逃出去的群众回到村里时一片狼藉，每家每户的家禽牲畜都被掳掠一空，面缸空了，箱柜里的衣服布匹也被抢去，藏在妇联会会员蒋三爱家的军鞋也被搜刮干净。被掳到敌人据点的十几个村民，通过我方内线工作，言明全是普通老百姓，加上内线委婉地贿赂打点才被放回。

1942年5月，大良村干部正在开会，被日伪军包围。由于敌人来得突然，很多乡亲来不及跑，被刺刀逼着驱赶到西头打谷场。毛脸队长叽里呱啦了一阵，汉奸翻译说，"太君说了，中日亲善，来中国是搞大东亚共荣，只要你们供出八路军的村干部，皇军的不杀统统地放。"汉奸杨明德一下把九如老汉揪起来啪啪左右两耳光，老汉口流鲜血。人群里有党员干部、积极分子，他们是刘明耀、张留锁、张来锁、张兴安、张国珍、张银寿、张金堂、张森林、张庙为、张来民等10人。他们赤手空拳愤慨地站在一起，敌人把张来锁、张兴安揪出来，拷问，二人闭口不言。杨明德从人群中往出拽有姿色的年轻妇女，一个老婆婆护着儿媳，被敌人一枪托砸倒在地。王老汉愤怒地往前扑，一声枪响，王老汉倒在血泊中。鬼子们又先后拖出常女儿、李凤莲、武水花等11个妇女，让她们指认党员和干部。无辜的妇女挤成一团，怒目而视，一言不发。武水花面如土色，两腿打战，大家为她捏把汗，生怕她下软蛋。这时敌人觉得时间不早了，抓人的目的已经达到，又生怕我方武装部队打回来，押着20多人退回南沟据点。大良村民万般焦虑，心急如焚，都知道，既被逮去，如入魔窟，凶多吉少，九死一生。鬼子首先对男人下手动刑，这些男子汉咬紧牙关，敌人的手段愈加残酷，并叫妇女们目睹动刑现场。杨明德见武水花胆子小，对她单独审问，敌人把刑具往她身边一扔，连哄带吓，她自己就溃败了。敌人在她身上不费吹灰之力就大获成功。张庙为、张留锁、刘明耀当晚就被杀害。

财粮主任张来锁和张兴安、张银寿几个共产党员，关在一起，鬼子开门提审时，喝问："谁是共产党？"张来锁不想连累大家，他忍着疼痛站起来，抬起高傲的头说："我就是！"随后，张兴安、张银寿先后站出来，说："我是。""我也是。"敌人用尽了种种酷刑，直到把他们摧残至生命垂危、奄奄一息。惨无人道的鬼子，把张来锁等人拖到故城，把他们四肢撑开，活活地钉在老城墙上。他血眼远瞪，向山大喝，千年不动的古城墙，突然坍塌。天空上方有隐隐的鼓声……

村长刘全中（小名全孩）胆大心细，办事能力强，带着鸡蛋，去了据点，各方打点，提回来三个脑袋，群众配合收罗回烈士们的部分残肢，少腿的，缺胳膊的，找不到头颅的，身首异处的……

一起和妇女们回到大良村的武水花，后来，羞愧醒悟后自缢了。

残暴的敌人并没有把人民吓垮，杀敌报仇的心情则愈加强烈。仅蚂蚁汕这个小村子就有九人参军，只幸存张书堂、张明高，其余七人均战死沙场，为国捐躯！张春留入伍不久，在沁县战役中阵亡，没找到尸骨。张拴纣是老娘唯一的儿子，他的名字饱含双亲的牵念，老娘只记得当年送他参军的锣鼓声，敲得那样响，她的儿子胸戴红花，在大家的簇拥下红光满面，豪情万丈……

武西县委县政府先后转战大良、长谐、山交沟、圪嘴头、义门、楼则峪、石盘、玉品、高台寺等村，直到1945年，我军解放段村，后来，重新成立武乡县政府。今年，蚂蚁汕在路边建了烈士亭，镇里领导和村民们敲锣打鼓，告慰英灵。

"我是故城的"

李丽萍

星期天，县文联和作协组织去故城采风。我盘算作为故城人应该回去，我得回去。

想着能和文联与协会的老师们见面，听他们谈东论西，绝对是享受。

谁们会来呢？郝老师、孙老师、李勇老师、采禾姐姐……还会有哪些美美呢？

嗯，还有……星期天天气怎么样呢？得看看天气预报软件。七七八八的，这么多，先把家里安顿好吧。

什么叫故土难离？可能就是，你从来没离开过。出了山交村，开口介绍"我是山交的"；出了故城，"我是故城的"。想必好多人也有同感。就像我们去了太原，总觉得自己是武乡的，如果出了山西，第一个标签，那就是我是山西的。

前段时间文友们去韩北，因故没去成，很是遗憾。看见他们的文章，心里就盘算，什么时候才能弥补这个遗憾？这次要回故城，心里几乎在喊："太好了！"

到底是等不到星期天，星期六就迫不及待地回去了。

打个前阵！这个念头一出来，自己都觉得好笑了，谁用你打这个前阵了吗？用打吗？纯粹是自己和自己逗着玩儿。

告诉娘，我先去见一个老人，打听些事情，中午回去吃饭。

在五峪村，见了一位老军人郝怀柱。老人参加过解放战争和抗美援朝战争，88岁的他和85岁的老伴，住在土木结构的平房里，是村里的贫困户。18岁的孙女从出生就由他们抚养，现在正在上大学。孩子出生前，就失去了父亲，孩子母亲在孩子百天后离开，再没见过。

老人现在口齿不是很清，有脑梗。颤巍巍地打开小抽屉，拿出五个纪念章，一一排开，认真地介绍：解放华北的、解放西南的、解放东北的、抗美援朝的、慰问抗美援朝的。曾经被弹片击中，八级伤残。可是，老军人一再说："我只是个号兵。"似乎不屑表白自己在战争中的付出。

老伴说，房前的高楼在冬天遮挡阳光，家里很阴冷。老军人扭头制止，不让说。

山交村年轻的支书李晋飞，提前来开门，准备迎候。"昨天下午叫人打扫来，里头也抹洗了抹洗。"我在想，该和他寒暄些什么，他已经趴在地上飞快地拔那几根草。

采风的成员们来了。大家纷纷下车，二十几个人同样的笑脸。我好想和每个人热情地打招呼，结果是什么也没说出来。幸亏镇里的领导及时赶到。

温海明老师在门口滔滔不绝地介绍，烂柯山王质的美妙传说和相关景点，如锣鼓洞、闪神崖、扇车豁、棋盘等。

烂柯山的传说，最早见于《水经注》。相传在东晋时期，山交里康家沿村人王质，勤劳简朴，孝老敬亲，以砍柴为生。一天在山上遇见俩人，踏歌而行，旁若无人，走得很快！王质心生纳闷，想看个究竟，就在后面追随。到了闪生崖，前面两个人都先后跳了下去，王质在平时是不敢跳那么高的，可是人家都顺顺利利地跳，自己同是堂堂七尺男儿，怎能露怯？跳！这一跳就是三生三世。

跟着两位进到院中，只见房舍厅堂，卓尔不群，水流潺潺，桃花盛开，幽香轻送。此生从未见过如此美妙之地，实在是个好去处。如能在这里久住，该是何等人间！即使不能久住，多待些时间，也是莫大享受。

二人在桃树边入座下棋，王质在旁边看得入迷。只见不多久，桃花谢去结果。下棋的人，边下棋，边伸手摘桃即食。王质腹中饥饿，就捡些桃核果腹，立感神清气爽，精神饱满。下棋一局未终，只见旁边的桃树叶，落了又生，谢花结果，有序更迭。也不知开了多少次花，吃了多少次桃核。

后来，二人中的一人开口说话："年轻人，快快回家吧！你看你腰上斧子的斧柄，都烂啦！"

低头一看，果真如此。返回村里，发现村里人和他互不相识。和乡民攀谈，自己也是本村乡民，姓甚名谁，如此这般来龙去脉。只有极少数几个说，是有过这事，有个砍柴人王质上山未归，至今已有几百年了。

仙界一天，人间一年。后来王质返回山间，在此坐化，得道成仙。尊为烂柯爷。

父亲曾经讲过：扇车以前是粮食扬场用的，风很大。山上的石扇车吹得山曲村人睁不开眼，睡不成觉，有人上山把石扇车的把儿捣歪了，扇车就向着狮子沟吹，便把风水也吹向狮子沟了。

锣鼓洞，相传是仙人走到此地想稍作歇息，左右上下都没个容身之处。便用拂尘在山腰的沙石上，拂了一把，竖着的沙石中间即刻出现一个豁口，正好可以容纳一个人横卧，下有石床，上有石顶，遮风挡雨。风婆婆知道后，便经常把此地打扫干净。每一缕风到了此地，必须打一个转。日久年长，在石顶上钻出一个风洞。耳听风洞，似锣鼓声声，因而得名锣鼓洞。现在保存完好，随时可体验，听听天界的锣鼓声，躺在仙人的石床上，闭目养神。

烂柯庙主体建筑王仙祠始建于北宋，2004年重新修葺。道路也非常方便，山的西面有一条新路，开车可直达山顶。有观音堂、夫子庙。轻松游览，寻根念祖。

温海明老师所讲，好山皆向北。好山是护佑着北方的。山交村的杜来凤，是武乡清朝第一个进士。温家沟多出人才。周围几个村都是借着烂柯山的灵性。

山交的金仙寺属于道教。金仙是道教最高级别。修家之心，不必轮回，可以像烂柯爷那样，直接得道，成仙而去。金仙寺在清朝康熙年间重修，正殿里画满了精彩的壁画，房梁有祥云彩绘。神秘至极，如入仙境。正殿前是关公庙，壁画是三国故事。"文革"之前金仙寺还住着和尚。晨钟暮鼓，幽静清远。

第二站，白马山。相传晋文公的白马在这里中箭，马鞍山更名白马山。晋文公聪慧正直，广交贤士，终成大业。山上的狐突庙遗址，原是三进院，有很多碑石，规模宏大，却毁于抗战期间，令人扼腕叹息。

我们该以什么样的行动和狐突的灵魂对话？双龙双凤碑立于金大定二十年，斑驳不堪，下半部仍没于黄土之中，亟待挽救！石狮子不知经历了什么，已被恶意损坏，残缺严重。

登上烽火台，故城镇的多数乡村，尽收眼底，相邀烂柯山，远眺凤凰山，坐镇故城，守望段村。狐突庙是故城镇的主庙。镇里的岸北永宁寺、阳公岭吉乐寺、五峪弥陀寺、山交金仙寺、故城大云寺、河北慈云寺等六个庙的庙会，在不同日子起会时，都要先到白马山狐突庙，拜请狐爷，用两乘小轿接狐爷。庙会结束时抬轿将狐爷送回白马山。

阳公岭村的祖上，原是信义村人，因守卫狐突庙迁于白马山南麓。如今，阳公岭村的支书程学斌，全程陪同，朴实得很，貌似护林员。黝黑泛红的脸上，透着俩字：忠、实。

中午由故城镇政府安排，并在会议室听了郝雪廷老师、温海明老师的倾情讲述。是对故城历史文化的再学习，再引领。大开眼界，受益匪浅。

下午先去南沟村，日本人的据点，不想揭开的伤疤，仍在疼着每个人的心。

白晋铁路遗址，坚实耐用，透出小日本当初的无限野心。山交村的第一任党支部书记、牺盟会秘书刘夺奎，在这里惨遭杀害后，头颅被悬挂多日，激起多少中国人血脉里的恨？18勇士，有多少八路军和党员的鲜血，浸润了这片土地？苦难的民众经历了怎样的血雨腥风？英雄们曾在这里拼命厮杀，喉咙嘶哑地喊杀，是故城子民的魂。

南沟村的支书闫三平大力支持，热情相待，迎来送往。人们的思绪游离在抗战的梦里梦外，他显示着南沟人的胸怀，雄狮终于在噩梦中醒来，不再无奈……

大云寺原名岩静寺，北宋治平元年改名。清嘉庆末大修，保持原建筑风格。南向，二进院主要建筑有戏楼、钟鼓楼及南殿、角殿、配殿等。正殿大雄宝殿面阔五间，进深八椽，殿内有内柱三根，用材硕大，斗拱五铺作重拱计心造，单抄单下昂，昂呈琴面式。南殿五间，为观音菩萨殿，金元遗风。寺内共保存壁画200多平方米。

这里的历史如这里的乡民，少言寡语，却自有厚重。2001年，大云寺被列为国家重点文物保护单位。

涅县，因涅河而得名。秦始置，西汉改为涅氏县，后又还涅县，又改阳城、甲水。原来的涅县很大，有现在五六个县的区域，后来数次分析，变成了小涅县，直到撤销。涅县被改置了，但那段历史却永久流传。故城文化的深厚是故城的光环，也是和我一样的子民，世代脉搏的跳动。

文物在说话："我是故城的"，碑文在说话："我是故城的"……

多少风云，山川已见证，涅河要诉说……

烂柯山下

温海明

读《武乡县志》，第一次看到"好山皆向北"时，我首先认为这也太牵强了吧！山之好坏，在雄奇险峻，壮美与否，与方向有啥关系。但随即就乐了，看来古代文人的政治意识一点儿也不比现在差，山水诗词中都忘不了体现忠君思想，虽然没看到下句，我想下句也是"贤士全忠君"之类的话。

忽一日，又读了沁州刺史汪宗鲁《武乡署中偶题》一诗：

揽辔盘纤紫石屯，山城鞭铎近黄昏。

千峰绕郭人烟密，二水争流古渡喧。

俗静为着庭鹤瘦，官清更见荻帘翻。

偶遗尘累闲寻赏，漫意坡公雪浪盆。

就觉得汪刺史的第二联写得太好了，自己也经常路过故县，怎么就没发现如此美景，更别说写出如此对仗工整、大气优美而富于意境的诗句来。想来想去，还是自己没有找对观察点的缘故。于是便在一个周日下午，专门去了武乡古县城对面的南神山，和以往在山腰的普济禅寺附近转一转不一样，这次我从寺庙东侧一直爬上了南神山的最高顶。彼时正值初春，就见县城的几个男女，我以为他们也是上来观景的，一看才知他们是在山顶的核桃树地里刨小蒜来！

站在南神山的最高顶，向北望去，就看到了故县村全景，好一幅壮美的景观，真的是"千峰绕郭人烟密，二水争流古渡喧"。这首诗肯定是汪宗鲁刺史登上南神山顶后回到武乡县衙写的。武乡古城已在1938年春被日军焚毁，郭已去，渡口也早已变为桥梁，千峰二水犹在。放眼望去，故县村背后，山峦起伏，真个是千峰环绕，涅河水和关河水交汇为浊漳河水，向东而去，人烟更加稠密，关河桥处车如河鱼，喇叭声鸣，更是喧闹，一派车水马龙的胜景。转过身，向南望去，就是沟壑山梁，索然无味了。我忽然觉得自己有点误解古人了，"好山皆向北"对于南神山和武乡古县城来说，真的没有半点儿政治意味，是实打实的景观。

今年清明，为吸取沁源、榆社火灾的教训，县里采取了千名机关干部驻村防火的有力措施，我们单位负责的是庄头村，戴着红袖标走在庄头村的山梁上时，首先映入人眼的就是涅河南岸的烂柯山。"好山皆向北"又一次涌上心头。烂柯山位于涅河南岸、沁县武乡交界处。历史上，武乡沁县或以山为界，或以河为界。抗战时期，就是以山为界，白晋线以东，烂柯山以北，段村以西，就是武西县（抗战时期，因日军占据段村，武乡县分为武东县和武西县）的境域，那时的烂柯山，大部都在武西县境内。因此，发生在今沁县松村乡青修村的青修惨案，总是在中共武乡党史中记载，而不在沁县党史中记载。

新中国成立后不久，武乡沁县又以河划界，涅河以南为沁县，涅河以北为武乡。最典型的就是南涅水村和北涅水村。一河之隔，南涅水村在涅河南岸就是沁县的，北涅水村在涅河北岸就是武乡县的。这样烂柯山就全划到沁县境内了。庆幸的是涅河南岸，烂柯山下的狮则沟村民死活不到沁县，最终，狮则沟村又划归武乡。这样烂柯山又成为武乡沁县共同的山。

要是说烂柯山的归属稍有点争议的话，烂柯山山名的由来对于武乡沁县来说是没有争议的，《沁州夜话》记载，东晋时期，山交里康家沿村王质上山砍柴，偶遇神仙在山上下棋，一边看神仙下棋，一边捡起神仙吃剩的桃子化解饥渴。几局棋罢，神仙提示王质，时间不早了，你快回家吧。王质一看，腰间的斧把已经烂掉，回到村里，一个人也不认识，问起王质其人，村里才说是自己几百年前的先人了。王质只好再到山上追问神仙，神仙笑而不语，转身而去，王质紧随其后，至一悬崖处，神仙驾云腾空而去，王质跌下悬崖，丢下凡胎肉身，也成仙而去。正因为这个美丽而神奇的传说，此山才以烂柯为名。烂柯山上也有了石棋盘、闪神崖、锣鼓洞、石扇车等文物遗址。

近年来，因为能产生旅游开发广告效应，武乡、榆社、和顺展开了石勒出生地之争，于是又有学者研究出，其实在烂柯山成仙而去的王质原名叫石质，是石勒的长子，是为躲避石虎的追杀，才隐姓埋名藏到康家沿的小村子的，王质烂柯成仙更加戏剧化……

康熙版《武乡县志》记载则恰好相反：烂柯山，在县正西五十里，据书传应在浙江衢州府，而《一统志》则云隶沁州，山上有烂柯神庙，二石人对弈，其一旁观，谓为王质。此或后来好事者斫石成形，点染胜迹，未必当日果有其事也。读至此，不能不让人佩服武乡县志编修者的秉笔直书和历史唯物主义。它澄清了这样一个事实，烂柯山的传说最先在浙江衢州，沁武交界之处的山上因有大石似棋盘，旁边的三块立石又似下棋的神仙和观棋的王质，所以有文人墨客将此山也叫作烂柯山。

不过，烂柯山周边的老百姓可不看武乡县志，他们心中早就把烂柯山当作保佑自己的神山，这最出名的就是窑上坡村和山曲村两家之争了。窑上坡村在烂柯山的东北三里处，山曲村则在烂柯山东北的山脚下。起因就是因为烂柯山山顶有个石扇车，新中国成立后，现归武乡县涌泉乡的窑上坡村曾划归沁县，和山曲村同属沁县南涅水乡。当时是大集体生产，在乡里的各项排名中，窑上坡村总是排在山曲村后边，窑上坡村干部群众使尽各种办法都比不过山曲村。于是有阴阳先生给窑上坡村干部指点迷津，说坏就坏在烂柯山顶的石扇车，把米吹落在山曲，把糠吹到了咱窑上坡。于是，窑上坡村派人趁夜上山，把石扇车的摇把给砸了。山曲村闻之，就上山专门再把摇把给安上，如是几次，两村几乎要兵戎相见。

窑上坡村贫穷是不是因为烂柯山山顶的石扇车把糠吹过来，把米留在山曲，就不得而知了。后来的结果是，烂柯山山顶的石扇车也不见了，窑上坡村也重新划归武乡，而且日子过得比山曲越来越好。

从窑上坡村沿马权线往西走两千米，就到了烂柯山正北一千米处的山交村。从山交村，可以看到烂柯山最巍峨大气的形象。在这里，"好山皆向北"再一次得到神奇的验证。清顺治三年，山交的杜来凤成为武乡县清代第一位进士，曾任山东蒲台、江南江宁等县知县。清朝一代，山交杜氏成为武乡望族，至今还保留有进士祠、看花楼、书房院等遗址。从山交村沿马权线往西走两千米，就到了烂柯山西北的邵渠村。在此处，烂柯山依然神奇，清朝一代，烂柯山下的邵渠村出了一文一武两个进士，义进士李端，曾任翰林院编修，乾隆在其考卷上亲批"诗文清妥"，他历受乾隆、嘉庆二帝特达之知，极不寻常，名动京师。武进士李皇弼，曾任交城静安营都司。到了近现代，烂柯山下的狮则沟村走出了全国劳模、汾酒集团原董事长常贵明。

从山交村再往北走一千米就到了我们的温家沟村，站在温家沟村背后的圪梁正岭上，两千米开外的烂柯山显得更加巍峨大气。我豁然开朗，"好山皆向北"的下句根本不是什么"贤士全忠君"，倒应是"地灵人才杰"。

温家沟村自新中国成立60年来，一个200余口人的小山村，就产生厅师级干部3名，县团级干部12名。改革开放后，温家沟村又走出人民教师20余名。进入21世纪后，温家沟村的学生们相继考入吉林大学、东北师范大学、西北农林科技大学、浙江理工大学、沈阳药科大学、北京交通大学等全国重点大学。站在这片先辈们长眠的热土上，我似乎懂了为什么温氏祖先们都要把自己的坟茔对着正南的烂柯山，他们一生的愿望大概就是，活着眺望烂柯，感悟人生，积德行善，尽孝尽忠，死了就安稳地躺在烂柯山下的怀抱里，让灵魂跟王质一样，随仙而去。

微雨甘霖润人心
李国清

微雨轻飞，庚子夏日。县文联、县作协组织会员赴东良学习采风。我本不计划去，在高铁打工，因琐事太繁，已误了好几日，这次倘若再去，工头定会有所不悦。可不去，又心有不甘，不忍落下这次学习的机会。权衡了将近一日时间，忽地狠下心来，去！这么好的机会，怎忍心错过。厚下脸皮向工头说谎找了个非去不可的理由，好在工头虽不太乐意，却也准许了。

依旧是绿色环保的公交车，依旧是一群熟悉的人，依旧是一车的欢声笑语，依旧是一颗颗驿动而期待的心。在车内，热情洋溢的气氛让所有人短暂地忽略了年龄、职业、性别，有的只是一团和谐。

远山，被朦胧的云雾所笼，模糊着从车窗外掠过，田里的庄稼，舒展着雾水润湿的叶子，在微风中轻晃，绿意中，稍许透出一股混合着泥土气息的潮湿。

轻风薄雾中，车到岸北村。按照行程安排，岸北村便是此次采风的第一站。

在岸北村村委会的大院内，早在此等候的赵建斌、李虎山老师及村领导，热情地欢迎了我们。他们的眼神中，难掩激动。

赵建斌老师博学而健谈，他身材高大，鼻梁上架着眼镜，一看就是那种胸有锦绣、学识渊博的人。从残破的断碑开始，到古戏楼上大多人不认识的篆刻"迎紫"二字，再到曾经酿造出醇香美酒的古井，和孤独呵护着一方平安、历经沧桑而忠于职守的鳌。赵建斌老师以一柄黑伞当作教鞭，开讲堂似的把每一处的人文典故和悠久传承，用抑扬顿挫、声情并茂的解述让每一个聆听者都能深深地跟着他走近那些久远的故事中去。

最后，赵老师把大家领到自家珍藏的一块已略遭损坏的木匾前，这块见证了曾经荣耀的匾额，随着时代久远和人为保管不当，早已褪去了当日的辉煌。但从赵建斌老师的娓娓讲述中，展示在人们面前的这块匾，仿佛又焕发了昔日的熠熠光辉，古老而布满沧桑的匾文"蛮声艺苑"，正在向后人讲述着一段尘封的悠悠往事。

岸北村的龙灯表演，世代相传了不知道多少年，从赵建斌老师的口中得知，只有龙年的正月才会组织表演。只闻其名而不得观其实，这不得不说是一个遗憾。

憋了好久的雨滴，终于挣脱云层的禁锢，撒欢儿似的飞向大地。撑开的雨伞，挡住了飘落的雨丝，但却挡不住永宁古寺散发出来的悠然古韵。永宁寺建筑规模算不上大，但从剩存的残垣断壁依稀可见当年布局之严谨。庙堂虽不够恢宏，但却另有一种小巧静谧之感。站在院中，微雨轻洒，滴落到瓦檐或墙壁上，肃穆中，你似乎听到从久远传来的一声又一声钟响，伴着梵音，又向未来传去。钟声，如寺院的名字一样，保佑生活在这一方水土上的人们永保康宁。

两株目睹了寺院兴衰历史的古松，矗立在纷纷飞雨的大院中，像亲如手足的兄弟，又像不离不弃的夫妻，相扶相拥，枝缠藤绕，用自己如云的叶盖伞一样庇护着这座古寺和村落。虽历经风雨沧桑，依然坚挺向上，蓬勃而不屈，正如勤劳善良的岸北人一样。

雨幕中，车继续行驶，不多远，便是此行的第二站，东良洪济院。

洪济院是国家级重点文物保护单位，因寺内有金代壁画而闻名遐迩。进入洪济院，立马给人一种庄严肃穆之感，令你崇敬虔诚之心油然而生，似乎每一块砖、每一片瓦都在向你讲述一段或悲凉、或凄婉、或曾经辉煌鼎盛的往事。

东良地处故城平川，是曾经古皋狼、古涅县的政治、经济及文化中心所在，悠久而厚重的历史文化及人文景观随着历史长河而慢慢沉积，这片古老的大地上，每一座山、每一条河、每一个村落，甚至每一粒尘埃，都有一段可以值得炫耀的历史。

分布在故城四周的大小寺院很多，而就规模及知名度来讲，洪济院都算得上是其中的佼佼者。早就听说过洪济院的金代壁画，却无缘一睹芳容，值此良机，怎肯错过，兴致油然而生。但燃烧的激情往往会被现实的无情所浇灭，因金代壁画时代久远而面临损坏的缘故，管理人员将其进行抢救性妥善保护而封存了起来。现在呈现在眼前的大型壁画，据李虎山老师讲是属于清末民初的作品。

虽然无缘看到金代壁画，但后期的这些壁画作品仍然令人心生仰慕，每一幅画都逼真到栩栩如生，特别是十八罗汉画像，那一张张面孔、一缕缕衣衫、一个个形象生动的举手投足，无一不彰显出当时工匠们的精湛技艺，以及丰富的想象空间。看着这些画像，你仿佛可以感觉到他们在动，在虚无缥缈的空灵世界里轻歌曼舞。

在殿门内上方，虽已模糊，但依稀可见"永沐甘霖"四个苍劲有力的大字，出自何人手笔，怕已无从考究。就只四字之寓意来讲，便道出了多少人心中的希望之念。这不光是视觉上的享受，更是在意念里来了一次无垢的虔诚之旅。

除了金代壁画，洪济院还有一件镇寺之宝，为了更好地加以保护，人们用现代模具将其罩了起来，这就是"千佛塔"。说是塔，其实就是一块高约两米的砂石碑，在这块几呈四方的砂石碑上，四面共刻有小型石佛像约千尊，所以叫"千佛塔"。虽然砂石经过长年累月的风吹日晒雨淋而几近剥落一半，雕刻的石佛也大都看不清眉目，但每一尊小巧的佛像光从形态上都可给人一种震慑心魂的感觉。

当你亲眼看见这些精巧玲珑的雕刻艺术时，你不得不被当年这些雕刻师们灵巧精湛的技艺而折服。他们留下来的不光是一件令人叹为观止的艺术瑰宝，更是为了祈愿平安而融进作品中的美好向往。他们把希望与祝愿，一刀一凿地刻进了每一尊在他们心中认为可以带给他们幸福的神仙的佛像身上。现在，他们的愿望实现了，他们的后人正生活在幸福与安康中。

在靠近院墙的地方，用铁栅栏围着一株粗而高大的古树，也不知树龄多少，树皮已有脱落。就这一株已沧桑累累的大树，依旧高挺向上，伸展出蓬勃的力量。这是一棵叫作"文冠"的木瓜树，虽历经几百年的风雨，仍顽强地焕发出绿油油的生机，绝不放弃对生命的渴望。这耿直的追求、旺盛的斗志，融进了勇敢勤劳的东良人的骨子里。

拾级而上，台阶高而窄。印象中的阁，应该是斗拱飞檐，雕梁画栋，气势恢宏，站其上而极远目，像滕王阁之类的大型建筑，所以古语才有"高阁"之说。眼前的文昌阁，虽说少了高大恢宏之势，却多了几分柔媚委婉之态，有些江南小家碧玉的样子，真不知在豪放粗犷的黄土高原上，如何有了江南温婉小巧的玲珑建筑？

阁内空间不大，摆放下供案及其他祭祀之物件后，更显拥挤。阁内高挂文昌帝君与魁星爷画像，画像人物栩栩如生，足见画师画工之精。两幅画像上各有一副对联，出自李虎山老师的手笔。

文昌帝君画像上写的是：

文脉恒昌，千秋犹带诗书气；人心向善，百姓皆怀孝义情。

魁星爷画像上写的是：

斗何以量，惟量天下有志士；笔不轻点，只点世上用功人。

两副对联寓意之深，不言而喻。文昌帝君又名更生永命天尊，与魁星爷同为道教信仰和民俗传说中主宰文运的神明。东良小学建在文昌阁旁，是有意还是巧合？

也许是沾了文昌、魁星的光，自古故城东良一带文人辈出，古时更有程启南、程康庄这些蜚声文坛的大家，现在的李虎山老师、赵建斌老师、温海明老师等更多了许多文坛圣手。

站在文昌阁上远眺，微雨纷飞，四野葱茏，远山蒙蒙。顿然间，清爽惬意纷拥入怀，万千豪情油然而生。

中午，雨未停，人已乏。在农家饭店中，参与采风的一众人受到了东良支、村两委的热情招待，许多在外工作的东良籍人士都闻讯赶了回来，足见接待方对此次活动的重视之程度。

这便是好客的故城，好客的东良。此次采风座谈会在东良小学的教室里开始了，气氛热烈。作协郝雪廷老师、文联张宏伟老师、三晋文化研究会李绍君老师等先后发言，谈了许多关于东良的经典人文历史，对这次采风活动的宗旨及意义做了详细解述。

接下来，李虎山、赵建斌、韩丙祥、孙俊堂等老师又从各个切入点，方方面面地介绍了东良从古至今的发展，以及红色革命事迹及文化发展史，并对所有采风人员寄予推广东良、宣传东良的殷切期望。他们的讲话或语重心长，或风趣幽默，但字里话外之意，无一不透出对这片厚土的热爱与对未来美景的憧憬。

快乐时光总是过得很快，座谈间，李虎山老师取出珍藏多年的古钱币给参会人员每人发了一枚，当作是对此次采风活动的一个纪念品。

从李虎山老师的言语神情中，你可以感受到他对家乡的那股拳拳之情。他们之所以这样，只不过是对这片厚土，热爱得比别人更加深情了些。这种热爱，已根深蒂固地融进他们的骨子里、血液中。

我感受到了你不舍的挽留，其实不想走。透过车窗，看到你挥动着的双手，心莫名酸了一下。

天雨如垂泪。

等到你繁华似锦、龙灯飞腾时，我还会来。

来看你，美丽的东良。

三景齐秀　武西探幽

李　左

六千年前，今武乡分水岭处有了人类活动的踪迹，他们依托崇山峻岭，出没茂林险滩，采摘野果，打捕猎物，繁衍生息。后来，他们辗转迁徙，随涅水而动，走出大山，来到了坦荡如砥的故城平原。这里平坦的沃野促进了他们农耕文化的诞生与壮大，环绕的群山使他们安居而稳定。拓荒、修房、筑城、建制……古老的涅河文明便由此形成，而涅河文明的中心节点便是今日的武乡西部故城。

既是一片古老的人类聚集地，故城附近便有了不菲的人文价值，再加上历史风云变幻，朝代此起彼伏，这里独特的地理位置与地貌特征，故城之地便有了说不完的故事传说，品不完的古迹遗物，看不完的奇山秀水。

于是，我们出发。一路向西。

金仙寺旁说"烂柯"

是日天晴，蓝天若透明的蓝珐琅轻扣在头顶，绿叶在阳光下熠熠闪光，是一个乡野采风的好日子。一群爱好舞文弄墨的人儿在作协与文联的号召下，于金仙寺门口聚会了。

金仙寺，大约修建于宋徽宗年间。二进院落，布局紧凑，雕梁画栋，古朴简洁。缘何有此寺，需要从寺对面的烂柯山说起。

东晋年间，农人王质上山砍柴，偶遇两位仙童下棋，他好奇之中不觉贪看半晌，饥肠辘辘时捡拾了几粒童子所啖之桃核。傍晚时分回家却发现世上已过千年，惊诧之余上山询问两位下棋人，却遍访无踪。情急之中不慎一脚踏空坠下山崖，跌至半空竟羽化成仙驾鹤而去，于是烂柯山就成为远近闻名的得道成仙之所。

我们都知道，宋徽宗是个千古怪人，不恋皇权只恋仙。他精湛细腻的绘画凸显了他清秀奇崛的灵魂，他文弱独特的瘦金体书写了他忧郁孤独的心情。红罗帐暖难缚痴心，雕龙座软不留孤人，于是他斥重金在此地兴建金仙寺。金仙寺与烂柯山千年相对而立，似乎代表宋徽宗那颗访道觅仙的执着之心。料想皇家寺院，当年定然香火鼎盛，左右百姓在此拜恩求福，许誓还愿，成为武乡西部一大美谈。

民间自古有"好山皆向北"的俗话，意思是灵气之山格外护佑其北边的子民。也的确如此，烂柯山脚下一带村庄里人才辈出，文第武举不断，才子杰士蜂涌，皆为官清廉，造福一方，大有作为。故当地人无不感慨：仙风得道处，屡蒙庇佑恩。烂柯松涛静，人杰缘地灵。

葱郁葳蕤秀峰突起的烂柯山处涅河之南，钟音袅袅小巧玲珑的金仙寺处涅河之北，一河之隔，百米之遥，日夜相对，两看不厌。武乡西部人杰地灵，由此拉开序幕。

白马山上谈重耳

白马山，一个诗意的名字，一份神奇的向往；白马山，一曲忠义的赞歌，一段历史的绝唱。

丛林深处，群山连绵，在阳公岭择一条杏林小道婉转深入，像赶赴一场晋国风云的邀约。

公子重耳，品高性雅，美誉四起，却一再波折。单看其复杂的皇室人物关系就可略知一二内幕。他先后有亲疏五位母亲、嫡庶五位兄弟，不难想象，帝位之争可谓险象环生。

先是大公子申生被骊姬设计毒害，后是自己被无辜流放，再是皇帝弟弟对自己的追杀……血雨腥风的政治逃亡里重耳东躲西藏，居无定所，涌现出老农奉土、子推割肉等著名传说，因其德洁如玉，韬光养晦，拥有众多追随者，其中力量最为强大的支持者是其外祖父——狐突。

狐突独具慧眼，一心扶持重耳复国，把自己的两个儿子狐偃、狐毛派去追随重耳，并且用生命的全部为重耳的成功押上了志在必得的赌注。面对晋怀王的逼迫，狐突面无惧色，爽朗大笑，坦然喝下鸩酒一杯，魁梧的身躯颓然倒地，留下千古忠义的美名。

十九年的流亡结束之后，众望所归的重耳终于登上历史舞台，文治武功，大显身手，很快就在诸侯中称霸一方，以晋文公的魄力振兴了中原晋国。而且他的品德依然谦恭如玉，不仅实现了退避三舍的帝王之诺，更加上演了苦求介子推的君臣之礼。顺理成章地大修狐突庙，自然成为头等大事。

很快，武西境内白马山上一场由皇家发动的建筑工程神速展开，其工事之大、进程之快，当地老百姓前所未闻，于是惊叹之余，流传出了"猫狗一夜盖成狐爷庙"的夸张传闻。

几经风雨，几经修缮。金大定年间，又由官府出面大力整修，夯土筑墙，描金画彩。三进院落，巍峨辉煌，与蓝天翠林相契合，成为白马山腰上蔚为壮观的一处盛景。

只是可惜，日本人入侵后，狐爷庙被洗劫一空，全部佛像被毁，全部椽木被烧，碑文遗失殆尽，院落旧容不存。现在看去，只有一通模糊的石碑披风而立、两只残损的守门石狮撼地而蹲。

站在古迹的节点上，不由得心潮起伏、思绪难平，似乎听闻春秋战马的阵阵嘶鸣，又似乎看见晋国重耳的猎猎旌旗。风雨霜剑，斗转星移，多少赤胆英雄奔驰在脚下这片热土？又有多少勤劳先民耕作在这片热土？这真是一片钟灵毓秀的宝地啊。

辞别狐爷庙，又向高处行。

白马山地处北纬三十六度，海拔一千两百多米，植被繁茂，挺拔雄伟。我们在松海中穿行，在山石上攀登。越往上，石越奇，路愈险，目更高。当大汗淋漓中终于登上制高点——烽火台遗迹时，万里故城平川尽展眼底。

　　那是一种由于远近变化所形成的美。庄稼地在眼中成了深绿浅绿的各式方块，村庄在眼中成为浓红淡红的一堆堆房屋聚会，而远山则变成了一层又一层的青蓝色暮霭垂天……而我最爱那些远山。

　　这些最美的远山啊，像起伏的无尽波涛，在天际勾勒出迷人的边线，并以它蓝幕一般的远貌给人神秘的遐想。没有一座远山是可以真正触摸的，当你走近时，你便失去了它。原来远山比近水还要难以捕捉，它们就那样存在着，你却只能束手无策地仰慕着、仰慕着。人不过是自然的尘埃，只有膜拜造化的资格，只有点缀自然的使命……

　　想得远了！同行者清脆的歌声拉我回到现实，这柔软清亮的声音是人与自然的真心沟通，天地亘古，我们是永远的过客，短若一瞬。

　　站于高处，与神灵交谈；坐于石上，听心的声音。感谢白马山，一片静谧的高地，一所安放灵魂的天堂。

　　风儿牵着我的衣袂走下山来，但当晚一入夜，白马山就住进了我的梦里。原来我们的旅行其实是一次朝圣，对于华夏文明的庄严朝圣。

<h3 style="text-align:center">大云寺里思古国</h3>

　　历史以浓墨重彩的姿色生存，但遗迹却以悄无声息的谜面撩人。

　　若不是打开大云寺的主殿大门，你是不会想到"穿越"这个词的，而当时的我是彻底被征服而马上想到的。

　　眼前的建筑虽然叫作寺庙大殿，实则是一座古代诸侯国的宫殿，建筑之宏伟，足以摄人心魄。很粗很粗的横梁让人连声惊叹，该是多粗的原木才能加工而成呢？屋宇高大，王家气派。同行者欣欣然，用脚步丈量大殿的尺寸，然而再大的步伐也难以揣摩出皇家的气度。两侧墙壁画满精美的壁画，虽然大多受毁，然而在高处清晰处仍可欣赏到画作的精美，令人惊羡不已。

最让当地人引以为豪的，是殿中地下两根大石柱子。它以两人难以合抱的宽度、经年不倒的高度震撼着每一个来访者。它是一块罕见的巨型整石，通体寒凉，光润如玉，以自然界物华天宝的尊贵无瑕，在千年大殿中漠视苍生。

总是忍不住想猜这宫殿的主人是谁？是不是一位器宇轩昂指点江山的君上呢？有没有兰香玉质的美貌公主呢？是战火使他们遁迹于无形吗？还是恩怨让他们早衰而消散……

千年古殿静待着来人，而我们却只是无知地打量着它。已而日斜，我们便在橘色的余晖里细细观看每一处碑文。大家心中怀着涩涩的情意，既不忍拂去风尘，怕打扰沉睡千年的铭文，又好想对往事知道个究竟。然而，我们怎么会与梦里的怀念相遇呢？此情或可重相见，只是流年已千转！

国宝级的大云寺！谜一般的存在！这些为我们的访古探幽留足了悬念，更勾起了再来再探的浓厚兴趣。

……

一日三景，武西探幽，是一次难忘的行程。目睹青山，心悟人文，身体与心灵都得到了惬意放松。我们必然铭记武西故城，因为它是地理与历史的完美交汇；也会有更多的人爱上武西故城，因为它是时间与空间的绝佳组合。

在脱贫攻坚的关键时刻，这里的人们不仅顺利解决了民生问题，而且开始关注精神层面的追求,这注定是一件会谱写崭新历史的好举措。

回看满天云霞,绚丽多姿,像武西之地沿袭的传说一般荡气回肠,也更像未来的故城奇迹一般再塑辉煌。

抗战烽火

八路军总部在寨上

郝雪廷

1938年4月初，日军以第一〇八师团为主力，第十六、第二十、第一〇九师团及酒井旅团各一部共3万余人，由同蒲路之洪洞、太谷、榆次，正太路之平定，平汉路之高邑、邢台，邯长大道上的涉县、长治，以及临屯公路上的屯留等地出发，分九路对晋东南根据地发动大规模围攻。其重点是寻歼在武乡、辽县、榆社等腹心地区的八路军总部及一二九师主力。朱德、彭德怀在沁县小东岭进行了紧急研究，拟定东路军作战计划。此时长治出动之一路日军已经进至襄垣与沁县交界的虒亭镇。在下达了反围攻战术指示后，为了更好地指挥反围攻战斗，4月10日，朱德、彭德怀率领八路军总部离开小东岭，向武乡转移，当日进驻武乡马牧村，傅钟、陆定一等领导率领野战政治部机关也移驻到寨上村。

马牧村因后赵皇帝石勒幼时曾在此牧马而得名，总部到此后，刚刚安顿下来，朱德、彭德怀就立即给东路军将领曾万钟、朱怀冰、武士敏发出《粉碎日寇围攻战役战术的指示》，要求各部以连或营为单位采取运动防御姿态，配合本地自卫军、游击队昼夜袭击，疲劳敌人，分散敌人，迷惑敌人主力，出敌不意突然袭击而消灭其一部。同时，又发布《粉碎日军大举进攻之部队政治工作纲领》，号召东路军各部队做好准备，动员民众实行空室清野。

11日，屯留出动之日军一一七联队3000多人进至襄垣以北，为九路围攻之主力，由旅团长苫米地指挥。苫米地号称"反游击战专家"，曾经仔细研究过八路军的游击战术，他还根据八路军"敌退我追"的战术，发明了一种叫"拖刀计"的战法，使一些游击队深受其害。苦米地也因此博得日军大本营的奖赏，而且还曾被授勋。他在写给女儿的信中说："天皇因我先入临汾，赠了我一个勋章，我已挂在左胸前，我的右肩也高了起来，你看我像不像墨索里尼？"苦米地的骄横可见一斑。

朱总司令根据情报判断，此路日军有经武乡进攻榆社的可能，果然13日占领武乡县城（今故县）。日军在武乡城大肆掠杀，满街都是来不及躲避的民众的尸体。柏崎延二郎的一一七联队围着武乡城四处乱撞，特别是有一股部队闯到了马牧村附近，总部人员不用望远镜，都可以清楚地看到敌人在对面走来走去，多亏中间隔着一条马牧河，虽然春季河水不大，但毕竟有河水阻隔，敌人也是无目的地搜索，并没有发现目标，所以也没有过河。当时，在总部的身边只有一个警卫排，要是他们闯上来，后果不堪设想。左权提出，必须把柏崎引开，才能解除总部之危，他决定亲自去调总部特务团打沁州，以调动柏崎回窜。

左权出行之后，朱、彭首长在地图上进行了认真分析与观察，该敌在此地搜索不过是无目的地乱撞，如果没有结果，将有进取榆社的可能。根据八路军集结情况，准备在武乡、榆社间夹击消灭该敌。

此时在武乡、榆社附近的东路军部队有曾万钟的第三军、朱怀冰的九十四师和武士敏的一六九师，朱德命令：朱怀冰部集结于榆社、武乡交界的云簇镇附近；武士敏部除在驻地阻击敌军外，以一部向沁县方向游击；曾万钟部以一部向武乡以北边战边退，而将主力隐蔽集结于附近山地，待日军通过后立刻猛烈尾攻，同朱怀冰部夹击日军。同时命令八路军一二九师主力、三四四旅一部迅速赶到战地参战。但因友军部分部队没有按前令行动，致使夹击计划未能实现。

14日凌晨，为安全计，八路军总部趁天不亮时转移到义门村。这里既十分隐蔽，又靠近武乡至榆社大道，便于观测战况。这一天，苦米地部进抵榆社后，因群众空室清野，无吃无喝，道路又破坏严重，日军沿途烧了十几个村庄，又退回武乡。根据这一情况，朱德、彭德怀马上分析退回武乡之敌有两种可能，一是退回长治，二是西援被武士敏包围之敌。为在日军踌躇之际给予打击，立即命令一二九师与三四四旅负责人，迅速向武乡靠拢，寻机打一个歼灭战。

刘伯承、邓小平、徐向前率一二九师，从涉县方向经长途奔袭，于15日傍晚赶到武乡县城西北。这时，长途行军疲惫而又找不到吃喝的日本鬼子，穷凶极恶地纵火焚烧了具有1447年历史的武乡古城，沿浊漳河东去。刘邓首长即以第七七二团、第六八九团为左纵队，第七七一团为右纵队，沿浊漳河两岸山地平行追击，以第七六九团为后续部队，沿武乡至襄垣大道跟进。

16日拂晓，左右两路纵队超越日军并将其夹击于武乡以东长乐村地区，遂发起猛烈攻击。日军被截为数段，困在狭窄的河谷里无法展开。此时，已通过长乐村之日军主力为解救其被围困部队，集结1000余人，向左翼发动进攻。第七七二团在戴家垴一带与十倍于己的日军激战4小时，阵地失守。午时，第六八九团赶到增援，阵地被收回。14时，日军在猛烈炮火掩护下，一路向马村东南第六八九团阵地攻击，另一路会合长乐村日军向第七七二团阵地攻击。接着，日军从辽县方向增援1000余人。而国民党第三军曾万钟部就在蟠龙附近，但却按兵不动，致使八路军孤军作战，弹药消耗很大。一二九师首长鉴于被围困河谷之敌已基本被歼，为避免过大伤亡，遂决定以七六九团和六八九团各一部采取游击活动，钳制与迷惑敌人，主力部队撤出战斗。此次战斗，共歼灭日军2200余人，不可一世的苦米地根本没有想到，作为一个"反游击战专家"，最后还是栽倒在游击战的圈子里，长乐战斗失利，他受到日军大本营的严厉处分，他写给女儿的那封信，也成为八路军的战利品。这次战斗，八路军也付出了相当大的代价，伤亡800余人。长乐村战斗是粉碎日军"九路围攻"中具有决定意义的一仗，日军在这里遭到歼灭性打击后，其他各路纷纷撤退，我军取得反"围攻"作战的胜利。不幸的是七七二团团长叶成焕身负重伤，由于失血过多，第二天就牺牲了。

4月20日，八路军总部移驻武乡县寨上村。寨上村有三个优越条件：一是政治气候好，武乡建党早，该村早年就有地下党活动，再加上1937年11月，一二九师谢家庆、张国传带领教导团部分干部组成八路军工作团，进驻武乡一带活动，广泛进行抗日救国的革命宣传，武乡有许多青年报名参加了八路军，寨上、陌峪、蟠龙等地活动最为积极；二是地理位置好，寨上村历史上称为李家寨，是一个古堡式的村庄，攻守兼备，便于设防；三是交通便捷，地势较为宽阔，适于进行大型活动，也便于部队驻扎和练兵。因此，八路军总部选择了寨上村为新的驻扎地。

八路军总部人马驻寨上村后，朱总司令住在村北的殷家场大院。此院为四处楼院，两处房院，上下两个大场，周围有高围墙，大门坐北朝南。朱总司令住在正楼西屋。彭德怀副总司令住村东李相林楼院，为三合院，彭总住正楼二间。左权副参谋长及总部机关住村最北端的殷苟孩正楼，此院宽广向阳。一二九师师部在村东弓进泰楼院，为三合院，刘伯承师长住正楼，邓小平政委住东小楼，徐向前副师长住西小楼，总后勤部杨立三部长及被服厂住旗杆院，此院为前清武举人弓孟乙楼院。周边的马牧、里庄、型庄等村也都住有八路军总部的附属机关。

总部进驻当天,在这里举行了粉碎日军九路围攻祝捷大会,展出长乐村战斗缴获的战利品。会后,朱彭就将粉碎敌九路围攻及其部署致电蒋介石。

长乐村战斗之后,我根据地军民乘胜追击,至27日八路军先后收复了武乡、辽县、安泽、沁源、沁县、壶关、屯留、长子、高平、榆社、晋城、阳城、沁水、黎城、潞城、襄垣、长治、涉县等十八座县城,经过半个月的反围攻战斗,共歼敌4000余人。

4月21日,毛泽东根据华北的形势,致电朱德、彭德怀等,及时发出开展平原游击战的指示:根据抗战以来的经验,在目前全国坚持抗战和正在深入群众两个条件之下,在河北、山东平原地区广大地发展抗日游击战争是可能的,而且坚持平原地区的游击战争也是可能的。要求八路军和当地党组织,在河北、山东平原地区尽量发动最广大的群众,广泛开展游击战争,划分若干游击军区,收复地区建立政府,使政府、部队、人民密切联系起来。经中共中央与八路军总部同意,由吕正操领导的人民自卫军与孟庆山领导的河北游击军在河北安平县合编为八路军第三纵队,同时成立冀中军区。纵队领导机关兼军区领导机关,由吕正操任司令员,王平任政治委员,孟庆山任副司令员,下辖四个支队,纵队和军区统归晋察冀军区指挥。第三纵队依靠冀中人民,粉碎了日伪军多次围攻。至9月,北起平津铁路,南至沧(县)石(家庄)公路,西起平汉铁路,东至津浦铁路之间的冀中抗日根据地初步形成。

根据毛泽东的指示,朱德与彭德怀电令一二九师主力及一一五师三四四旅一部迅速派兵从太行山区向冀南、豫北平原及铁路沿线展开。4月下旬,刘伯承、徐向前、邓小平在辽县西河头召开会议,研究具体行动部署。一是决定将全师主力以平汉铁路为分界编为左右两路纵队，左纵队为"路东纵队"，由七六九团和一一五师六八九团及曾国华支队组成，由徐向前率领，向冀南挺进，26日，总部命令一二九师副师长徐向前带领"路东纵队"从辽县出发，前往冀南开辟根据地；右纵队为"路西纵队"，以三八六旅主力组成，由陈赓率领，向邢台、沙河一带展开，配合路东纵队的行动。二是相继成立冀南军区和晋冀豫军区，由宋任穷和倪志亮分任司令员。开展平原游击战，表明了敌后抗日游击战争进入了新的重大战略意义的新阶段。从此，八路军开始在华北地区实行从山区到平原的第二次战略展开。28日，派总部民运部部长黄镇率领民运工作团前往长治，发动和组织广大民众。

与此同时，一二〇师也由渡河时的三个团扩大为六个团，并粉碎了日伪军对晋西北发动的三路围攻，先后收复了宁武、神池、偏关、保德、河曲、五寨、岢岚等七座县城，歼敌1500余人，为建设晋西北抗日根据地奠定了基础。

其后，八路军总部先后令第一二〇师主力从晋西北向冀中平原、绥远大青山发展，令第一一五师主力从晋西南向山东开进，去创建新的根据地。同时，总部又电令一二〇师宋时轮支队与晋察冀军区的邓华支队合编为八路军第四纵队，以宋时轮为司令员，邓华为政委。该纵队到达冀东后统一指挥该区游击队，创建冀热察抗日根据地。

为协助国民党培养开展游击战的军事干部和政工干部，根据小东岭会议上国民党友军提出的要求，八路军总部在武乡县的型庄村为东路军举办了游击战术和政治工作的训练班，不仅派出八路军优秀的教官，朱德、彭德怀和左权等中共高级干部都亲临讲课，为东路军各部队培养了不少敌后抗日军政官员。同时，还接受一些国民党将领的请求，派人到国民党军队中去，协助做其军队的政治思想工作，增强了其军队的战斗力。大大促进了八路军与国民党友军的联系与协作，为东路军在抗战初期团结合作、共同抗日起到了积极作用。

5月20日，毛泽东致电八路军总部、第一二九师并告中共中央长江局，指出徐州失守后，河南将落入敌手，武汉危急。八路军应准备南进，在豫、皖、苏、鲁四省深入敌之后方活动。那时，第一一五师、一二九师将作整个新的部署。遵照这一指示，八路军总部向南转移。23日，朱德、彭德怀率八路军总部机关离开寨上村，转移到沁县南底水村。

"打虎掏心"破"囚笼"

郑国仲

日寇于1939年对我晋东南根据地施行第二次九路围攻失败之后，又在该地区加紧修筑铁路、公路，沿途设点筑碉，妄图以铁路为柱、公路为链、碉堡为锁，层层封锁，以便进行大规模分区"扫荡"，实行其"囚笼"政策。因而敌人正加紧修筑白（圭）晋（城）铁路，妄图将晋东南劈为两半，并于将来修筑临（汾）邯（郸）铁路，将晋东南化为"田"字形，造成一个囚笼，把我军民装进去，凌迟处死，变太行抗日根据地为敌占区。为粉碎敌人恶毒的"囚笼"政策，我一二九师刘伯承师长和邓小平政委号召全区军民"面向交通线""面向敌占区"大举破坏敌人铁路，打碎囚笼格子围，巩固、壮大我晋东南抗日根据地。为此，我军在刘、邓首长的亲自部署与指挥下，于1940年5月初发起了声势浩大的白晋铁路破袭战。

攻打沁州以北、武乡境内的重镇南关，既是白晋战役的重点，也是这次战斗成败的关键所在。南关是武乡、祁县、平遥三县交界处的一个古镇,历来为兵家必争之地,是出入上党盆地的要塞,是白晋铁路的咽喉。镇上存放着大量的炸药、军用物资和医药等用品,是日军在晋冀豫一个较大的兵站。日军深知南关战略位置极为重要,于是派了一个加强中队(200余名日军,外加200余名伪军),由日军中队长峰正荣节制驻守,这家伙是一个阴险、残暴的刽子手。可见我们得认真对付这个防卫严密的车站据点。

怎样才能砸开这一把大锁呢?刘、邓首长把这个重要任务交给了我们三八五旅七六九团,那时我担任该团团长。

5月2日,陈锡联旅长把我叫到旅部嘱咐道:"老郑,这回交给你一块肥肉,看你能不能咽得下。"我一听有"肥肉吃"就高兴了,我说:"我这个人生来就爱吃肥肉。"陈旅长严肃地说:"这块肥肉可不好下咽哟。"接着陈旅长向我详细传达了刘、邓首长的意图,反复说明了攻打敌占重镇南关的重要性和驻守该地敌军的兵力部署。

5月3日,陈旅长和我化装成老百姓,深入南关附近的大官寨进行了现场侦察。我们站在山顶鸟瞰南关镇,此地果然名不虚传,地势十分险要,全镇四面环山,白晋铁路由北向南穿街而过。西面和西北面有两条河川在镇西北面交汇,四围沟壑纵横,地面狭窄,部队不便运动。尤其北面云盖山前面的两个突出高地,上面都筑有碉堡,居高临下,虎视全城,不便于发扬火力。火车站位于两突出高地处,部队难以接近,云盖山的对面和左侧有秦王头和极子山,火力交叉,部队由此突入,必然会造成大的伤亡。加之,经我军几次袭击,敌人防卫更加严密,封锁沟、铁丝网交叉纵横,更增大了我军攻击之难度。在侦察后返回驻地的路上,陈旅长一言不发,可以看得出首长心里很沉重。我也预感到这副担子不轻。这天晚上,陈旅长没睡好,我也一夜未曾合眼,设想了几种打法,最后都被否定了。经过反复考虑,我觉得靠强攻是难以奏效的。如果从外围一层层往里剥,既要花费很多时间,又容易增大我军伤亡,还很难打进去。想来想去,我认为最好的办法是组织一把"尖刀",能从敌人肋骨之间插进去,直刺敌人心脏,这样就可以出其不意,打他个人仰马翻。第二天早上我把这个想法告诉了陈旅长,他非常高兴地说:"老伙计,这一招我们又想到一起了,这叫英雄所见略同,我们给它起了个名字,叫作'打虎掏心'。"接着陈旅长同我具体研究了战斗方案、兵力配置及行动时间。陈旅长拉着我的手说:"老郑你要注意把握全局,'掏心',也不允许你本人钻到铁扇公主的肚子里。"我兴奋地说:"请首长放心,这一回我一定要让'牛魔王'看看我老郑的这几手绝招儿。"

从旅部返回驻地后,我立即召开全团连以上干部会议,传达了刘、邓首长和旅长的具体指示和决心,这些久经考验,素以战斗作风过硬、善啃硬骨头的红军干部,一听说又有"肥肉吃",个个欢喜得像小孩子盼到了过大年一样高兴,都争着要当突击"尖刀"。看到大家情绪很高涨,我心里也感到十分高兴,最后,我命令三营担任"尖刀",隐蔽地潜入南关镇,直刺敌人心脏,然后由内向外打。二营突击队待三营打响后由外向内打,一营为预备队,随时准备出击,同时决定下午由三营营长马忠全和二营营长张天枢带领三个连长,化装后由我地下敌工组组长、南关镇"维持会"会长孙汉英同志带进南关镇内进行实地侦察。会后,各营分头做战前动员和战斗准备。一营营长缠住我怎么也不走,他问我为什么不让他们营担任主攻任务。我费了好大的口舌,他们才闷闷不乐地走开。看到我们这些可亲可敬的指挥员,我心里说,在我军面前任何艰难险阻也会变成坦途,日寇这头"野牛"必将陷入火阵,自取灭亡。

5月5日傍晚，部队出发了，经过50多里的急行军，半夜时分逼近南关。我来到三营对指战员们说："这次战斗你们三营是钢刀。"我又拍了拍九连连长杨玉忠同志的肩膀说："杨玉忠你们连是这把钢刀的'刀尖'。"杨玉忠这个平时少说话，打起仗来不含糊，且有点内向的红军老战士，挽了挽袖子，握了握拳头，在我脸前晃了晃，表示了决心。接着三营全体指战员在营长马忠全的带领下，悄悄地从敌人两个炮楼之间的接合部摸了进去，部队匍匐前进着，没有一个人吭声。二营、一营也按预定战斗方案秘密运动，动作非常隐蔽，没有一点儿响动。

战前的寂静，总是给人一种沉闷难以等待的感觉，甚至连我这个老战士也有点坐立不安，我在团临时指挥所围着电话机来回走动，突然电话铃响了，我拿起话筒，就听见陈旅长问情况怎么样。我回答一切正常。可见旅首长的心情也不平静。大约20分钟，按预定计划，三营已摸进南关，穿过了铁丝网一直摸到了大街上，这时敌人才发觉。三营立即发起了冲击，从内向外打。二营马上发起冲锋，由外向内打，霎时间，枪声、手榴弹爆炸声和喊杀声连成一片。沉睡的山镇像热油锅里放了冷水，噼里啪啦，火花四溅，立即沸腾起来。我刚把电话机拿起来就听见陈旅长说："老伙计，这一锤砸准了。"听得出首长是很高兴的。我马上命令各营坚决、果敢、猛打猛冲，绝不能给敌人以任何喘息之机。

我们的战士个个像小老虎一样勇猛，战斗在大街上、车站边、外围炮楼激烈地进行着。大街，是战斗的焦点，也是整个战斗的决定关键。敌人的司令部、仓库都在这里。战斗打响后，九连一阵猛冲猛打，于

6日拂晓时占领了村子的东南角。敌人龟缩在村西离铁路不远的坚固房屋内顽抗，用密集的火力封锁着大街，阻止我军前进。有名的战斗英雄九连副连长袁开忠同志，按照营长马忠全的命令，带领一排，冒着敌人大机枪火力的严密封锁，冲过大街，占领了一幢房屋。正当他们在掏通墙壁、向前发展的时候，突然，从街上冲过来20多个鬼子，这些家伙一个个像输红了眼的赌棍，端着刺刀，嗥叫着向一排扑去。面对这群"恶狼"，战士们怒火冲天，袁开忠副连长高喊一声："同志们，冲上去，刺刀见红啊！"随着喊声他的驳壳枪一甩撂倒两三个鬼子，带着全排冲到街上，同敌人展开了激烈的白刃格斗。为了抢救一位昔阳刚入伍的新战士，袁开忠同志中了一发冷弹，光荣地牺牲了。这时，头上和左臂两处负伤的九连连长杨玉忠同志带着二排赶来增援。杨玉忠同志高喊着"为袁副连长报仇啊！"，战士们一鼓作气，协同一排，歼灭了这股敌人，巩固了一排所占领的前进阵地。然后，他们迅速掏穿了墙洞，继续向前推进，很快占领了与敌司令部仅有一墙之隔的一幢房屋，敌我双方，以手榴弹对打。被袁副连长抢救下来的那位昔阳新战士，一手捂着伤口，一手向墙那边扔着手榴弹，杨连长几次喊他下去，可这个新战士无论如何也不肯，他坚决地回答，不彻底消灭敌人，决不离开火线。

经过连续战斗，九连伤亡较大，弹药也不多了。这时，十连和十一连正在同敌人进行激烈决战。面对这种情况，我命令三营营长马忠全，要集中力量朝敌人司令部猛攻。同时，我又命令二营迅速向前进攻。十连和十一连很快占领了车站和大街上的仓库，肃清了村西的敌人，解放出一千多名修路民工以后，迅速朝敌人司令部冲过来。二营的部队，在营长张天枢同志的率领下，也突破敌人的重重封锁，勇敢地扑进镇内。

三营和二营协同作战，很快肃清了大街上的敌人，一齐冲向敌人的司令部，以优势的兵力和迅猛异常的火力攻占了敌人的司令部。在敌人司令部里，到处是堆堆弹壳和滩滩血迹。但是连一个活着的鬼子也看不到。当时，大家都感到很奇怪。战后才知道，狡猾的鬼子偷偷地修了一条十分秘密的地道，直通火车站到村外，这条地道连维持会会长都不知道。少数残敌就是从这条地道里溜掉的。

住在南关镇上的敌人，以及他们的中队长峰正荣，做梦也没想到我军会在南关腹部开花，先掏他的心脏。"心"被挖掉了，峰正荣亦遭击毙。虽然镇的外围炮楼还未完全攻下，残余敌人仍然依托坚固工事垂死挣扎，负隅顽抗，但是，旅首长已带着近两千名从榆社、武乡赶来支前的民兵和民工，冒着枪林弹雨进到南关镇。敌人的司令部、仓库、车站堆放着许多木箱子、麻袋等装着的军用物资。大伙儿上去就扛，我们强调大家先扛炸药，然后再搬其他东西。大家都知道，抗日战争时期，对我军来说炸药比金子还宝贵。但在抢运炸药时，外围炮楼的残敌仍然发疯似的射击，它像一块绊脚石一样横亘在我搬运大军的路上，阻碍着我们搬运物资。这时，旅首长向我发出命令说："郑国仲限你半小时内搬掉这块绊脚石"。其实没有旅首长的命令，我也已做好了准备。我立即把二营的两挺重机枪和特务连三挺转盘轻机枪组织起来，压制敌人火力。同时命令特务连发起冲击。我对侦察排排长吴振邦说："机枪一响，你就带着全排往上冲。"在我们七六九团大家都知道，不到关键时刻，我是不撒手放出这群雄鹰的。侦察排的战士们，一人一支驳壳枪，两颗手榴弹，机枪一响，他们个个如同离弦的箭飞向炮楼跟前，用枪对准枪眼打一个连发，接着就把手榴弹塞到枪眼里，随着"轰隆轰隆"的爆炸声炮楼着火了，侦察员们冒着火力踢开炮楼的门，冲进去，消灭了顽抗的敌人，搬掉了南关战斗最后一块绊脚石。在这次战斗中八路军野战政治部派来拍摄电影的徐肖冰同志，在硝烟弥漫的战场上，冒着敌人的炮火，记录下这一幕幕珍贵而威武雄壮的战斗活剧。

写于1984年，收录于《武乡烽火》

劈开枷锁战南关

马忠全

日寇以铁路为柱、公路为链、据点为锁，实行恶毒的"囚笼政策"，妄想割裂、困死我抗日根据地。所以，交通斗争是抗日战争中敌我斗争的一个重要内容。敌人在晋东南地区，拼命抢占白（圭）晋（城）铁路，这是第一步；然后，再修筑临（汾）邯（郸）铁路。如果敌人阴谋得逞，那么，我晋东南抗日根据地就等于被钉上了十字架。

为了粉碎敌人阴谋，我军于1940年发动了白晋战役，重点是攻打沁州以北的南关。

南关，是白晋铁路的咽喉，是日寇套在太行区、太岳区锁链上的一把大锁。在南关，堆积着敌人大量的军用物资和修路用的炸药；在南关，上千个从河北、山东抓来的修路工人，在鬼子的皮鞭下痛哭哀号。

我们必须坚决劈开这把枷锁。上级将主攻南关的任务交给我七六九团二、三营。那时我在三营任营长。二营负责扫清外围据点，我营主攻南关镇敌军司令部。

敌情、地形是早就侦察好了的。陈旅长、谢政委亲自带领我们抵近村边看地形。潜伏在南关"维持会"内做地下工作的同志，还详细地给我们介绍了情况，那儿有多少敌人，什么地方是仓库，敌人的炮楼在哪儿，这一切，我们都了如指掌。为了更有把握，我还和突击连的排以上干部,化装到南关去"赶集",对敌情、地形更加熟悉了。

5月5日傍晚,部队出发了。经过50多里的急行军,半夜时逼近南关。我随着突击连——九连,悄悄地从敌人两个炮楼之间的接合部摸进去。部队匍匐前进着,没有一个人吭声,大家都知道:南关是白晋线上的重镇,四周地堡密布,封锁沟、铁丝网交叉纵横,如果从外面一层层往里剥,要花费很多时间,还很难打下来,按旅首长指示,我们采用了"打虎掏心"的战法,从敌人肋骨之间插进一把刀去,直刺心脏。我们三营就是这把钢刀,九连就是钢刀的刀尖。

九连穿过了铁丝网和封锁沟,一直摸到南关街上,这时,敌人才发觉。村内先打响,接着村外也响起了密密的枪声。战斗在大街上、车站、外围炮楼激烈进行着。

大街,是战斗的焦点,也是整个战斗的决定关键。敌人的司令部、仓库都在大街上。战斗打响后,九连一阵猛冲猛打,在5月6日拂晓占领了村子的东南角。敌人龟缩在村西离铁路不远的坚固房屋内顽抗,用严密的火力封锁大街。响堂铺战斗中用口咬死敌人的战斗英雄、九连副连长袁开忠同志,带领着一个排,冒着敌人机枪的严密封锁,冲过街去,占领了一幢房屋。正当他们在掏通墙壁、向前发展的时候,突然,从街上冲过来二十多个鬼子,这些家伙一个个龇牙咧嘴,蓄着小胡子,大半是老兵油子,他们端着明晃晃的刺刀,像饿狼一样嗥叫着。

面对这群敌人,战士们眼都气红了。袁副连长高喊了一声:"同志们,拼刺刀啊!"就扬着驳壳枪,带着一排冲到街上去,和敌人展开了激烈的肉搏战。

袁开忠同志用驳壳枪撂倒了三个鬼子,他发现附近有个昔阳的新战士正在和鬼子搏斗,由于这个新战士刚参军不久,没专门练过刺杀,有些招架不住，疯狂的敌人"呀！呀！"咆哮着，步步紧逼。在这危急时刻，袁开忠冲过去，对准敌人打了一枪，消灭了鬼子。这时突然从西北边打来一发冷弹，袁开忠同志牺牲了。那个新战士连忙上去背副连长，又一发冷弹打来，命中那战士腹部，把他打伤。

正当一排在和反冲击的敌人浴血苦战的时候，头上和左臂两处负伤的九连连长杨玉忠同志带着二排增援上来了，协同一排，歼灭了从大街上插过来的这股敌人，巩固住了一排所占领的前进阵地。然后，他们迅速掏穿了墙洞，继续往前发展，占领了离敌人司令部不远的那幢房屋的一半。敌我双方，只隔一堵墙，互相掏手榴弹对战着。一排腹部负伤的那个昔阳新战士，一手捂着伤口，一手朝墙那面扔手榴弹。

杨连长发现这个新战士下半身被血染红了，忙叫他快下去。可这个新战士无论如何也不肯，坚决地回答说："我要为袁副连长报仇！"

九连一面和敌人对战，一面打通墙壁，墙壁掏通以后，刚冲过去几个人，就被敌人发觉了，趁我立足未稳之际，反扑过来，将突击组压了回来。

经过连续战斗，九连伤亡较大，弹药也不多了。这时，我营的其他几个连，有的去攻打车站，有的去解救修路工人，都抽不出兵力来。我把营部的勤杂人员都组织起来，还把营的预备队一个排全配属九连，我命令正在和敌人激烈巷战的十连和十一连，都集中力量，朝敌人司令部方向猛攻。经过一场激战后九连终于占领了敌军司令部附近的那幢房屋。在那里，我们发现了腹部负伤仍坚持不下火线的那个昔阳新战士，他已经光荣牺牲了。在他的遗体上写着日文，据敌工干事翻译后方知道，上面写的是：英勇善战。

原来，当掏通墙壁后，这个新战士也随突击组冲了过去，敌人反扑时，他因负伤，行动不便，没来得及转移，当敌人冲过来时，他仍然顽强战斗，一直到为革命流尽最后一滴血。

"我们要为烈士复仇！"

"坚决攻下敌人司令部！"

九连的战士们怒吼着冲向敌人的司令部，十连和十一连在占领了仓库，肃清了村西南的敌人，解放出1000多名修路工人以后，也朝敌人司令部冲来了。二营的部队，从东北方向，在营长李德生同志的率领下，也突破了敌人重重封锁，扑过村来。我营和二营协同作战，肃清了大街上的敌人，占领了敌人的司令部。在敌人司令部里，到处是弹壳和一滩滩的鲜血，可是，一个活的鬼子也看不到，连尸体也很少。大家都很奇怪。据后来了解才知道：原来鬼子偷偷修了一条秘密地道，通到火车站和村外，这件事连维持会会长都不知道。残余的敌人就是从地道里悄悄溜掉的。

"打虎掏心"的这个"心"被我们挖掉了。可是，在火车站、在外围炮楼，残余的敌人依托坚固的工事仍在负隅顽抗，虽然村外还响着密密的枪声，旅部谢政委带着1000多名民工，冒着敌人炮楼火力的封锁，进到南关镇内来了。谢政委见到我就问："炸药在哪儿？快扛，快扛。"

敌人的司令部、仓库，堆放着很多箱子、麻包，分不清哪些是炸药。我叫通讯员打开一个木箱，发现里面装着许多灰色粉末，和过去常见的黄色炸药不一样。

"炸药是苦的，尝尝就知道。"我用手指沾了一点儿尝了尝，"不苦哇，有点辣味。"

谢政委也尝了尝，也不敢肯定。这时，旅部的训练参谋铁夫同志来了,他是东北人,会日文,一看木箱上的日本字,高兴地说:"这就是炸药,快扛。"

一听是炸药,大家可高兴啦。谢政委叫民工:"先扛炸药,搬完炸药后再搬其他东西。"

在抗日战争时期,炸药比金子还宝贵。黄崖洞、柳沟兵工厂最需要它;破坏铁路、造地雷,哪一样也缺不了它。这次,我们缴获了1000多箱炸药,首长们都高兴地说:"这等于打了一个大胜仗。"

除了炸药外,还有许多西药、武器、粮食……南关是日寇白晋铁路线上最大的一个兵站,孤军深入长治、长子的数万敌人的供给,都要从这儿转运。东西太多了,民工搬不完,1000多个刚得到解放的修路工人,也自动参加了搬运物资的战斗行列。

由于我们采用的是"打虎掏心"战法,虽然占领了南关,但外围据点还没有全部攻克。在村东,还有一个炮楼没有拿下来,它像一块绊脚石一样横亘在我军返回的路上,阻碍着我们搬运物资,旅首长命令我团:半个钟头,把炮楼攻下来!

和历次重要战斗一样,在这关键时刻,团里使用了响堂铺战斗英雄连——特务连。团长郑国仲同志亲自指挥,他把二营两挺重机枪和特务连三挺转盘轻机枪组织起来,压制敌人火力。然后命令特务连侦察排排长吴振邦:"机枪一响,侦察排就冲锋。"

侦察排的战士们,一人一支驳壳枪、两个手榴弹,机枪刚一响,他们像一群雄鹰一样从侧面飞到炮楼跟前,用驳壳枪对准枪眼打了一个连发,接着就把手榴弹往枪眼里塞,手榴弹爆炸了,炮楼着火了。侦察员们撞开了炮楼的门,消灭了顽抗的敌人,从烟火弥漫的炮楼里,抢出了一挺机枪和几支步枪。这次战斗,从发起冲锋到结束战斗,总共只用了十来分钟。总政派来拍摄电影的徐肖冰同志,在硝烟弥漫的战场上,在敌人的火力封锁下,把这个珍贵的战斗场面摄入镜头。

南关战斗胜利结束了,守敌200多人除少数从地道逃走外大部被歼,敌中队长峰正荣亦被击毙。此外,我团还解放修路工人1000多名,缴获炸药千余箱和其他很多物资。这时,从其他地方也不断传来捷报:日寇从北面派来的满载援兵的一列火车,被打援部队炸毁在来远镇附近。我385旅、地方兵团、民兵和数千民工在一起,把南关南北的100多里的铁路彻底破坏,并炸毁桥梁55座,使日寇苦心经营了一年多的白晋铁路瘫痪了。

在南关,在白晋线上到处都在烧炮楼、焚枕木,大火熊熊燃烧着。这火,是胜利的火炬,它向人们宣告日寇"囚笼政策"的破产。我们这个"太行山的拳头",劈开了日寇套在晋东南抗日根据地上的一把枷锁——南关。

写于1985年,收录于《武乡烽火》

南关之战

李克坚 克寒

一

南关镇的北端,一座大院子的门上交叉插着两面偌大的太阳旗。一个全副武装的卫兵,直着脖子,在司令部门口来回踱着。老百姓轻易不打那儿经过的,鬼子的输送兵只能自己干。在别的地方,他们可以随手拉过一个人来给他们搬这搬那,这段路却得自己动手。

巧得很,一个鬼子正没办法搬走一只大箱子。不远的土坡下面却上来了一个老百姓,于是连忙把他喝了过来。

对方很有礼貌,跑过来恭恭敬敬地鞠个躬,然后怪端正地站在他面前，光等他的吩咐。

鬼子觉得很满意，但是声音还是那样严厉，指着地上的箱子说："你的，给'皇军'抬的！"

那老乡很顺从地扛起箱子，跟着他向一个碉堡走去。鬼子打开了门，又命令着他："抬过去的！"

四壁是砖砌的，很厚，一条曲折的地道一直向里面延伸着。好结实，那老乡看得傻住了，呆头呆脑地四下张望着——这个"顺民"正是我们的自己人。同一个时候，另外一个正在街上闲逛着，心里默记着每一个碉堡、每一条街道，以及司令部、电台和守备队等的方位。

二

八路军多次突击以后，鬼子增加了在南关镇上的碉堡数量。不但这样，碉堡外面还围上好几道又宽又深的壕沟，铁丝网沿着沟一层又一层绕着。交织的地道把它们和守兵的房子沟通起来，好让他们一旦遭到袭击，可以快速溜到碉堡里去。

是的，南关镇是敌人在白晋路上的心脏，它维系着全线的南北交通；支援着深入长治、长子的敌人。没了它，几万大兵立刻给切断后路，断绝了弹药给养的来源；没了它，来回奔驰的几百辆汽车会因为没有汽油而成为废物，把敌寇陷入危险境地。而且，还在幻想着实现无限毒恶的"囚笼政策"，企图把我军民困死在太行山上。这正是为什么一年来敌寇煞费苦心，非把南关弄得铜墙铁壁般的坚固不可了。

三

但是，在八路军面前，是没有攻不破打不毁的东西的。他们偏要举起钢铁的巨臂，猛击铜墙铁壁的南关。

五月五日的晚上，队伍分头挺进着。某某全连的弟兄，逼近敌寇的碉堡，道路异常熟悉。

　　车站的灯光还在亮着。另一支队伍悄悄地下了河沟，向亮处慢慢围拢过去。站上的守兵应该又在想着岛国的樱花了吧？想不到这乡梦正酣的时候，车站的死寂却给一声轰响撕破了，暴风雨又开始猛烈袭击黑夜的南关。

　　碉堡的机枪颤抖了，向夜空惊慌地乱扫着。我们英勇的战士，不待用大刀劈向铁丝网，就一股脑儿扳倒了几根木桩，从铁刺上潮涌过去。

　　拦在前面的炮火更加剧烈，显然是敌人增多了，交织的火舌从地面掠过，扬起泛着红色的尘沙，和硝烟混成一片，掷弹筒在弥漫的浓烟里裂开一朵朵火球，把地面紧紧锁住——缭乱的火光中再也找不到一丝空隙。

　　"拿不下碉堡不用回去！"我们的连长再一次吼叫起来，冲锋号又响了，地面重新涌出来一群直奔碉堡而去的黑影，投进火球紧锁着的血光之中。

　　"共产党员向前冲锋！"指导员在最前头扯着嗓子喊。冲锋号还未吹完，敌人的机关枪就给吓得愣住了，一阵手榴弹才响过，刺刀已经闪入碉堡。

　　车站的战斗正激烈异常，虽然战士们是那样英勇，以至于挂彩了的还咬紧牙根没命地打着，而其中有一个，肠子已经流了出来，还是一手捂住伤口、一手握着枪，支撑着不肯下火线。但是好几次冲锋都给当头的炮火压住了，始终没有攻破车站的铁门。

　　连长把没挂彩的二十多个战士召集起来。

　　"同志们，怕不怕死？"连长问。

　　"不怕"，声音是那样坚决，血又沸腾了起来。

跟在连长后面,他们又扑向了铁门。

另一支生力军突然从侧面出现了,密集的火力多叫人兴奋啊,像烈火遇着了狂风,必胜的信心更加旺炽起来。就在这一股遮挡不住的猛攻下,敌人在最后五分钟动摇起来。于是我们的战士歼灭了全部守敌。

胜利带来排山倒海的威力,我军已冲入市镇。

四

在混乱的巷战中天明了,那数不清的反复冲锋,把残敌逼向最后两座坚固的碉堡中。战士们在周围重重包围着。它们同时也是敌人的两个大仓库,一个储藏着军火弹药,另一个则是医药用品。从去年到现在,从太原、石家庄运来的一批批西药军用品,这是敌人在南关最大的财产,是敌人在晋冀豫最大的仓库,我们一定要把它攻破!

红白指挥旗上上下下忙着,炮手在山头上架起大炮来啦!

"轰"终于响了,地皮震动起来,一团浓烟从地面升向半空,随后扬起一阵黄土。

"轰",又见第二炮,碉堡给浓烟罩住了。

炮火给每个战士带来了千钧之力,战士们冲到浓烟阵地。

里面的机关枪又一阵嘶叫。才怪呢,为什么还会响?战士们莫名其妙回到原来的地方。

黄土渐渐消散,碉堡依然静静躺着,只是面上好像多了一个疤印。

山头又震起巨响来,一连两声。原来是机关炮,碉堡先后扬起两阵浓烟,地皮更加恐怖地抖动着。英勇的肉弹又一次投进浓烟,从里面迸出震撼山岳的呐喊——

"杀呀!"

在杀声中战士们从碉堡的大缺口扑进去……

现在只剩下一座碉堡，机关炮从山头搬到河沟。

机关炮是肉搏的信号枪，碉堡给掀开了，冲锋的浪潮争着卷向缺口。

里面的炮火却把缺口给堵住了。

谁已经爬到了碉堡的顶上，大家看见他们浇了好些煤油。

咱们所有的火力又聚集起来，掩护着最后一次冲锋，碉堡着火了！团团黑烟从地洞和缺口翻卷出来，愤怒的火舌舔着黄昏的暮色，河沟里弥漫了恶心的恶臭。西口全部着火了。

"把胜利坚持到底！"

枪声稀落了，只有大火在狂炽地胜利地燃烧着。我们击破了敌人钢铁护卫着的心脏——南关。

录自 1940 年 5 月 29 日《新华日报（华北版）》

奇袭南关敌车站
长 缨

1943 年春天，为了阻止日军沿白晋铁路实施机动，彻底粉碎其对太行山区的"清剿"和"蚕食"，6 月初决九团四连主动接受了袭击南关火车站的战斗任务。

南关古镇，两山相夹，地势险要，真有"一夫当关，万夫莫开"之势，自古以来设关扎卡，筑寨建堡，有"上党锁钥"之称。是 1939 年日寇在白晋线上最早侵占的一个要冲。因南关地处同蒲和白晋、正太三条铁路之间，日寇便把晋冀豫最大的转运总站和铁路总公司设在这里，担负着日军中途兵站的重任。所以，敌人占领后，在镇子周围的大官寨、云盖山、极子山、泰五坡等高地上筑起了一座座护镇碉堡。居高临下，俯视南关，白晋铁路穿镇而过，火车站上戒备森严。

6月5日，民兵游击队员巨成功手提羊鞭，领着农民打扮的四连连长张国斌同志进南关据点侦察了一天。得知鬼子新修的火车站，坐落在镇东北的土丘上，车站南北有岗楼、碉堡各一幢，守敌一个连，火力配备轻机枪一挺，小炮两门。除站长、工长等四人和五个头目是日本人外，大部都是伪路警，这些人中间又有不少人是我方的"关系"，全镇守敌五百多，可大都住在四周山上的大碉堡里，一到天黑就不敢露头。

张连长把南关敌情向太行第三军分区作了汇报，接着又根据领导意图进行了战前动员，把实际情况提供给部队和民兵铁道游击队，让大家召开"诸葛亮"会议，讨论袭击南关车站的作战方案。当时，有的主张"强攻"，有的提议"智取"。为了统一思想，通过反复讨论，大家一致决定采取"奇袭"手段。

农历五月，北方山区的深夜还带着凉意，星星和月亮躲在厚厚的云层里，微风吹得山坡上的树林沙沙作响。6月9日21时，民兵铁道游击队分头带领部队，神不知鬼不觉地摸到南关镇东边。这时，除村边小河哗哗的流水声外，四野一片寂静，按照预定计划：二排在车站南北占领有利地形，准备阻击敌人增援；以一排为主，抽二、三排骨干组成的突击队，在张连长的带领下隐蔽于东南角围墙附近；第三排为二梯队。10日0时30分，打入伪军中的我地下工作人员从南侧碉堡上发出联络信号，突击队立即剪断车站的电话线，搭人梯翻越围墙进入车站，张连长命三排攻占碉堡，控制突破口，他直接指挥突击队分两路直插站台和伪军住房。

远望南关车站，灯火星罗棋布，黑丛丛的一排洋房。唯独月台上有一盏红光闪闪的号志灯在来回闪动，张连长知道这是我们的"内线"

向我们发出了行动讯号。山头上的各碉堡里不时轮流打几声壮胆子枪。

　　民兵队员巨成功领着张连长，悄悄摸到火车站南面一条干涸的水沟里，停在吸水管下边的洋井旁边。张连长瞅了瞅藏在袖筒里的夜光表正好10点半，他抬头盯着护站碉堡的小门。不一会儿，从碉堡里走出一个吸着两根香烟的人，这也是我们内线人员向我们报告敌情。张连长知道时机已到，猛地一挥手，紧随在他身后的尖刀班十二人，像山松鼠爬树一样，一个个机灵地顺水管攀上去了。后边除留在车站对面土坎儿上担负掩护任务的机枪班外，大部战士和民兵都跟上去了。

　　我们的"神兵"轻捷地爬到一幢幢站房顶上静静地听呀听，听见里面敌人还呼噜呼噜睡大觉。张连长第一个摸下院内，回头把快枪组，一组一组拉进去。按照他的部署，每进一组就对付一所洋房，每幢房屋的窗口、门口都用枪口对住了。此刻，北面碉堡上的伪哨兵发现动静，鸣枪报告，张连长命三排将其击毙。果然，车站西面的放哨位上"砰"的一声，那个报警的敌哨兵应声而倒，四连指导员带着大批部队"哗哗"从车站的铁大门里冲了进来。这时，张连长喊了声"打"，我们的机枪、步枪响成一锅粥，一道道弹光劈开了漆黑的夜空，像雨点般射向敌住室。"缴枪不杀"的口号声和优待俘虏政策的喊话声，震动着敌伪人员的心。密集的枪声夹杂着手榴弹的爆炸，"哒哒哒哒"各个突击组齐向屋里开火。子弹、手榴弹从洋房的玻璃窗里"哗哗啦啦"打进去，屋子里敌人吱吱乱叫，还有的在被窝里未爬起来，就当了俘虏，有几个敌人在屋子里负隅顽抗。勇往直前的尖兵们，冒着敌人的枪林弹雨把门踢开，端起冲锋枪左右开弓地扫了几梭子，那伙顽抗的敌人一个个送了命。剩下的八名伪军被三排抓了俘虏。四周山头上各大碉堡的鬼子一心救主，无奈被民兵铁道游击队死死缠住，露头就打，也只好待在炮楼里无目标地乱放枪，镇公所的汉奸自卫团想闯出去到临近车站大据点报讯求援，却被我担架队和割线组的民兵铁道游击队威吓回去，钻入炉灰洞里，上面还挡上桌子。

大部分屋子里的日伪军死的死、伤的伤，有的当了俘虏，就剩下东面"站长室"里的敌人还在死扛硬打。张连长像雄狮一样挥动着驳壳枪一个劲高呼"同志们！冲啊！"带着尖刀班冲进"站长室"，什么也找不到，他以为敌兵们钻了地洞，正在寻找洞口时，没有提防被藏在桌子背后的日本站长打了一枪，张连长一闪身，幸亏没有挂花，我战士们立即还击，看吧，我战士们的冲锋枪吐着火花向鬼子飞去。可是，站长室一阵停顿后，敌人从套间里朝外射击。这时，张连长恼火了，给"站长室"这顽固堡垒一连投进三颗小炸弹，终于把敌站长田助男这个武士道的孝子贤孙给彻底埋葬了。

民兵们正准备打扫战场，在靠站长室旁边的一座小洋房里，隐约传来咕噜咕噜的说话声，他们朝里喊话，敌人一声不应。又朝里面打了几枪，用手电筒一照，里面有个穿一身蓝黑呢军服的日本铁路工长，张牙舞爪一手持着洋刀，一手握着短枪，看样子是不见棺材不掉泪。我们几个民兵队员喊着："冲呀，杀呀！"在门口佯攻，这家伙两眼直瞪着门口，横心要和我们拼到底。冷不防，一个战士从窗里跳进去，那只顾对付门外的敌工长，猛回头"砰"一枪未打上，反被这个战士飞起一脚踢翻了他手中的短枪，立即和这家伙扭打起来，拼命争夺他手里的东洋刀。敌工长像一只疯狗咬住这位战士的手死死不放。战士冒了火，使劲夺过东洋刀，结束了这个东洋鬼子的狗命。

这次迅雷不及掩耳之势的突然袭击，给了南关车站敌人一个措手不及。站房内外硝烟弥漫，守护车站的伪警务段人员都乖乖地当了俘虏。

经过十五分钟激战，东站被我全部占领，最后，四连指战员又和当地群众一起将东站铁路道岔及所有通讯设施全部破坏，又捣毁机车库，烧毁了碉堡和岗楼。各种武器弹药和军用物资堆得像小山，还缴获了五部崭新的电话机、一挺轻机枪，割了二百公斤的电线。还得了掷弹筒一具、手枪三支、战刀一柄。我军民迅速撤离，连俘虏都做了搬运工，仍未搬完在战斗中抢出的军用器械和医药用品。当北边来远车站的鬼子闻讯赶来时，我军早已走得无影无踪了。在山路上走着一个矮个子俘虏吃惊地说："你们简直是从天上降下来的天兵天将呀！"张连长风趣地说："不，我们是人民的子弟兵，我们打仗是为了解放我们的民族和人民，有了广大民兵群众的大力支持，所以就可以用土武器摧毁敌人的洋车站。"

这次奇袭胜利后，日寇恼羞成怒，大肆捕杀我地下工作人员，我敌工站负责人孙汉英等十八名同志，为了革命流尽了最后一滴血，人民永远不会忘记他们。

写于1984年

分水岭上破袭战

乔 英

武乡，地处太行腹地，是上党盆地的北大门。武乡西部分水岭和岩庄地区是当年白晋铁路的咽喉地带。在烽火连天的抗日战争年代里，岩庄联防民兵群众组成了一支精干的铁道游击队，和白晋沿线的敌寇展开了神出鬼没的交通斗争。在县武委会的直接领导下，广大民兵破路基、扒铁轨、炸桥梁、打火车、烧站房、割电线、毁碉堡、平围墙，往往在一夜之间，就能把广大地区的铁路、公路全部破坏，将电线割断、电杆锯倒。使敌人的交通和通信联络断绝，敌人在白天赶来修路，夜间又遭到我方加倍破坏。敌人的修路平沟和民兵的破路挖沟，经常成为拉锯式的斗争。民兵"破袭战"的广泛开展，给敌人造成了交通上的严重困难，却有力地配合了正规部队的作战。一次又一次地粉碎了敌人对我根据地的"蚕食"和"扫荡"，发展和扩大了解放区。

铁道变"死蛇"

1939年春天，日寇第二次侵占太行重镇长治后，抢丁拉夫，日夜赶修白晋铁路，并在沿线修了许多碉堡和岗楼，以此来维护这条"以战养战"的交通命脉，完成长治这个兵站基地的建设，妄图使白晋路与道清路相接，打通南北交通干线，以求互相策应，加速对我根据地的"蚕食"和"扫荡"，疯狂掠夺我上党盆地的粮食和煤、铁资源，吮吸太行人民的膏血。

当时铁道边上的人民群众，一看见蛮横的日本强盗，用皮鞭和刺刀威逼着中国人民在自己的土地上给他们修"吸血管"，一个个连肺都气炸了。一天，区武委会主任领着八路军工作团的同志来到岩庄，把乔山流和张栋、崔贵熬等十几个穷小伙召集在一块，号召他们组织游击小组。大伙儿发誓说："誓死不当亡国奴，扛起枪杆和鬼子斗！"

1940年5月，一二九师组织广大军民展开了白晋北段大破击，武乡县也出动了五千多民兵群众，摆在南关至南沟这六十里铁路线上，因这段铁路穿山渡河，易破难修，所以，成为全线破坏的重心。各村的破路大军，浩浩荡荡从四面八方涌向躺在峡谷间的白晋铁路沿线。虽然天很黑，然而惯于夜行军的健儿，却像一支支离弦的飞箭，迅猛地奔向预定的地段，男女老幼扛着铁镢，很快展开了。他们用地雷、石雷封锁了通向敌护路据点的要道口，团结奋战，在铁路沿线筑起了一道坚不可摧的铜墙铁壁。鬼子在炮楼上咕噜咕噜的说话声，民兵听得一清二楚，但天一黑，敌人不敢轻易走出碉堡一步。不大工夫，破路大军在碉堡和岗楼的空隙间，五人一组、十人一班，抡锤舞镐"叮叮当当"干了起来。

太行山上森严壁垒，铁路沿线众志成城。广大军民在"不留一颗道钉，不剩一根枕木，不漏一截铁轨"的"三不"口号下，日夜下道钉、扒铁轨、搬枕木、挖路基，大家把所有的力量都施展出来了。战斗的声音几里以外都听得见，千军万马发出巨大的声威，龟缩在炮楼里的鬼子像是睡死了，装聋作哑毫无一点声息。

开头几夜破路，民兵由于缺乏经验，老是先用钢钳拧开道钉和夹板，一截一截把铁轨扒起，再把枕木一根根搬开，费很大力气，收效不大，速度又慢。后来，他们"从战争学习战争"，终于摸索出一套最得力的破坏铁路的办法，就是几十个人一排站在铁路一旁，把枕木下面挖空，然后，人人肩扛枕木一端，手把道轨，指挥者喊"一、二……"几十个人同时猛用力扛起枕木，"哗哗啦啦"几十米长的一段铁路就来个"大翻身"。敌人派几百人修一天，晚上民兵铁道游击队几十个人不用半个钟头就给破光了，连鬼子的巡逻车都赶不上施展它的护路威力。

"轰！轰！"民兵铁道游击队的老土炮朝鬼子炮楼喷射过去，一条条火剑划破了黑暗的夜空，震破了"皇军"的梦幻，这分明是向鬼子"告别"。刹那间，敌人的两个碉堡被打得起了火，风助火势越来越旺，把半个天空照得通红。这抗日反帝的斗争烈火，照亮了千百万破路军民的心，他们从火光中看到：两个威风凛凛矗立在铁路扳道处的圆桶碉，像两支点燃的蜡烛，很快就坍塌下去了。

东方闪亮，从远方大据点里传来了一阵阵枪炮声，这是挨了我军民痛击的鬼子的哭嚎声，民兵群众大队人马抬着一根根铁轨，在返回根据地的路上从容地走着、谈着，在胜利的笑声中夹杂着对侵略者的嘲笑。

就这样，经过半个多月群众性的大破击，敌寇苦心经营一年之久的白晋铁路，就被破坏成一条遍体鳞伤的"死蛇"。连敌"华北交通公司"的要员们都怯生生地把这条铁路叫作"死地狱的白晋线"。

智烧敌仓库

军民一次又一次地大破白晋线，使盘踞在晋东南的日军36师团更加恼羞成怒，一面指使他的铁道大队从天津等地运来大量路工，准备修复被破坏的铁路，一面对我抗日根据地展开了穷凶极恶的报复"扫荡"。我各地军民虽不断发起反击，但因敌我力量悬殊，一时难以压下敌人的凶焰。游击队白天转山头，晚上钻山沟，有不少人有了急躁情绪，也有的蹲在一边闷闷不乐。在这极端困难的时候，区武委会主任给他们传达了上级指示精神。后来他们化整为零，敌进我进。鬼子"扫荡"我根据地，民兵就钻进敌人的心脏里去活动。于是，民兵铁道游击队向上级领导请示决定派队员李云飞和程肉小等三位同志，以"苦力"身份，打入敌南沟火车站，充当搬运工人，准备"在新的时机中再行打击敌人"。

南沟火车站，是日寇在沁（县）武（乡）平（遥）三县交界的一个重要据点，是敌寇在白晋线上的仓库重地，也是武乡伪县长（汉奸地主）郝泉香的老窝。敌人占领后，在这里建土城，筑山寨，为尽早修复"死蛇"白晋线，把赶运来的建路物资和机车器材储藏在火车站东南的二十间瓦房和四十幢木棚内，附近还设有汽油站一座，在这些库房边，铁轨、枕木堆积如山，周围电网密布，岗哨林立。

1940年10月13日夜，机智勇敢的游击队队员李云飞、程肉小潜伏着并低声商议着。他们下午在火车站搬货时，就悄悄商量好，决定入夜"火烧仓库"，及早进行了一切准备。黄昏，南沟车站上的电灯，忽明忽暗地在狂风中闪动。月台上的皮鞋声、咒骂声和哭叫声混成一片，连说话都听不清。这是野蛮的日本法西斯在压榨中国的搬运工人。李云飞和程肉小拉着一平车汽油桶，心里愤愤地说："疯狂的强盗！今夜老子一定要给你们点颜色看看！"直到午夜，汽油桶搬运完毕，伪工头还不让休息，非让把汽油桶整整齐齐放进油库里。库房快收拾完了，李云飞眼珠滴溜儿一转，给程肉小等人使了个眼色，意思是让对方监视油库外面的流动哨，他敏捷地绕到油箱背后另一间库房里，急速从身上取出一根绑着三根火柴的火香，把香头另一端烧着插在油箱缝里，又放了一团棉花。当伪工头吹哨子集合"苦力"时，他匆匆地返出来和二十多个搬运工人一齐排着队，回到工棚宿舍里。

约莫凌晨两点，火车站对面的汽油站突然烈焰千丈，冲天而起。熊熊的火焰随着呼呼的西北风，烧过器材库、枕木垛，这条火龙一直扑向停着一列军车的火车站，顿时成了一片火海……敌哨兵的呐喊声，日军"红部"警报机的嚎叫声，火车汽笛的哀鸣声，警务段的哨子声和铁道大队的紧急集合号声，鬼哭狼嚎混作一团。在这混乱之际，李云飞和程肉小等三个民兵铁道游击队员，听见车站那边伪路警的惊叫："八路军进站了！快追！快追！"他们也将计就计趁机大声疾呼："快救火，快救火！抓住八路军！"宪兵队、警备队、伪路警活像一窝失了王的黄蜂，丢盔弃甲没命地往寨子山上的碉堡里钻，真像一匹野牛冲入了火阵，我们一声唤也能把他吓一跳，大轰大乱的日伪军，有的葬身火海，有的钻了地洞，活着的跑到山头炮楼上，慌忙架起机枪、火炮，"咚咚叭叭"无目标地乱打了一通……

李云飞和程肉小等三个民兵队员，混在四散的民工中，涌出南沟土城外面，爬上左面的山坡上喘了口气。抹了抹脸上的汗水，回头看见整个南沟火车站的汽油库、器材库、军火库、枕木厂和火车站仍是一片漫天大火。他们脸上露出笑容。

　　过了五天，乔山流和民兵铁道游击队的负责同志回到县武委会开会，安主任笑哈哈地递过一张华北版《新华日报》说，"看看你们的辉煌战绩！"乔山流心想："最近我们的游击队没有干大活，哪里来的'战绩'呢？"可他顺手接过那张报纸一看，真的上面登着"英勇三民兵，夜烧敌仓库"一则胜利消息报道说："本月13日，武西三民兵，潜入白晋路南沟车站，纵火烧毁敌仓库、站房80余间，烧敌汽油400余桶，毁机车8辆、车厢142节、汽车3辆，其他物资难以统计……敌此次损失，不下百万之巨。"

巧炸东沟桥

　　经过日寇空前毒辣的"铁壁合围"和一连五次的"治安强化运动"，白晋线上的交通战更加剧烈了。敌人企图把抗日军民困死在太行山上，实行了所谓的"新交通政策"，铁路公路纵横交错，封锁沟墙密如蛛网，连铁路两旁的每个要道都死死地封锁起来。这样，民兵们每天翻沟穿路，跨河过桥，一举一动都处于鬼子的碉堡、岗楼和大小车站的监视之下，尤其敌人在东沟口上建桥筑碉，更扼制住了我们的老后方——石盘山区的出入要道。县武委会一再指示民兵铁道游击队，尽快拔掉东沟口上这颗"钉子"，可是因敌我力量悬殊，一连两次都没有完成了"炸桥拔碉"的艰巨任务。区武委主任亲自带我们到东沟口侦察了好几次，也都是老虎吃大尤法下口。

　　三天后，上级派八路军十四团的一个连来和游击队一道袭击东沟桥。民兵队员们乐得又蹦又跳,连夜赶制土地雷和土炸药包,训练爆破组,紧张地进行着战斗前的准备工作。白晋路上的东沟桥,位于南关和分水岭两个大据点之间,原来是座木桥,因屡遭民兵焚烧,就打起水泥墩,架起一座十几丈长的大铁桥。敌人为了保护这座铁桥,在桥北头铁道东侧,修了一个三丈多高的桥头堡,这里的哨兵对南北十几里铁路线一目了然。据侦察,这里驻守着一个日军班和两个伪军班,武器装备除每人一支步枪外,还有一门歪把子机枪和一门小炮。

1944年3月初的一天深夜,天色黑咕隆咚,民兵铁道游击队配合部队急速向东沟口突进。不到一顿饭工夫,跑了十五里山路,到达了目的地。按照杨连长白天的部署,部队两个排配合五十多个民兵、自卫队围攻敌人桥头堡,乔山流带领民兵爆炸组担负炸桥任务,乔猴儿和他的割线组专管切断敌人电线;此外,铁路南北各派一个民兵游击组和部队一个战斗班,警戒南关、分水岭敌人来援。

杨连长和主攻桥头堡的部队埋伏在土坎后面,爆破组紧站在桥下河岸北旁,桥头堡上的探照灯忽亮忽灭,好像魔鬼的眼睛,不时放出一道凶光,左右扫视着,桥上一有点儿响动,碉堡上的机枪便"哇哇哇"扫一梭子,被民兵部队揍怕了的敌人,时刻虚张声势,放枪壮胆。

这时,打进敌人内部的情报员,大摇大摆地走进桥头堡,站岗的伪军诈唬着:"干什么的?"那个人毫不在意地说:"咋哩?大水冲了龙王庙——一家人不认识一家人啦!"伪军听口音是他们的"情报员",就说:"哈!是刘老头呀!今夜怎么来迟了?"边说边放下吊桥。杨连长把手里的驳壳枪一挥,伏在土坎下面的民兵战士们像一只只夜老虎,接连扑进了桥头堡。伪军们被这突如其来的袭击吓丢了魂,一个个在明晃晃的刺刀下,举手当了俘虏。可是第二、第三层楼上的鬼子一头醒来拼命顽抗。民兵们动员他们缴械投降,他们专朝喊话的人开枪。特别是那挺歪把子机枪,一个劲儿朝铁桥那边打,子弹像雨点似的打得钢架、铁桥当当直响。

杨连长见那班花岗岩脑袋的日军要顽抗到底,就让民兵搭起人梯,从另一个枪眼里把三颗手榴弹塞进去,"轰隆、轰隆"一开花,敌人机枪哑巴了。可是过了一阵三层楼上又吐出了机枪的火舌,杨连长冒火了,亲自踏着人梯爬上碉堡顶上,把一卷沾了油的苇席给鬼子塞进碉堡里,那个不见棺材不掉泪的日军头目,伸出东洋刀一戳,终归葬身火窟了。这就为民兵游击队炸毁铁桥扫除了障碍。

午夜,民兵乔山流带领爆破组,经过一阵紧张的动作,不仅在桥上桥下安设了许多炸药包和土地雷,而且连封锁铁道余下的七颗土地雷,也给鬼子安装到桥上的铁轨下面,叫敌人来一个自作自受。一切"礼物"都预备好了,民兵战士们押着俘虏撤下山梁,等敌人火车的"光临"。

大伙儿等了老大一会儿,仍不见一列火车到来。民兵战士们悄悄打趣道:"怎样?嫌欢迎得不热烈哩?"正在这时,一辆闻讯赶来助阵桥头堡的铁甲车"轰隆隆"开过来了,边走边打,把一发发炮弹射向茫茫旷野,看样子十分骄横,民兵们低声嘀咕:"快啦,快啦,小鬼子呀小鬼子,自作自受,坐坐无人驾驶的'土飞机'吧。"

话音未落,闯到桥上的铁甲车,被天崩地裂的几声掀上了天空,随着几闪火光和滚滚硝烟,桥墩、钢架、铁轨、枕木七零八落腾空而起。耀武扬威的巡逻车,在地动山摇的巨响中,朝两三丈深的河谷栽下去,鬼子、伪军、汉奸都炸得飞上了天空。最后,八路军战士又架起了从桥头堡上夺来的那挺歪把子机枪,朝着河沟里那伙残兵败将,"叭叭叭"扫了一梭子,民兵游击队赶快下去打扫战场。民兵们扛着机枪、小炮,高兴地奔上了石盘山……

这次巧袭东沟桥的胜利,不仅大大阻止了敌人运送军火兵力,掠夺我太行山里的煤铁资源,更重要的是搬掉了这块"绊脚石",我们民兵铁道游击队在白晋线上更能进退自如,纵横驰骋,横枪跃马,英勇杀敌,去夺取新的更大的胜利。

抗战中,这支民兵铁道游击队,除协同部队作战外,还单独作战274次,配合部队破敌铁路230华里,拆铁轨52000多斤,割回电线7300多斤,炸、烧铁、木桥梁17座,击毁敌军用火车2列,毁机车8辆、车厢142节,烧敌站房5处、仓库42间,烧汽油400余桶。共毙伤敌伪150余名,活捉日、伪、汉奸7名。在榆(社)武(乡)祁(县)三县民兵杀敌英雄大会上,荣获"铁道飞行军"的英雄称号。

写于1983年

夜攻南关

孙健秋

1939年11月5日夜,刺骨的寒风尖厉地在原野上掠过,从山沟层峦间,三八六旅七七二团的英勇健儿,在著名战将陈赓将军亲自率领下,抱着一颗颗火热的心,迅疾地向着南关突进,奔赴一个伟大而艰巨的任务:刘伯承师长要他们进袭南关敌人的汽车场。

南关镇,地处武(乡)平(遥)祁(县)三县交界,靠近同蒲线,是日寇白晋线上的重要据点之一,也是敌人抢修白晋铁路物资器材的库藏基地。在这里天天有大批的汽车满载着军火给养往来,为了防护这个重要兵站,鬼子在周围山头上,修筑了五六个碉堡守卫着。早在3月22日,为攻打南关要地,八路军总部特务团就已付出了血的代价,在袭击敌人军火库时,副营长周德标同志壮烈牺牲在这里。10月17日总部又命令三八六旅所属一部，强袭鬼子南关火车站，炸毁铁桥一座，焚毁东站新站房，使敌仓库中万余套棉军装化为灰烬，毁掉电台两部，破坏了敌人的通信联络。这次又要在敌人防卫较严的南关下手了，陈赓旅长，七七二团郭国言团长在战前准备工作中是下了很大功夫的。

敌情侦察很清楚：该地守敌三百多人，步枪一百多支，两门炮，九挺机关枪，一万多发炮弹，四千多箱汽油，还存有一万多套棉军衣……我有名的"夜摸常胜军"——七七二团的健儿们默默地行进着，天气虽冷，但每一个战士心里却是兴奋而炽热的，大伙知道一个伟大的胜利在向他们招手，不久以前他们已来过一次了，那时，南关曾在他们暴风雨般的进袭下发过抖，而今他们带着战斗的激情，卷土重来了，这南关兵站对于他们来说是相当熟悉的。

十一点钟模样，部队到达了南关附近，在夜色笼罩下，远远看去南关仿佛躺在摇篮里，村西的小河在朦胧的月色下闪着光，七七二团某连指导员趁部队休息的时间，详细地说明了取得胜利的有利条件。

"每一个布尔什维克都要保证战斗任务的完成。"最后指导员下了这样的结论。

于是在茫茫的夜雾中，部队开始部署了，土门、分水岭，各派一连警戒，三、四两连夺取东山头的碉堡，五、八等连进袭村西南汽车场，九个工兵去破坏铁桥……

指导员伏在山冈上向着南关张望，南关仍然静静地睡在摇篮里。

时间静静地向前移进，原野笼罩在苍茫的夜雾里，不久在神不知鬼不觉之中，每一个战士已经走上了自己的岗位，伟大的战斗就要开始了。

于是一道命令闪电一般传来——进攻！

"砰！"东山头第一枪撕破了夜的寂静，立刻第四连连长激动地站起来，手榴弹在空中一摆，便向碉堡那边飞去。

"冲上去，同志们！"战士们波浪似的向碉堡卷来，手榴弹、机关枪立刻响成一片，碉堡周围的铁丝网早被熟练的工兵砍得粉碎，碉堡上起了火，敌人的机关枪刚一咆哮，便在手榴弹的火花中哑然了。

信号枪向天空喷射着，第一个碉堡已被四连占领，于是在汽车场，五连的机关枪豪放地开始向仓皇的敌人狂啸……

敌人顽固地凭依着两个碉堡，无目标地用机关枪向外扫射着，枪口的火苗像细长的蛇舌一般凶猛地向外吐射。

"哪一个自告奋勇，抢下这两个碉堡？"三连连长高声地向战士们说。

二十几个战士勇猛地扑向碉堡去，手榴弹在碉堡里发着雷一般的巨响。

夜震得发抖了，南关重镇震得发抖了。

这时在汽车场，机关枪正搜索着敌人，敌人尸体堆积着躺在血泊里，指导员镇定地伏在机关枪的旁边，指挥着，他的眼里在冒火。

"一排刺刀冲上去。"他用嘶哑的声音叫着。于是肉搏战开始了。但在这时，从远处突然传来了沉重的爆炸声，震动了每一个人的心脏，是天塌了吗？不，那是九个工兵的伟大创作——铁桥炸了。

敌人仓皇地向屋里躲藏着，发出惨烈的叫声。步枪无目标地扫射着。

"我们不妄杀日本兄弟，优待俘虏！"敌工科干事用不熟悉的日本话喊了。

"明白！明白！"一个少佐托着枪过来了，热烈地伸出他的手。

十几辆汽车死在这个场上，从它肥胖的肚子里大批的棉衣和子弹等被挖出来,机关枪还在搜索残余的敌人,第七班班长向全班战士把手一摆,"捉活的去!"于是战士们迅速向房屋冲去。

时光在炮火里消失了,四点钟。枪声稀落了,在离南关不远的山沟里,战士们带着胜利的微笑休息着,这时武乡基本自卫队八十多人远远地赶来了。每一个人身上背了一捆电线。

"收了多少?"某指挥员忙迎上去问,"一千多斤。"自卫队长得意地回答。于是,大家欢笑地坐在一起。

不久,东方渐渐发白了。

录自1939年12月19日《新华日报(华北版)》

血染山交岭

武　文

在那血火连天的抗日战争岁月里,武(乡)西县流传着一首用血泪谱写成的歌:

你看那日本鬼子多毒辣,

每日里奸淫又烧杀!

若要不相信,山交沟去打听;

抢走粮,杀死许多老百姓,

血染山交岭!

……

原来,这惨绝人寰的"血染山交岭"惨案,就发生在武(乡)西县的山交沟村。抗战一开始,这个村子就建立了抗日民主政府,革命斗争的火把就在这一村英雄人民的手中点燃起来了。

后来,日寇在距山交沟不远的白晋铁路南沟车站打下"钉子",

把这附近的许多村子划入"维持区"。但是，山交沟的人民却拍着胸膛说："别说划进'维持区'，就是把炮楼修在头顶上，我们也不当亡国奴！"抗日县政府知道，只要山交沟把"维持"顶垮了，别的村庄就"维持"不住。可是南沟的敌人却说："不把山交沟的'维持'办起来，附近各村也难立足！"这样一来，山交沟就成了武西地区敌我斗争的焦点。所以，当地军民就在县委领导下，和敌人展开了势不两立的"拉锯"斗争。

决九团团长贾定基，根据三分区指示，派一连部队驻防在这里。在八路军的帮助下，民兵队伍对敌斗争工作更加活跃了。抗日村长李秀华，是一个正直、刚强的硬汉子。他和所有的山交沟人一样，只要碰上一件仇恨的事情，就是刀山也要闯，火海也要跳。在这次反"扫荡"的烈火中，他领导全村老百姓积极响应抗日县政府提出的"家不存颗粮，户不留根柴"号召，做好空室清野工作。决九团为了掩护老百姓转移，配合民兵保卫秋收，在这一带转来转去，同敌人"捉迷藏"，找机会收拾这群饿狼，给边沿区老百姓撑腰出气。

10月22日，驻山交沟的决九团四连接到"南沟敌人奔袭狮子沟抢粮"的情报时，一个个都像伏在深山密林中的老猎人发现猎物时那样高兴、紧张。四连连长张国斌立即向村长李秀华问道："老李呀，狮则沟地形怎么样？"

"哈，好地形！"李村长抱起双手比画着说，"狮则沟中间低，周围高，只要分两路伏兵于沟前的霸陵桥与茅庄亚官道这两处高地，卡住沟口，出其不意地截住敌人，蛮有把握取得胜利！"

"那好！军队和民兵配合起来，去狠狠敲狗日们一顿！"

两人说罢，李村长跑去找民兵中队长李保全集合民兵随部队出击。四连张连长向战士们作了紧急动员。战士们几天没有"干大活"，手发痒了，一听到狮则沟截击敌人抢粮队这个消息，都互相对笑着，"嘿，这下子又该去教训教训这群强盗啦……"

山交沟村民兵们分头引路，队伍像箭一样朝狮则沟方向飞去。

不一会儿，只见那蛮横的日伪军逼骂着老百姓，押着30辆牛车的粮食，沿沟出来了。趴在西边高地上的战士和民兵们见敌人要夺走老百姓的粮食，一个个眼冒火星，咬牙切齿，肺都要气炸了。大家早已把枪膛上了子弹，手指勾紧了手榴弹弦，谁都用最大的毅力克制着感情上的冲动，轻蔑地盯着魔鬼们走进张好的网里来。

张连长伏在枯黄的草丛里，望见敌人和粮车吱吱呜呜滚至脚下，嗖地举起驳壳枪朝天打了一枪，雄狮般呼喊着："民夫们啊，快向后跑！"赶车的老百姓扔掉皮鞭，一溜烟儿躲进崖头下边。

埋伏在霸陵桥和官道高地上的战士们，持枪握弹一跃跳出工事，居高临下，两面夹击，雨点似的枪弹如瓢泼下去，"轰轰轰，嗒嗒嗒……"手榴弹的爆炸声与密集的机枪声交织在一起，打得日伪军晕头转向，汉奸们直往车底下钻，警备队日军头目瓦田穿过玉荚地溜掉了。几个日军正打算扭身还击，还没转过身，就在我军准确射击中应声而倒。顷刻间，沟里沟外硝烟弥漫，残敌见腹背受敌，活像无头苍蝇乱撞一阵，后撤下粮车，在密集的炮声中夺路而逃。在约半小时的截粮战斗中，毙敌14名，俘伪军36。这一胜仗振奋了敌占区人心。

我军取得了大胜利，把截下的30多辆牛车、100多袋粮食和近百名民夫，全部带回山交沟村。把粮食埋藏在清代的文昌阁下，又将民夫分别护送回家。

这样，敌人多次奔袭"扫荡"，不是中我"空城计"，就是"老鼠钻风箱"。南沟皇军恼火了，跺着脚说："山交沟共军大大的厉害，下次再去杀他个鸡犬不留！"山交沟成了我边沿区抗日军民的钢铁阵地，同时也被敌人视为非拔不可的眼中钉。于是，敌人派出特务、暗探，四处侦察；与地主汉奸们勾勾搭搭，图谋寻找偷袭山交沟、围歼我决九团民兵的空子。

  农历十月廿二深夜，乌云滚滚，冷风惨惨。就在这天晚间，恼羞成怒的南沟敌人接到汉奸告密信，趁我决九团出外执行任务之际，纠集了沁县等据点近千余敌人，从南沟出动，分三路偷偷朝山交沟村包抄过来。

  次日拂晓，山交沟四周突然枪声大作，大火熊熊，顿时，日伪军的咋呼声和枪炮声混成一片，整个村庄被吞没在炮火中。原来，放哨民兵李雪堂，正准备回村报告敌情，刚到半坡就被鬼子打倒了。

  就在这紧急关头，抗日村长李秀华同志，一面呼喊全村群众转移，一面和民兵队长李保全指挥民兵掩护乡亲们突围。英勇顽强的山交沟民兵，朝落江坡制高点冲去。哪知敌人早已在那里架起了机枪，一阵猛扫，冲在前面的骨干民兵李赖小击毙几个鬼子后倒下了，跟着扑上去的两个民兵也挂花了。这时，民兵李行成从村中冲过来，见前面的民兵一个个倒下去了，牙齿咬得咯咯响，一手持枪，一手握着手榴弹冲向敌阵地。敌兵吼叫："活捉，活捉……"李行成用嘴咬断手榴弹弦，朝敌群中甩去，"轰"的一声，敌人倒下一片……最后，他在和敌人扭打中壮烈牺牲。

  日伪军遭到我民兵们的顽强还击，兽性大发，在这血腥的杀戮中，出卖祖宗的汉奸们尖叫着："活捉'匪村长'，活捉……"但是村长李秀华同志却在敌人的刺刀丛中呐喊，"同志们，乡亲们，与敌人拼啊！我们宁死不当亡国奴！"热血沸腾的群众并未被敌人的枪弹与屠刀所吓倒，男女老少用锹钁棍棒等和扑过来活捉他们的敌人拼命……西沟13岁的外甥女是咒骂着死在敌人的刺刀下的。因敌众我寡，全村男女老少几十口被敌人逼上了山交岭。

"说，你村共产党有多少？八路的哪里去了？"敌人晃动着发着冷光的刺刀逼问。

遭到的却是几十双怒目的冷视。

"夺回我们的粮食埋在哪里？招不招？不招统统杀光！"

仍然是一片沉寂。

"说，说！你老祖爷说！"突然年逾花甲的李磊孩老汉怒气冲冲地走出来，指着鬼子们说："共产党到处都有，八路军决死队要杀光你们这群狗强盗！"老人的眼里迸发出复仇的火星。

"老家伙，再骂枪毙了你！"一个猴头鼠眼的匪徒猛推老汉一把："说实话！"

"狼心狗肺的畜生们，你们杀了我的乡亲，打死我儿子行成，还叫你老祖爷说什么？！"他痛骂着扑过去，朝匪徒脸上打了个耳光。

"撕啦！"日军官一声狼嚎。

这位坚强的老人挺胸昂首、骂不绝口地倒下了。他那殷红的鲜血喷在银白色的头发上。他一家七口人，被鬼子杀了六口。

这时，抗日村长李秀华同志，用激动的目光向周围的乡亲们环视了一下。大伙"轰"地围上去要跟敌人拼命，汉奸们一下后退了几步，日军端起枪来，又有几个无辜人民倒下去了。

狡猾的敌人本来已将李村长带的公章和文件攫取到手，又故意假惺惺地问道："哪个是抗日村长？""老子就是！"李秀华挺身而出。

"哼，这家伙还骂人哩！"一个尖嘴猴腮的狗汉奸专门在日军官面前引火。

"八嘎呀路，绑了的，统统带走……"日军官还在咕噜，李村长打断他的话说："要杀要剐就在这块土地上，要叫老子们进南沟去送死，比上天也难！"说罢向乡亲们示意，摆了摆头。

"对，死也要把骨头埋在家乡土地上！"大伙儿异口同声地向敌人示威道。

那个身挂东洋刀的日军官又咕噜了几句，站在旁边的一个狗翻译，打躬哈腰地看着他主子的凶相，对老百姓说道："太君的话，共匪大大的坏，你们为什么拥护他，还勾结八路军呢？"

"共产党为人民办事，谁不拥护！"李村长一身正气地回答。

"你这个共匪头目，都为共军办了些什么事？""什么也办了！"

那个日军官朝李村长挥了挥东洋刀。"要杀要砍全由你！"李秀华面不改色一声大喊。

不畏敌人刀枪的他——李秀华同志，坚贞不屈地为革命流尽了最后一滴血。

"看见抗日的下场了吧！"敌人指着倒下的李村长又逼问其余的老百姓："怕不怕？！"

"有什么可怕！你们这群狗强盗是活不长的……"出乎意料的怒吼声。

"杀！杀！斩草除根！"恶魔们乱蹦狂叫。

枪声、刀声、叫骂声、呼喊声连成一片，裂人肺腑。敌人一阵屠杀，李书林等20多名英雄儿女，高呼着"共产党万岁"的口号倒下了。

在这次鬼子对山交沟的报复性残杀中，人民死25人，伤13人，被抓走60多人，烧房60间，抢走大牲口25头，其他损失无计。

看，日本鬼子多么毒辣！使孩子失去了父母，使百姓无家可归，这是阶级的仇恨！这是民族的仇恨！人民永远忘不了这笔血债。英雄儿女们虽死犹生，精神常在，他们临危前的怒吼声，成为寒冬的春雷。这巨雷唤起多少后继者挺身而起！数不清，数不清……

今天，在这块英雄的土地上，不屈的村庄里，仿佛那斗争的风暴、难忘的雷声，连接着山交岭上的新歌和先辈们的激情追述，像波涛、像洪流，在人们的心头激荡着、汹涌着。这是出自英雄人民心窝的共鸣：决心在先烈们用血肉铺开的地基上，创建起社会主义、共产主义的幸福大厦！

写于1985年

孤胆英雄程坦

李志宽

程坦，故城镇故城村人。1937年11月参加青年抗日先锋队，1938年秋加入中国共产党，先后担任故城抗日副村长、武委会主任兼民兵游击小组组长、民兵指导员等职。带领民兵捣毁"维持会"、袭击"自警团"，抓特务、杀汉奸，太行三分区授予"孤胆英雄"称号，1944年11月出席太行首届群英大会。1945年正月初三，为掩护村里民兵组织，孤身与敌周旋，拉响手榴弹炸死敌人数人，不幸牺牲。武西县开展"程坦式斗敌运动"，号召大家学习程坦。

捣毁"维持会"

虽说鬼子在故城安了据点，住了一个小队日军和一个汉奸队，但这里四面平川，实在不好固守。咱们的游击队、民兵，晚上经常敲打他们，有时候就连锅端了。南沟鬼子出来报复"扫荡"，连个人影也见不上。

日军在这里建立伪政权，强化保甲制度，威逼着老百姓成立"维持会"，组织"自警团"，来统治这个集镇。维持会会长就让镇上一个土财主程福荣担任。程福荣50多岁，外号"笑面虎"。他死心塌地当汉奸后，在鬼子面前卑躬屈膝，赢得了日本鬼子的宠爱。根据广大人民群众的要求，我抗日县政府决定采取行动，捣毁故城镇上的维持会，给南沟敌人点儿颜色，开辟故城一带的抗日根据地。

深秋的一天下午，区武委会主任、游击队长贾书林同志领着十几个游击队员和故城的民兵围坐在一堆高粱秆旁，商量着当夜捣毁"维持会"的战斗。贾队长说："根据我们了解的情况，故城镇的鬼子今天不知回南沟干什么，镇上只剩下一些黑狗队看家。领导决定，趁鬼子兵力不足，今晚捣毁维持会老窝'利和当'，活捉会长程福荣。我们一定要胆大、心细，一切行动听指挥。"说罢，具体部署了行动计划。

夜黑得伸手不见五指，游击队和民兵早已埋伏在故城东边的土圪塔后面，到半夜时分，只见土丘后面跃出三个人来，悄悄地摸到东门上的伪自警团的哨兵跟前，一下把两个哨兵按倒在地，把其两只胳膊朝背后一拧，用手巾塞到其嘴里，就带出东门走了。接着又从高粱秆里扑出十几个人来，前面走的是抗日村长高来有，后面紧跟着队长贾书林和身高膀宽的民兵队员程坦。程坦，白白的方脸膛，一双大眼睛特别亮，说话干脆，办事利索，是一个精明强干的好青年。程坦先引着两个游击队员到前门放哨，以防程贼逃跑，或伪军封锁，其余人由贾队长带领从镇子后街绕到"利和当"的后门，只见后小门紧紧关着，于是赶紧把梯子放好，民兵游击队上了四周房顶，包围了整个院子，贾队长和高来有一跃跳到院子里。这时，在街门里站岗的自警团突然发现从墙上跳进人来，拿起枪要打。贾队长一个箭步上去，从侧面把枪身握住子弹从腋下飞出去了。村长高来有和两个民兵从后面朝这个哨兵头上砍了一斧头,只听得"哎哟"一声,哨兵倒在血泊里了。枪声一响,惊动了堂屋里的程福荣,这家伙刚在被窝里醒过来,贾队长和民兵们已打开了窗子,站在他面前,两支枪口直直对准了这个恶贯满盈的"笑面虎",只见黄豆大的汗珠从他的脸上滚下来,他跪在炕上捣蒜般磕响头。贾队长一把揪起来,两个民兵五花大绑捆了个结结实实,带上往外走,家里的大座镜、花茶瓶、中堂、裱对捣了个乱七八糟。这时,前门打开,游击队和民兵把维持会和"利和当"的牌子砸成三截扔在街上,并在"利和当"的牌子上贴出了我抗日政府活捉伪会长程福荣的布告,大伙带着程贼和两个俘虏迅速地向东走了。

活捉杨明德

自警团团长是高台寺的"二黄风"杨明德,他是维持会会长程福荣的重外甥,吃、喝、嫖、赌样样都干,并交结了一帮流氓打手、地痞恶棍。他身边的得力心腹是本村教书先生程晋儒,这家伙阴险毒辣,领着日军在陈村、大良、小良等村杀了30多个民兵群众,有一次把八路军的侦察员抓到南沟车站,伙同日军将其刀劈三截,把人头挂在车站的电杆上"示众"。

维持会被砸以后,杨明德的特务活动更加猖狂,整天喊着要为他老舅程福荣报仇。武(乡)西抗日县政府决定除掉这条地头蛇,区游击队长贾书林接到任务,召开会议制订干掉杨明德的计划。

八路军侦察员与故城镇骨干民兵程坦经过侦察,终于有了机会。这天他们相跟来见贾队长,报告杨贼活动情况:"南寨底胡家娶亲,杨明德要去参加。"程坦说:"趁杨贼今夜闹洞房的机会把他干掉。"贾队长高兴地说:"好,就这样决定了!"随即分配好任务,分头出发。

涅水悠悠

交通员李大伯领着游击队员小刘，赶晌午来到南寨底村胡家大院里。前来办喜事的亲戚邻居熙熙攘攘。故城民兵经程坦同志安排，有三个在里面端茶、倒水，侍候来客，游击队员小刘也装成了跑堂的，穿起了围裙出现在胡家大院，提把水壶，跑来跑去。这时，杨明德穿一身"黄狼皮"，歪戴帽子，歪眉斜眼，在洞房里躺着抽烟。

不大工夫，只见宽阔的街上鼓乐喧天，灯笼火把，人们前拥后挤地跟着那顶花轿来到了胡家院外，游击队员和民兵都化装成百姓出现在人群中。开宴了，小刘跑得更勤快，端来肉菜盘，提去空酒壶。他趁杨汉奸不注意，在灯影里把杨明德放在桌子上的手枪偷出去下了子弹，又端着一盘热馍馍送进来，然后悄悄地把空枪放回原处。程坦同志带了两个民兵，奔向镇子北边的大道口，以防南沟据点来敌。

大队长和小刘下了院子里，蹑手蹑脚地走近窗前，透过一块小玻璃，瞧见杨明德正半仰半卧躺在炕上，嘴里叼着根烟枪，在吞云吐雾呢。他们向房顶上的队员们摆了摆手。大队长回头又在小刘背上捏了一下。小刘领会了意思，立即推门进去说："杨团长，门外有人请！"

"他妈的！老子还没办了事，该死的东西倒来接驾了！"杨汉奸以为是镇公所的伪人员接他回去，使劲咳嗽了一声，说："滚出去！"小刘出门时故意把门板推得山响。杨汉奸嫌小刘向自己发脾气，又连吼道："回来！回来！"

"老子回来了，你要干什么！？"大队长一个箭步扑了进去，杨汉奸见势不妙，侧身抓过桌子上的手枪就打，谁知一连勾了几下打不响，急得眼珠也快滚出来了。这时，小刘也扑进来用短枪指着杨汉奸说："杨先生别忙乱，你的子弹早来了老子的枪膛里了。"杨明德一听面色骤变，浑身颤抖着，结结巴巴地说："唉，老弟，我干这事也是混饭吃，有啥办法……""住嘴！快走！"大队长猛推了他一把，他还想说些什么，大队长握着手枪说："别给我耍花招，再磨蹭，小心脑袋！"

杨汉奸见大队长神色不妙，哭丧着脸，垂头丧气地爬起来，缩着脖子哆哆嗦嗦地走在大队长和小刘的中间，刚出洞房就被房顶上跳下来的队员们七手八脚捆了起来。这个血债累累、罪恶滔天的匪徒，束手就擒了。

第二天，东方发白，游击队把杨汉奸绑回了抗日政府所在地楼则峪村。紧接着召开了群众公审大会，将杨明德斩首处决。这个投敌叛国反人民的罪犯终于受到了应得的制裁。

怒除"双头"蛇

故城镇上还有两条"毒蛇"：一个是惯盗出身的周明儿，这家伙好贩毒品，鱼肉乡民，巧立名目，敲诈勒索。他的儿子周海贵，在南沟敌警察所当巡官。父子相恃，为非作歹。鬼子抓住镇上的人，他说叫谁死，谁就活不成。因而当地百姓管他叫"活阎王"。另一个叫李海金，外号"害人精"，这家伙更为狡猾。他的少爷李炳文，也在南沟日军"红部"当便衣。他仗势欺人，把家里养的猪羊放到田里，乱吃群众庄稼。还散布谣言，诈唬百姓，说什么"谁要吭一声，叫他见皇军"。因他两家都是父子汉奸，谋害人民，所以人们叫这两对父子是"双头蛇"。

11月的一天傍晚，民兵侦察员跑来说："'活阎王'现在刚从南沟回来，害了重感冒，躺在炕上直哼哼。"程坦听罢，立即跑去和公安主任联系。程坦手握短枪和公安主任领着一个民兵，径直向周家大院摸去，只见两扇大门紧闭，家里不时传出"喀喀喀"的咳嗽声。三人越墙进了院，程坦贴着墙根蹑手蹑脚地走到亮着灯光的窗户前，刚舔破窗纸，只听屋里"噗"的一声，灯光灭了，接着又是一阵急促的咳嗽声，他不禁心里一惊，右手勾住短枪扳机，心想：难道狗汉奸发现了吗？要是"活阎王"家里藏有武器怎么办？又一想，他要动武，我们就从外面锁上门，用枪从窗棂里还击，量他狗杂种跑不掉。

程坦正在焦虑，屋里传出了气喘的鼾声。"呃，入睡了。"程坦和站在大门里的公安主任咬了咬耳朵，就悄悄摸到工房院，低声叫开周家长工苗成本的门子。"哎呀，这两天俺东家正勾搭敌人捉你哩，你怎么还往虎口里跑呀！"苗成本惊慌地对程坦说。

"我们今夜倒要捉拿'活阎王'这老贼呢！请你帮点忙，咱们团结起来，为民除害。"程坦直截了当讲明来意。

苗成本压低嗓门说："东家睡时吩咐我，今夜如有一连三声的敲门声，就叫我去开门，他说南沟有兄弟要来。"

他们约定了捉拿办法，苗成本把他三人从后小门送了出去。不大工夫，大门外传来"嗒嗒嗒、嗒嗒嗒……"的敲门声。苗成本返到"活阎王"的屋门外大声说："大爷，南沟来的三个弟兄在大门口等着，要你马上出去一趟。"

"活阎王"听到一连三声的敲门，早已穿好衣服，苗成本一叫，他跳下地，就往大门口走。

"哎，大队人马来到镇子东边，要你先去探一下民兵、干部的住处！"在漆黑中，程坦装着外地口音说。

"行！行呀！""活阎王"谄媚着，"请进家！""妈的，哪能赶上休息？少啰唆，别暴露了目标！走！"程坦低声骂了几句，三人带着"活阎王"一声不响地消失在东坪的夜幕里。

程坦他们刚把"活阎王"诓到东寨底村，故城镇就响起了激烈的枪声。他们知道这是南沟敌人又来包围、捕捉我们民兵游击队来了。

于是在这危急的关头，程坦一枪不响地把"活阎王"周明儿推上赵家岭，用菜刀杀死。

"活阎王"被镇压后不久，在一个深夜里，程坦到李海金的二叔家把这个"害人精"抓出来，拖到故城南寨底用石头砸死了。

自铲除了这两条"双头蛇"，这一带的特务、汉奸和地头蛇再也不敢猖狂了。这下给抗日工作带来了很大方便。同时，孤胆英雄程坦的名字也像风一样传遍了武西地区，也传进了敌人的心脏里。

智擒"红眼狼"

1943年秋天，故城民兵游击小组发展成了民兵队，程坦担任了武装主任，建立了抗日的堡垒。"活阎王"与"害人精"的儿子周海贵和李炳文，为报杀父之仇，千方百计密谋活捉程坦。这两个家伙绞尽脑汁想出一个"借刀杀人"的办法来。打着鬼主意，去请求外号"红眼狼"的伪军队长给他们帮忙。

"红眼狼"是个满肚坏水的铁杆儿汉奸，这家伙原是阎匪窝里一名专门受过训练的特务，杀害我敌工人员就达20多人，是个两手沾满人民鲜血的刽子手。周海贵和李炳文给"红眼狼"送去个妖女人，满脸奸笑道："队长可得小心呀，听说故城土八路头子程坦，谋划着捉你……"

"红眼狼"一听，瞪着两只三角眼，龇牙咧嘴地说："不怕狗日的，咱派几个弟兄，去捉回他来，拉上狗日的去皇军那里领赏。"第二天，"红眼狼"就下令："捉来共匪程坦，重赏关金千元。"

程坦根据上级指示，要除掉这个老奸巨猾的狗特务。因为这家伙十分奸诈，衣装常换，行踪不定，出发"扫荡"前前后后随着一群爪牙。加上程坦不认识他，这就更难捉拿了。

过了两天,程坦听铁路义勇队(地下抗日组织)回来的同志说:"'红眼狼'这几天被'红部'派到铁路上监工查'匪'"。程坦眼睛一转,计上心来,回来化装成一个衣衫褴褛的农民,随同维持会拨出的修路民夫,混进了南沟车站。

程坦进了车站的第二天上午,他正和修路民夫们搬石头,忽听一个人说:"快,'红眼狼'来了!"程坦干着活斜瞟了一眼,便记住了他的模样。有个民夫刚解了手,还没搂好裤子,就被"红眼狼"一棍打倒在地上。程坦满心怒火,只想一棍打死这只恶狼,但一转念又想起区委的嘱咐:"进了敌营要坚定沉着,万勿轻举妄动!"于是又按下火气,装作卖力,一个劲儿干活。侦察好情况后,程坦连夜跑回故城镇来。他去区里汇报了情况,准备找机会除掉这个汉奸。

五月里的一天,程坦正在吃午饭,一个农民跑来说:"快!老程!'红眼狼'来了!"

"在哪里?带的多少人?"

"现在待在镇外西坪上,狗杂种只带一个随行人。"

"你咋知道呢?"

"狗日的在半路抓住我,让我回来到伪公所拿上次置放下的包袱,并叫伪镇长连捐款一齐送出去。"

接着两人商定了一条妙计,就急速分手了。

程坦和民兵们做好一切准备,爬上墙头朝西坪上一望,只见"白皮红心"的伪镇长,慢腾腾地朝西坪走着。他跳下墙来,摸了摸腰里的二八盒子,和民兵队员郭大啸、陈七锁、李生富四人抄侧面近道,插到敌人前边去。

伪镇长快走到"红眼狼"跟前时,见程坦等一行四人装扮成日军"红部"便衣，大摇大摆地从南沟方向走来。

"那是什么人？""红眼狼"惊问道。

"那可能是'红部'便衣，自己人！"伪镇长故作镇静。

"不一定吧！快，先躲一躲！""红眼狼"心里怕"红部"便衣克扣了他的财物，说着就和他那个爪牙钻进了金浪滚滚的麦田里。

眼明脚快的程坦，急忙扑过去喊道："别动！干什么的？"

"红眼狼"知道被来人发现了，就赶快让那个爪牙拿了包袱，想从麦地埂下低头溜掉。

"砰"的一声，跑敌应声倒下。程坦跃过去，像老鹰抓小鸡似的把"红眼狼"从土坎下揪出来。郭大啸、李生富用红布包着的笤帚指住他的脑袋说："老子是武工队，举起手来！""红眼狼"吓得脸色苍白，瘫软在地上，举起双手："八路军祖爷们，饶命，饶命……"趴在地上一个劲儿磕头。

程坦上前正要搜查，没提防"红眼狼"掏出手枪就要打。陈七锁一个箭步跨过去把枪夺过来，郭大啸掏出绳子把他双手绑住，然后拿上包袱，返回了镇子。当天下午押送到抗日区政府。

大闹敌车站

1944年夏天的一个傍晚，抗日区公所给武装主任程坦来信说："八路某团要通过白晋封锁线，开赴太岳区。为弄清沿线敌情和敌人军车来往规律，决定让你们故城民兵到南沟车站捉一个'舌头'交来区上，以便尽早转给太行军区……"

程坦阅信后，立即和郭大啸具体研究。但几次接近南沟边沿，都因敌人内外岗哨森严无法进站活动。第二天黑夜，程坦领着郭大啸和李生富等民兵，摸进了南沟车站，隐蔽在一道围墙的阴影处。忽听岗楼上喊道："谁呀？站住！"

"换岗的。"程坦随机应变地上了梯子。

"他妈的谁呀？我就没听清嘛！"敌哨兵又说。

程坦知道在漆黑中敌人不会发觉，又滑稽地说："兔崽子，你迷迷糊糊地是不是尽想花姑娘哩？"他说着说着爬上去，用手枪对准伪路警的脑袋。

"喂，别开玩笑呀！""谁他妈的跟你开玩笑！老子是八路军武工队！"程坦故意把黑便衣敞开，露出里边那灰色军服和皮带上别着的手榴弹。

"啊！八路……"哨兵吓坏了，乖乖地举手当了俘虏。

"下去把你们站长的门子叫开！暴露了目标，小心你的脑袋！"程坦抓着哨兵下了梯子。这时民兵们都走了过来。当伪站长办公室门打开后，只见一个妖女人说："站长不在，今儿上午去太原去了。"

程坦他们威逼这个妖女人，拿出了敌伪的交通文件和档案袋，出来把门反锁上，让伪警察带路，急速往外走。程坦边走边想：反正抓了个"舌头"，站长不在，总算未落了空。再说到了外围，还能让这家伙应付着闯出重重岗哨呢！

绕过车站煤场，程坦知道这是伪场长李晋山的住处。以前自己来这里当民夫还挨过他的耳光呢！于是忽地决定把这个"坏种"抓回去。

"快进去将李晋山诳出来！"程坦命令伪警察。

程坦在窗前仔细观察，只见四个家伙围着一张八仙桌打麻将。这时忽听刚才车站门外那个岗楼上，一阵叫嚷声："他妈的这么早就敢离开哨位回去睡觉！""大概又被八路探子抓走了……"。

程坦觉得再磨蹭就会出岔子，急忙让李生富等两个民兵拥着俘虏沿河渠走，叫郭大啸等三人，把守好门口窗口。然后，程坦猛地把门踢开，直冲进去勾住手枪扳机厉声说："举起手来，老子是武工队！"跟着又扑进两个手执短刀的民兵。里边四个家伙被这突如其来的动作吓呆了！一时弄不清进来的是些什么人，就连忙举起手来，三个跪在地上，连连哀求饶命……原来在右侧坐的那个矮家伙瞟了程坦一眼，偷偷从衣下拔出手枪要打，程坦一瞧，急忙架起敌人的胳膊，只听"砰"的一声，子弹打在了天花板上。手执短刀的民兵奔过来，一刀捅得狗杂种喉部喷出一股狗血，仰面倒在了地上。程坦马上让郭大啸和一个民兵拖着李晋山和他的老婆顺着河渠出了火车站。

这时，"红部"的警报机拉响了，敌车站乱成一团，日伪军从四面八方向这座院子包抄过来。哪知程坦已迈开飞腿，爬山越岭直奔故城镇方向去了。天亮时，就在镇子西边和郭大啸、李富生他们会合了。

这次我太行军区根据他们提来的几个"舌头"和所获文件所了解的情报，进行了研究，重新作了过路部署。不久，我军某团就顺利地越过了白晋封锁线，胜利到达太岳区。

程坦带领故城民兵群众，群威群胆，英勇杀敌，在榆（社）武（西）祁（县）三县杀敌英雄大会上给了程坦同志"孤胆英雄"的光荣称号，并奖给长、短枪各一支。1946年故城民兵被评为"模范游击小组"，光荣地出席了太行第二届群英大会。

不屈的李馥兰
李志宽

在太行山西麓的涅河河畔上，人们都怀念着女民兵英雄李馥兰，特别是她那传奇式的革命斗争故事，更像长了翅膀一样，在白晋沿线、在故城坪上到处传颂着。

　　李馥兰出生在武乡县山交沟村的一个贫农家庭，五岁时，父亲被地主的高租大利逼死，七岁上又失去了母亲，是共产党从苦海里救出了这个举目无亲的孤女，十八岁和故城镇的穷小伙赵忠明结了婚，抗日战争开始后，她担任了村上的女民兵分队长和公安员，在这个敌我斗争犬牙交错的游击区，不避艰险地和敌人进行着顽强斗争。

掩　护

　　敌占故城镇的第二年，又在武乡中部的段村镇扎下了据点。这样，把武乡这个抗日根据地分割成武东、武西两块，面对此种局势，我太行山区军民，一面坚持正面的反"扫荡"、反"蚕食"斗争，巩固根据地；另一面坚持"向敌后之敌后进军"的口号，派出了一支支武工队和敌工站的同志，深入敌占区建立秘密的游击根据地，发动群众，打击敌人，配合正面战线作战，取得了一次次胜利。

　　李馥兰刚吃过早饭，把火炉打得旺旺的，坐上那口轻易不用的大铁锅，她牢记着今天要多做两个人的午饭，尽管早饭后，天还没有热上来，馥兰由于心里有事，又洗菜、又弄面，累得满头大汗。太阳升到中天，李馥兰站起来伸了伸腰，又坐下一针一针纳起鞋帮来，因为这鞋帮是给她的救命恩人做的，所以格外认真。突然，北街头上传来吱吱呀呀的叫骂声。

　　"……你姐姐家究竟在哪座窑子里？究竟是从哪头来的？说实话，要不，自警团就要抓你到南沟见毛太君！"

　　馥兰听见街上像出了什么事情，声音又是朝北边青纱帐里传来的，心立刻绷紧了。她明知地下交通员小刘今天下午要来，就赶忙把顶棚上睡着的那个人的房门闭上，然后若无其事地做着针线走出了大门，只见两个伪自警团的哨兵一前一后带着一个羊工装扮的小后生,纠缠着走过来,馥兰一看果然是交通员小刘,就跑过去,尖声尖气地招呼着:"馥山,咱爹怎么没来呀?"

小刘伸手拨开伪自警团的胳膊,毫不在意地向馥兰喊道:"姐姐啊,爹有病,想见见你。"

"这几天麦子快开镰了,秋忙夏忙,绣女下床,我哪有工夫走娘家哩!"

两个伪哨兵一边听着他俩说话,一边探头探脑地盯着他们的脸打主意,馥兰领上小刘进大门的时候,专意扭回头向两个伪哨兵客客气气地说:"团部的两位老总,上家里坐坐吧!"四个人相跟着进了院,李馥兰像以往带着陌生的人进家一样,右腿刚迈进大门,就故意拉长嗓音喊:"爹呀,俺兄弟叫我来了!"

走进院心,她突然像想起什么似的,说:"哎,把草垫子也忘了往回拿了!"那个羊工模样的年轻人要出去拿,两个伪哨兵的眼睛也不由自主地盯着那个羊工模样的年轻人转。李馥兰拿上坐垫子,稳步走回来。

经过这一段时间的磨蹭,她和颜悦色地把三个人领进住的屋子。馥兰的公爹,是个扛过长工的老贫农,他已经十分习惯当着敌人面对馥兰亲自领回来的人讲什么话。他走进儿媳妇的房间说:"快给老总们倒点水,大热天他们可累了。"回头又对那个年轻人说,"你爹病怎样啦?"刚才听到儿媳妇和小刘在大门外的对话,就将计就计地打听起病情来。那个年轻人自己倒着喝了口水,把提着的竹篮放在桌上,专门掀掉盖着的手巾,露出黄黄的大杏儿来。"姐姐,咱家杏树上今年打了五筐甜杏儿,爹让给你拿来这些。"还没等馥兰拿出杏来,两个伪军看见小拳头大的黄杏流起口水来，馥兰说："老总，尝尝吧。"那伪哨兵又进了堂屋，炕上炕下箱柜背后，贼眉鼠眼瞅了一顿，没找到什么，骂骂咧咧出了院子，又拖长声音喊道："八路同志们，敌人走远了，快出来吃饭吧！"等了一阵儿，见毫无动静，就和大门口的伪军抢吃着一篮杏儿，扬长而去。

馥兰把脸盆下的两个小板凳对着顶棚的方口摞起来，站在上面，朝顶棚轻轻地说了声："老梁同志，下来吧。"

不一会儿，一个穿着白衫黑裤的农民装束的中年人，慢慢地从顶棚上下来了。交通员小刘一见，上前亲热地握住他的手说："好家伙，梁科长呀！这几天敌人增哨加岗，盘查得真紧啊！"敌工科科长梁文同志说："我们这些在狼窝里闯惯了的人，碰见几个鬼子兵是家常便饭。"李馥兰端着饭走进来，一面让老梁和小刘吃，一面说："刚才我和小刘只怕你睡着没有醒。你每天晚上写情报熬个通宵，可得好好吃上呀，看，你眼睛上的血丝越来越多了。"

"哎，为抗日嘛，吃点苦算不了什么，等将来赶走了鬼子，咱们在你这棵梨树下，再讲这故事就更有意思啦。"

李馥兰出去了，老梁从小刘衣角里拿出信来一看，是我决九团给转来的太行三分区对敌占区工作进展的一封指示信。为了避免交通员在回去的路上有麻烦，老梁把南沟敌人夏季抢粮的日期和兵力，低声耳语，一五一十地讲给小刘。因为这份情报是李馥兰通过内线关系直接从南沟据点获取的，不但可靠，而且十分准确。

果然，第二天，鬼子派100多辆牛车到狮则沟一带抢麦子，全遭到我决九团四连和山交沟民兵中途截击。

进　山

敌人为巩固其"囚笼"统治,在故城镇上强化了保甲制,门牌、良民证等都颁发到各户,发现谁家有"通匪"嫌疑,轻者坐牢,重者杀头。武工队和敌工站的同志不便在镇内隐藏,就把联络站转移进山,让李馥兰担任地下联络员。

到秋收的时候了,李馥兰领着一帮妇女掐高粱穗。维持会会长程福荣,引着鬼子小队长等一大帮人出来巡逻。程福云说:"太君说了,限三日刨完田禾秸秆,把粮食交齐,不然像削高粱秆一样统统把你们的脑袋砍掉!"

李馥兰考虑着庄稼一倒,武工队和敌工站的地下工作同志更难进镇活动了。武梅月悄悄问李馥兰怎么对付鬼子这一招,馥兰说:"咱们要在镇子里开展抗日活动,就得改变过去那种死扛硬顶的办法,要灵活战斗,打入敌人内部,这就是首长说的'敌进我进'。"

梅月说:"对,目前要抗粮,留着青纱帐,就得豁出个拼字来。你说这该怎么办?"

"还是老主意,一面发动群众,开展抗粮斗争,一面要设法进山里和八路军武工队联系,要他们趁青纱帐还在,给鬼子点颜色看看。"晚上,李馥兰躺在炕上,翻来覆去想,她从内线人员口中得知,鬼子马上要向武西一带展开抢粮"扫荡",她恨不得一下把情报传给山里的八路军武工队。

第二天吃过早饭,她和武梅月等妇女去收割庄稼,大模大样地走出了故城镇,朝北边山后走去,快走出维持区的边界,被鬼子游动哨发现了,大声咋呼说:"什么的干活?"

李馥兰指指北边的那块玉米地说:"掰棒子,割秸秆。"鬼子兵上前查看"良民证"。李馥兰说:"昨天太君说啦,让我们快快把青纱帐刨倒,八路军就不好袭击镇子了。"那鬼子兵摆了摆手让她们过去了。

李馥兰总算脱身到了山后,找见了抗日县政府和武工队的住地。向领导汇报了南沟、故城敌人秋季抢粮计划。老梁对她说:"目前,因敌人气焰嚣张,'清乡'频繁,封锁严密,我们不便进镇活动,待时机成熟后,我们便进镇锄奸、以扬名气,斩断敌人的爪牙。"

第二天,敌人开始"扫荡"。山上一连几天阴雨连绵,大伙的衣服和鞋都被淋得透湿,带着的干粮也吃光了,就在这最困难的时刻,李馥兰和大家一直坚持着,搭棚遮雨,警戒敌人。

第四天雨住了,山下各个村子里的鬼子又嚷着"搜山、梳林、放火……",李馥兰又化装成走娘家的新媳妇,闯过敌人的封锁线,返回故城镇。半路在土崖上发现了一棵桃树,她摘了二三十个桃子,放在篮子上面,装着卖桃子的农妇。正要继续往下走,突然从右面传来日本鬼子的叫声:"八嘎呀路,站住!"馥兰一听,扭头往山的左边跑,鬼子连喊带打枪追赶她,馥兰一直跑到一个名叫狮子头的悬崖边上,鬼子已经包抄过来,大喊大叫要捉活的。这时馥兰想:自己身上有枪,又带着传单和标语,要是给敌人捉住,自己性命是小事,敌人要来个跟踪追击,暴露了游击队的住处,可就坏了大事。于是,她把一块石头推下山谷,自己跳下半崖的树杈上。鬼子追过来,找不到她,以为她摔在沟里跌死了,胡乱放了几枪就走了。鬼子走后李馥兰才从半崖爬上来。

李馥兰和几个战友秘密开了个"诸葛亮会",研究了对策。坚持了一段斗争,闹得敌人内部有了矛盾,伪军们不诚心为鬼子封锁镇子,鬼子也常常以"通匪"为罪名打骂枪杀伪军。就在这时，李馥兰得知我武工队晚上从山上下来了，敌人逼着群众送粮，武工队采取中途"伏击"的办法，把抢下的粮食发还给老百姓。

夜　袭

1945年8月，日本帝国主义投降了。正当全国人民欢欣鼓舞庆祝抗日战争胜利的时候，国民党反动派一面玩弄假和平的阴谋，一面积极发动内战，企图消灭人民革命力量。党中央向全国人民揭露了蒋介石的内战阴谋，使人民进一步认清了他们的狰狞面目，动员解放区军民，准备给国民党反动派的疯狂进攻以有力回击。

武乡县残留在南沟车站的日伪军摇身一变编为阎锡山的晋绥军，继续横行霸道，欺压人民。9月初，蒋介石以受降为名，暗暗调动山西的国民党万余人向晋东南地区的八路军进攻。我军民遵照："针锋相对，寸土必争"的伟大方针，发动了上党战役，进行自卫。

不久，李馥兰担任了故城女民兵分队长，在区武委会贾主任的直接指挥下，组织了破路飞行爆炸组，日夜出没在以南沟为中心的白晋铁路沁武线段上。

9月14日夜，区武委会贾主任率领着男、女两个民兵队，赶往磨儿车站敌岗楼旁边，佯装进攻。一阵猛烈的枪声后，从睡梦中惊醒的匪军，昏头昏脑地拿起枪向四面乱打。区武委会指挥着故城第二、第三两个中队的民兵，假意撤退，引诱敌人远离桥岗，跑进了我们的伏击区。在另一边，李馥兰指挥着女民兵趁机潜入近桥的铁路旁。她带着三个女民兵爆炸员匍匐到南端桥下，三个人人叠人，把李馥兰举上了桥架的横梁间，她机警地瞅瞅桥北面的哨棚，敏捷地把两包黄色炸药塞在桥缝里，又机警地潜伏到高粱地里。隆隆的火车声由远而近，车头的探照灯，闪闪穿透夜幕。满载着阎匪援兵和炸药的火车，由北向南开上了磨儿大桥，"轰隆！轰隆！"两声巨响，车头被炸翻了，一节节车厢陷下去，匪徒们呼爹唤娘，车里车外翻滚在两丈多高的桥下。桥北端留着的三五个哨兵也钻在岗楼里不敢下来。

午夜，李馥兰领着女民兵队，刚翻过山腰，正碰上武委会贾主任带着3个民兵过来联系："你们任务完成得怎么样？"

"磨儿大桥已经炸断，敌人火车翻滚在桥下。"李馥兰回答着。

"好好好，干得漂亮！"

李馥兰接着说，"还有30多个伪军歼灭过半，有3个被活捉了。"

在李馥兰的建议下，区武委会分析了全部情况和可能，决定让三分队押送俘虏，二分队截断桥下匪军回南沟的去路。李馥兰和她的女民兵队马上去袭击空虚的南沟车站。

李馥兰她们一到车站，直奔汉奸地主郝泉香后院里的军火库去了。高大后院的外围，拉着一层层铁丝网，只留着两个哨兵在巡视。李馥兰知道大批匪军奔磨儿大桥巡查爆炸事故去了，便把南北铁路用地雷封锁起来，然后指挥队员们向铁丝网跟前爬去。当敌人哨兵刚转过墙角时，馥兰掩护着两个女民兵立刻跳进去，敏捷地藏在墙角里。这时敌哨兵又抱着枪，缩着头转回去了，当他们刚要转身踱过去的时候，武梅月一个箭步扑了上去撂倒一个，杨云先轻捷地撂倒了另一个。她们便一个个跳进了火车站军火药库，尽量搬取武器和弹药，一直搬到拿不动时，才点火烧毁了仓库，迅速撤离南沟车站。

突　围

白晋线上南沟、牛寺据点的守敌和临时护路队，受到故城民兵一次次沉重打击，阎匪对她们真是又气、又恨、又怕，尤其是将机智勇敢的女民兵队长李馥兰看成了非拔不可的眼中钉，加上故城镇开展反奸清算后，李馥兰带领广大妇女群众斗得几个汉奸恼火了，领上敌兵几次"水漫平川"和"围""追"，都没有成功，于是阎匪营长便到处张贴"抓住匪婆李馥兰，重赏大洋一千元"的布告，群众看见都为馥兰捏一把汗。

1946年5月27日晚上，为了迷惑敌人耳目，李馥兰、程兴旺和程宏亮领导着民兵队，秘密地撤离故城镇，掩护着群众转移到烂柯山边的北涅水和邵渠村。但是，民兵们的踪迹被汉汗地主告密。这天晚上，群众都睡下了，李馥兰和民兵指导员程宏亮在村边设了哨，就和党支部书记回到指挥部研究下阶段作战计划，她不时地到北涅水村边听听动静。

"砰"的一声，突如其来的枪声，惊醒了熟睡的群众。顿时村子四周人马喊叫，砸门声、机枪声响成一片，阎匪军像恶狼一样从四面扑来，不幸的邵渠事件发生了。

北涅水村边机枪像炒豆一般，一道道火光，划破漆黑的夜空，党支部书记把文件塞进炕洞里，端起枪就要往外冲，李馥兰抓住他说："出不去了！"便用自己的肩膀助他上了顶棚，李馥兰藏好了党支书，把短枪插在裤腰边，赶快跑出院里掩护群众突围。忽然听到匪军在大门外大喊大叫："活捉！活捉！"她刚打算关上大门，两个匪军凶恶地闯了进来，"快！快点！活捉李馥兰！"馥兰一见跑不脱了，假装害怕的样子，向隔壁哭叫起来："馥兰姐，馥兰姐呀！等等俺……"

"李馥兰在哪里？"匪军随声追问，"她钻到隔壁院了。"

匪军立刻进隔壁院里，李馥兰趁机关了大门，从顶棚上叫下党支书，两人从厕所墙上跳出去，钻进了高粱地，向前面的烂柯山跑去了。

在邵渠村口的前哨民兵吕金林黄昏时被特务暗害了。刚才一阵激烈的战斗，是民兵掩护着几百群众，冲出了敌人的包围圈。留下的民兵们，继续同敌人搏斗、突围。民兵高来顺、李二赖、胡双贵已在肉搏中壮烈牺牲了。

李馥兰和党支书掩护着几百个男女老少突围，刚上了半山腰，又中了从沁县牛寺过来的敌人的埋伏，党支书打倒三四个敌人后，高喊着："冲啊！冲……"

"你快带领大伙向左边跑，我在后边掩护你！"李馥兰推着党支书，让他立刻离开这里。"你去吧！我来……"

"你不能留在后面，快走！山腰里还有几百条性命哩！"

支书一听到几百群众的性命，只好指挥着大伙向左侧转移，当他指挥着大伙儿刚刚翻过山旁的庄稼地时，敌人就切断了李馥兰的退路。

"轰隆"一声，伴随了李馥兰一年多的小炸弹，在匪军中开了花，敌人见她有枪又有炸弹，便蜂拥而来，哇呀哇呀吼着准备活捉她。李馥兰眼看落入敌手，心想多干一个算一个，举起枪把最后一颗子弹送入最前边一个来匪的右眼，敌人发了狂，二次扑了过来，抓住了李馥兰。

不　屈

在邵渠通往南沟的路上，阎匪军前前后后端着枪，押解着民兵和群众一百多人，李馥兰走在最前边。快到南沟火车站了，李馥兰扭回头，喊道："乡亲们，挺起胸膛，叫敌人看看我们故城民兵、群众是什么样子！"

果然，被俘的民兵和群众，精神抖擞，挺直了身子，跟着他们的女队长高喊起来。

"打倒蒋阎匪帮！""解放全国人民！"

……

押敌慌乱了，一边用枪托往李馥兰身上打，一边赶开路边的人群，可是坚贞不屈的民兵们仍不住地高呼口号，群众也在后面跟着喊，一直呼喊着到了匪军军部里。李馥兰和所有被俘的人们，一起被监禁在一个阴森腥臭的牢房里。

之后就开始了审讯。

"你就是李馥兰吗？"匪营长仍然嬉皮笑脸问。

"是啊！"李馥兰严肃地回答。

"你是共产党的妇女干部，故城民兵分队长，是不是？""说我是，我就是！"

"故城镇还有谁是党员干部？""不知道。""他们躲在哪里？""在白晋线上。"

"别动火，我想跟你好好谈谈。本来是个聪明的女子，为什么要豁上性命去为共匪做那愚蠢的事呀？"

"为了老百姓，消灭你们这些黄狗子。"

阎匪军见她软硬不吃，便把一大堆刑具扔出来，抡起皮鞭恶狠狠地抽到李馥兰身上，一会儿就把她折磨得昏了过去。

一桶凉水浇到馥兰身上，见她苏醒过来，接着审讯。

"你们是豺狼，是强盗，你们不是人，是杀害人民的罪魁！"

野蛮的匪徒们拿起烧红的烙铁按在了李馥兰的身上，一股焦肉的味道，充满了整个刑室。李馥兰牙咬得咯咯直响，奋臂直指众匪愤怒地说："共产党人是不怕死的！你们绝逃不出人民的严惩！"

"就是块铁！"院外听到审讯的人们，一颗颗心被揪着、扯着。最后，匪营长气得直跳，只好又把她关进地牢。

1946年5月28日，凶恶的匪徒们用尽非刑拷打，逼不出李馥兰半点口供，决定要杀害她了。李馥兰和她的战友被带到一个挖好的土坑旁。她回头又见难友被折磨得不像样子，心中更加难过，也更加愤恨。她看着战友向自己投来的目光，会意地微笑了一下，又变得严肃起来，从容镇定，稳如泰山。

端着枪的匪徒们围拢上来，"说不说？再给你最后三分钟。"

"我们什么也不知道，要杀要砍由你们。"李馥兰头一个向匪徒们示威。

匪首要给李馥兰摆威胁的样子，他命令匪兵把李馥兰和她的战友推到新挖的土坑里。

"共产党万岁！"她俩几乎是同时喊出来。

"砰！砰！"两枪，子弹从李馥兰和她战友的耳根飞过去，敌人用枪毙来威吓她们。她们仍然是巍然不动，等着第三枪。可是，又寂静下来。

"怎么样？"匪营长抓住馥兰摇晃着，想让她屈服。

"你们这群畜生！怕什么，怕死不当共产党！"

李馥兰的话像一声声巨雷，震动着愤怒的群山，更唤起了难友和乡亲们的革命斗志，刑场内外骚动起来。敌人的十几支发着冷光的刺刀对准了李馥兰，但她像巨人般昂首挺立。残酷的敌人见在她身上什么也得不到，就将她杀害了。李馥兰同志牺牲了，那时，她才二十五岁啊！

新中国成立后，广大人民群众重新为她召开了隆重的追悼大会，在故城镇的大街前，建起了庄严的纪念亭，给李馥兰立下了红光闪闪的烈士碑。碑文高度评价了这位女中之杰的光辉一生："民族之精英，人民之正气，青年之楷模，妇女之荣耀。"人们每当看见街前的碑亭，就仿佛看见了这位顶天立地的女民兵英雄。

电线王
李志宽

乔猴儿这棵苦苗子，老家原是榆社县。爷爷给地主扛活累死后，爹一怒之下领上他和娘来到石盘南沟村，那年他才12岁。猴儿17岁那年，爹因还不起山主的无头债，被逼得上吊自尽了。年少的猴儿还得憋着满肚子冤枉气给山主放牧抵债。成年累月在深山里爬崖、上树，练出两条飞毛腿，也跟老猎人学下了一手好枪法。

后来，石盘山区成了八路军的抗日根据地，白晋线上的鬼子兵，三天两头进山清剿。一次，猴儿母亲被搜山的鬼子打成残废，不久就病死了。他和弟弟为给亲人们报仇雪恨，就自告奋勇地参加了村上的青抗队和儿童团。弟兄俩积极站岗、放哨、捉汉奸，到处为抗日工作奔忙。没过一年，7岁的弟弟又被凶恶的日本强盗给挑死在刺刀尖上。这下子乔猴儿满腔怒火可憋不住了，他抓起打狼的钢叉，就要到山口上去追鬼子搜山队报仇，老共产党员李银贵一把拦住说："猴儿，报仇可不能这样蛮干呀！"乔猴儿眨巴着冒火的眼睛说："咋不能？俺扑下山去，杀一个鬼子不赔本，杀两个鬼子偿娘命，杀上三个鬼子就给弟弟报了仇、雪了恨……"李银贵截住他说："那，要杀上五个鬼子，抗战就算成功了？！"这么一问，问得乔猴儿蹲在一边不吭声了。

当区武委会来庄上建立民兵组织时，乔猴儿第一个报名参加了民兵。从此，他和民兵们闯南沟、入虎穴、破铁道、割电线，在严酷而频繁的反"清剿"斗争中，逐渐成长为一名屡建战功的模范。由于他身轻如燕、机智灵活，是爬杆上树的好手，就担任了割线组组长。

·409·

一次乔猴儿只身下路探敌情，冷不防将日军查线骑兵推下山崖，夺上鬼子的战马和步枪，横枪跃马一溜烟朝南关火车站奔去，中途被鬼子护路岗发现了，他怕鬼子用电话联系南关大据点，端起刚刚缴获的小马枪，"叭叭叭"，铁道旁的三根电线全被打断了。敌人护路岗刚刚出了南关车站的警务段，电话就不通了。乔猴儿却以鬼子查线便衣的身份，一连闯过大小四道关卡，把分水岭至南关地段这十里长的电线架设情况搞清楚了。勒转马头朝东奔回了石盘山区，把下路侦察情况向区武委会作了汇报，并将战马、步枪和电线等战利品全部交给了上级，受到了各级领导的通报表扬，分区首长还亲自授给他一支小巧玲珑的十子连发小手枪。

　　割电话线、锯电线杆成了家常便饭。有一次化装成修路苦力和搬运工人溜进鬼子车站里，拿走鬼子的电话机。他也远征到祁县来远镇一带去活动。鬼子的电话线，常常是一夜之间就被乔猴儿和他的破击手们给收拾了。

　　深冬的一个夜晚，天黑得像个锅底，刺骨的西北风，呼呼地打着尖哨。这回，乔猴儿带领着李银贵、李春元等十几个骨干民兵，人人拿着手钳、小锯和长柄剪等割电线工具，去执行任务。沿着东山坡摸下了勋欢附近，隐蔽在铁路东面的河沿下观察了一阵儿，见巡道岗上灯少光暗，站边又横着一道枕木垛，遮挡得什么也看不清楚。猴儿仔细观察后，扭身推了银贵一把，想跨上河沿再往车站边爬一段。忽然看见鬼子巡逻兵出动了，猴儿他们伸手抓过几蓬枯蒿草遮在脸前，把小手枪和手榴弹警惕地握在手里。

　　不大工夫，护路鬼子有的沿着铁路朝北搜索，有的顺着电杆向南巡查。他俩又等了一刻多钟，从北面南关方面开来了一列车。乔猴儿知道鬼子们注意力这时都集中在这车上了，赶紧用胳膊肘触了一下银贵，指了指身边那棵三丈多高的大柳树，低声给银贵说了声："你在树下掩护！"他像一只夜猫，迅速绕到树背后，敏捷地攀上了树杈里，身子紧贴树干，两眼直勾勾地盯着这列火车，火车过去后他从柳树上下来。

天快亮时，乔猴儿和李银贵返回山里，给大伙儿讲了侦察情况，马上又带领着民兵破击手们绕着怪石嶙峋的小道，摸到了勋欢铁路边上，急性子李春元一见鬼子又多架了两股新电线，卷卷衣袖正要上杆，乔猴儿忽然睁大眼睛说："等会儿！"大伙后退了几步，顺着猴儿手指的地方仔细一瞧，只见电杆周围的枯草里，插着许多小柴棒，每根小柴棒下面都拴有细线，而线头又都通在一个地方并埋在土里。猴儿命令大伙儿闪在四周趴下，他独自一个人爬近电杆下，伸出双手轻轻地扒开浮土和草块一看，原来这些伪装得和草坡一模一样的、平常不易发现的细拉线都接在了单线地雷的导火线上。这时，民兵们都爬到近前，瞧着乔组长的办法，小心谨慎地把枯草和浮土扒拉过，把通向暗雷的拉线剪断，把一颗颗单线绕在电杆上的绊雷挖了出来。李春元长长地出了一口气说："好家伙，差点儿吃了绊雷的亏！"

处理了其他鬼子埋设在电线杆处的绊雷，乔猴儿让李春元带领着民兵们开始上杆割电线，他又眨巴了两下眼睛，悄声对李银贵说："李哥，这绊雷，能不能放到另外的地方呢？"银贵说："咋个弄法呢？"猴儿说："咱把绊雷埋在鬼子护线小队常走的那个山道拐弯处……"

银贵把春元他们割下的电线拿来一盘儿，故意扔在地雷阵这边的山坡上。接着，乔猴儿和民兵们收完割下来的十几股电线，大伙就背起线圈撤下山头，等候着鬼子护线小队的到来。

鬼子叫不通电话了，就派出护线小队朝山弯处搜索。单人独枪不敢过山腰来查线的鬼子兵，点着火把，晃着手电棒，引着狼狗，朝这边电杆走了上来。听了一会儿，只见前面打着火把的伪军大惊小怪地向鬼子小队长献媚道："土八路又把这边的电线割了。"顺手指着前面的山坡，"看那边还丢下一盘电线呢。"那日军护线大队长，蛮横地走上前来，用电棒一晃，脑袋一歪，向后边的喽啰们咕噜了几句。边说边大步迈向那盘电线，"轰"的一声巨响，火光冲天，铁片飞溅。这个日军小头目被炸飞了，接着一阵连珠炮般的爆炸，尾随的十几个护线兵倒在山坡上。李银贵看了看乔猴儿，说："这个办法真好。"乔猴儿笑了笑说："民兵弟兄们计谋多！"

敌人为了改进护路方法，专门商讨了守护电话线的鬼办法。在距铁道较远一点的电线上摆出了"灯笼阵"，每隔三十米远就在电线上挂一盏马灯。乔猴儿看见了嘿嘿一笑说："啊哟，还掌上了马灯，这活儿更好干了！"李春元恍然大悟说："哦，乔组长，这个鬼把戏说不定是以灯光为信号呢，你说是不是？"李银贵说："哦，有可能，鬼子只看哪里灯灭了。"乔猴儿说："咱先打瞎他几只眼（指马灯），试试看！"银贵说："先打远处的。"乔猴儿说声："隐蔽好！"他举起小手枪"叭"的一声，顺着电线一颗子弹飞过去，对面山梁电线上的三盏马灯应声而熄。这一枪，果然引起了岗楼上敌人的注意，小鬼子的机枪、小炮，"叭叭""咚咚"，一个劲儿朝灯灭的周围狂射。

乔猴儿试探了几次鬼子以灯护线的"绝技"，回头向民兵们招呼道："咱走吧，今天不干了！"李春元问道："怎能空着手回去呢？"乔猴儿说："咱不动一根电线，鬼子就有可能相信他的'灯哨'了。"

第二天午夜时分，乔猴儿等人跑下石盘山，神不知鬼不觉地摸到了白晋线上的石窑会附近,爬上铁路东侧的山岩后,研究了一阵,等鬼子探照灯巡逻车开过三趟之后,分头爬上山腰的电线杆,将点起烛光的纸灯笼挨着马灯部位挂起,再将马灯吹灭换下来。等了一阵之后,李春元说:"没事情,干吧!"话音未落,大伙儿便七手八脚地干起来了,割的割,收的收,不到一个钟头,把三里长的过山电线割完了。

  乔猴儿对民兵们说:"不要再往远处割了,因为烛光有限,等蜡蚰燃烧完了,纸灯笼一灭,咱就走不脱了。"于是大家拿了工具,背起电线圈,提起马灯,返上了石盘山。李银贵边走边说:"以前咱连夜运军粮、剧团演戏、抬伤员,上山挖窑洞,连个马灯也没有。"李春元说:"上次鬼子是丢了电杆死了人,这回是丢了电线送了灯!"这一说逗得大伙哄然大笑。大伙正说笑之间,忽听石窑会地段的岗楼上传来枪炮声,乔猴儿说了句:"停下,看看有没有热闹!"民兵们登上山腰一看,只见换上的纸灯笼,烛尽灯残熄灭了,山下铁路线上有的哨所吹响警笛。

  就在石窑会地段看路护线的鬼子,被灯灭线断之事胡乱折腾的同时,我分区部队决九团第五连,突然袭击了敌人南关兵站的医药库,把日寇为准备年关大"扫荡"而调运来的一大批药品,全部夺了出来。该站鬼子从电话上呼救告急,但那里的电话已经失灵了。

  这段电线绕山过岭,鬼子一连好几天都没有把线路修好架通。

  鬼子发现白晋线东侧的电话线,多半是被石盘山里出来的民兵部队破坏的,又采取了新的对策。他们白天在石盘山口上放出便衣暗探和武装特务,追查民兵来往踪迹,夜间又在丛林沟壑之间伏兵,千方百计捉捕乔猴儿和他的同伴们。但敌占区的群众却经常见到乔猴儿他们,并尊敬而亲切地喊他们是"夜摸军"。后来铁路边上的汉奸给鬼子出了些以华治华的狠毒政策，他们强迫"维持区"挨近铁道线上的各个村庄，分段包干守护沿途电线，哪段电线遭到民兵游击队的破坏，概由包段村伪政权负责追查原因，并修通线路。

乔猴儿从敌占区群众那里得到这些情况后，及时向村党支部和区武委会做了汇报，领导指示，让民兵们搞一段时间休整训练。派他到铁路边上进行一次深入细致调查和侦察。乔猴儿按照上级指示，先后化装成农民、羊工和小商贩，到铁路边上的五里铺、石窑会、良侯店等村详细侦察了三天四夜，在临近返回的那天上午和我方"堡垒户"上地劳动的农民群众相跟上，绕到五里铺东面的山上，看见山下一段线没有敌伪人员护线，"哧溜"一下爬上山包里的一根电杆上，眼明手快地鼓捣了一会儿，立刻从杆顶上滑下来，绕着羊肠小路返回了马圈堂村。

午后，分水岭至南沟车站电话线敌人又叫不通了，鬼子派出护线队到各维持村查线，各村伪人员都报告说东段线路完好无缺，后来分水岭火车站鬼子护线部队机关，不得不派兵分段包干，从头至尾一段一段地详细检查线路，三十多华里长的电话线，查了两天两夜，最后复查时，才在五里铺山岔里那根电杆附近的瓮瓶处找到五寸长的一截和电线颜色相同的牛皮绳。

鬼子又不相信各村的维持会了，他们在铁路线上每三华里设一个哨所，专为看管电话线路。每个哨所里派一个日军伍长和一个便衣特务负责带哨，在这三华里长的防护区里，每隔四十米站一个"肉电杆"（即各维持村轮流看线的民工）放哨，同时火车站里的巡逻车和护线队，通夜不定时地来往巡查，监督岗哨。一有情况，各哨所负责报告，或由"肉电杆"传呼附近碉堡里的鬼子出兵。乔猴儿从区上开会回来，把民兵召集在一起，传达了当前白晋线上敌我斗争形势和领导提出的新的破袭任务。大家一直讨论到日头落山才散了会。乔猴儿看看天色渐渐灰暗下来，便让李春元和李银贵他们带上割电线的工具和许多绳子、油桶（油桶里放鞭炮，干扰敌人）、机枪，一行15人，迈开飞腿，一溜儿小跑向铁路边上的五里铺地段进发，黄昏时分就到达了目的地。

这五里铺在白晋铁路北边，是一个有30户人家的小村子，爬下村顶山坡，又是一个两丈多高的护路碉堡，这里一有动静，街上的巡逻车和碉堡上的敌兵随时都可以赶来应战。

乔猴儿带着民兵，绕着山路摸进五里铺村口，先让民兵埋伏在一个放柴草的破窑洞里，自己悄悄溜进村里，向"堡垒户"了解一下当夜情况，并让"白皮红心"的伪人员把老乡们的惊恐解除之后，他又照前几天侦察好的路线，溜达到护线哨所的小扳道房旁边，看了看里边亮着淡淡的灯光，传出半懂不懂的说话声，一听就知道是鬼子头目和便衣特务在嘀咕着铁路边上的护线情况。他又抬头看看，听见从小哨房上架设过去的电话线在寒风中发出嗡嗡的声音。

乔猴儿望望天上的星斗，大约也就是夜里十点钟的样子，他知道十二点钟，分水岭火车站的巡逻车就要开来巡路查岗，各哨所护路看线岗哨的警觉性提高了。到时，小哨所内的鬼子和特务，也要出来应付他上司查岗督哨了。乔猴儿溜回那个破窑洞里，低声向民兵们进行战斗部署：待一会儿，当鬼子和特务从那座小哨所内出来查岗时，我们要沉住气，紧握枪弹，见机行事，我和银贵包干收拾那个鬼子，春元和小张负责活捉那个便衣特务，咱们二对一，干掉带哨头目，把摆在铁路线上的"肉电杆"全部换成自己人，然后再动手割电线。

不大一会儿，小哨门"吱呀"一声拉开了，只见那个便衣特务手提一盏马灯，从门里探出身子来，东张西望打量了一番，又瞅了瞅手腕上的夜光表，回头喊道："太君，可以上去查岗的。"这个便衣特务拎着马灯走在前面，那个鬼子可能不想出来，一出门便冷得缩头缩脑的，整个身子几乎卷进黄大衣里面去了，他拖着咔嗒咔嗒的大皮鞋，朝"肉电杆"们的哨位上走去。

乔猴儿趁机从哨房后蹿出来，和李银贵、李春元等人一个个飞扑上去。乔猴儿冷不防地拦腰抱住哨兵，李银贵手执短刀"咔嚓"一声就把他送回了东洋老家；那个便衣特务还没弄清楚是怎么一回事，就被大个子李春元搭脖子卡住，给他嘴里塞了块毛巾，拉下了河渠。紧接着，乔猴儿手一挥，十几个机灵的民兵小伙子沿着铁路东侧的河沟，轻快地一溜儿小跑到了各个哨位上，把一个个被鬼子强迫来站岗的"肉电杆"换下来，并详细查问了鬼子定的规矩，就赶快让李银贵跑步传给接替"肉电杆"的民兵们。

鬼子的巡逻车又从西边的分水岭车站开过来了，前边的三只大灯，把铁路上照得通明透亮。乔猴儿和李银贵，穿上那个日军头目和便衣特务的衣服，装扮得和日伪头目一模一样，站在小哨所门边，手里提着马灯，等待巡逻车开来，李银贵不断摆动手里那面小三角旗，乔猴儿挺直腰杆站在那里，不断向车上的鬼子挥手，都按以往的"规矩"，充分表明今晚"平安无事"。之后，随着巡逻车向东开过，代替一根根"肉电杆"的民兵们，都学着护路民工们的姿态，站在铁路旁的电杆下，当车到跟前，都和"肉电杆"一样拉开喉咙大声传呼"平安无事"，巡逻车上的鬼子兵，看见沿途看路护线的"肉电杆"们都按照皇军的规定，一个不少地站在哨位上，便放心地开回了分水岭火车站。

乔猴儿怕山腰护路碉堡上的日军大队人马突然出动，便又把那个便衣特务押起来，用枪指着他，让他给碉堡上的鬼子打了"平安无事"的电话，准时报告了铁路上岗哨的值勤状况。紧接着乔猴儿又拿起电话机上的听筒，窃听敌人长途电话线上的传话，他听了一会儿，正计划指挥民兵们开始倒杆下线，忽听潞安日军三十六师团司令部向铁路沿线各车站打电话，乔猴儿感到时机已到，一直把耳机贴在耳朵上，聚精会神地听着。他从电话里得知，腊月初三深夜，有一列军用车，由潞安城开往南关兵站，车内载有大批军火弹药及供白晋北段所需之电线。为此，急命沿线各车站据点军警严加护送，尤其是屡出事故的分水岭地段要加岗增哨，日夜警戒，以防共军中途截击……乔猴儿一口气听完之后，喜出望外地对李银贵说："哈！好消息，快马上动手下线……"

在乔猴儿的指挥下，顶替"肉电杆"的民兵都换成破击手，他们立即各自解下腰间的长绳，把石块系在绳子的一头，扬臂甩绳，使劲向高空掷上去缠住电线，当石块把绳子的另一端坠下来时，大伙儿从一个方向，同时用力猛拉数股绳子，这样连线带杆同时倒落，成排成排的电杆倒了，一条条电线就地抽走。不到半个钟头，五里长的电话线，就被乔猴儿的民兵飞行破击手们收拾干净了。

临走时，乔猴儿又让民兵们把原来充当"肉电杆"的民工们嘴里塞上毛巾和布团，乔猴儿说："这是为了保护敌占区的同胞，使当地群众不受连累，大家忍耐忍耐啊。"说罢，他和民兵们背起电线上了山……

天大明，乔猴儿和民兵们在石盘山上胜利会师了。他们回去把抓到的便衣特务交到了县武委会，并及时汇报了窃听到敌人第三十六师团军车通过的时间。

腊月初三半夜时分，乔猴儿和他的破击手们，带领着武西县独立营和漳东武工队的同志们，在勋欢沟里的一道山隘处，伏击了鬼子的军用列车，缴获了大批枪支弹药和军用电话线，把鬼子准备年关大"扫荡"的军用物资中途截夺了，一个在南关火车站被俘的日军，在对我太行军区敌工部谈话中供认不讳地说："在南关附近，三天一炸桥，两天断电话……"

从此，在乔猴儿的民兵飞行破击小组的带动影响下，白晋铁路沿线的广大民兵群众都开展了乔猴儿式的割线运动，男女老少齐上阵，人人争当"电线王"，搞得鬼子运输不及时，指挥也失灵，及时配合了主力部队的战役作战，一次次粉碎了日本侵略军对我太行腹地的"围剿"和"扫荡"，有力地保卫了根据地人民的生命财产，为我前方部队提供了一批军用电线。因此我太行山区的广大军民都亲切自豪地称乔猴儿为"我们的电线王"。

英雄乔猴儿，在一次脱险时，不幸踏响地雷阵亡。

昌源河畔的英雄儿女

温海明

"风在吼，马在叫，黄河在咆哮，黄河在咆哮！河西山冈万丈高，河东河北高粱熟了。万山丛中，抗日英雄真不少……"

每当听到这首气势宏大、力量无穷、扣人心弦的《保卫黄河》大合唱，我就会情不自禁地想到分水岭，想到南关，想起昌源河畔的英雄儿女们……

分水岭位于武乡西部，距离武乡县城45千米。此地为武乡西部山区高地，村前一条河流，以神堂庙为界，将河分为两个支流，一支向南流入涅河,一支向北流入昌源河,涅河入漳河入海河入海,昌源河入汾河入黄河入海。从地理上讲,分水岭是山西境内汾河水系和海河水系的分界线,故得名分水岭。元人有诗曰:"分水岭前水两流,南来北往总悠悠。南水细微北水大,可怜来往不同愁。"

而南关位于武乡县最西部,距县城60千米。它是太原盆地进入上党盆地的咽喉要道,古志上每说武乡军事战略位置重要时,常表述为"潞泽之咽喉,冀南之牖户",还有说得更大的,"向南通潞泽,指北通幽燕"。这个"潞泽之咽喉",指的就是分水岭乡的南关。

金侵宋,元侵明,自北而南,在山西境内只有两条道,一条是汾河谷道,一条就是从分水岭南关进入潞州、泽州,别无他路。南关一失,潞州、泽州再无险可守,潞泽一丢,作为京师的汴京(开封)就失去屏障。

靖康元年,金将粘罕攻太原,周边县均被攻破,唯有太原城因张孝纯固守而不下,金军于是分兵南下。到了南关,粘罕仰头叹道"如此险峻的关口竟然没人把守,南朝真是没有一个懂军事的呀",过了南关,一出分水岭,不几天,金军便出现在隆德军(今长治),城中慌乱一团,两天便被金军攻下,守将张确战死。

到了六月,宋大将李纲率兵解救太原,才命大将范琼驻守南关,解潜驻守威胜军(今沁县)。当年,宋、金两军又在南关展开激战。金国灭北宋后,高度重视南关的战略地位,把南关升为镇。明嘉靖二十一年,蒙古俺答汗率军南侵,久攻不下南关,只好返回走汾河谷道,攻下了石州(今离石)。这一次南关着实保护了沁潞泽三州黎民百姓。

抗战时期,处心积虑侵略中国的日军早早就盯上了南关,1939年4月,日军一〇九师团3000余人分两路,一路突破祁县子洪口开始沿白晋公路(祁县白圭至晋城)及其南侧地区进行"扫荡";一路从平遥县棒槌山方向偷袭攻占我重镇南关，并抢抓民夫修复白晋铁路，修筑碉堡，建起南关火车站。

这是日军最为阴险毒辣的"囚笼"政策，他们以白晋铁路为链，以南关火车站、南沟、沁县等为柱，以碉堡为锁，把我晋东南地区一分为二，我抗日根据地被迫分成太行区和太岳区两块。1940年6月，日军侵占段村，又将武乡县一分为二，我县被迫分设武乡（东）县和武西县。1943年，日军又侵占武东重镇蟠龙，再次把武乡东部分割为数块。敌人的"囚笼"政策就像套在我们脖子上的锁套，越锁越紧。而人民群众在共产党、八路军的领导下，一次次砸开锁链，粉碎了敌人的"囚笼"政策，狠狠地打击了敌人。这其中最英勇的就是八路军三战南关，最悲壮的就是南关十八勇士惨案。在黄河支流的源头昌源河畔，中华儿女用血肉之躯和日本侵略者进行了殊死的、针锋相对的决斗。

1939年4月日军占领南关后，立即在镇周围的大官寨、云盖山、极子山、秦王头修建了护镇碉堡，居高临下，虎视南关。1939年10月13日，日军修建的白晋线白圭至南关段竣工。1939年10月17日，就是日军铁路竣工不满一周时，八路军三八六旅七七二团与日军在南关激战6小时，炸毁日军汽车10余辆，歼灭日军100余人，缴获电线1000余斤，炸毁桥梁1座，缴获大批衣物、子弹等物品，副营长周德标英勇牺牲。1940年5月6日，八路军三八五旅七六九团在南关地下党人员孙汉英（南关村维持会会长）、孟景文的带领下，深夜悄悄绕过日军碉堡，潜入南关镇内，成功实施"打虎掏心、中间开花"战术，一举歼灭日军一个中队，日军中队长峰正荣被击毙。解救出工人1000余名，缴获炸药1000多箱。此战，八路军战斗英雄袁开忠壮烈牺牲。1943年4月，八路军决九团在游击队配合下攻入南关火车站，缴获电话机12部，歼灭日伪军300余人。

八路军对日寇的猛烈进攻引起日军的疯狂反扑，他们在南关实施了大搜捕，一天就抓捕了100多名村民，扣押我地下工作人员19名。敌人对这19人严刑拷打，百般折磨，但没有一个人服软招供。1943年六月初十下午，崔秉礼、孟景文、郭凤仪、郭振祥、崔旭生、贾旭奴等11人在分水岭刑场英勇就义，烈士的鲜血流进昌源河，融入黄河之中。烈士孟景文最后一句话对叔叔孟立忠说："叔叔，我先走一步了。"两天后，孟立忠、李二则等6人由分水岭押至南沟警察局，第二天即遭残杀。孙汉英更是受尽日寇百般折磨，但他始终没有向敌人屈服，最后活活被饿死在沁县监狱的站笼中。只有郭守师一人侥幸存活下来。

让我们看看这些年轻的生命吧：李灯连，20岁；崔旭生，22岁；李六儿，22岁；李二则，22岁；孟景文，24岁；郭振祥，24岁；李灯明，24岁；郭留祥，25岁；唐相忠，25岁；孙汉英，27岁；李五儿，30岁；贾旭奴，31岁；孟立忠，32岁；郭志川，33岁；姬景华，37岁；王留海、郭珍祥不详。其中李灯连、李灯明是兄弟关系；李五儿、李六儿是兄弟关系；孟立忠、孟景文是叔侄关系。当时孟贵莲（烈士孟景文的妹妹）全家14口人，不到5个月时间，家破人亡，妻离子散，家里只剩下6口人；祖父被日军毒打气病而死，孟景文被杀害后，妻子改嫁，两个儿子受到惊吓病死；孟立忠被害不久，妻子病死。孙汉英被害不久，母亲病死，妻子被迫改嫁。崔秉礼被害不久，父亲病死，妻子被迫改嫁。崔旭生被害不久，父母先后病死。姬景华被害不久，妻子被迫改嫁。郭振祥被害不久，妻子被迫改嫁。贾旭奴被害不久，妻子、女儿相继病故。郭志川被害不久，妻子改嫁，不久病故……烈士的鲜血流进了昌源河，英雄的魂魄汇入咆哮的黄河水。饱经沧桑的中华民族在中国共产党的领导下，终于站起来、富起来、强起来了，中华民族如同不可阻挡的黄河一般走上了建设社会主义现代化国家的大道。"风在吼，马在叫，黄河在咆哮，黄河在咆哮……"

武西独立营简史

范富锦　郭海全　景恩和
赵自由　杜田保　周桂书

武西独立营，在艰苦的抗日战争中，是从小到大，由弱到强，与人民同甘共苦，不断成长和壮大起来的。

1938年4月，日军对晋东南地区"九路围攻"失败后，1939年4月10日，日军由平遥方向棒槌山袭入武乡南关镇，接着祁县方向来犯日军又侵占了分水岭、权店、南沟、故城等地。

1940年3月，在东黄崖村，武乡县抗日武装自卫队整编成武乡独立营，营长施照清。全营共200多人，一连长安正国，二连长邱永胜。整编工作就绪后，武乡独立营就开始了新的战斗。

1940年4月，独立营一连在三区武委会的配合下，在安正国连长的指挥下，用火烧掉了南沟火车站的临时站房及部分仓库，日军损失严重，这就是武乡独立营成立以后的第一次战斗。

1940年6月，独立营在上庄村（现故城镇上庄），被日军包围，激战数小时突出重围，伤亡严重，二连大部被冲散。后来一连和二连合并为第一连，连长安正国。为了加强武乡西部的对敌斗争，经上级决定：将386旅新兵连即青年连合并到独立营，调来史恒秀担任独立营政委，安正国任营部参谋兼一连连长。

1940年6月29日，日军毛利大队伙同伪军段炳昌师一个团，侵占了武乡中部的段村，在段村筑城修碉，又在段村附近村庄修筑炮楼。

并修筑通往榆社和武乡的公路，把武乡分割为武东、武西两个县。为了适应变化了的新情况，太行三分区做出决定：将武乡独立营改为武西独立营，并明确规定将各区原来的武装改编成各区的游击队。

1941年5月，又将漳东区划为武西县第二区，并将该区原来的武装编为武西独立营漳东连即二区游击队。

自从日伪军侵占了段村以后，在武西县曾经出现过大多数村庄暂时维持的局面。武西独立营在这样的情况下，在县委的领导和县的各级抗日政府密切配合下，采取了以班、排为主的活动方式，昼伏夜行，深入敌占区，发动群众，掌握敌情，分化瓦解敌人，打击小股敌人。经过一段时间的艰苦工作，使武西县的对敌斗争工作出现了新的局面。

1942年3月，一区游击队在做好我在敌内部关系的基础上，将我们的宣传品散发到维持会会长郝泉香住地，使段村的日伪军恐慌不安。

1942年6月，调杨兴国任独立营营长，营部参谋李英，宣传干事李世昌，特派员乔维顺。同年8月，独立营扩充了200多名新兵，又组建了三连。营长杨兴国，政委史恒秀。一连连长池太昌，指导员白瑞章。漳东连连长贾振华。三连连长安正国，指导员王凯。一区游击队长牛顺才，政委李振华。三区游击队长王振芳。营部侦察班长张凯，通信班长陈志宽。

1942年，武西县春季旱情严重，春插夏收情况都不很好，人民群众生活十分困难。武西独立营在县委的领导下，一是要克服各种困难，二是要不失时机地对日伪军作战，用实际行动来保卫人民的生命财产。

1942年，武西独立营配合分区主力部队决九团，在白晋线的分水岭至权店、牛寺至交口、交口至固亦、固亦至沁县城等，多次打火车，炸桥梁，打伏击，割电线。同年8月，独立营又配合决九团，歼灭了从南关到石盘扫荡的日军一个中队。

1942年10月，一区游击队配合决九团，歼灭了马牧炮楼里的伪军一个分队，扫清了段村以西的伪军据点，扩大了武西的抗日根据地。同年11月，漳东连配合决九团，歼灭了良庄炮楼里的伪军一个分队，自此改善了漳东区对敌斗争的形势。同年12月，独立营一连配合决九团一连，在杨兴国营长的指挥下，在里峪设伏歼灭日军一个小队。独立营一连缴获八八式掷弹筒一门、三八式步枪两支。

1942年下半年，三区游击队除配合决九团和独立营作战之外，他们多次袭击分水岭、南沟的日伪军据点，还到窑儿头至石窑会段割电线两次，因成绩显著而受到上级的表扬。

1943年，由于上年春季旱情的原因，再加上日军对武西的严密封锁，还有从河南等地逃荒到武西的人员不断增多，等等。武西独立营积极响应上级号召，为了减轻人民群众的负担，自觉地减低粮食供应标准，由原来的一斤八两减成一斤二两。在这样的情况下，既要积极主动对日伪军作战，还要抽调一部分专业人员搞好农副业生产，吃野菜，吃稀饭，和武西人民同甘共苦。

1943年2月，将一连和三连合并成一连。安正国、王凯调武西县武委会工作。一连连长池太昌，指导员白瑞章。同年4月，又将一连编为一连、三连。一连连长池太昌，指导员白瑞章，三连连长李英。5月调走了史恒秀，调来了李文清任独立营政委。6月调走了杨兴国，7月调来涂学忠任独立营营长。自此武西独立营的营长涂学忠、政委李文清，为了提高独立营的作战能力，使其能够适应武西对敌斗争复杂的局面，于1943年7月，从14团调来闫玉贵、冯来馀、廖少德，还调来三个步兵班，对一连和三连进行了调整、充实和提高。同年8月，一连连长闫玉贵、指导员冯来馀、三连连长李英在赵庄梁上伏击伪军时牺牲。在整编结束后，武西独立营在涂营长和李政委的领导下，统筹调配了武装力量，与日伪军展开了针锋相对的斗争。

1943年下半年，将独立营培训出来的埋设地雷、飞行爆炸、特等射手等人员，分别组成：埋设地雷组、伏击组、打冷枪组、游击组等。分散活动在日伪据点附近，或在日伪活动必经的道路上，埋地雷、打伏击、打冷枪，捕捉日伪军出来活动的零星人员。如一区游击队的飞行爆炸组，能巧妙地把地雷埋设在段村西门外必经的要道上，有不少日伪军人员踏响他们埋设的地雷而丧命。又如独立营侦察员闫太清同志，在漳东连的配合下，在邱家沟村活捉日军佐官一名，缴获洋刀一把，公文一部分。再如独立营一连的游击小组，经常活动在秦家庄、南涅水、龙王堂一带，不断到日伪交通线上割电线，炸桥梁，配合民兵打小股日伪军的破坏活动。

1943年秋收后，独立营所属部队，就开始了开荒生产运动。我们的战士手拿锄头，肩扛钢枪，做到了打仗开荒两不误。指战员既是消灭敌人的英雄，又是开荒种地的模范。在开荒中，班和班之间互相挑战，每天每人平均开荒三分五厘地。部队的情绪非常高涨。

1943年入冬，独立营的各部队按照原来分工，一连和漳东连配合武工队，在涂营长和李政委的带领下，针对漳东区的实际情况，与日伪开展了有声有色的对敌斗争。一区游击队配合14团一连和三连，在五龙山等地多次伏击段村日伪军出来破坏活动的部队，打死打伤不少敌人，取得较好的战果。三区游击队配合14团七连，除完成割电线任务外，还不失时机地打击了南沟日伪军出来抢粮的敌人。同年12月22日拂晓，独立营一连在漳东区的东坡村，被从沁县城来扫荡的300多名日伪军包围，情况十分严重。在连长闫玉贵和指导员冯来馀的领导下，先敌一步占领了有利地形玉皇山，掩护了友邻部队的安全转移，最后一连撤退到坡底村，在这场战斗中一连的炊事班班长老刑同志身中数弹光荣牺牲。

1944年元旦后，独立营一连、三连，集中在蒲池村进行了短时间的学习，主要是贯彻分区政治部关于"拥政爱民，拥军优属"的指示，春节前后，武西县抗日民主政府，分别在涌泉镇、蒲池村、楼则峪村召开了三次全县性的"拥政爱民，拥军优属"的群众大会。对独立营的干部战士教育很大，自此武西县的军政和军民关系更加密切了。

1944年的春天，是个很不平凡的春天。独立营所属连队，仍然还是"手拿锄头，肩扛钢枪"，做到开荒打仗两不误。在开荒中，干部和战士汗流浃背，经过一个多月的苦干，较好地完成了预定的开荒任务。1944年的春雨来得适时，墒情好，使所有连队能保质保量完成春播下种任务。自此，各连队只留下少数部队坚持田间管理工作，其他大多数部队到敌占区和友邻部队搞好对敌斗争。

1944年是独立营对日伪军作战比较多的一年，为了能够有效地消灭敌人，涂营长组织了一个专门伏击敌人和捉"舌头"的小分队，由一连一排长陈长恩带队，活动在敌占区。同年8月10日，这个小分队在漳东的邱家沟被固亦据点的日伪军包围，情况十分严重。在陈长恩同志的指挥下，经过十多分钟的激战，突出了重围，当场打死打伤敌人十多人，从而受到上级的表扬，陈长恩被授予太行军区战斗英雄称号。又在同年8月13日，独立营的一连、漳东连和三连，在涂营长和李政委的指挥下，一连主攻，漳东连和三连打援，歼灭了牛寺车站以东稍偏北红山炮楼里的伪军一个分队，打死打伤敌人10多名，活捉分队长以下的20多人，缴获步马枪25支，各种弹药5000余发。

1944年秋天，武西县到处呈现出一派丰收的景象。独立营配合分区主力部队和武工队，以战斗的姿态，积极地打击日伪军，保卫了武西人民的秋收。独立营各连队的秋收问题，武西县抗日政府早就做了妥善安排，部队抽少数骨干分子组成若干小组，分赴各地动员民兵、妇救会和儿童团，不失时机地完成秋收任务。经过40多天的努力，秋收情况一是收得快，二是打得净、晒得干、藏得好。在秋收的实践中，增强了军政民的团结。

1944年10月中旬，独立营一连在高仁村被南沟、沁县和段村出来扫荡的日伪军包围。在掩护群众安全转移的战斗中，一连指导员冯来馀光荣负伤，一连一排排长太行军区战斗英雄陈长恩光荣牺牲。10月下旬，有南沟的日伪军到故城镇抢粮。获悉后，涂营长带领一连火速赶到，立即投入战斗，二排排长崔凤祥带领一连击溃了伪军在北城角担任警戒的一个排，当场打死敌人十多名，我五班班长霍廷阳在这次战斗中光荣负伤。

1944年11月，盟军飞机十架首次轰炸白晋线及县至子洪铁路沿线的各据点。炸死伪军25名，日军5名，炸毁水塔1座，炸坏火车头7个。敌人异常恐慌，全县军民非常振奋。同年11月底和12月初，有独立营的一连和三连配合太行三分区主力部队14团，在钟团长的指挥下，动员一区的民兵和部分民众参加，对段村的日军和伪军段炳昌师进行了两次大规模袭击，打击了敌人的反动气焰，鼓舞了武西军民的必胜信心。武西独立营以辛勤的劳动和频繁的战斗，渡过了1944年，迎来了新的1945年。

1945年元旦刚过，一区游击队、漳东连和三区游击队仍然坚持在原地区进行对敌斗争工作,营部和一连集中在石槽沟村进行官兵关系的教育。学习开始,经过营政委李文清、营长涂学忠的动员,使干部战士明确了学习的目的和意义。因此,在学习中是和风细雨的,是治病救人的,是同志式的,是自我批评的。战士们在给营长和连长提意见的时候,也实事求是地做了自我批评,因而学习效果很好,对今后的部队建设和官兵关系起到了很好的促进作用。

紧接着就是正确处理1944年农副业生产的果实问题。主要是按照当时上级规定的"二八分红,公私两利"的政策精神,战士每人分得一石七斗谷子,部队是主副食品丰盛,兵强马壮,战斗力提高,全县党政军民都很高兴。1945年元月底,营部和一连驻扎在东良村,部队求战情绪很高,盟机多架次地对白晋线轰炸,日军的运输线经常中断,武西县人民群众是一派备耕生产的繁忙景象。一连在涂营长的指挥下,夜间几次袭击南沟火车站,打得日伪军只有在据点里乱放枪炮,就是不敢出来,怕遇到我军的伏击。

1945年3月初,营部和一连转战到漳东区山曲村等地进行活动,打了几次小的战斗,以后就转移到秦家庄一带进行活动,几次袭击牛寺、固亦据点的日伪军。在此期间,一区游击队、漳东连三区游击队也都进行了几次小的战斗。以后部队就地进行了一段时间的军事训练,帮助群众春耕生产和夏收,等待着大的战斗来临。

1945年8月15日,由武西县县长王子清到山曲村传达日军无条件投降的消息,营长和政委日夜开会讨论上级的新精神,连长指导员和区干队的队长政委也来营部开会,解放段村的任务是:三区游击队配合分区主力部队在白晋线上南关附近阻击由祁县、太谷方向增援沁县的援兵,漳东连配合决九团解放松村。一区游击队配合决九团解放段村。

营长和李政委带领独立营一连配合 14 团在松村和沁县城之间，完成阻击沁县城向松村和段村增援的敌军。在决九团解放松村的战斗打响后，沁县城的敌军派出一个营的兵力，企图解救松村守敌之围，但在良庄附近遭到 14 团和独立营一连的伏击，打死打伤敌人过半，其余逃回沁县城，松村解放了。之后营长带一连到西渠和岸北等地完成新的任务，段村于 1945 年 8 月 27 日解放，全县人民庆祝胜利，武西独立营进行扩兵整编，整编为武乡独立团三营，营长安正国。

珍贵的武西抗战《群众》报

白凤鸣

这张 8 开麻纸武西抗战《群众》报，浸透着战火硝烟的渍黄与沧桑，记录着在艰苦卓绝的抗战岁月里，我党与群众、我军与人民那种休戚与共、同仇敌忾的斑斑见证！

报头从右至左"群众"二字笔体苍劲、古朴沉稳：彰显了党和政府对广大人民群众的一种敬重！报头左侧设计着旋转的齿轮和一支插上翅膀的妙笔，既寓意着广大知识分子要和工农群众打成一片、共同进步，又象征着广大工农群众只有学习文化、学好文化才能觉悟，才能在思想上插上腾飞的翅膀，产生质的飞跃！这张由武西县抗日政府宣教会编印出版的《群众》报，是 1945 年 5 月 2 日第五期。当我们看到她，仿佛把我辈带回到武西县那段烽火硝烟、艰苦卓绝的抗战岁月……

武西县位于白晋路以东、榆武线以西，包括武乡县本部与沁县东北部的广大区域，1939 年秋，日寇侵占白晋线上的南关、南沟、权店、故城等地，并于 1940 年 7 月侵占段村后，不仅割断我太行区与太岳区的联系，对武乡东西部的联系也造成很大障碍。为了打破敌人的"囚笼"

政策、粉碎敌人的阴谋，太行三地委、三专署研究决定并报上级批准，于1940年7月成立武西县，王宗琪任中共武西县委书记、武光清任中共武西县县长，领导武西广大群众与日寇进行了英勇斗争！

　　报纸的右侧在显著位置刊登了按语：保护我们的命根！《三区展开抢收斗争》，报道提出现已进入麦收季节的紧张阶段，村干部忙着组织群众，采取了群众到哪里组织到哪里的办法，因此本区麦收根据八个行政村材料，现已收割一半以上的有五个村，如陈村的王斌及石仁底的刘立元已于28号前已打完，现进行耕地等。并列举，1.成立抢收委员会，以指挥部吸收劳动能手参加，如上庄自然村还建立了自然村抢收组，统一领导分工负责进行抢收，了解每天抢收情况；2.劳武密切结合，一手拿镰，一手拿枪，详细介绍了民兵配合游击组分明夜两班积极打击围困敌人，白天在维持村监视敌人出扰，以及6月30号南沟便衣队夜闯故城来抓民夫，接敌区埋地雷展开爆炸运动，由区统一力量，封锁敌人等；又如警示栏目：不容再麻痹《山曲吃大亏》，详细报道了南沟之敌于27号夜包围我二区山曲村，由于群众干部存在麻痹轻敌思想，据不完全统计，计牵走牲口22头，抓走民兵22人，群众24人，失数支枪，地雷、手榴弹全失，打死教员武藩同志等，损失极大。

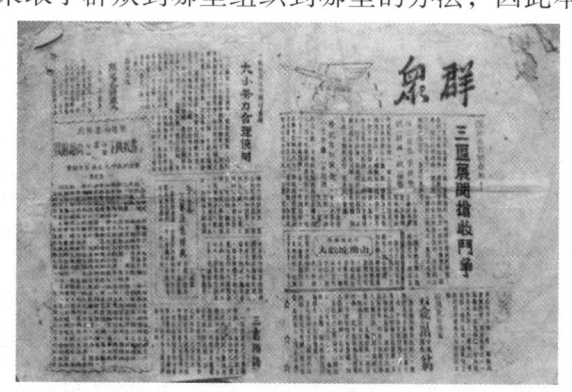

在报纸右下侧加强气节教育：石仁底定出生产备战公约，报道南沟据点敌人，计划在本区抢麦十五万斤，为了防止落后群众助敌抢粮及小偷乘机发财，进行了民族气节教育。如石仁底定出生产备战公约：1.服从统一领导，一般情况到指定地点、不乱行动；2.不论敌伪怎样威胁，宁牺牲自己也决不暴露一切秘密、村内一点资料；3.在自己应负责任岗哨位上，切实完成任务；4.如有一人暴露，经大家讨论包赔损失，交政府处理。

在报纸左侧分别报道型庄全力进行麦收，大小劳力合理使用，以及大良村县劳动英雄张述武劲头大，他刚开会回来劲头很足、干劲高涨等；在报纸左侧开设专栏《开展革命竞赛》《楼则峪向石曹沟、山曲下挑战书》，详细报道了楼则峪劳动英雄王虎旺同志把百分之九十的劳动力都组织起来。顺便说一下：王虎旺同志，曾参加过1944年11月太行首届群英大会，被太行三分区司令员鲁瑞林、政委彭涛同志授予《勤朴可风》光荣匾，以及被中共武西县四区授予《组织起来》光荣牌匾两块，以表彰他光荣的功绩！

这一开展革命竞赛的挑战书，经讨论提出以下条件：1.响应上级号召，扩大互助组织把所有劳动力组织到百分之九十，保证经常，经过夏收要将互助组更加活跃起来团结起来；2.在夏收上接受上级指示，藏些割些、割些打些、打些埋些，做到按互助组集体藏分散埋；3.每季节兼种收割锄剜先给抗属，保证不荒一亩；4.全村的小麦要全数锄过三次，做到锄过没有一棵草；5.在节约上提倡一把米运动，每个人每天节约一把米，做到秋天要打野菜吃糠补充并前后补种；6.成立招待两专人员，保证来往军人有汤水喝，这次夏季运粮中要有人招待民夫给汤水喝；7.卫生运动保证一天一洗脸，家内要打扫干净，全村三天大扫一次；8.经过互助卫生运动教育，要将男女作风不好的转变过来。以上这些条件保证完全做到，并请王县长、李政委、四区长政委验查证人！

这些文字朴实亲切，这种文笔可敬贴切；这些报道事无巨细，这种文风通俗简约。这张珍贵的抗战报——《群众》报，首次在革命老区武乡县石盘开发区内义村发现，更加充分说明了"全心全意为人民服务"这一党的根本宗旨，和当下习总书记提倡的党的群众路线教育活动一脉相承啊！心系群众、多走基层，服务群众、转变作风，宣传群众、改变文风的具体诠释与七十年前党的根本宗旨真是有着异曲同工之妙！

打马牧

任广厚

在纪念抗日战争胜利四十周年前夕，南京某部临汾旅（即抗战时的决九团）给我县送来该部队的《革命战争简史》，书中第五节有这样的记载："1943年中秋节前夕，决九团七连在当地民兵配合下，一举攻克马牧寨敌据点。过去，决九团一连和武西独立营曾打过两次，均未成功。日伪吹嘘，'八路军对马牧寨是没有法子打下来的。'为拔掉这颗大'钉子'，团长贾定基命令七连经过周密侦察，并通过'内线'掌握敌人活动规律，采取偷袭与强攻相结合的战术手段，经过一小时激战，全歼伪军一个中队，俘中队长董丰年以下五十余人，打掉了敌人安在我石壁根据地出入口上的一把枷锁。"

那是艰苦的1943年。中秋节刚过，武（乡）西抗日县政府领导群众抢种下的一块块田禾，在沙沙的秋风中黄了梢。老百姓在山岩上刺啦刺啦磨镰刀，准备在我民兵游击队的掩护下及早开始抢收。这时，我决九团七连活跃在田家沟一带，打算稍事休整之后，配合当地民兵武装保卫秋收。

一天，团长贾定基同志综合完近日来的侦察情报之后，把队伍集合在一条偏僻的小山沟里作动员。一开始，简明地报告了太行腹地军民半年来反"扫荡"斗争的战果，接着具体讲道："……根据我们近来所获情报和敌人的动态证实，目前，县城大股敌人已扑向武东根据地进行抢粮'扫荡'，城内敌伪力量空虚，终日惶惶不安。我们为了挤垮散占区，扩大根据地，本着太行三分区'打虎先敲牙'的指示，出其不意地端掉马牧炮楼"，说着，使劲咳嗽了一声，拳头从空中一划，提高嗓门说："如果打好这一仗，不仅会减少我们到接敌区活动的困难，搞好抢收工作，而且能打开封锁我石壁根据地的这把'铁锁'，对城内敌人是个最有力的打击。"

大家听了，深深领会了拔掉马牧据点的重要意义，团首长话音刚落，战士和民兵们一个个摩拳擦掌，纷纷请战。首长见大家以为马上就要投入战斗，又左右挥动着手臂补充道："现在只是先做好一切准备，具体战斗日期，临时通知大家。"这样，会场又慢慢地平静下来了。

最后，刘参谋根据联防民兵指挥员李振华和侦察员王大朋提供的情况，做了详尽分析，大家才知道：马牧是位于城北十五里路的一个大村，是由县城到白晋线上南沟火车站的交通要冲，也是我石壁根据地的出入口，几年来，敌人和我们几次争夺，在这里修起一个圆筒形的碉堡，碉堡下面挖有地洞，四周拉着密密麻麻的铁丝网。这个王八窝居高临下，俯览无遗，它所组成的火力网，控制我石壁根据地的出入要道，阻止周围二十里以内任何地点向它的进攻，它和东南面王家垴炮台、西面沁县康公碉堡遥相呼应，方圆30里以内40多个村庄，处于这碉堡群内，段村大据点日军司令官菊田亲自从伪先锋队这支汉奸队伍中抽了一个排，和60多个警备队归置一个加强伪军中队，除铁杆汉奸董丰年充任中队长外，城里日军"红部"还特地派来个凶狠恶毒的日本顾问。

　　董丰年这个家伙矮胖矮胖，长着一副上宽下窄的狗面目。从前在白匪公安局当过巡警，一说话三瞪眼，动不动两军棍，整天领着白匪防共团到处捕杀革命志士，破坏我地下共产党组织。日军一来，他便认贼作父当了汉奸，还学着他日本老子鼻子底下留两道小胡子，他经常领着鬼子四处奸淫烧杀，成为日军最信任的一条走狗。这年八月初一，城内鬼子在马牧寨修起炮楼，董丰年和地主汉奸郝文义，狐假虎威，处处为日军效劳，把这里的村庄折腾得残墙断壁、荒庄废墟。四方群众恨之入骨，都说他是个祸国殃民的大瘟神。

　　常言说：做贼心虚。董贼虽带着近百只看家狗，还有那个日本顾问出点子，但一到夜间，心里就像十五个吊桶打水——七上八下，总是安心不下来，附近联防民兵一连袭扰三次，到处散传单，贴标语"要在中秋前，活抓董丰年"，他一见这些标语、传单，吓得一头一头放冷汗。特别是中秋节前几天，董贼怕我民兵游击队乘过节之机，击其不备，即令部下，抢丁抓夫，拆房砍树，日夜加修工事，四周大小道路一并挖断，连伪军平时出入，都是踏着梯子上下，那个日本顾问也在董贼面前大吹牛皮："有了这等固若金汤的防围之地，共军就是长上翅膀也休想飞上碉堡。"

　　8月17日白天，根据我方打入碉堡内给敌人做饭的内线人员报告：董丰年以为闯过了中秋之夜就平安无事了。于是，他让伪军抢回老乡一头耕牛杀掉，要吃牛肉包子，补过中秋节。炮楼里呼呼叽叽，剁肉的剁肉，拉风箱的拉风箱，伪军们把从根据地抢来的白酒，早早放在桌子上，用鼻子闻闻酒，又看看董丰年。决九团七连的领导同志和联防民兵干部反复研究之后，最后决定：当夜突袭，端掉马牧炮楼。

下午8点，第七连和联防民兵组成一个五十多人的小分队出发了，他们像一只只山鹰，沿着弯弯曲曲的盘山小道向马牧飞去。入夜，阴云密布，黑咕隆咚的，不一会儿，又下起蒙蒙细雨来，山道崎岖泥滑，掉了队的同志就轻轻地拍手联络。不到10点钟，这个小分队就来到了马牧外围，正在大吃二喝补着过中秋节的董丰年已成为瓮中之鳖了。

此刻，附近各村的老乡们都扛着抬架，抬着云梯，有的还给部队挑着开水和干饭。青年民兵们把一箱箱弹药挑到前沿阵地，回头又把敌人通向各个据点的电话线全部切断，七连指战员们迅速分散隐蔽在大坡后面的草丛里，王连长和民兵指导员李振华侧耳细听，炮楼里传来叮叮当当的碗碟碰击声和"三桃园""四季财"的酒令声。王连长推了推侦察员王大朋和外号叫"扎翅虎"的战士，他俩"嗖"的一下登上了已经靠在碉堡下面峭壁上的云梯，由于墙高梯子短，"扎翅虎"便踏着王大朋的肩膀爬上了崖边，定睛细看，只见一个伪哨兵，脑袋几乎缩在衣领里，一边抽烟一边骂骂咧咧地说："他妈的，你们大吃大喝饮酒作乐，叫老子在外边受冷冻。""扎翅虎"观察了一阵之后，又向李振华和王大朋摆了几下白毛巾，便蹲到伪军背后，双手像铁钳一样，紧紧卡住伪哨兵的喉咙，李振华跑过来，把毛巾塞进伪哨兵的嘴里，下了他的枪，王大朋顶住他的后背，那伪军吓得瘫在了地上不敢作声。

李振华蹑手蹑脚走到炮楼门前，从门缝里瞅了瞅，瞧见炮楼底层放着一张大方桌，上面摆满了盘盘碟碟，正面坐着个矮胖矮胖的日本人，伪军队长董丰年和汉奸郝文义坐在两边，低三下四、打躬哈腰地为他的日本主子上菜斟酒,那个日本顾问一连喝了几杯,就哈哈大笑起来,狂笑之后,伸手到盘里抓起一块牛肉,看来已经醉了,董丰年赶忙拿起手巾给他主子揩嘴,郝文义伸手给日本顾问捶背捏腰。李振华听见伪军们在地洞里吆五喝六地抢吃牛肉包子,李振华心想,把门子朝外用铁丝扭上,他刚伸手触了一下门板,没提防门顶上的铃"啷"的一声,这时只见那个端饭的伪军拉开门,探出身子问:"谁?"李振华已被敌人发觉,猛一下上去拖住伪军的一只胳膊,猛往外拉,那伪军"呀"了一声,摔倒在门口,一下惊动了炮楼里的敌人,"咣当"一声,门关上了,炮楼顶层嗒嗒嗒吐出了机枪的火舌,这时,我对面山头上的民兵和战士们架起小炮"轰"的一声,一颗炮弹不偏不倚正好从射击孔内打进去,炮楼顶子掀掉半边,敌人的机枪哑巴了。二层和底层的伪军朝外打了一阵枪,就往底层的地洞里钻,张连长把背上的白手巾一摆,战士们一个个爬上了梯子,把圆筒碉堡围了个水泄不通,这时炮楼里的日本顾问挥着东洋刀,像一只疯狗,逼令董丰年和伪军们负隅顽抗,可董丰年也喝得迷迷糊糊,摸不着东南西北。日军官尖叫:"顶住!顶住!"说着就夹着尾巴钻了地洞。这时,董丰年也跟在主子屁股后面,炮楼里像捅了马蜂窝,伪军们你推我搡,挤翻了桌子,碰倒了椅子,都想夺路进洞逃命,有几个不见棺材不掉泪的家伙还朝外打枪。

这时,碉堡外面枪声大作,杀声震天,突击班的火力组已把碉堡的门子打开,李振华冲在前面,他挥着一把大砍刀,一连砍倒了几个死命顽抗的敌军,正当他力战群匪的时候,那个凶恶的日本顾问酒醒过来,又逼着伪军从地洞里上来反扑,但我们向伪军们高喊:"缴枪不杀,缴枪不杀,中国人不打中国人!"一阵政治攻势后,十几个伪军见别无他路,举手交枪,当了俘虏。

董丰年和那个日本顾问钻入地道装了死，战士们掀开洞口喊破嗓子，得到的回答仍是枪声，后来王连长机智地喊道："好，他们不上来，我们用炸药包炸开地洞。"几个伪军喽啰怕死，少音没气地答了话："我们……我们……上去……"说着又土头土脑地爬上十几个伪军来，但最后还不见日本顾问和董丰年上来，战士们恼火了，一边往地洞里撒土，一边咒骂："行，狗杂种不上来，就活埋在这墓穴里。""我……我……上去。"董丰年按着胳膊上伤口刚哆嗦着探出个脑袋，就被火性子李振华卡住脖子拖了上来，又向地洞尽头的日本顾问交代政策，可那家伙不仅不出来，还死命往洞口打枪。民兵们火冒三丈，一连扔进四五颗手榴弹，结果了这个杀人魔王的狗命。

日寇苦心经营的马牧炮楼，不到一小时就给端掉了，还活捉了铁杆汉奸董丰年，战士们迅速打扫了战场，返回根据地，沿途群众拿出鸡蛋白面慰劳民兵、部队，年近古稀的郝大爷拉住战士们的手激动地说："日本鬼子把俺马牧搞成个无人区，今天你们给连锅端，俺这里几百亩秋禾总算从虎口里夺出来了。民兵、八路军真是老百姓的救命恩人。"部队胜利返回驻地，山后男女老少敲锣打鼓迎接胜利归来的子弟兵，儿童团员们也拉开喉咙唱起来。

决九团真英勇，端了马牧大炮楼，

活捉敌兵几十名，哎呀哎嗨哟，

万恶的董丰年，受伤被生擒。

我们拔掉县城鬼子打在马牧这个外围"钉子"，镇压了罪大恶极的伪军队长董丰年，不但鼓舞了边沿区人民的抗日斗志，而且大大震慑了城里的敌人，使这年秋季的抢收任务得以胜利完成。

涌泉民兵突围记
武保秀

  1944年，抗日战争开始了战略转移，进入了反攻阶段。盘踞在段村、南沟据点的日本鬼子虽然大势已去，但狗急跳墙，疯狂反扑，进行着垂死挣扎。

  在抗日烽火中得到锻炼壮大的涌泉民兵武装，成为日伪的"眼中钉"、清剿的重点目标。1944年，段村、南沟等据点里的日伪军外出清剿尤为频繁，手段也更加阴险，一年之内涌泉民兵就曾有两次被围遇险。第一次是农历七月初十，盘踞在南沟据点的日伪军，由日军平山中队长亲自率领出动，绕道前来，偷偷地将涌泉村包围起来。所幸的是民兵们及时发现，经过激烈战斗，所有人全部重围脱险。虽然避免了一场重大伤亡，但也被抢走了长短枪四支和不少手榴弹，个别民兵还受了伤，这次被围在《武乡县志》中曾有详细记载。更为惊险的是这年初冬，由段村据点的日伪军再次偷偷地摸进村子，涌泉民兵第二次被围。

  那天晚上，涌泉民兵部署岗哨时，特别在南坡顶上增加了武甲木等二人的流动哨。安排之后，民兵们带着疲倦的身子回到民兵连部（天池西面赵小狗家院内），进屋休息时已经是夜深人静了。不知不觉到了第二天清晨，这天是农历十月初七，正是二十四节令中的"小雪"。也巧，天气还真的纷纷扬扬地下起了小雪。天刚蒙蒙亮，个别早起的人们出门，想扫扫门前的雪，隐隐约约听到从东南方的峰沟、坡底传来了手榴弹的爆炸声。村民郭磊孩正在院中扫雪，一听到远处传来的声音觉得有点儿不对劲，赶紧走出院门，正好碰上在小学教书的张显有老师，他也是听到异常声音出来的，两人都想到民兵连部报告一下情况，也顺便打听打听动静。没想到从窑圪道刚走到天池边，就发现两个持枪的敌人从石坡街走下来。一看大事不好，情况紧急，报告是来不及了，赶紧扭头就往回跑，同时两人大声喊叫，"敌人来了！敌人来了！"敌人一见有人，随后紧追，眼看追不上时，便举起枪来朝他们跑的方向"砰砰"放了两枪。

两声刺耳的枪声划破了拂晓的天空，打破了寂静的村庄，惊醒了熟睡中的民兵们。也就是这两声枪响，为民兵和村民们的突围赢得了一点极为宝贵的时间。

在连部三个屋内集体和衣休息的二十个民兵，猛然听到枪响，便本能地翻身抓枪，跑到院中。此时已经晚了，发现墙外有了敌人，院子被包围了。民兵班长郭相元猛一下冲上前拉住大门，紧关起来。硬拼硬冲吧，不行，敌人到底有多少？不摸情况。死守硬扛吧？更不行，弹药不足，空间又小，不能恋战，可又没有妥当的退路。区委的武委会主任李建银（神前村人）向墙外扔了颗手榴弹，在爆炸声中果断指挥，命令所有民兵从院子西北角的房檐上向外突围。涌泉人因有习武的传统，民兵们先后敏捷地攀上房顶，在李建银的指挥下，边打边冲，顿时手榴弹爆炸声、步枪射击声响作一团。民兵们冒着敌人的枪弹，沿房檐走到西面，从隔壁房顶后坡（赵成牛家正房）跳下来，顺三官坡冲出村外。区武委会主任李建银在掩护民兵时不幸中弹，身受重伤，被敌人当场抓住，同时被抓的还有民兵张再兴、郭应生、赵书云。

原来这股段村据点的日伪军早有预谋，事先还派出了暗探，随后倾巢出动，有不少敌人还穿起老百姓的衣服，半夜沿途避开村庄绕小路，悄悄地直奔涌泉。拂晓前，在村边绕过岗哨，窜进村里。手榴弹爆炸声是坡底民兵发现异常，传出的信号。这股敌人进村后，还没有来得及部署包围，就碰上了郭磊孩和张显有二人，敌人仓皇的两声枪响为民兵突围争取了短暂的几分钟战机。但是，敌人在村外还设有埋伏。因天还没有大亮，看不清身影，有的民兵冲出后，又落入敌人的虎口。如民兵郭天明，好不容易冲出来跑到"寨的沟"口，看见不远处有人招手，误认为是一同突围出来的民兵，但走近时才发现是日伪军，可是已经来不及逃脱，被敌人抓住了。

在这次突围中，民兵们沉着应战，奋勇冲围，大多数民兵都冲了出来，但也造成了很大损失，前后有李建银、张再兴、郭天明、武甲木、郭应生、赵书云、郭木云等七名民兵被敌人抓到了段村。

在民兵遇险突围中，危难之时果断采取措施，沉着应战，相互照应，表现出那种大智大勇的大无畏精神。有的民兵在遇险的紧要关头，掩埋武器。虽然无法脱险，但决不让武器落入敌人之手。被抓到段村据点的那些干部、民兵们，在牢房里身受万般摧残，仍然坚持和敌人进行顽强斗争，无一人叛变。

李建银身受重伤，在敌人的严刑下忍受了巨大的痛苦，他紧咬牙关，宁死不屈，始终保持了一个共产党员的高尚气节和坚强意志，气急败坏的日本鬼子毫无收获，将他残忍杀害。民兵张再兴在狱中顽强不屈，不管敌人用什么办法、使什么花招，他就是三个字"不知道"，敌人也没有一点法子。拖得时间一长，敌人渐渐放松了对他的审讯。一次敌人出发到型庄，押着张再兴这些"要犯"们出来干苦役。趁敌人大拆民房不注意时，张再兴便和峰沟村的赵树林一起逃跑。结果他们跑出不远，就被敌人发现，紧紧追赶，接着又举枪射击，张再兴被击中，身受重伤。被村民救回后，因伤势过重，失血太多而牺牲。年仅17岁的青年民兵、共产党员郭天明（由赵宋、郭江孩介绍入党）被捕后，在敌人的酷刑下，依然守口如瓶。

那时每年正月初一，日伪军趁机出发扫荡，残害百姓。转眼到了1945年的大年初一，段村据点的敌人出发来到涌泉，郭天明又随队被押回村里，敌人对他进行了拷打，并追问抗日村长的家（抗日村长武告成，又名武海贵），年轻的郭天明心想：坚决不招供，但难以过关，敌人一直在村里折腾。几经周折后，他终于拿定了主意，将敌人引到胡坪儿，指着他自己家仅有的祖传的三间房子说："这就是村长的家"。敌人就逼他将干草一捆一捆地搬到房前，又强逼他点燃。敌人带他没走几步，他家的三间破房就燃起了熊熊大火。这大年初一，房屋在烈火中烧，鲜血往心头涌，共产党员的钢铁意志是刺刀和枪炮逼出来的。当天，郭天明又被押回段村据点，有个从岭南抓去当苦役的人，后来当伙夫，他认出了郭天明是岭南那边一户人家的外甥，还遇上了本村搞特工的郭贵锁，在他们的暗地帮助下，正月十三郭天明借机逃出了据点。他回村后到了北沟儿自己的逃难窑前，一见到父母便跪倒在地。两位老人却没有任何怨言，只是含着泪说了一句话："对，俺孩做得对！"郭天明在段村敌据里苦熬了将近一百天，回村住了一段，被拖垮的身体稍有好转后，于1945年3月带着满腔怒火报名参军上了前线，在子洪战役中腿受重伤后光荣退役。在土改运动中，村民们没有忘记这位忠心义胆的硬汉子，将村中最好的房子（郭家大院的"公馆院"）分配给他家。武甲木、郭应生、赵书云、郭木云等四位被抓民兵同敌人展开了不同形式的长期斗争，直到1945年8月段村解放时，才将他们从生死线上救回来。

义门突围战

弓国伟

义门，位于武乡西北部，东有绵延起伏、林木茂盛的五龙山作屏，北有乱石丛生、险峻挺拔的柳家山为据，不失为兵家之地。

抗日战争期间，这个民不满百户、人只有百十的小山村，曾上演了一曲曲八路军拼死护群众、村民洒血保八路的豪情壮歌。而最为惨烈悲壮的一曲当数——义门突围战。

时间定格在了1943年深秋的凌晨。八路军十四团炊事员挑起水桶走向距村二里多路的水井，突然他发现东边的山地上有人影。他定睛仔细观察，一个不祥的念头闪过他的脑海——偷袭，这一激灵立即使他警醒过来。

村民还在睡觉，八路军十四团钟营长身边只有十几个战士，团直属部队大部分分散在武乡周边的各个作战区域，情况万分危急。炊事员把水桶扔在井边，操起担水的扁担，撒腿就往村里跑，边跑边用尽力气呼喊。

一声歇斯底里的呼喊，一声清脆的枪响，划破了这个山村寂静的凌晨。钟营长一下从炕上跃起，双手一手一支驳壳枪，立即下令阻击敌人，保护群众转移。八路军首先想到的是保护群众转移，义门村人们挂念的是八路军的安危。听到枪响，义门村民已紧急集中在了村中的打麦场上。

抗日村长李跃德正在组织群众查点人数，民兵队长刘根新正在召集民兵、分派人手。他把民兵分作两队，一队负责带领群众迅速转移，一队负责接应和支援八路军阻击敌人。在组织群众的同时，钟营长已率领八路军十几名战士，迅速赶到村外，在村东、村西把十几名战士摆开，筑起了一道防线，用庄稼地的地堰作掩体和前来偷袭的日伪军交上了火。一阵排子枪、手榴弹，把冲在前面的伪军打了回去，日伪军退到了开阔地后边的直道角沟中，日军指挥官见伪军不中用，怒气冲冲地挥舞着指挥刀，把日本兵调到前排，发起了第二轮强攻。偷袭的日伪军从段村出发，调动了上百个士兵，意在一举消灭这小股八路军。没想到遇到了如此顽强的抵抗，日军调整战术后，支起小钢炮，对八路军防线展开了炮击，轰隆隆的炮声在八路军阵地上炸响，两个八路军战士被炸得就地飞起，当即牺牲。钟营长这位久经战阵的老八路，清楚地意识到这场战斗的严峻性，一方面，他惦念村中的百姓还没有完全转移，另一方面如果和鬼子这样纠缠，后无弹药供给，前无救兵接应，必将陷入重围，难以脱身。

正在他进退无路之际，村东北角义门村的民兵，向敌人展开了打击，这明显是暴露自我、吸引敌人的大义之举，当时义门的民兵枪不过五杆，子弹不过十发，哪有力量与日伪军纠缠，鬼子发现北面有阻击也进行了分兵，在此情况下，钟营长立即派通信兵命令民兵赶快撤退，同时下令全体战士边战边退，向村制高点龙泉垴转移。在八路军和民兵配合作战下，日军分兵应战，给八路军民兵撤退争取了一点时间，在钟营长的指挥下，八路军和民兵最终撤出了战斗。群众安全了，八路军、民兵转移了，而真正惨烈的一幕才刚刚拉开。

义门抗日村长李跃德、青年民兵李丑廷在掩护群众转移、八路军撤退后，他俩又返回龙泉垴，这里安装着一门土炮。在日伪军的枪声中，青年李丑廷不慌不忙地往土炮里填充炸药、石子，村长把炮口调整到村中的鬼子群，用火点着了引线，在他心里仿佛已看到这一炮下去，日本鬼子鬼哭狼嚎的场面。

可谁也没有想到，这一炮却没有炸响。恼羞成怒的日伪军，将龙泉垴团团围住，村长李跃德、民兵李丑廷虽手无寸铁却这毫无畏惧。日本士兵端着刺刀首先向李丑廷刺去，李丑廷双手紧紧握住鬼子刺过来的刺刀，鲜血从指缝里汩汩流出，他飞起一脚踢向了鬼子的胸脯。正要夺枪相拼，第二个鬼子的刺刀刺向他的肺部，三八枪的刺刀没入他的左胸，鲜血从他的胸前喷出，丑廷依然挺立，双手握着鬼子的刺刀，第三个鬼子冲过来用刺刀刺向了他的心脏，李丑廷，一个本本分分的青年农民，就这样惨死在了鬼子的刺刀下。

刺死李丑廷后，日本鬼子用灌辣椒水、肚上压磨盘等残酷手段，拷问村长李跃德八路军转移的去向，李跃德一声不吭，整整一个上午，鬼子用尽酷刑，李跃德抱定必死的决心，被日本鬼子折磨得七窍流血而死。

垂头丧气的日本鬼子，点燃了村庄的民房。至此，义门突围战宣告结束。而义门村熊熊燃烧的民房，遍地的弹坑、弹壳，满目的疮痍，还有那一地血红中飘洒的瓣瓣桃红……义门的人民，永远不会忘记。

母子杀敌逞英豪
高凤英

中国农村的女性，是朴实无华而又璀璨多彩的。您能想象到吗？一位从不高声大气说话、一辈子没和乡邻拌过嘴的四十八岁农村小足妇女，在抗日战争中，竟会和她的儿子用两把菜刀劈杀了一个全副武装的日伪警备队长，解救了落入虎口的20多个老弱妇孺。在1944年晋冀鲁豫边区召开的太行首届杀敌英雄大会上，被授予"母子杀敌英雄"的称号。他们就是武乡县窊里村的王贵女和她的儿子段满青。

当笔者来到这英雄门第时,老人家坟头的青草已绿了九回,只能由儿孙们陪着仰望镜框中的遗容了。清瘦的脸庞、细弱的身材、弯弯的眉、细长的眼,和善而文静地招呼着我。我似感意外却又觉得似曾相识,她没有我想象的"双枪老太婆"式的威武风度,却正是那种山区农村到处常见的温柔、宽厚、贤惠的普通劳动妇女形象。

清光绪二十一年,王贵女在沁县宋村的一所破茅屋中呱呱坠地。在苦水中泡到十八岁时,出嫁到武乡县宧里村一位姓段的佃农家里。丈夫的家境比娘家还要艰辛,新婚燕尔,丈夫就到地主家扛长工。有一年,实在揭不开锅了,咬咬牙,借了地主90块大洋,却是越还越多。曾经发誓不让儿子也到"黑门子"里受罪的父亲,只好滚着大颗泪珠把刚满十八岁的满青也送去扛长工顶债。贵女先后生过六个子女,有四个在饥寒交迫中夭折,曾在一天之内,八岁的小儿子和刚满周岁的孙子,都在哀哀欲绝的母亲怀中离去。

1938年4月,日本侵略军的铁蹄踏进了武乡,农民在封建剥削的重压中,又加上了民族压迫的苦难。日寇第一次到宧里"扫荡",就抓走了20多个人,并留下7具鲜血淋漓的乡亲尸体。贵女的丈夫也被抓到段村据点里修城墙,在皮鞭的抽打下,被石头砸断锁骨,染上伤寒,直到奄奄一息,才被抬回家中,第二天就含恨而逝。惨苦的泪水,被复仇的怒火烧干,贵女掩埋了丈夫的尸体,当即找到来村开辟工作的八路军赵连长,送满青参加了民兵。当时村里只有三个民兵,满青是第一个参加的。

1944年,艰苦卓绝的抗日战争熬过7个年头,我解放区渡过了1941年、1942年严重困难时期,进入了上升再发展阶段。在武乡,经过粉碎日伪的"铁壁合围"和蟠武大捷,日伪占领区被压缩到段村周围的狭小地带。但灭亡前的敌人还做着疯狂挣扎。

宨里村离县城20里，处于敌我犬牙交错的地带。村东8里的马牧，隔河相望的康公，都有敌人的炮楼，处在三面敌人的炮口之下。日寇妄图把宨里变成他们"长治久安"的占领区，对宨里进行频繁"扫荡"，曾在一个月内"扫荡"32次，连大年初一也不放过，把全村的房屋拆的只剩一间，这个不到百十户的小村，先后被屠杀和冻饿而死的老百姓就达一百多人。但英雄的宨里人不畏强暴，始终不和敌人搞"维持"，不当顺民。村里的民兵严密组织起来，每晚都有三道岗哨守卫着村子，用坚壁清野、石雷阵、麻雀战，使敌人吃苦头。段村据点的敌人恼羞成怒，扬言要把宨里杀个鸡犬不留……

1944年农历正月二十四，天刚破晓，段村一百多名警备队员趁着漫天风雪，又来偷袭宨里，敌人还没进村，放哨的民兵就发觉了，立即打响信号枪，并飞步回村报信。

这一天，满青站了一下午岗，二更天才回到家里。成年累月在山坡掩体中爬滚露宿，使他浑身生满了疥疮，又感染破溃，脓血满身，疼痛难忍，直到五更时才蒙眬入睡。信号枪一响，他立即警觉地跳下地来，一边催促母亲赶快转移，一边抄起两颗手榴弹，跑出门去。借着熹微的晨光，他看到村子东南的雪地里，一条条黑影迅速扩散开来，向村子窜来。

"糟糕！敌人进村了。"满青吃了一惊。他知道，此刻乡亲们正按预定安排，在民兵掩护下向着村西北的马圈沟转移。如果被敌人发觉追上，后果不堪设想。

"声东击西，才能引开敌人。"满青头脑里迅速闪出了这个念头。他飞步奔进村东的山沟里，故意高声呼喊。"乡亲们，东面没有敌人，快向东面跑！"敌人果然中计，调转了头就向东边扑来。满青凭着对地形的熟悉，三拐两绕隐蔽地向马圈沟插去。满青顺着马圈沟跑了一段，天色大亮。他回头向村里望去，只见腾起滚滚的烟火，敌人的吆喝声和鸡飞狗叫声响成一片。他等了片刻，见没有乡亲们出来，估计已经安全转移了，松了一口气。正要往外走，突然身后"砰"地响了一枪。

"站住！再跑死啦死啦！"

满青回过头来，一个头戴鳖盖帽的警备队狗子军正端着"三八"大盖枪追了过来。

"你是干什么的？"这个家伙把枪口逼到满青的胸口。

满青认得这个家伙，是伪警备队小队长，是个丧尽天良的民族败类，连说话都要学着鬼子的腔调。他是发觉了雪地上的脚印追上来的。

满青的头脑里迅速打着主意，装出一副漫不经心的样子。"我是病人，不信你看看……"伸出了生满疥疮脓血斑斑的双手。

那个家伙看到果然是个病人，戒备的神色松懈了下来。"沟里面有什么人？"

"那真不知道。"满青连连摇头。

那个家伙狐疑地向沟里望去，终于看到了伸向里面的纷乱脚印。三角眼骨碌碌地转了几圈，迸出了得意而凶恶的目光。

"哼！朝里走。带路！"

"怎么办？"满青知道，沟里面藏着乡亲们，从时间推算上也不可能走远。他抬眼向周围迅速一扫，发现后面也没有敌人跟上来，看来这个家伙是一个人离群追来发洋财的。

"干脆，把狗日的引进这暗沟里面，干掉！"他想起了八路军教给的游击战口诀："出其不意，攻敌不备……"当机立断，拿定了主意。

走了不远，拐过一个弯，"啊！"满青差点惊呼出来。前面正走着20多个乡亲，最后面是他母亲王贵女，扭着小脚，挎着竹篮。"不许动！"那家伙先是一惊，端着枪拉开了架势。但当看清都是些老人、妇女、娃娃时，眼光随即落在妇女们拿的东西上，滴溜溜打转。

贵女的心猛地乱跳起来，下意识地紧紧持住竹篮。原来她在出门时，就在篮子底部放了一把菜刀，准备危急时就和敌人拼了。但那瘦猴子却"嗖"地窜到两个年轻妇女身边，抢过两条被子搭在自己肩上，又夺过妇女们的包袱乱翻，挑出一些花花绿绿的衣服，包成一个包袱挂在肩上。而对王贵女的破竹篮却看都没看。

"快说，藏粮洞哪里的有？"这家伙捞到了不少东西，得意之下，又想找出粮食向太君邀功了。

"你问粮食藏到哪里？这个我可知道。"满青向峡谷深处一指，"就在里面。"他已盘算好来个"诱敌深入""将计就计"了，他想尽快把这个家伙引进深谷，避免让敌人发觉追来。沟里面有条小道，乡亲们可以脱离虎口。

贵女一听满青说出这种话，投来了惊愕愤怒的眼光。满青赶快向她挤眼抿嘴，示意不要轻举妄动。

贵女立即会意了，投来赞同的目光，同时把手伸进竹篮，示意篮中藏有菜刀。

那家伙的蛤蟆眼骨碌碌转了几圈，突然把枪逼到满青鼻子上，"撒谎的死啦死啦的！"凶神恶煞地逼视着满青。满青看了看黑洞洞的枪口，轻蔑地扫了一眼，又故意扭过脸不再理他，意思是说，"信不信由你。"

这一来，那家伙反而相信了。他把抢来的两条被子搭在满青肩上，拍拍满青的肩膀，"规矩的大大良民，带路的有。"又举枪指着乡亲们，

"统统走！乱动的统统死啦！东西的，统统给我拿上。"

满青领着这个狗子，沿着弯弯曲曲的暗沟向深处钻去。离村越来越远了，山沟也越来越窄。那个瘦猴似的黑狗子，缩着脖子，端着枪，有些发抖，不住地向双手哈气，后来，索性把枪夹到胳膊里，把手缩入袖筒里，在下一个陡坡时，一个叫赵女娃的女孩"咚"的一声滑倒了，手中的竹篮甩了老远。满青一眼就看到在衣物底下还有一把菜刀。但那个家伙窜过去，却是抓起一双还没有上好底的线袜，赶快塞进口袋。口中嘟囔着："这东西，统统八路的，没收，没收！"又抓起一双红色的毛线手套，满意地鉴赏了一番，赶快往他冻得发硬的手上戴。这本来是女孩用的小手套，左拉右扯也进不去。他索性蹲在身旁水渠的石堰上，把枪搂在胳膊弯儿里，低下脑袋笨拙地使劲儿往他的大手上戴那副小手套。

"机会来了！"满青兴奋地给他娘递了个眼色，用手比画了个砍头的手势，贵女立刻把手伸进篮里握住菜刀。满青一个箭步跳过去，"嗖"地夺过了枪，用肩膀猛劲一扛，那家伙"扑通"一声掉到一米多深的水渠里，重重地摔了个屁股蹲儿。满青立即举起枪对准他的脑袋。

"快！崩了这龟孙！"王贵女举着菜刀喊。那家伙吓瘫了，躺在那里用胳膊护着脑袋，连连求饶，"老祖爷，饶了我，我放了你，统统放了你们。""哼！你小子现在放我？迟了！""砰！"满青扣动了扳机。

但由于胳膊疼痛难忍，子弹打在了瘦猴帽子的上面。满青赶快又拉枪栓……

"糟糕！"没子弹了。他立即一跃跳下水渠，骑在黑狗子身上，双手紧紧按住他的脑袋，同时向乡亲们高喊："你们快跑！我收拾他！"20多个老弱妇孺，迅速转移了……

那家伙拼死挣扎，没命地呼喊："快来人哪，这里有八路！"

满青一把拉下自己头上的毛巾，狠劲塞住他的嘴，不料那个家伙像疯狗一样死死咬住了满青的右手手指头，双手又抓住满青的手腕，使劲往两边拉，两脚在空中乱蹬，两人扭在一起。

贵女一见，马上把菜刀扔到满青脚下说："快，拿刀砍。"

满青想去取刀，又怕松了手这家伙翻起来，向母亲喊："赵女娃篮子里还有一把菜刀，快！"

一句话提醒了王贵女，她蹬着小脚飞快追上女孩，抄起菜刀，顺着石堰上的雪滑滚到沟里，照着黑狗子的头脸连连乱砍。黑狗子像杀猪似的嚎叫起来，紧咬着的嘴松开了，满青迅速抽出手来，拿起另一把菜刀，母子俩一齐向黑狗子的脑袋狠劈猛剁！直剁了二三十刀，那家伙血肉模糊，一动也不动了。母子俩喘着气，搀扶着爬上了水沟。走了十几步，回头一看，那只血头血脑的"恶狼"竟然又挣扎着坐了起来。满青又返身跳进水沟，举起枪托朝那颗榆木脑袋狠命砸去，直砸到血浆飞溅，脑袋开花，母子二人才爬坡越岭，拿着那支乌黑锃亮的崭新"三八"枪和民兵乡亲们会合了。那20多个老弱妇孺也早安全到达了。

再说村里的敌人，掳掠了大半天，临回时清点人数，发现少了个小队长。日伪剿共军副师长段炳昌当即规定了一条戒令：外出"讨伐"禁止单独行动。以后，敌人再也不敢两三个人出来横行了。

王贵女、段满青母子杀敌的故事，在军民中迅速传开了，边区的小报也登了他们的事迹。在1944年晋冀鲁豫边区召开的首届杀敌英雄会上，被授予"母子杀敌英雄"的称号。

群英会上的武西代表

魏翠芬

武乡，是一片英雄的土地！自古因是尚武之乡而得名武乡。在抗日战争时期，八路军总部、中共中央北方局、一二九师、抗日军政大学等重要党政军机关在武乡长期驻扎，武乡成为华北抗战的司令台和指挥中枢。在残酷的战争岁月里，朱德、彭德怀、任弼时、杨尚昆、左权、刘伯承、邓小平、徐向前等老一辈革命家，在这里运筹帷幄，生活战斗，指挥华北抗战。全面抗战十四年，武乡从来没有断过战火硝烟，战斗中涌现出无数英雄。1944年11月21日至12月7日，中共太行区党委、晋冀鲁豫边区、太行军区召开了太行区第一届杀敌英雄和劳动英雄大会，习惯称太行首届群英会。邓小平、滕代远、李雪峰等领导参加了大会，这是对太行抗日根据地军民力量的一次大检阅，是对七年抗战成果的总览。出席首届群英会的代表中，又集中表彰了军队和地方杀敌英雄、劳动英雄305位，其中地方英雄196位，仅武乡一县就有27人受到表彰，其中武西有6人。本文就武乡出席太行首届群英会的英雄作一简单介绍。

民兵杀敌英雄程坦

程坦，乳名水旺，1917年出生于故城镇故城村北街一户穷苦人家。没有念书的机会，从小就放羊、上地。全面抗战开始后，他在党的抗日救亡宣传影响下，积极投身于抗战之中，1938年秋加入中国共产党。历任故城村抗日副村长、武委会主任兼民兵游击小组组长等职务。积极投身于抗日救国革命洪流之中，奋不顾身，英勇杀敌，他的丰功伟绩民间广为传颂。1939年农历七月十九，日军侵占故城镇，一些地主恶霸、地痞流氓、民族败类投降日寇充当汉奸，助敌祸国殃民。

为了及时准确了解敌人动向，程坦冒着生命危险，根据党组织的安排，深入敌穴"洪部"便衣队，这工作需要胆大心细，他想办法与队长拉好关系，得到可靠情报悄悄地送给八路军的交通员，使敌人的"扫荡"计划落空。1940年奉命撤出后，带领民兵游击小组开展游击战，破铁路、割电线、埋地雷，给敌据点里打冷枪，搅得敌人不得安宁。在日伪军的眼皮子底下，必须加倍小心，而最主要的工作是除汉奸，只有除掉那些罪大恶极的汉奸，才能起到震慑作用。故城村的周明儿父子、李海金父子，维持会会长程福荣，自警团团长杨明德，这些人恶贯满盈，游击小组就想尽办法将他们一个个铲除。曾经与八路军配合，多次摸进日军南沟火车站进行破坏，炸毁物资，搞得敌人坐卧不安。1943年10月，太行三分区授予"孤胆英雄"称号，1944年又出席了太行群英会，被授予"杀敌英雄"，他领导的民兵游击小组也荣获"模范民兵小组"光荣称号。1945年正月初三，为掩护村里民兵组织，孤身与敌周旋，拉响手榴弹炸死敌人数人，不幸牺牲。武西县开展"程坦式斗敌运动"，号召大家学习程坦。

民兵杀敌英雄郝狗小

郝狗小，大名郝江维，1920年出生于石北乡西黄崖村。在抗日战争时期，狗小这个名字，在武西无人不知。八路军总部进驻马牧、义门村后，在这里动员民众抗日，他就积极响应，1938年加入中国共产党。不久担任村抗日人民自卫队队长，后来担任了村民兵指导员。他们村地处榆（社）武（乡）线之咽喉位置，他率领民兵站岗放哨，护送干部过敌人封锁线，给部队带路送情报，袭击榆武线上的敌人，常常只身深入敌人据点猎取情报，破坏敌人交通联络。1942年年关大"扫荡"时，郝狗小两枪击毙3名敌人，成为名震太行的射击手。日本人对他恨之入骨，1942年夏，不幸被敌人抓到段村据点，日军用老虎凳、铁杠子、烙铁火盆等刑具对他进行残酷折磨，打得晕死过去又用冷水浇醒继续审问，他就是不透露任何秘密。放风的时候，他联络了几个被关押的同志，用铁钉将后砖墙挖了一个大洞，中秋节时，趁敌人划拳酗酒，九个同志一起跑出来。1943年秋，敌人到石壁一带抢粮，郝狗小率领民兵队在山口阻击敌人，在主力部队的配合下，抢回了粮食和牲口。在打马牧战斗中，他冲锋在前，肉搏中刺死了一名日本鬼子，又夺得了一支"三八"枪。太行第三军分区民兵检阅大会，授予他"杀敌英雄"称号。1944年11月又出席了太行区首届群英大会。

母子杀敌英雄王贵女、段满青

王贵女，清光绪二十一年出生于沁县宋村乡硖石村的一个穷人家庭，18岁时嫁到武乡涌泉乡窊里村。贵女先后生过6个子女，有4个在饥寒交迫中夭折。日军占领段村后，她的丈夫等20多人被抓去修城墙，被折磨而死。段满青，王贵女之子，1921年出生在涌泉乡窊里村。1941年参加了民兵，一心为死去的父亲与乡亲们报仇，多次支前、参战。1944年农历正月廿四凌晨，日伪警备队偷袭窊里村。放哨的民兵发觉后，立即飞步回村报信。这一天，段满青站了一下午岗，二更天才回到家里。因常在掩体中爬滚，浑身生满了疥疮，疼痛难忍，他刚入睡就听到民兵报信，立即警觉地起身，一边催促母亲转移，一边抄起两颗手榴弹出门。不巧正好碰上伪警备队小队长，敌人让他带路去找粮食，他一边走一边想办法，抬头看到正在躲反的母亲。敌人就去抢王贵女的包袱，这时段满青向娘递了个眼色，王贵女立刻握住篮子里的菜刀。段满青一个箭步过去夺了枪，将敌人打倒，立即举起枪对准他的脑袋，不料脚下一滑，没有打准。伪警备队小队长趁机翻起来就来抢枪，这时王贵女拿菜刀扑过来，母子二人就用菜刀将这个敌人砍死。母子二人见敌人死了，拿着那支乌黑铮亮的崭新的"三八"枪和民兵乡亲们会合了。1944年太行首届杀敌英雄大会上，被授予"母子杀敌英雄"光荣称号。

劳动英雄王虎旺

　　王虎旺，1902年出生于石北乡楼则峪村。家庭贫苦，无以度日，自幼过继于叔父抚养，十来岁的时候便给人放羊、打短工，后来年龄大一点以后又给地主家扛起了长工。穷人家的孩子体魄健壮，王虎旺从小气力过人，一身的力气，使他在方圆几十里都有名。他心灵手巧，精通农活，摇耧撒子，都是一把好手。八路军来到太行山上后，他就投身于抗日，送军粮、抬担架，往战场上送弹药。1942年，晋冀鲁豫边区政府号召开展"减租减息"运动，他分得了土地。1943年春，在武西县委的号召下，各村组织变工队，成立互助组。王虎旺积极响应，串联组织了8户农民带头成立互助组，并担任组长。他身强力壮能干活，互助中帮助年老体弱，有人走了都是他顶工。担粪的时候，别人是用箩头担，虎旺就用筐子挑，两筐子顶四箩头，担麦子别人挑四捆，他就挑六捆。王虎旺这样卖力带头，组里的人们再也没什么闲话了，都一心一意跟着他干，经过一年的努力，组里的农业生产成绩突出。这一年，他光荣地加入中国共产党。王虎旺成了武西"组织起来"的一面旗帜。1943年秋，太行三分区召开表彰大会，王虎旺受到了司令员鲁瑞林、政委彭涛的接见，鲁司令与彭政委亲自授予他"勤朴可风"匾额一面。1944年，组员农户增加了，在他的带领下，互助组生产实现了"耕一余一"，这年11月，他光荣出席了太行区首届群英会，被授予"劳动英雄"称号，并荣获耕牛、锦旗等奖品。

合作英雄郝云书

郝云书，1911年出生于石北乡石北村。他父亲是村里有名的能人，外号"万事通"，木匠、石匠、铁匠、油匠什么活都会做，靠手艺吃饭，郝云书从小就跟着父亲学染匠，染土布，家里闹过小染坊，他也学了一手好技术。抗日战争爆发后，八路军工作团进入武乡，他积极参加抗战组织，成了村里的积极分子，1938年加入中国共产党，并当上了村里的抗日干部——财粮主任。1940年，日寇占领段村，并控制了周围临近村庄，使武乡东西交通中断，物资交流几乎处于隔绝状态。为了保障人民生活的物资供应，武乡党组织根据上级指示精神，号召创办合作社。他带头发动群众，集资入股筹办合作社，开始经营着百货、日杂、生活用品。他挑着货郎担，走村串户，送货上门，虽然是小本生意，但却解决了大事情，群众对这个合作社非常满意。经过几个月的努力，合作社有了一点起色。为了扩大经营，又办起了染坊，给八路军染军用布，还购买了20匹骡马兼搞运输。就这样，郝云书的合作社在艰难中发展起来，发展到70余人，20匹骡马，经营业务从染布、弹花，发展到纺花、织布、纺毛线、做毯子，有力地支援了抗日战争，保证了人民生活需要。1943年秋，太行三专署表彰了他的合作社。1944年11月，郝云书又出席了太行首届群英会，被授予"合作英雄"。在解放战争中，他支援前线，巩固后方，积极组织生产运动，把合作工作推向新的一步。1946年12月，再次出席太行二届群英会。

纺织英雄赵月娥

赵月娥，1919年出生于榆社县南庄村，从小家穷，被卖到圪嘴头村做童养媳。正是轰轰烈烈抗战的岁月，村里要成立妇救会，她就跟着工作团跑上跑下，东家进西家出，把听工作队说过的那些大道理，又讲给姐妹们，大家推选她为村妇救会主任。为了改变贫困，她和村里的一些比较活跃的妇女联合起来下地劳动，让男人们多去支前、参战、送军粮。作为妇女干部，无论做什么事情都积极带头，上级号召什么她都首先响应，上级要求发展副业生产，她养了一群鸡，又喂了几箩蚕，还喂了一头猪，成了县里的劳动能手。1940年，政府号召青年参军，她和丈夫郝玉峰商量，人家都父送子、妻送郎，咱也不落后，让丈夫参军上前线打鬼子。丈夫参军走后，她的担子更重了，可她是村干部，把家管理得比男人在家还好。1943年抗日政府号召开展纺织运动，她就纺花织布、卖布买花，硬是靠自己的勤劳，靠纺花织布渡过了荒年。同时也带动全村的妇女积极行动，靠纺织渡过了灾荒，武西县评她为全县纺织第一名。1944年7月，太行三分区所辖的襄、武、榆、辽等县召开劳模表彰会，给她戴上了大红花。同年11月，她又光荣地出席了太行区首届群英会，会上授予赵月娥"纺织英雄"的光荣称号。

皋狼人物

蔡叔度　姬姓，名度，是周文王第五子，周武王的弟弟。西周诸侯国蔡国第一任国君，在位年大约是从武王灭商后至三监之乱期间。周武王灭商朝之后，把自己的八个弟弟分封在各个地方，其中，叔度封于蔡，即在今天的武乡，其治所设于蔡州城，即今涌泉乡祁村，城墙遗迹尚存。因参与三监之乱，兵败后被流放于郭邻，卒于迁所。周公命其子仲继位于蔡，即今天的河南上蔡。

孟　增　颛顼、伯益的后代，嬴姓，商纣王的大臣蜚廉的孙子、季胜的儿子，是赵氏始祖造父的祖父。孟增因博学而受到周成王宠信，得到重用并赐之皋狼之地以为邑，所以孟增又号"宅皋狼"。

阎士谦　故城人，元至正年间（1341—1368），任兴元路凤州知州，后升兴元路总管。

李士林　元许州知州，义门人。详见阳城庙碑。

庞　清　涌泉人，明洪武十七年甲子科乡试举人，洪武十八年乙丑科丁显榜进士，历任监察御史、扬州知府，为官清正，帝书"惟清"二字赐之。

程　碧　信义人。正统六年（1441）捐谷三千石助赈，赐敕奖谕，劳以羊酒，建义民坊。

窦　明　沙河头村人。明正德六年（1511）进士，任刑科给事郎中，疏事政四事、京营军弊、晋地荒粮，都被采纳。后出为裕州知州，擢陕西凤翔知府，官至陕西右布政使、山东按察使。

窦一桂　沙河头村人。窦明之子。明正德十一年（1516）丙子举人，嘉靖五年（1526）丙戌进士。宝庆府推官，历主事寺丞府丞正卿、参议副使、参政按察使、河南右布政使。

窦　豪　沙河头人，字以兴，任绛州司训、陕西安化知县。

程启南　（1562—1650）字开之，号凤庵，信义村人。万历二十九年（1601）与同邑魏云中联捷同榜进士，第二年授任襄阳推官；万历三十八年（1610）入朝任兵部武选司主事；万历四十一年（1613）升兵部郎中，迁济南道副使；万历四十七年（1619）升参政；天启元年（1621）升按察使，次年（1622）朝廷"举卓异"，考核天下官吏，被誉为"天下廉吏第一"，迁任右布政使，不久转为左布政使，巡按山东。天启三年（1623）奉调回京，迁升太常寺卿。天启五年（1625）因弹劾魏忠贤，被罢官归田。崇祯二年（1629）被重新启用，奉诏升任通政使；崇祯三年（1630）迁工部左侍郎，升工部尚书，加大司空服俸；崇祯四年（1631），辞官归隐。

程嘉绩　字复初，信义村人。启南长子，明末廪膳生员，荫任太常寺典簿、府经历，授刑部员外郎、郎中。

程皋绩　字何功，信义村人。尚书启南五子，康熙十一年（1672）壬子举人，康熙十八年己未（1679）进士，任蓬莱县令、太常寺典簿、左府都事、员外郎、本部郎中。后归里而卒。著有《四书心得》《诗经集解》《诗适》。

程康庄　（1613—1679）字坦如，别号昆仑，信义村人。青年时代，随祖父程启南在京读书，诗词曾轰动京都文坛，公卿老宿均为之叹服，赞誉程诗："比之齐晋，狎霸中原"。崇祯八年（1635）拔贡，顺治十七年（1660）任江苏镇江府通判。康熙六年（1667）调任安徽安庆府同知。康熙十年（1671），奉诏回京补官。尔后，迁任陕西耀州知州。工诗古文词，为时辈所重，素有文学之名，在江南时有"诗伯"之称，与归有光、王猷定、侯方域并称明末清初四大家。其词、诗、文章编入《四大家文集》。著有《自课堂集》《衍愚词》等。

杜来凤　字丹邱，山交村人。崇祯十五年壬午举人，顺治三年丙戌进士，历任山东蒲台、江南江宁知县。

任　重　清代举人，字子厚，神西村人。任陕西潼关知县。

段武侯　康熙十四年举人，乾隆十年（1745）乙丑科武进士，康熙二十四年任富平守备。

李皇弼　邵渠村人。清乾隆二十二年（1757）乙丑科武进士，任交城静安营都司。

李　升　山交沟村人。由监生任州同知。

陈　赟　泉则头村人。由监生任州同知。

李　端　（1759—1805）字凝度，号文轩，又号鉴亭，邵渠村人。乾隆四十四年中举，选为庶常。六十年会试被废除。后在上命令搜寻遗珠时发现了他的考卷，阅后亲批"诗文清妥"四字，遂被引见，授内阁中书之职。嘉庆四年，再次参加会试中二甲进士，选入翰林，授编修职。

程林宗　（1773—1852）字泰卿，一字介山，武乡城内（今故县）人。嘉庆十八年（1813）癸酉拔贡，候铨直隶州州判，任鞞山书院主讲。著有《惊邻诗草》《史记文津》《左传琼林》《孟子醒批》《昆仑年谱》《司空家乘》《介山文编》，其集曰《麟趾堂》。

程先民　字午桥，信义村人。自学成才，后设馆授徒，学生成才者颇多。

李景莲　（1888—1971）字德星，西良侯村人。清末秀才，山西优级师范毕业，性格倔强，喜历史研究。曾任国民师范教师，山西省公署秘书处科员，民政厅一等科员。1936年中共党员段若宗在太原被阎锡山当局杀害，李不避嫌疑，将其尸首盛棺入殓埋葬。共产党员李旭华被捕入南京监狱，景莲写保状保其出狱。抗战爆发后返乡，鼓励儿子与媳妇参加革命。1938年春，到其学友冯钦哉98军169师兵站任职，后到军部，同冯辗转中原。抗战胜利后，调任察哈尔省署教育科科长，后到北京冯钦哉公馆当幕僚。新中国成立后，他曾写信给毛泽东主席，要求中央帮他寻找在战争年代失散的眷属，毛主席曾派人看望他，为他找到了妻子与儿女，山西省政府聘请他为山西省文史馆馆员。

郝钦铭 （1896—1943）字协唐，马牧村人。1916年入山西大学就读，次年入英语特别预科。1918年入南京金陵大学农科，毕业后留校任教。历任金大农学院农艺系助教、讲师、教授、系主任等职。1933年，赴美国康奈尔大学深造，获农学硕士学位。1937年回国，仍执教于金大。南京失守后，随校迁居成都。著有《棉作学》《作物育种学》《检定及分布改良品种之方法》《推广改良作物品种之步骤》《棉花法初稿》等农学方面的专著，奠定了我国棉花研究的基础理论。

郝效儒 （1902—1941）马牧村人。1923年考入山西省教育学院，毕业后分配到省立第四中学任教，倾向革命，提倡白话文，不少学生在他的影响下开始从事革命活动。1937年加入牺盟会参加抗日救亡工作，次年到平顺县任公道团团长、牺公联主任。1939年，调任平顺县抗日县长，为发动群众抗日创办了抗日小报《挺进》，推动工、农、青、妇各抗日团体的救亡活动。"十二月事变"后调任第五专署视察员，1941年在故乡马牧养病期间，不幸落入敌手，惨遭伤害。

王虎旺 （1902—1953）楼则峪村人。1938年参加村农救会，开始从事抗日工作，1942年串联8户农民带头组织互助组并任组长，成为武西县"组织起来"的一面旗帜，1943年加入中国共产党，1944年他领导的互助组实现"耕一余一"，同年出席太行区首届群英大会。

郝培兰 （1905—1947）字芝庭，圪嘴头村人。1933年毕业于国立山西大学，任沁县铜川中学教务主任。抗战爆发后，铜中无法正常上课，弃教返乡，任本村抗日小学教师。具有爱国思想，热心教育事业，曾资助戏班，购买服装，编写剧本，揭露日军暴行，宣传抗日救国。1939年参加武乡士绅座谈会，他的发言受到了朱德总司令表扬。在清理旧债中表现积极，开仓济贫，主动烧毁1000余元银洋的债权契约，退还全部租地，成为武西县开明士绅。1941年参与武西县抗日政府工作，被选为县参议员。1942年被选为晋冀鲁豫边区参议会参议员。后调太行三专署工作，后任太行行署教育科科长。

李逸三 （1906—2003）又名季楷，北良村人。1925年考入太原国民师范，任国民党太原市党部工人部部长，1926年12月考入黄埔军校武汉分校，参加南昌起义、广州起义，并加入中国共产党，他是武乡籍第一位共产党员。1933年返回武乡创建了中共武乡县委，并任县委书记，武乡第一任县委书记。为太行根据地和八路军总部做了必要的铺垫和准备。历任太岳区游击第二团政治部主任、军区政治部宣传部副部长、代理部长，《人民日报》社编辑，北方大学文教学院党总支书记，华北大学第二部党总支书记，中国人民大学党委常委、组织部部长兼人事处处长。

王玉堂（1907—1998）笔名冈夫，故城村人。1926年毕业于山西外国语言学校德语系。1932年秋加入"左联"，同年冬被国民党当局关押北平草岚子监狱，1933年在狱中加入中国共产党。1936年经组织营救出狱，赴晋东南参加抗战动员和文化工作，抗日战争时期，曾任中共武乡县临时工委书记，《抗战生活》杂志编委，前方《鲁艺校刊》编委主任，太行区文联副主任。1949年后，历任中国文联联络部、学习部部长，山西省文联、省作家协会副主席等职。1992年山西省委、省政府曾授予其人民作家荣誉称号。著作有长篇小说《草岚风雨》，诗集《战斗与歌唱》《冈夫诗选》《远踪近影》《枫林晚唱》《人民大翻身颂》等。

李景园（1909—1983）陈村人。1938年参加革命，1950年加入中国共产党。抗日战争时期，任编村文书、教员、联合校长、区助理员、县政府科员；解放战争时期，任河南省焦作市政府财政科科长、太行区第四专员公署工商科科长；新中国成立后，历任河南省新乡地区专员公署科长、财委主任、计委主任、副专员、地委常委、地革委生产指挥部指挥长、地革委副主任等职。

李　晙（1911—1936）字蕴光，磨里村人。1926年入山西省立第一师范读书，爱好文艺，狂飙社骨干成员，进而转入研究社会科学，学习马列主义，参加读书会活动，为报刊撰写文章。因参加反对一师反动校长黄丽泉运动，被集体开除，后经过斗争才恢复学籍。1931年加入中国共产党，任"社联"沙滩支部负责人。1933年8月，被国民党宪兵三团秘密逮捕，押送南京国民党宪兵司令部，判刑9年，入陆军监狱，备受酷刑，病逝狱中。

郝品峰 （1911—1981）女，原名金菊，马牧村人。1938年参加革命，1944年加入中国共产党。曾任马牧编村妇救会秘书和区妇女武装部部长、县妇女纺训班指导员、长子县完小教员、联合校长等职。1940年积极动员妇女协助八路军筹粮，以出色的成绩荣获十八集团军总部上书"妇女楷模"的奖旗。1947年后，任太岳军区直属医院副指导员、十五纵队妇校三大队政治指导员。1951年，参加解放大西南、西康的战役，任西康医院指导员、西康军区保育院院长、成都军区保育院院长、北京体育学院幼儿园园长。

郝云书 （1911—1991）石壁村人。从小学染匠、开染坊，1938年参加农救会，同年加入中国共产党，任村财粮主任，1940年11月，根据武西县抗日政府指示，集股创办石北合作社，既经营又加工，积极组织生产运动，保证群众生活物资供应，1944年11月，出席太行区首届群英大会，荣获"合作英雄"称号，1946年12月，出席太行区二届群英大会。新中国成立后，先后任洪水供销社主任、县百货公司经理。

王子清 （1912—2010）丰州镇南垴村人。1937年10月参加革命，历任班长、队长、连长、决死三纵队队训股股长，太行三分区轮训大队队长。1944年8月至1945年9月，任武西县县长。新中国成立后，历任涪陵地委副书记、专员，四川省委农工部副部长、省计委副主任、省农业厅副厅长等职。

王德广 （1912—1980）故城镇陈村人。曾任抗日村长。1939年入伍参加革命后，任武乡县抗日区公所助理员、县财粮科科员、太行二专署文书股长、财政科审计、政策巡视员，以及祁县县政府财政科科长、晋中行署财政处审计、副科长等职。1949年7月南下任湖南省湘潭专署财政科副科长、粮食局长，湖南省财政贸易科科长、商业处副处长、二办副主任，湖南省人大常委会办公厅副主任、省机关事务局副局长、局长、党组书记，省人大常委会副秘书长等职。

王成文 （1912—1944）涌泉村人。1926年毕业于故城高校，1926年至1940年，先后在山交、朱家凹、张家垴、故城等校任教。1940年调任武西抗日第二高小教师，1944年农历四月初六，日军三路进攻神西，为寻失散的5名学生，王不顾个人安危，只身外出，与敌遭遇，壮烈牺牲。

段若宗 （1913—1936）茅庄村人。1930年考入太原师范。在山西工委张伯枫（即李雪峰）帮助下，开始接触马列主义经典著作，以"赤松""赤子"为笔名，在国师校刊和其他报刊上多次发表抨击时弊的文章。1934年加入中国共产党，遂到中共山西省工委机关做刻印、保密工作。参加发动"一二·九"学生抗日运动。返晋后，组织"太原国民师范学生抗日救国会"，组织近万名学生上街游行，1936年3月8日晚，阎派军警包围而被捕，被判为死刑，临赴刑场时，大义凛然，在囚车上高呼口号，英勇就义。

李含明 （1913—1942）北良侯村人。1933年加入中国共产党，参加抗债团，与地富进行斗争，常常单人独马星夜张贴标语，宣传抗租抗债。抗战初期，曾任村农会秘书、三区区长等职。1942年，在日军的一次"扫荡"中不幸被捕于南沟据点，后被转押到沁县城杀害。

王兆祺 （1913—1944）陈村人。高小毕业，1937年加入中国共产党。先后任小学教员、区副助理员、区长、县秘书等职。1943年，创办武西抗日第二高小。1944年6月，为掩护全校100余名学生安全转移，不幸被捕，受敌严刑拷打，高呼口号，被敌杀害。

李一农 （1913—1989）故城镇北良侯村人。中共党员。从事地下活动，1936年2月被捕，1937年2月营救出狱，历任山西省临晋县、猗氏县、万泉县牺盟分会特派员、牺公联委会特派员，山西新军二一二旅五十六团一营指导员，太岳区洪洞县公安局局长。抗战胜利后，曾任太岳区行政公署教导队主任、行政公署交通处路政科科长，福建省建阳县县长、建阳专员公署民政科科长、秘书室主任，福建省建设厅副厅长，福建省测绘局顾问等职。

张　钊 （1914—？）东寨底村人。1938年参加革命，曾任辽宁省工业部副部长、辽宁省国防工业办公室副主任、中共辽宁省委纪律检查委员会专职委员。

李廷枢 （1915—1942）西良侯村人。1932年考入太原进山中学，1934年加入中国共产党。后入友仁中学，因搞革命活动被捕，判刑9年，送陆军监狱与王若飞等关在一起。在王的领导下，与狱中难友秘密建立了党组织，进行斗争。1937年春，转到阎锡山办的"训导院"，后被释放出狱。1938年秋，受党委派任山西绛县牺盟会特派员、夏县中心区组织部科长。1940年，赴太行抗大六分校学习，在1942年5月反"扫荡"中牺牲。

苗嘉禾 （1915—1982）高台寺村人。1937年参加抗日决死队，先后任战士、班长、分队长。1939年后，政府安排任小学教员，后到太行第三军分区政治部敌工站工作。解放战争时期，历任祁县邮政局秘书、太行邮政管理局直属局局长、太行黄碾区邮局局长。1950年7月，调石景山钢铁厂工作，历任运输部党总支副书记、书记、主任、副厂长，后任石景山钢铁公司副经理、首钢公司党委委员、公司副经理。

李务滋 （1916—2008）北良侯村人。1937年加入中国共产党。历任武乡县牺盟会协助员、晋东特委组织部支部巡视员、武乡县区分委书记。1944年11月至1945年9月，任中共武西县委书记。1947年6月至12月，任中共武乡县委书记。新中国成立后，先后任新乡地委书记、化学工业部人事司司长、山西省化学工业厅副厅长等职。

牛顺才 （1916—1947）辉楼沟村人。1937年加入中国共产党，1938年参加八路军，因英勇杀敌提升为9纵队25旅73团二营营长。在河南省汤阴县一次战斗中，为掩护战友不幸中弹牺牲。

李绍禹 （1916—？）故城镇山交沟村人。1937年参加革命。曾在牺盟会青训班学习，结业后在沁县抗日县政府工作，先后任县督学、教育科科长，沁东县公署秘书，漳源县抗日政府秘书兼漳东办事处主任、五区区长，沁县抗日县政府民政科科长，太岳一专署秘书科科员等职。解放战争时期,任沁县县长,太岳行署战勤科科长、秘书处副处长。新中国成立后,任河南省财委会秘书主任、武汉中南区财委会办公室主任、国务院副总理秘书,以及河南省物价委员会副主任、河南省商业厅厅长、河南省财政贸易政治部副主任。

李心田 (1916—?)故城镇北良侯村人。1938年秋到松北、蒲池小学任教。1939年到辽县地委训练班学习后,任蟠龙区委宣传委员、区委书记,东堡区委书记。1942年8月调太行区党委调查研究室工作。1947年2月后,任武乡县委组织部部长、县委副书记,漳南县委宣传部部长,汤阴县委书记。1949年春南下,任湖南省衡山县县委书记。1953年9月后,调任湘南区委组织部部长,湖南农学院党委书记。

魏丽天 (1916—1954)原名怀德,雨沟村人。武乡第二高小毕业,1933年加入中国共产党,1935年受党派遣,打入武乡县公安局当警察,为武乡地下党组织通风报信,侦探敌情。因叛徒告密,1936年春被捕解送太原陆军监狱。出狱后,参加太原军政训练班一年,分配到决死队工作,历任决死二纵队二团连指导员、政治部宣传科科长、《黄河日报》记者、三八六旅政治部宣传干事、安泽岳阳民高校长、安泽县抗日民主政府民教科长、沁阳县政府秘书、太岳四专署秘书等职,1946年后,历任焦作永顺总店副经理、太行安阳贸易公司副经理、天津盐业公司察防室主任、中国盐业华北区公司副经理。

段九五 (1917—1982)聂村人。1937年参加革命,1942年加入中国共产党。抗战时期曾任太行区第三专员公署粮食局副局长、晋冀鲁豫边区政府财政厅秘书、太行区行署科长。后历任南下干部队参谋，中原军区供给部财政处副处长，第二野战军供给部财政处副处长，西南军区后勤部财务部处长、副部长，西南军区财务部组织计划处处长，成都军区财务部副部长、后勤部财务处处长、副参谋长，地质部财务司副司长、后勤局局长等职务。1971年赴甘肃省任财政局核心组组长、局长，1977年任国家地质科学院副院长。

程　坦（1917—1945）故城村人。抗战爆发后，参加民兵组织。1938年加入中国共产党。1940年任故城镇抗日副村长、村武委会主任。带领民兵游击队深入敌据点，锄奸反特。1943年秋，在榆武祁三县杀敌英雄大会上，荣获"孤胆英雄"称号。1945年2月25日，只身与敌遭遇，英勇搏斗，壮烈牺牲。

李馥兰（1917—1946）女，山交沟村人。三岁丧父，七岁失母。1938年嫁与故城镇赵忠明，婚后不久即动员丈夫参加八路军。1939年秋，南沟故城被敌占领，积极从事抗日工作，先后担任村妇救会主任、治安委员等职。1946年加入中国共产党，同年5月26日，故城民兵与群众转移北涅水和邵渠村时，被敌包围，不幸被捕，关押于南沟监狱饱受酷刑，坚贞不屈，27日英勇就义。

李长远（1917—1997）涌泉乡南沟村人。1937年在太原参加山西牺牲救国同盟会，后任武乡县、祁县、安泽县游击队大队长，以及牺盟会协助员、政府指挥员、区长、司法科长。1945年后，任太岳四专署建设处干事、副科长、科长。1952年，任运城专署和晋南专署副专员。1955年8月，任山西省林业厅副厅长、厅长、党委书记，山西省农建厅林业局局长、党组副书记，山西省林业厅厅长、党组书记。

李树勋（1918—？）故城镇磨里村人。1936年师范毕业后参加工作，同年10月加入山西牺牲救国同盟会。1937年10月考入军政干部学校，结业后分配到决死一纵队三总队军需处任文书。1939年12月，编为决死一纵队25团，先后任出纳、会计、被服干事、副处长、处长等职。1949年改编为四兵团14军，任军直供科科长。1952年任42师后勤部长，1955年被授予中校军衔，1961年晋升为上校军衔，任昆明军区22分部部长。1963年被派往北京后勤学院，1964年后，任昆明军区营房部副部长，13军后勤部部长、军副参谋长。

崔景华（1918—1995）石北乡东河村人。1937年参加革命，先后任山西决死一纵队政治部民运工作队队长，抗日军政大学学员。新中国成立后，任山西省工业厅基建科科长，重工业部建工局供销处副处长、处长，建材部供销局副局长，国家经委物资总局建材局副局长，湘黔铁路总指挥部后勤部副部长，国家物资总局金属局副局长、局长。

杨晋标（1918—1942）高台寺村人。1937年参加革命，任村长3年。1938年加入中国共产党。次年调区公所工作。日军占领故城后，其兄杨明德投敌，任伪自警团团长，认贼作父，群众恨之入骨，晋标大义灭亲，毅然协助游击队活捉杨明德，为武西人民除害。1942年7月6日，在北涅水村被捕，坚强不屈，被敌杀害。

郝德明（1918—1947）圪嘴头村人。高小毕业后回村务农。抗战爆发后，参加决死队，1938年加入中国共产党，后任九纵队25旅73

团副连长、营教导员、团政治部主任等职。1947年在指挥洛阳战斗中，身负重伤后仍坚持战斗，因伤势过重牺牲。

程红宇 （1918—1978）原名程成龙，故城村人。1937年参加决死队，次年任决死一纵队三总队三大队政治干事、供给部运输连指导员等职。1940年调任太岳纵队供给部采购处政治指导员、政治处干事、太岳军区陆军中学教员。1944年加入中国共产党。曾任军区供给处秘书、政治指导员、政治处教育干事、教员。1948年后，历任解放军62军186师营教导员、政治部组织科干事、副科长、干部科科长、高炮政治部干部科科长。1953年后，任华东防空军政治部干部科科长、政治部干部处处长、南京军区干部处处长、副部长，中国科学院哲学系社会科学部历史研究所第三所办公室主任、中联部拉丁美洲研究所办公室主任等职。

乔猴儿 （1919—1945）胡庄南沟村人。1939年，参加村自卫队割电线小组，配合三分区武工队，运用夜袭、爆破、窃听敌人电话等方法，收集重要情报。1943年秋，在榆武祁三县杀敌英雄大会上，被授予"民兵割线英雄"的称号，群众称他"电线王"，1945年年初，深夜割线不幸踏雷阵亡。

李火伦 （1919—1947）西城村人。抗战爆发后从事抗日救国活动，1940年加入中国共产党，1942年调任河北邢台县一区区长，领导群众进行反奸反霸、减租减息斗争，抗战胜利后调往河南省桐柏吴城区工作，1947年，在桐柏战斗中壮烈牺牲。

赵木生 （1919—1941）小良村人。1938年参加革命，同年加入中国共产党，先后任武乡三区游击队班长、武西独立营连指导员。

1941年10月15日，在赵卜峪战斗中牺牲。

赵月娥 （1919—1983）女，圪嘴头村人。娘家榆社县郝壁镇南庄村。从小家穷，卖到圪嘴头村做童养媳。1938年积极组织妇女工作，当选村妇救会主任，1940年送丈夫郝玉峰参军。1943年抗日政府号召开展纺织运动，她纺花织布，还在村里组织纺织小组，成为武西县纺织第一名。1944年11月，出席太行区首届群英大会，荣获"纺织英雄"称号。

郝　龙 （1919—1992）石北乡张村沟村人。1939年参加抗日决死队，先后任决死队事务长、政治工作员，沁源县牺牲救国同盟会协助员，平遥县农会主席。1940年后，历任介休县农会宣传部部长、屯留县农会宣传部部长、岳南专区农救分会宣传部部长、长子县农会主席等职。解放战争时期，任永济县委副书记、书记，1949年随军西进。新中国成立后，任甘肃省甘谷县委书记，天水地委政策研究室主任、秘书长，黄洋河荒地勘察团团长，甘肃省委农村工作部二处处长、副部长，省委农委副主任。

李　昶 （1920—？）故城镇磨里村人。1937年参加牺盟会，任武乡县牺盟会协助员，后调决死一纵队司令部任参谋。1945年，任太岳一分区科长，1948年任15纵队43旅科长。1949年，任62军184师科长，62军司令部科长。新中国成立后，先后任西康军区司令部科长，西南军区公安三团团长，雅安军分区副司令员，宜宾军分区副司令员，内江军分区司令员，雅安军分区司令员。

程少康 （1920—？）故城镇东良村人。1937年参加抗日总动员委员会工作，1938年调县、区牺牲救国同盟会工作，年底调山西第三行政区民族革命中学任中队指导员。1939年后任太岳区总工会宣传部干事、岳南地委宣传部科长、浮山县委副书记兼组织部部长、绛县县委书记。1949年南下。新中国成立后，历任福建闽侯地委组织部部长、地委副书记、书记兼闽侯军分区政委，福安地委书记兼军分区政委，福建省农林大学核心组副组长，福建省水产局局长、党组书记，龙岩地委书记兼军分区政委。

李　捷（1920—？）分水岭乡玉品村人。1938年在分水岭小学任教，后在民族革命中学学习，结业后任新学员分队政治工作员。1940年后任祁县牺盟会组织委员、祁县四区区长、一区区长、二区区长，祁县民政科长、司法科长等。1949年春，任太谷县县长。新中国成立后，任山西省人民法院榆次分院秘书主任、榆次专署秘书主任，山西省法院榆次分院院长，榆次专署副专员，榆次市委第二书记、市长，晋中专署副专员，晋中地委常委、秘书长，晋中地委副书记。

殷士敏（1920—1941）茅庄村人。1936年毕业于县立第四高小。1938年参加工作，在玉品等小学任教。1939年加入中国共产党，后任武乡五区区委书记兼基干队政委、县委委员。1941年9月，他带领区级干队在密顶神与敌遭遇，英勇殉国，县政府将他牺牲的地方改名为士敏山。

李买小（1920—1945）山交沟人，高小毕业，1937年加入中国共产党，同年参加革命工作，任武西县游击队队长，1944年编入769团，工作负责，作战勇敢，1945年在沁县战斗中英勇牺牲。

郝性怡（1920—1943）乳名大磊，马牧村人。在故城上高小时，曾通过挚友殷士肤，借阅段若宗的进步书刊。肯钻研，善书法，在省立（长治）第四中学学习期间，积极参加抗日救亡宣传，于1937年加入中国共产党，1938年任盂县牺盟会特派员，同年调任忻县县长，带领游击队和民兵浴血奋战5年之久，摧毁伪政权，破坏敌人工事，反奸防特，深受群众爱戴，1943年在一次反扫荡中与敌遭遇，英勇搏斗，壮烈牺牲于马牧河畔，年仅23岁。

段满青 （1921—2000）窊里村人。1941年参加民兵。1944年农历正月廿四凌晨，日伪军偷袭窊里村，母子转移途中被敌发觉，敌人让他母子带路找老百姓和粮食，母子用两把菜刀将日伪警备队队长杀死，解救了落入虎口的20多名百姓，1944年出席太行首届群英大会，被授予"母子杀敌英雄"称号。

郭　忠 （1921—1998）涌泉村人。13岁考到沁县中学，阅读进步宣传刊物书籍，1937年参加山西牺盟会，1938年加入中国共产党，劝解父母主动出钱出粮支持抗战，先后任石盘、高仁、石壁乡村牺盟会协助员和牺盟会秘书，后任武乡县农会主席、武乡《大众力量》报主编、《晋冀豫日报》记者，中共太行二地委宣传部干事，三地委调研室秘书，太谷县委书记。新中国成立后，曾任山西省农业厅副厅长，越南民主共和国农业部助理顾问等职。

郝凝瑞 （1921—1999）石北乡蔚家渠村人。1937年参加山西抗日决死队，后任太行第三军区敌工站工作员，武乡独立营第九连政治指导员、政治处干事。解放战争时期，任二野九纵队25旅127团组织股长、教导员，15军支藏辎重团主任。新中国成立后，任15军兵站政委。入朝作战后任志愿军独立团主任、政委，回国后任沈阳军区守备二师14团政委，师政治部副主任，石城守备区政委，生产建设兵团第三师政委。

李女儿 （1921—1990）女，涌泉村人，1948年加入中国共产党。1952年带头创办初级农业生产合作社、农忙托儿所。1956年获山西省"劳动模范"，1958年出席山西省农村社会主义建设积极分子大会，两次出席省妇联第四、第五届妇代会，当选为省妇联委员，1979年出席全国农业、财贸、教育、卫生、科研战线先进单位和劳动模范大会。1983年9月全国妇联授予其"三八红旗手"光荣称号。

李全儿 （1922—1944）玉品村人。抗战爆发后参加自卫队。1942年春，带头办起互助组，发动群众生产自救，渡过灾荒。1943年加入中国共产党，任村武委会主任。1944年农历正月初二，因汉奸告密，敌人突然包围玉品村，掩护群众突围时落入敌手，被吊于古庙梁上毒打，李大义凛然，惨遭杀害。

李桂唐 （1922—1945）西城村人。沁县民族革命中学毕业，先后在沁源、安泽、灵石等地做青救会工作。1940年加入中国共产党，同年参加八路军，因其英勇善战，升任第四纵队13旅38团一营连长。1945年冬，在夏县战斗中不幸牺牲。

郝效康 （1922—1972）岸北村人。1939年参加革命。历任决死一纵队三十八团机枪连班长、排长、四纵队32团副政治指导员、14军119团教导员等职。新中国成立后，历任昆明军区政治部直工部助理、云南省昭通军分区政治部副主任、云南省玉溪军分区副政委等职。

李如衡 （1922—1975）西沟村人。1936年在本县纺织工厂学徒。1940年加入中国共产党，在本地任民兵、武装主任等职。解放战争时期，到太行邮政职业学校学习，结业后，任平顺县邮电局会计、局长等职。1955年在南京邮电学校学习，结业后任西宁市邮电局党委副书记、副局长，西宁市建委主任，西宁市经委副主任，中共西宁市委直属机关党委书记，青海省人民防空办公室副主任。

张佩良 （1922—1994）分水岭乡会同村人。1939年参加革命，历任武乡县委宣传干事、县青救会秘书、儿童工作部部长、联合学校校长。1945年转入部队工作，历任晋冀鲁豫野战军三纵队司令部参谋科长等职，新中国成立后，随第二野战军第三纵队第十一军军部组建海军青岛基地，1955年参与接收海军旅顺基地，并任基地司令部军务处处长，海军北海舰队军务处副处长，海军第一工地指挥部主任，1970年任秦皇岛水警区副司令员、党委常委。

王林中 （1924—1989）楼则峪村人。1938年加入中国共产党。在抗日战争时期，曾任武乡县区救国宣传队队员，县大队副指导员，晋冀鲁豫边区交通总局科长，太行第八分区交通局政委，武陟县代县长，太行区交通总局科长等职。1949年后担任布特哈旗、喜桂图旗旗委书记，大兴安岭林业管理局党委书记，呼盟盟委副书记，兴安盟委书记，内蒙古自治区人民检察院检察长，中共内蒙古自治区顾问委员会常委等职，还是中共十二大代表。

郝生德（1924—?）故城镇南沟村人。1939年参加革命，历任文书、工商事务主任、太行工商总局科员、太行行署建设处科员、太行工商三分局副科长、黎城县工商局副局长、沙河县政府副科长、天津市供销合作总社人事秘书，市财经党委秘书、市工商局人事室主任、市财贸党委副书记、市委财贸部处长、天津市水产局局长、市第一商业局副局长、市工商局局长、市财贸副主任、市商委副主任（正厅局级）等职。

王来泉 （1925—？）楼则峪村人。1938年加入中国共产党。1939年参加八路军，历任八路军总部战士、宣传员、青年干事，平北分区独立五旅科长，独立炮兵营教导员，空6师、15师、19师飞行大队长、师射击主任、领航主任、副团长等职。1950年参加抗美援朝。1956年任民航总局训练处飞行科长、处长，民航陕西管理局副局长，民航兰州管理局参谋长，民航总局科教司副司长。

郝宝璋 （1925—1972）丰州镇马牧村人。1939年参加革命，在抗日小学任教员、联合校长。1945年参军后任第三纵队宣传干事、股长、科长，解放军十一军政治部33师宣传科长。参加军管后，任四川省万县日报社总编。抗美援朝回国后，任空五军政治部秘书处处长、宣传处处长，南京军区空军政治部文化部部长、宣传部部长（正师级）。

李拯民 （1925—？）分水岭乡石盘村人。1943年秋考入太行联中榆武分队，毕业后分配到太行新华日报社工作，任新华书店邢台分店会计、安阳分店经理、总店总会计。1948年8月随华北新华书店进北京，在总店任期刊发行部发行股股长、订阅科副科长、秘书科科长，北京市邮电局发行处秘书、总支书记，劳动工资科科长、计划劳动科副科长。1961年调至青海省邮电局工作，任邮车总站站长、邮政处处长。1970年后，任青海省电信局局长，省邮电管理局副局长、党组副书记。

周佛声（1926—？）涌泉乡坡底村人。1939年参加八路军，在总部二科、四科任干事。1945年任晋冀鲁豫军区政治部干事，前线任机要秘书，直工科干事。新中国成立后，任公安总队直属公安大队股长，衡阳大队政治处主任、副政委、政委兼公安处处长。1965年任一团政委，后调任生产师副政委、独立师副政委，桂林军分区政委。

李生英（1927—1982）玉品村人。1941年秋考入武西抗日高小学习，次年加入中国共产党。1944年，任武西县公安局审讯员、审讯股长。1945年11月参军南下，先后任第二野战军第三纵队政治部保卫干事、太湖县第五区区委书记、皖西和皖北军区政治部保卫科副科长等职，参加了陇海、定陶、张凤集、鄄南、豫北、羊山等战役。后随刘邓大军挺进大别山，参加了解放麻城、固始、商城、六安、霍山、岳西汗山、桐城等战役。1948年参加淮海战役。新中国成立后，参加抗美援朝战争，任志愿军第九兵团政治部保卫部助理员。归国后，调石家庄步兵学校任政治系主任、第二大队政委，北京军区工程兵二工区政治部主任、工程兵政治部副主任、顾问等职。

郝宝璜（1928—1948）马牧村人。高小毕业。1946年加入中国共产党，同年参军，任"合江"部文工队分队长，在临汾、晋中战役中被评为"三等功臣"。1948年11月12日，在太原战役中的松庄2号堡争夺战中牺牲。追认"模范共产党员""优秀文艺工作者"与"一等英雄"。

郝善昭 （1928—1997）丰州镇马牧村人。1945年先后在里峪、松村岩庄、故城等村任小学教员，1949年任武乡县五区区委秘书、县委秘书干事。1950年任长治地委组织部干部科副科长、科长，地委直属机关党委副书记。1961年后，任武乡县、长治县县委常委、书记处书记、副县长等职。1963年调山西省委组织部工作。1970年选调内蒙古伊克昭盟准格尔旗任旗革委主任、党委副书记。1973年调山西省冶金局政治处工作，后任太原冶金工业学校党委书记，省冶金厅劳资处、人事处处长，省冶金厅副厅长。

郝成义 （1929—？）石北乡张村人。1947年4月参军，历任新四军5师15旅44团5连（驻晋城）战士，湖北军区独立二师战士、通讯员、专职支部书记、指导员，鹤峰县大队连指导员、城关区武装部部长，县人武部军事股股长，恩施军分区参谋、科长，利川县委书记，利川、鹤峰县人武部部长，恩施军分区司令部参谋长、副司令员。

常明生 （1929—？）庄头村人。1945年加入中国共产党。1947年，参加中国人民解放军，在晋冀鲁豫军区司令部工作，同年年底调入中央机要处工作。1948年到新华总社机要处从事译电工作。1951年后，历任国务院秘书，中宣部副秘书长，中国作家协会党组书记邵荃麟秘书，中央广播事业局专家办公室主任，国家体委专家办公室主任兼交际科长，中央广播事业局发射台和电视发射台台长、党委书记，中国社会科学院历史研究所主任，机关事务管理局副局长、局长、党委书记兼任中国人文科学发展公司副董事长兼总经理,中国社会科学院老干部局局长。

常贵明 （1930—2005）狮则沟村人。1947年参加革命工作,1949年加入中国共产党。1950年调入山西杏花村汾酒厂,历任干事、车间主任、生产劳资科科长、团委书记、工会主席、党委副书记、副厂长、厂长、厂党委书记。1993年任山西杏花村汾酒（集团）公司董事长兼党委书记、汾酒厂股份有限公司董事长,高级工程师。获全国优秀经营者和五一劳动奖章,山西省特等劳动模范,全国劳动模范,是第七、第八届全国人大代表。

李永书 （1930—？）西郊沟村人。1948年参军,历任西南军区办公厅机要科秘书、司令部打字组长,四川军区军政干校干事,遵义军分区参谋。1964年到南京军事学院参谋系学习,毕业后历任遵义军分区司令部作训科科长,司令部副参谋长、参谋长。

李福全 邵渠村人。1946年,出席太行二届群英会,荣获"民兵英雄"称号。

陈辰巳 故城村人。1946年,出席太行二届群英会,荣获"民兵英雄"称号。

王正明 （1930—1998）楼则峪村人。1946年参加革命,中共党员,曾任中共潞城县委书记,长治市副市长。

郝占敖 （1930—1987）石北乡蔚家渠村人。1945年参加革命,在太行新华日报社工作。1958年后任山西日报社驻阳泉记者站及长治记者站站长,山西日报记者部、工商部、办公室、采通部副主任及主任、总编室主任,山西日报副总编辑,山西省委政策研究室主任（正厅级）。

岳重民 （1932—2017）崄里村人。1946年考入县第六完小，是年秋冬参加了土改工作队。1947年参加中国人民解放军，在西北野战军历任护士班长、军医、主任医师，解放军第十二中心医院院长。1949年加入中国共产党。曾担任医院书记、纪委书记，南疆军区党委委员。

温宗康 （1932—？）故城镇温家沟村人。1944年考入武西县第二抗日高校，1946年6月参军，在晋冀鲁豫军区通信学校学习无线电报务技术，毕业后到太岳军区电台任报务员。新中国成立后，历任军委宣化通信学校教员、主任教员，沈阳通信兵学校主任教员，国防科委驻新疆21基地通信站站长、通信处副处长、处长，国防科学技术委员会通信部副部长。

李普庆 （1932—？）故城镇山交沟村人。1949年长治师范毕业后，留该校教导处任干事。新中国成立后，历任山西省民政厅干部处科员，省人事局、人事厅科员、副科长、科长，汾河水库政治部办公室副主任，省公安厅劳改局政治处科长，长治轴承厂政工组负责人，省机械工业厅政工组负责人，省司法厅人事处副处长、厅政治部副主任、主任。

王怀岐 （1932—？）故城镇石仁底村人。1948年参加革命，在中央财政经济委员会工作。1953年调国务院机关事务管理局，1981年调入中南海，历任国务院办公厅警卫处副处长、服务处处长，国务院机关事务管理局综合管理司副司长、局直属机关工会主席（正司级）。

赵克明 （1933—？）涌泉乡崄里村人。高级编辑。1946年参加工作，历任武乡县小学教员，县师范、县供销社、县委农工部、长治地区农工部干事。1956年调入山西日报社，历任编辑、长治记者站站长、政治部主任、农村部主任、副总编辑、总编辑（正厅级）。

郝明珠 （1934—？）故城镇南沟村人。1956年到山西省气象局工作。1958年后，历任兴县县委监委会秘书，兴县肖家洼公社主任、党委书记，兴县银行支部书记兼行长，山西省观象台副书记兼台长，省交通厅直属党委副书记兼纪委书记，省交通开发总公司书记兼副总经理。

陈春堂 （1935—1993）分水岭乡石盘村人。高级经济师。1951年参加银行工作，历任中国人民银行山西省分行勤务员、机要员、科员、工商信贷处工业组组长、商业信贷处副处长、处长。1985年后，任中国工商银行太原市支行行长、党组书记，中国工商银行山西省分行副行长、党组成员兼中国工商银行太原市支行行长、党组书记。

郝占魁 （1935—？）石北乡蔚家渠人。高级经济师。1957年参加工作，历任黑龙江北满钢厂、四川654厂技术员，陕西华山冶金车辆修造厂党支部书记、政治处副主任，陕西鼓风机厂政治部副主任、副厂长、党委副书记、厂长，中国工商银行山西省分行信贷处处长、分行工会主席（副厅级）。

周中庆 （1935—？）涌泉乡坡底村人。1951年11月参加公安工作。历任云南省绥江县公安局股员、二区政府公安特派员。1956年参军，历任解放军13军37师司令部机要科译电员，独立通讯营仓库主任，37师政治部保卫科干事，13军政治部保卫处干事，成都军区政治部保卫部干事、副科长，侦查科副科长。转业后任四川省人民检察院法纪处检察员、副处长、处长，反贪污贿赂局副局长、局长，副厅级检察员。

陈守良（1937—?）分水岭乡泉之头村人。1945年7月参加革命，晋冀鲁豫军区通信学校结业后，任冀南军区司令部电台中队报务员、冀南军区武装部电台任报务员。新中国成立后，历任河北省军区司令部电台区队报务主任，志愿军二十兵团司令部通信处参谋，导弹试验基地司令部通信处参谋长、营长、股长，西昌卫星发射基地通信科副科长、科长，司令部参谋长，1979年11月任国防科工委司令部通信部通信处处长，国防科工委司令部直属政治部副主任、主任（正师级）。

常　远（1952— ）故城镇信义村。空军少将。1969年下乡插队，同年12月参军。1978年考入空军工程学院，先后获本科、硕士研究生学历。后任解放军成都军区空军装备部部长。在部队荣立三等功三次，荣获空军颁发的航空机务银质、金质纪念章，荣获四川省委省政府颁发的"5·12"汶川抗震救灾纪念章。

陈星生（1953— ）分水岭乡泉之头村人。1973年入伍，历任空军航空兵第48师战士、电影组长、宣传干事，广州军区空军保卫部干事。1987年转业后任四川省自贡市监察局副局长、纪委常委，城管局局长，自贡市政府秘书长，自贡市人大常委会副主任。

李春荣（1954— ）涌泉乡中南沟村人。1974年至1978年，任山西省农科院果树场插场团支部书记、院团委副书记，农科院政治处干部。1978年在山西大学中文系学习。1982年后历任省纪委办公室副主任、副秘书长兼办公室主任，省纪委驻省科委纪检组长、党组成员，省纪委驻省文化厅纪检组长、党组成员，省文化厅巡视员。

孟福贵 （1955— ）故城镇故城村人。大学学历，文学学士，编辑职称。1973年在武乡县故城供销社参加工作。1978年3月考入山西大学中文系，毕业后历任太原日报总编室副主任、编辑部副主任，太原晚报总编室副主任、主任，省委组织部研究室、办公室主任科员，省委组织部办公室副主任、正处级秘书，省委组织部干部综合处处长，运城地委组织部部长，运城市委常委、组织部部长、市委副书记，晋城市人大常委会主任。

李东峰 （1956— ）故城镇山交沟村人。1975年1月在武乡县曹村公社插队。1981年12月山西大学政治系毕业后到长治市委宣传部工作，先后任长治市博物馆党支部书记、副馆长，沁源县委副书记，屯留县委副书记、县长、县委书记，长治市委常委、统战部部长，长治市委常委、市委秘书长。

李保国 （1957— ）故城镇北良村人。大校军衔。1974年参军，在新疆军区步兵学校军事队学习，毕业后留校任战术教研室教员。1984年9月考入南京陆军指挥学院，毕业后任某步兵师作训科参谋。1989年3月后，历任新疆军区司令部研究员，研究室副主任、主任，克拉玛依军区参谋长，新疆军区司令部办公室主任，巴音郭楞军区司令员。

韩　勇 （1958— ）涌泉乡祁村人。大校军衔。1976年参军，曾任北京卫戍区司令部警卫排战士，司令部管理股文书，炮兵营部书记，团政治处干部股干事，连指导员和党支部书记，师政治部保卫科干事。1985年9月调入解放军报社,历任报社办公室干事、政治部副营职至正团职干事、政工组组长,报社团委书记,报社管理局政治协理员、局党委副书记、副局长等职。

弓国宏 (1958—)涌泉乡寨上村人。1976年参军,解放军西安政治学院毕业后进入解放军陆军工程大学,历任教官、副营长、营教导员、政治部正营职干事、副团职干事、组织处副处长、宣传处处长。2005年任解放军陆军工程大学管理工程系政委,大校军衔。

任占并 (1959—)石北乡神西村人。留瑞士博士后。1981年天津大学毕业后考取出国留学研究生。1982年由国家派出赴瑞士联邦洛桑高工(高级工业大学)计量实验室深造现代光纤学、电子学。在瑞士留学期间,任留学生学生会主席、中共留瑞学生党支部书记、中瑞友好协会中方代表,并在该大学任高级讲师五年,著有多篇论文并在国外发表。1996年起任国际博斯特(BOBST)中国公司总经理。

郝书宏 (1959—)石北乡石北村人。1976年6月,在石北公社任水利技术员,后任石北村党支部书记。1982年山西省人民警察学校毕业后到晋东南地区公安处任政治处干事。1986年山西大学毕业后被选调省公安厅工作,历任省公安厅政治部科员、科长,干部处副处长,警务督察处处长,省公安厅政治部常务副主任,省公安厅网络安全保卫总队总队长(副厅级),省公安厅副巡视员。

王凤鸿 (1960—)涌泉乡涌泉村人。历任山西省政府经济研究中心综合动态处处长、环境资源处处长、社会发展研究处处长。2013年任山西省政府经济发展研究中心副主任。

李进军 （1960— ）故城镇北良侯村人。太原工业大学毕业。1976年12月参加工作，先后在武乡县百货公司、共青团晋东南地委、晋东南地委行署秘书处、晋城市人民政府办公厅、晋城市委办公厅、晋城市经济研究中心等单位工作。历任阳城县委书记、县长，潞城市委书记，长治市人大常委会副主任，山西省信访局正厅级巡视员。

郭晋刚 （1961— ）涌泉乡马家峪村人。历任山西省纪委信访室主任、省纪委驻省卫生计生委纪检组长、党组成员，省卫生健康委员会党组成员、驻委纪检监察组组长。

常建军 （1961— ）故城镇狮则沟村人。1978年在省军区化肥厂参加工作，任本厂汽车队副队长。1984年调省轻工厅，任人事劳资处副主任科员、主任科员。1989年调任山西省委办公厅接待处副处长。1992年调省轻工物业总公司，任副总经理、总经理兼书记，山西省物资产业集团公司副总经理（副厅）。

郭晋明 （1962— ）涌泉乡马家峪村人。1979年参加工作，晋东南师专毕业后，先后任晋城市委党校干事，山西省食品工业研究所干事。1984年12月任省人事厅干事、主任科员、外事处副处长、厅办公室副主任、办公室主任。2008年任山西省机构编制委员会副主任、省委机构编制委员会巡视员。

郝永明 （1967— ）丰州镇马牧村人。1990年7月参加工作。历任省委宣传部新闻处干事、主任科员、正处级秘书，省委办公厅正处级秘书，省委督查室督查员，省委社情民意办公室副主任，省委办公厅机要交通处处长、信息处处长、人事处处长，副厅级督查专员，省委督查室主任，省委保密委员会办公室主任，省国家保密局主任。

郝　强（1972— ）女，石北乡长蔚村人。1993年参加工作，历任中国工商银行山西省分行科员、主任科员、专职审议委员，晋商银行总行授信审查部总经理，晋阳支行党委书记、行长，晋商银行行长助理兼金融部总经理，晋商银行副行长，晋商银行董事、董事长。

图书在版编目（CIP）数据

涅水悠悠/ 郝雪廷，李丽萍主编．——太原：三晋出版社，2023.11

ISBN 978-7-5457-2815-6

Ⅰ.①涅… Ⅱ.①郝…②李… Ⅲ.①武乡县–地方史–史料 Ⅳ.①K292.54

中国国家版本馆 CIP 数据核字（2023）第228345号

涅水悠悠

主　　编：郝雪廷　李丽萍
责任编辑：翟晓宾

出 版 者	山西出版传媒集团·三晋出版社
地　　址	太原市建设南路21号
电　　话	0351-4956036（总编室）
	0351-4922203（印制部）
网　　址	http://www.sjcbs.cn
经 销 商	新华书店
承 印 者	山西聚德汇印务有限公司
开　　本	720mm×1020mm　1/16
印　　张	31.25
字　　数	385千字
印　　数	1—2000册
版　　次	2023年11月　第1版
印　　次	2023年12月　第1次印刷
书　　号	ISBN 978-7-5457-2815-6
定　　价	118.00元

如有印装质量问题，请与本社发行部联系　　电话：0351-4922268